Forex Trading

21世纪高等院校经济管理类规划教材

黑龙江省"十四五"普通高等教育本科规划教材

外汇交易原理与实务
（第3版）

□ 刘金波 主编

□ 任鑫鹏 李美丹 周虹 副主编

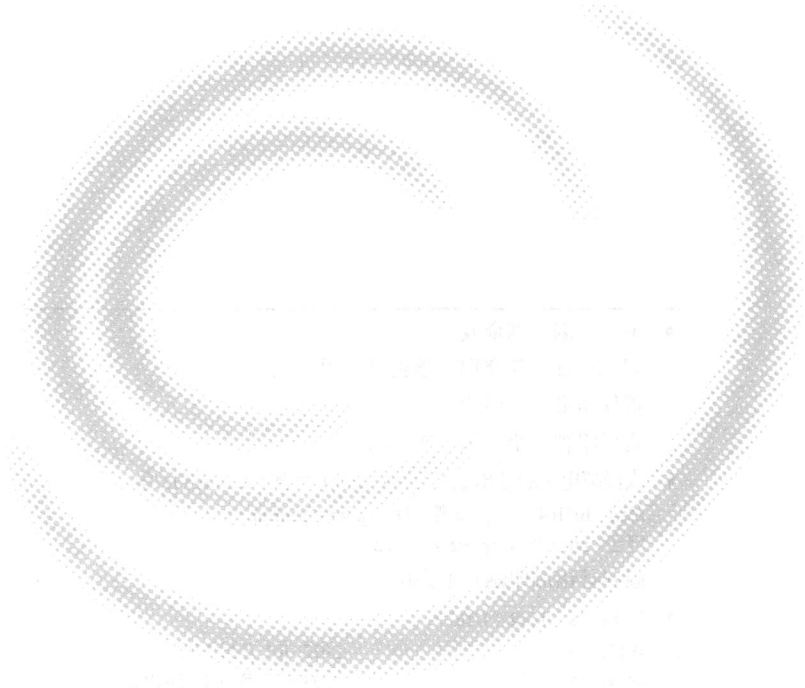

人民邮电出版社

北京

图书在版编目（ＣＩＰ）数据

外汇交易原理与实务 / 刘金波主编. -- 3版. -- 北京：人民邮电出版社，2022.1
21世纪高等院校经济管理类规划教材
ISBN 978-7-115-57046-8

Ⅰ. ①外… Ⅱ. ①刘… Ⅲ. ①外汇交易－高等学校－教材 Ⅳ. ①F830.92

中国版本图书馆CIP数据核字(2021)第155209号

内 容 提 要

本书共十章，分别讲解外汇交易基本知识（包括外汇与外汇市场、外汇交易原理）、外汇交易的具体操作（包括即期外汇交易、远期外汇交易、个人外汇交易与结算、外汇期货交易、外汇期权交易、外汇掉期交易和互换交易等）和外汇管理（外汇风险管理和外汇管理实务）三方面的内容。

电子课件、习题答案、实训指导（含个人模拟外汇交易计算机版和手机版投资操作指导）、补充题库及答案、模拟试卷及答案等配套教学资料（学生仅能下载部分资料）的索取方式参见"更新勘误表和配套资料索取示意图"（咨询 QQ：3032127）。

本书可作为普通本科院校或高职高专院校相关专业的教材，也可作为个人外汇投资者及从事金融工作人员的培训教材。

◆ 主　　编　刘金波
　　副 主 编　任鑫鹏　李美丹　周　虹
　　责任编辑　万国清
　　责任印制　李　东　胡　南

◆ 人民邮电出版社出版发行　　北京市丰台区成寿寺路 11 号
　　邮编 100164　电子邮件 315@ptpress.com.cn
　　网址 https://www.ptpress.com.cn
　　固安县铭成印刷有限公司印刷

◆ 开本：787×1092　1/16
　　印张：15　　　　　　　　　2022 年 1 月第 3 版
　　字数：365 千字　　　　　　2025 年 8 月河北第 9 次印刷

定价：54.00 元

读者服务热线：(010)81055256　印装质量热线：(010)81055316
反盗版热线：(010)81055315

第 3 版前言

在经济全球化、金融交易自由化的国际潮流引领之下，外汇的渗透力在不断增强。外汇市场是流动性最强的市场，全球平均每天外汇市场交易金额达 6.6 万亿美元（2019 年数据）。目前，世界上由超过 170 种不同的货币组成了一个庞大的外汇市场，外汇日均交易金额约为纽约证券交易所交易金额的 53 倍以上，外汇市场是唯一一个每天 24 小时运行的市场。零售外汇交易量仅占整个外汇市场交易量的 5.5%，外汇市场比期货市场大 12 倍，比股票市场大 27 倍，全球外汇市场交易中，超过 85% 的交易发生在 7 种主要货币对：EUR/USD、USD/JPY、GBP/USD、UDS/EME、AUD/USD、USD/CAD、USD/CNY。

作为金融市场体系的重要组成部分，改革开放以来，我国外汇市场取得了突破性进展，在宏观调控、资源配置、汇率形成和风险管理中发挥了重要的作用。随着越来越多的境外投资者进入我国外汇市场，我国的外汇市场已不仅是基于资本市场对外开放的被动接纳，而是成了全球外汇市场的重要组成部分。这也表明，我国外汇市场的交易产品、基础设施等各类市场要素的全方位发展，已得到境外投资者的充分认可。目前，国内外汇市场已形成了包括即期、远期、外汇掉期、货币掉期和期权等国际成熟市场的基础产品体系，可交易超过 30 种发达市场和新兴市场货币，涵盖了我国跨境收支的主要结算货币。2020 年，国内外汇市场累计成交近 30 万亿美元，约为 1994 年的 170 倍。

相比上一版教材，本次着重在以下几方面作了修订。

1. 针对我国外汇交易和外汇管理近年发生的较大变化，对原有的数据进行了更新，如我国银行间交易市场人民币兑外币、外币兑外币增加的交易品种等。

2. 更加突出了我国目前个人外汇交易的实践，请资深的外汇投资专家参与编写个人外汇投资的具体操作流程，并邀请长期从事银行外汇业务的行业专家参与教材编写，使学生更能适应未来从事外汇业务工作的实际需要和个人外汇投资的需要。

3. 根据我国国家外汇管理局发布的相关外汇管理规定，重点介绍了我国在经常项目、资本项目、外汇储备、外债等方面的外汇管理规定，做到了同步更新。

4. 虽然我国内地的银行间外汇市场暂时还没有外汇期货交易，但芝加哥商品交易所、香港交易所和新加坡交易所都已经推出了离岸人民币期货交易。本版对人民币的期货交易作了介绍。

5. 进一步完善本书配套资料。上一版教材已经配备了电子课件、习题答案、实训指导、补充题库及答案、模拟试卷及答案等资料，这一版又增加了个人外汇投资计算机版及手机版模拟操作流程和布林带的技术分析方法方面的资料，后续我们将继续补充、完善相关资料，以更好地支持教师授课（索取方式参见"更新勘误表和配套资料索取示意图"）和读者学习（学生仅能下载部分资料）。

本次修订以培养读者外汇交易操作能力为目标，适用于以基本素质和技术应用能力培养为主线的教学体系，更具针对性和实用性，实践教学特色突出，以使学生更能适应未来工作岗位的要求。

为更好地落实立德树人这一根本任务，编者团队在深入学习党的二十大报告后，在本书重印时对局部进行了微调，新增了素质教育指引等配套教学资料。

本次修订分工如下：张凤娜（哈尔滨金融学院）编写第一章和第六章，刘金波（哈尔滨金融学院）编写第二章和第四章，任鑫鹏（哈尔滨金融学院）编写第三章和第七章，王喆（哈尔滨金融学院）编写第五章，周虹（中国光大银行黑龙江省分行交易银行部）编写第八章前三节，于嘉（黑龙江科技大学）编写第八章第四节，李美丹（哈尔滨金融学院）编写第九章和第十章。另外，东北农业大学的余志刚、资深外汇投资人余鸿也参与了本书部分内容的编写和修订工作，并提出了诸多宝贵意见，在此对其表示最诚挚的谢意！

采用本书第 2 版授课的一些教师也对本书提出了不少修订、完善的意见，在此一并表示诚挚的谢意！望继续批评指正！

由于外汇交易领域理论和实践的发展日新月异，加之编者水平有限，书中难免有遗漏之处，敬请有关专家学者和读者朋友批评指正。

编　者

目　　录

第一章 外汇与外汇市场

【学习目标】

理论目标：了解外汇、汇率和外汇市场的概念以及外汇市场的特征，掌握我国外汇市场的构成。

技术目标：掌握外汇和汇率的常见分类，系统地掌握美元标价法、直接标价法和间接标价法及汇率的计算方法。

能力目标：理解外汇在对外经济活动中的重要作用，能正确分析汇率变动对经济的影响。

引例

"广场协议"导致美元持续大幅度贬值，受影响最大的是日元。1985年9月，日元兑美元汇率还在1美元兑250日元上下波动，而在不到三年的时间里，美元兑日元贬值超过了50%，最低曾跌到1美元兑120日元。随后，日本经济进入了十多年低迷期，被称为"失落的十年"。虽然日本经济持续萧条的根源在于其经济结构的自身缺陷和日本政府错误的经济政策，但"广场协议"无疑也是日本经济持续萧条的重要因素之一。

1996年，外国短期资本大量流入泰国房地产、股票市场，导致泰国楼市、股市出现了明显的泡沫，泰国资产被严重高估，国际金融大鳄们预测泰铢会贬值，开始在金融市场上寻找汇率定价中的获利机会。

1997年2月初，以索罗斯为首的国际投资者从泰国银行借入高达150亿美元的数月期限的远期泰铢合约，而后于现汇市场大规模抛售。当时泰铢实行与美元挂钩的固定汇率制，索罗斯的"狙击"导致泰铢在短期内迅速贬值，多次突破了泰国中央银行规定的汇率浮动限制，引起金融市场的恐慌。泰国央行为维护泰铢币值的稳定，大量买入泰铢，但只有区区300亿美元外汇储备的泰国中央银行历经短暂的战斗，便宣告"弹尽粮绝"，最后只得放弃已坚持14年的泰铢钉住美元的汇率政策，实行有管理的浮动汇率制。

泰铢大幅贬值后，国际投资机构再以美元低价购回泰铢，用来归还泰铢借款和利息。索罗斯大量沽空泰铢使得他赚了数十亿美元。泰铢的贬值引发了泰国的金融风暴，不仅沉重地打击了泰国经济，而且成为亚洲金融风暴的导火索。

2008年11月，为应对美国次贷危机导致的经济衰退，美国联邦储备系统（以下简称美联储）宣布将购买美国国债和抵押贷款支持证券（MBS），这标志着美国首轮量化宽松政策（QE）的开始。在经济不景气的情况下，美国政府推出的量化宽松政策可以向市场投放流动性，增加资本供应量，从而刺激内需，带动经济的发展。外汇市场对美国的量化宽松政策作出了激烈反应，美元指数大幅走弱。当美国第一轮量化宽松政策宣布推出时，美元指数在一个月内走低了12%，而非美货币走势趋强。由于许多国家都持有占本国外汇储备比例很大的美国国债，此次超常规的量化宽松政策导致美国国债的收益率下降，从而使持有美国国债的国家外汇资产出现非常大的贬值风险。

随着美国经济形势的改善，失业率逐渐向正常水平靠拢，美联储自2013年12月开始退出量化宽松政策，市场流动性逐步趋紧，这又推动了美元的升值。

由于美元在全球储备货币中占据最重要的地位，美国国内货币政策的溢出效应给其他国家带来了巨大的风险。目前，已有相当多的国家采取战略性措施规避美元汇率变动带来的风险，如通过货币互换协议绕开美元，或者直接使用双边货币进行结算。

当今不确定的地缘政治与经济气候导致对外汇风险管理及套期保值工具的需求不断增长，丰富的外汇产品对于寻求新工具来管理外汇风险的投资组合经理、交易者、投资银行家、首席财务官、企业财务主管等来说越来越重要。全球最大的期货交易平台——芝加哥商品交易所通过丰富的外汇产品，提供了外汇投资及外汇风险管理的交易机会，为全球外汇市场提供了高效及迅速地转移外汇风险的途径。

在经济高速发展的今天，外汇和外汇市场扮演着极其重要的角色，本章将详细地讨论外汇和外汇市场的有关内容。

第一节　外　汇

一、外汇的定义

什么是外汇？有人说外汇就是外币，也有人说这样的认识是不确切的。外汇（foreign exchange）是国际汇兑的简称。如果在清偿债权债务的过程中，一方在沈阳，而另一方在上海，这种清偿活动在本国之内，称为内汇。如果一方在上海，而另一方在伦敦，则这种超越国界①而具有国际性的债权债务清偿活动，就称为国际汇兑。

从动态的角度来看，外汇是指人们将一种货币兑换成另一种货币，清偿国际债权债务关系的行为，是国际上的一种汇兑活动。这种汇兑活动解决了各种货币所代表的价值及其货币名称、货币单位各不相同以及作为一国的法偿货币不能在他国流通使用所产生的问题。

从静态的角度来看，外汇一般是指以外币表示的用于进行国际结算的支付手段。这种支付手段包括以外币表示的信用工具和有价证券，如银行存款、商业汇票、银行支票、外国政府债券及长短期证券、外国钞票等。但一般来说，外汇是必须能兑成其他国家货币的货币。

1. 广义的外汇

广义的外汇是指国际货币基金组织和各国外汇管理法令中所称的外汇，国际货币基金组织把外汇定义为："外汇是货币行政当局（中央银行、货币机构、外汇平准基金组织及财政部）以银行存款、长短期政府债券等形式所保有的、在国际收支逆差时可以使用的债权。"

---

① 说明：随着时代的发展，已出现多种使用范围限于国界内某个地区或者超越国界使用于数个国家的区域性货币，如欧元、埃科（Eco，原非洲法郎）等。鉴于本境和本币的使用边界也不完全相同，本书延用习惯性说法中的"国"含义已有变化，不少情况下应为"区域"。

根据《中华人民共和国外汇管理条例》对外汇的解释，外汇是指下列以外币表示的可以用作国际清偿的支付手段和资产。①外币现钞，包括纸币、铸币；②外币支付凭证或者支付工具，包括票据、银行存款凭证、银行卡等；③外币有价证券，包括债券、股票等；④特别提款权；⑤其他外汇资产。

2. 狭义的外汇

狭义的外汇即我们通常所说的外汇，是指以外币表示的用于国际结算的支付手段。只有为各国普遍接受的支付手段，才能用于国际结算。因此，狭义的外汇必须具有以下几个特征：①必须是以外币表示的资产；②必须是在国外能得到补偿的债权；③必须是以可自由兑换的货币表示的支付手段。

> **小知识**
>
> 外汇的一般形式是一国以外币表示的国外资产；外汇的最基本形式是本国在外国通汇银行的活期存款；外汇的最基本职能是充当国际结算的支付手段；外汇的最本质特点是可以自由兑换。

二、外汇的特点

外汇是指以外币表示的、能用来清算国际收支的资产。国际上广泛运用于国际结算支付手段和流通手段的外币是真正意义上的外汇，并不是所有的外币都能成为外汇。一个国家的货币要在国际上被广泛运用和接受并成为通用的外汇，必须具备以下几个特点。

（1）外币性。外币性即外汇必须是境外的货币而非境内的货币。比如，英国居民不能把英镑作为外汇，但英镑对其他国家居民来说是外汇。

（2）可自由兑换性。外汇能自由兑换成本币或其他国家的货币，这一特点使得外汇的购买力能在国际上转移，实现支付手段的功能，从而使国际债权债务得以清偿。

（3）普遍接受性。普遍接受性就是外汇在国际经济往来中被各国广泛接受和使用，这一特点决定了一种货币要成为外汇，必须是国际上通用的，并且是以被他国人民接受为前提条件的。

> **小知识**
>
> **对于其他国家来说，人民币是外汇吗？**
>
> 人民币在1996年实现了经常项目下的自由兑换，但截至2020年年底，在资本和金融项目下的人民币还没有实现完全自由兑换，所以人民币暂时还不是自由兑换货币，也就不是外汇。

（4）可偿性。可偿性就是外汇所代表的资产必须是在国外能得到偿付的货币债权。例如，出票人开出的银行拒付的汇票，就不能实现国际汇兑，货币的债权也无法清偿。因此，如果外汇或外汇的资产在国外不能保证偿付，就不是外汇。

三、外汇的分类

根据不同的分类标准，可以从不同角度对外汇进行不同的分类。

1. 按照交割期限的不同划分

按照交割期限的不同，外汇可以划分为即期外汇和远期外汇两种。

即期外汇又称现汇或外汇现货，是指国际贸易或外汇买卖中即期收付的外汇，是在买卖成交后立即进行交割的外汇，或者是在第一个或第二个营业日内完成交割的外汇。交割，是指买卖双方钱货两清。外汇交割，是指交易双方一方付出本币，一方付出外币的交割。

远期外汇又称期汇或远期汇兑。在国际贸易和外汇买卖中，交易双方应先订立买卖合同，规定外汇买卖的数量、汇率、期限等。远期外汇，是指交易双方在约定日期依照合同规定的汇率进行交割的外汇。远期外汇的期限一般为 1 个月、3 个月、6 个月或 1 年，也有可能会更长。

2. 按照来源和用途的不同划分

按照来源和用途的不同，外汇可以划分为贸易外汇和非贸易外汇两种。

贸易外汇，是指因商品的进口和出口而支出或收入的外汇。贸易外汇包括对外贸易中因收付贸易货款、交易佣金、运输费和保险费等而支出或收入的外汇。我国的贸易外汇主要包括我国生产商品的出口收汇，以进养出专项收汇，中小型补偿贸易外汇，中外合资企业收入及各种来料加工、装配业务的工缴费外汇收入等。贸易外汇是一国外汇收支的重要项目，在国际收支平衡中占有极其重要的地位。

非贸易外汇，是指因非贸易业务往来而收入或支出的外汇，包括侨汇，旅游外汇，劳务外汇，私人外汇，驻外机构经费以及交通、民航、邮电、铁路、银行、保险、港口等部门对外业务收支的外汇。随着经济国际化的发展，非贸易外汇收入在一些国家的外汇收入中也占有很大的比重。

3. 按照限制程度的不同和从国际支付的角度划分

按照限制程度的不同和从国际支付的角度来划分，外汇可分为可自由兑换外汇、有限自由兑换外汇以及记账外汇。

可自由兑换外汇是指无须外汇管理当局批准，既可以在国际金融市场上自由买卖，又可以在国际支付中广泛使用，还可以无限制地兑换成其他货币的外汇。根据国际货币基金组织规定，一种货币被称作可自由兑换货币，必须具备三个条件。①对本国国际收支中的经常项目的付款和资金转移不加限制；②不采取歧视性的货币政策或多重货币汇率；③在他国要求下，该国随时有义务购回对方经常账目往来中所结存的本币。目前，使用广泛的自由外汇有美元、英镑、瑞士法郎、欧元、日元、加拿大元以及这些货币表示的信用工具和有价证券等。自由外汇在国际经济活动中被广泛使用，并作为一个国家的外汇储备而被积存起来，以备支付使用。

有限自由兑换外汇是指不能自由兑换成其他货币或对第三国进行支付的外汇。根据国际货币基金组织协定规定，对国际性经常往来的付款和资金转移有一定限制的货币均属有限制的自由兑换货币，它大体可以分为两种情况。①在一定条件下的可自由兑换外汇。比如，我国人民币不是可自由兑换货币，不能进行多边自由贸易结算，但在一定条件下，人民币是有限制的可自由兑换货币，可以从事即期外汇交易和远期外汇交易。②区域性的可自由兑换外汇。在一些货币区域（如美元区、欧元区等）内，各成员方的货币钉住区域内的关键货币，同其保持固定比价，并可以自由兑换为关键货币，区域内资金移动不受限制。但如果将该货币区域内的其他货币兑换成关键货币以外的货币，或将资金转移到该区域外的国家或地区，则要受到不同程度的限制。

记账外汇是指签有清算协定的两个国家之间或是签有多边清算协定的货币集团成员之间因进出口贸易而引起的债权债务，不是用现汇逐笔结算，而是通过当事国的中央银行账户相互冲销所使用的外汇。记账外汇是记载在双方指定银行账户上的外汇，不能兑换成其他货币，也不能对第三国进行支付，所以又称清算外汇和双边外汇。

4. 按照持有者的不同划分

按照持有者的不同，外汇可以划分为官方外汇和私人外汇两种。

官方外汇是指国家财政部门、中央银行或其他政府机构以及国际组织所持有的外汇。各国政府持有的官方外汇，主要用来支持本币汇率、平衡国际收支、偿付对外到期债务，是一国国际储备的主要部分。而国际组织所持有的外汇用于对成员方的贷款。

私人外汇是指具有自然人地位的居民和非居民所持有的外汇。在实行外汇管制的国家中，有的不允许私人持有外汇，有的规定私人持有外汇必须存放于指定的外汇银行，对于外汇的使用也有一定的限制。在不实行外汇管制的国家中，私人有自由支配外汇的权利。

四、外汇的功能

外汇的产生是商品生产国际化和资本流动的必然结果。从外汇产生的原因中就可以看出外汇所具有的功能。随着社会生产力、社会分工和商品经济的发展，国际贸易、跨国支付快速发展，资本输出的意义日益重要。国际商品贸易、借贷活动和对外投资以及各国间发生的政治、军事、社会、科学技术等方面的往来和交流，都会引起国际经济往来，因此，需要办理国际结算和跨国货币收支，进而产生对外汇的需求。

外汇已经成为国际经济交往的工具，外汇代表着一种对外国商品和劳务的索取权，是一种实际的资源，被广泛用于国际贸易往来和经济活动中，对一国的经济具有重要作用。外汇的功能具体表现在以下几个方面。

（1）外汇作为国际结算的计价手段和支付工具，便利了国际结算。国际结算是世界上不同国家经济贸易往来中债权债务的清理，由于各国的货币制度不同，如果一种货币不是国际支付手段，只有使用外汇这种信用工具才能保证国际结算的顺利进行。

（2）通过国际汇兑可以实现购买力的国际转移，使国与国之间的货币流通成为可能。由于各国的货币制度不同，一国的货币往往不能在其他国家流通，除了运用国际上共同确认的清偿手段——黄金以外，不同国家的购买力是不能转移的。随着外汇业务的发展，外汇作为国际支付手段被各国普遍接受，外汇成为一种国际购买力。一个国家持有一定数量的外汇，即掌握了同样数量的国际购买力。该国就可以运用所持有的这些外汇在国际市场上购买所需要的商品、劳务以及偿付对外债务，把一国购买力转换为国际购买力。外汇在国际上流通，为商品的国际交换提供了可能，而且扩展了商品流通的范围。

（3）促进了国际贸易的发展。用外汇进行国际结算既能节省运输现金的费用，又可以避免风险。特别是各种信用工具在国际贸易中的运用，促进了国际商品交换的发展，扩大了国际贸易。

（4）便利国际上资金供求关系的调剂，发挥调节资金余缺的功能。世界各国的经济发展不平衡，资金余缺情况也不同，资金供求矛盾的表现方式也各不相同，客观上有调节资金余缺的要求。发达国家往往资金过剩，而发展中国家则往往资金短缺。外汇可以加速资金在国际上的周转，有助于国际投资和资本转移。

（5）外汇作为国际储备有平衡国际收支的功能。如果一国的国际收支出现逆差，就可以动用其外汇储备来弥补。如果一个国家的外汇储备越多，则其国际清偿能力就越强。在当今的国际经济活动中，各国不会直接用黄金偿还债务、弥补国际收支逆差和外汇短缺，而是在国际市场上以市价卖出所持有的黄金换取外汇来偿付债务。

（6）外汇有节约流通费用，弥补流通手段不足的功能。金银作为国际支付手段，是对人类劳动和宝贵资源的浪费。以外汇作为国际支付手段，可以通过电汇、信汇或票汇方式，以可兑换货币表示的各种票据来实现国际债权债务清理和资金在国际上的转移，从而节约了流通费用。同时，国际贸易的各方通过在银行或者交易所买卖不同货币和不同支付时间的票据，可以便利地融通资金。远期承兑汇票经过背书以后，具有在国际金融市场上流通转让的功能，使外汇作为支付手段弥补了流通手段的不足。

（7）一国持有的外汇是其财富和经济实力的象征。作为一种国际购买力，一国持有的外汇代表了一国对外的债权，不仅有利于提高该国的国际经济地位，也有利于本币的国际化，使该国的货币成为强势货币。

第二节　汇　率

一、外汇汇率的概念

如同商品有价格一样，外汇也有价格。外汇汇率又称外汇汇价、外汇牌价、外汇行市。外汇汇率就是一种货币与另一种货币的比价，或者说是以一种货币所表示的另外一种货币的价格，如 100 美元＝682.42/682.48 元人民币，1 欧元＝123.18/123.52 日元。一个国家政府制定和公布的汇率称为法定汇率或外汇牌价，简称牌价；外汇市场上的汇率一般称为外汇行市或行情。虽然这些说法不同，但是均属汇率的范畴，采用什么说法往往是根据习惯和表达的需要。外汇是可以在国际上自由兑换、自由买卖的资产，是一种特殊商品，汇率就是这种特殊商品的"价格"。与一般商品价格不同的是，外汇汇率具有双向的特点，既可用本币来表示外币的价格，又可用外币来表示本币的价格。

在外汇市场上，汇率是以五位数字来表示的。汇率的最小变动单位为一点，即汇率最后一位数字的单位，称为一个汇价基点（point）。例如：

USD 1 = CHF 1.041 4　　USD 1 = CHF 1.041 7　　　USD 1 = JPY 103.78

USD 1 = JPY 103.96　　USD 1 = KRW 1 110.4

出现在具体的一个汇率中的两种货币，一般前面的一种货币为标准货币，也称为基准货币或被报价货币，后面的另一种货币为标价货币，也叫报价货币或计价货币。汇率就是用基准货币的一个单位或 100 个单位作为标准，折算成一定数量的标价货币。按国际惯例，通常用三个大写英文字母来表示货币代码，每个国家都有自己的货币和特有的货币名称和代码。在国际标准 ISO 4217—2008 货币代码的三个大写英文字母中，前两个字母代表该货币所属的国家或地区，第三个字母表示货币单位，如美元为 USD，人民币为 CNY（见表 1.1）[1]。在有些交易中，也用俚语或俗称表示，如 Greenback Buck 为美元。

表 1.1　世界主要货币名称及货币代码

货币名称	货币代码	货币名称	货币代码	货币名称	货币代码	货币名称	货币代码
人民币	CNY	韩元	KRW	澳元	AUD	瑞士法郎	CHF
日元	JPY	新加坡元	SGD	加元	CAD	瑞典克朗	SEK
英镑	GBP	越南盾	VND	菲律宾比索	PHP	丹麦克朗	DKK
美元	USD	新西兰元	NZD	印度尼西亚卢比	IDR	澳门元	MOP
欧元	EUR	泰铢	THB	俄罗斯卢布	RUB	港元	HKD
南非兰特	ZAR	墨西哥比索	MXN	阿联酋迪拉姆	AED	波兰兹罗提	PLN
挪威克朗	NOK	土耳其里拉	TRY	沙特里亚尔	SAR	匈牙利福林	HUF

---

[1] 由拼音简化而来的人民币缩写 RMB（ren min bi）仍在广泛使用，为规范起见，本书统一使用"CNY"。

二、外汇汇率标价方法

商品的标价是以货币表示的，汇率的标价有其特殊性，既可以用本币表示外币的价格，也可以用外币来表示本币的价格。由于折算的标准不同，外汇汇率有三种标价方法：直接标价法、间接标价法和美元标价法。

1. 直接标价法

直接标价法又称应付标价法，是指以本币来表示外币价格的标价方法，也就是说在直接标价法下，外币为基准货币，被报价货币以一定单位（如 1、100、1 000 等）的外币为标准，将其折算成一定数额的本币。如在瑞士苏黎世外汇市场 USD 1 = CHF 0.913 6/0.917 3，在我国 USD 1 = CNY 6.137 2/6.161 8。在这种标价法下，外币的数额固定不变，本币的数额则随着本、外币币值的变化而变化。如果本币的数额变大，则称为外汇汇率上升，说明外币升值，本币贬值；反之，如果本币的数额变小，则称为外汇汇率下降，说明本币升值，外币贬值。世界上绝大多数国家都采用直接标价法。我国国家外汇管理局（以下简称"外汇局"）公布的外汇牌价也采取这种标价方法。

2. 间接标价法

间接标价法又称应收标价法，是指以外币表示本币的价格，也就是说以一定单位（如 1、100、1 000 等）的本币为标准，将其折算成一定数额的外币。如在英国伦敦外汇市场 GBP 1 = USD 1.361 6、GBP 1 = CHF 1.361 6。在这种标价法下，本币数额固定不变，外币的数额则随着本、外币币值的变化而变化。如果外币的数额变小，则表示本币对外币的汇率下降，说明外币升值，本币贬值；反之，如果外币的数额变大，则表示本币对外币的汇率上升，说明本币升值，外币贬值。目前实行间接标价法的国家主要有英国和澳大利亚。

3. 美元标价法

美元标价法是指在国际上进行外汇交易时，银行间的报价通常以美元为基准来表示各种货币的价格，即以若干数量非美元货币来表示一定单位美元的价值。例如，瑞士某银行牌价：USD 1 = CHF 0.839 2、USD 1 = JPY 80.171、USD 1 = GBP 0.616 3。自 20 世纪 50 年代起，国际金融市场开始采用美元标价法。目前，欧洲各国的货币汇率仍然以对美元的比价为基准。国际金融市场上一些较大银行的外汇牌价也都是公布美元兑其他主要货币的汇价，这主要是为了方便外汇市场参与者对不同市场的汇价进行比较。

三、汇率的分类

在实际应用中，汇率的种类很多，从不同的角度分为以下几类。

1. 法定汇率与市场汇率

按外汇是否受政府金融管理当局管制进行划分，汇率可划分为法定汇率与市场汇率。

法定汇率又称官方汇率，是指由国家货币金融管理当局以法律形式对本币确定并公布的汇率，因而官方的外汇交易都是以法定汇率为标准的。在金本位制度下，货币的发行是以黄金为基础的，流通中的货币是以一定重量和成色的黄金铸成的金币。货币的单位价值就是铸币所含黄金的重量。法定汇率是以两种货币含金量之比确定的。在不兑现的纸币制度下，纸币的含金量是名义上的。货币的法定汇率不再由货币的含金量确定，而是由货币的名义价值来确定的。法定汇率是官方买卖外汇的价格。

市场汇率是指外汇市场上，买卖双方达成交易的实际汇率。市场汇率是在外汇市场上真正起作用的汇率，其随着市场供求关系的变化而波动，受市场机制的调节。在实行外汇管制的国家，外汇管理当局会利用各种手段对市场汇率进行干预，使之不过于偏离法定汇率。在没有外汇管制或外汇管制较松的国家，都有外汇自由交易市场，市场汇率会随外汇的余缺而波动，外汇自由交易市场的外汇交易一般按市场汇率进行；在外汇管制较严的国家，往往会出现大大高于法定汇率价格的黑市市场汇率。

2. 贸易汇率与金融汇率

根据外汇资金性质和用途的不同，汇率可划分为贸易汇率和金融汇率。

贸易汇率是指政府为了推动本国出口贸易的发展，改善国际收支状况而采用的汇率。它是进出口贸易及其从属费用所需外汇买卖时使用的汇率。贸易汇率是一种官定汇率。某些实行外汇管制的国家，对出口外汇收入的卖出、进口所需外汇的买进以及由进出口贸易发生的运输费、佣金、邮电费和银行手续费的收入和支出，分别规定不同的结算汇率；有些国家对贸易和非贸易收支分别规定不同的汇率。

金融汇率又称非贸易汇率，是指非贸易往来买卖外汇所使用的汇率，主要用于资金流通、旅游事业等非贸易收支。金融汇率适用的范围很广，既包括资本的输入和输出，运输、港口、保险、通信等各种劳务的收入和支出，也包括使领馆费用、广告费、专利费、银行手续费等方面的收入和支出，还包括侨汇、年金、赠与和政府间经济军事援助、战争赔款等方面的收入和支出。

3. 单一汇率与多元汇率

根据汇率适用范围的不同，汇率可划分为单一汇率与多元汇率。

单一汇率是指一国对外只规定一种汇率。在实行单一汇率的国家，不区分贸易和非贸易外汇收支，均按一种汇率进行外汇买卖。在外汇管制较松、国际收支状况较好的国家，通常实行单一汇率。

多元汇率是指对本币与另一种货币的交易同时规定两种或两种以上的汇率。货币行政当局对贸易和非贸易外汇买卖分别实行不同的汇率。在某些实行外汇管制的国家，根据进出口商品类别和非贸易收支的不同性质，政府分别规定了多种进出口汇率和非贸易汇率，借以抑制某些高档商品和高级消费品的进口，鼓励必需品的进口，抑制必需品的出口，鼓励非必需品的出口，限制非必需品的其他外汇收支，对某种特定的外汇开支予以扶持等。

4. 即期汇率与远期汇率

根据外汇交易交割期限的不同，汇率可划分为即期汇率与远期汇率。

即期汇率也称现汇汇率，即外汇买卖成交后，买卖双方在当天或在两个营业日内进行交割所使用的汇率。一般在外汇市场上挂牌的汇率，除特别标明远期汇率以外都是指即期汇率。即期汇率是外汇市场上使用最多的汇率。以前，即期外汇交易是通过电话、电报、电传的方式进行的，因此即期汇率也称为电汇汇率。自1973年各国普遍实行浮动汇率制以来，汇率的变动极其频繁。进出口商为了加速资金周转和避免汇率变动的风险，常采用即期汇率。经营外汇业务的银行，为了及时平衡外汇头寸，也大量采用即期汇率。

远期汇率也称期汇汇率，是由外汇买卖双方签订合同，约定在未来某一时间进行外汇实际交割所使用的汇率。远期外汇买卖是一种预约性的交易，是由于外汇购买者对外汇资金需要的时间不同，以及为了避免外汇风险而产生的。远期汇率的变动受货币利率的变化和外汇市场供求状况变化的影响。远期汇率是以即期汇率为基础的，用即期汇率的"升水""贴水""平价"来表示，远期汇率与即期汇率的差额称为汇水。

如果远期汇率比即期汇率高，则表示"升水"；如果远期汇率比即期汇率低，则表示"贴水"；如果远期汇率等于即期汇率，则表示"平价"。远期汇率的计算方法因汇率的标价方法不同而异。在直接标价法下，远期汇率为即期汇率加上升水或减去贴水；在间接标价法下，远期汇率等于即期汇率减去升水或加上贴水。

5. 买入汇率、卖出汇率、中间汇率

根据银行买卖外汇的方向不同，汇率可划分为买入汇率、卖出汇率和中间汇率。表 1.2 所示为 2019 年 7 月 21 日中国银行的部分外汇牌价。

表 1.2 中国银行外汇牌价（部分牌价，以 100 单位外币/人民币）

货币名称	代码	现汇买入价	现钞买入价	现汇卖出价	现钞卖出价	中行折算价	发布日期
阿联酋迪拉姆	AED	—	180.93	—	194.05	187.54	2019-07-21
澳元	AUD	473.62	458.91	477.1	478.27	475.34	2019-07-21
巴西雷亚尔	BRL	—	174.84	—	191.23	182.23	2019-07-21
加元	CAD	521.23	504.78	525.08	526.35	523.28	2019-07-21
瑞士法郎	CHF	692.07	670.71	696.93	699.22	694.51	2019-07-21
丹麦克朗	DKK	102.29	99.13	103.11	103.4	102.8	2019-07-21
欧元	EUR	764.31	740.57	769.95	771.66	767.49	2019-07-21
英镑	GBP	834.26	808.34	840.41	842.45	841.7	2019-07-21
印度尼西亚卢比	IDR	—	0.047 4	—	0.050 8	0.049 1	2019-07-21
印度卢比	INR	—	9.418	—	10.620 2	10.025 8	2019-07-21
日元	JPY	6.315 9	6.119 7	6.362 4	6.365 8	6.328 1	2019-07-21
韩元	KRW	0.580 5	0.560 1	0.585 1	0.606 4	0.582 4	2019-07-21
马来西亚林吉特	MYR	167.5	—	169.01	—	167.05	2019-07-21
挪威克朗	NOK	78.67	76.25	79.31	79.53	79.18	2019-07-21
新西兰元	NZD	454.78	440.75	457.98	463.59	456.73	2019-07-21

买入汇率，又称买入价，是指银行买入外汇时的汇率。在直接标价法下，外币折合成本币数额较少的价格为买入价；在间接标价法下，本币折合成外币数额较多的价格为买入价。

卖出汇率，又称卖出价，是指银行卖出外汇时的汇率。在直接标价法下，外币折合成本币数额较多的是卖出价；在间接标价法下，本币折合成外币数额较少的是卖出价。

例如，USD 1 = JPY 80.171-80.183。在东京外汇市场，使用直接标价法，前者 80.171 为买入价，后者 80.183 为卖出价。而在纽约外汇市场，则使用间接标价法，前者 80.171 为卖出价，后者 80.183 为买入价。

中间汇率也称中间价，即买入和卖出汇率的算术平均数，即

$$中间汇率 = （买入汇率 + 卖出汇率） \div 2$$

中间汇率多在理论分析和媒体报道中使用，但中间汇率不是外汇买卖业务中实际成交的汇率。

为什么银行的外币现钞买入价低于现汇买入价？

现钞买入价是指银行买入外币现钞、客户卖出外币现钞的价格，即结汇的汇率。现钞买入价也就是指银行买入外币现钞所使用的汇率。与买入现汇相比，银行买入现钞后要承担更高的成本费用。客户把现汇卖给银行，就是把客户在国外银行的外汇存款卖给银行。这笔外汇存款从客户卖给银行的那一刻起，就从客户的名下转移到银行的名下。银行只需要作相应的账务处理，就可以马上得到这笔在国外银行的外汇存款，并可以马上开始计算利息。

如果银行买入的是外币现钞，由于外币现钞不能在交易的当地流通使用，银行就需要把这些外币现钞运往国外，所以银行不仅不能立即获得存款和利息，而且还需要支付费用来保管这些现钞。等到外币现钞积累到足够数量，银行才把这些外币现钞运送到国外，存入国外的银行。直到那时，银行才能获得在国外银行的外汇存款并开始获得利息。银行收兑外币现钞需要支付的具体费用包括现钞管理费、运输费、保险费、包装费等，这些费用就反映在外币的现钞买入价低于现汇买入价的差额里。

6．基本汇率与套算汇率

根据汇率制定方法的不同，汇率可划分为基本汇率与套算汇率。

基本汇率是指针对本币与关键货币的价值之比制定的汇率。关键货币，是指一国国际收支中使用最多、外汇储备中所占比重最大，且在国际上被广为接受的、可自由兑换的货币。美元是国际上使用最广泛的货币，所以大多数国家都把美元当作关键货币。

套算汇率是指根据基本汇率对其他汇率进行套算得到的汇率，又称交叉汇率。现举例说明套算汇率的计算方法。

【例1.1】 假设在我国外汇市场：USD 1 = CNY 6.46，在伦敦外汇市场：GBP 1 = USD 1.62，则 GBP 1 = 6.46 × 1.62 = CNY 10.465 2。

例1.1所示的这种套算方法的特点是：一个是直接标价法，另一个是间接标价法，套算时用乘法。

【例1.2】 假设在我国外汇市场：USD 1 = CNY 6.46，在东京外汇市场：USD 1 = JPY 79.46，则 JPY 1 = 6.46 ÷ 79.46 ≈ CNY 0.081 3。

例1.2所示的这种套算方法的特点是：两个都是直接标价法或间接标价法，套算时用除法。

7．电汇汇率、信汇汇率与票汇汇率

根据外汇交易支付通知方式的不同，汇率可划分为电汇汇率、信汇汇率与票汇汇率。

电汇汇率（简称 T/T rate）是指银行卖出外汇后，以电报、电话、电传为传达工具，通知其国外分支行或代理行付款时使用的一种汇率。电汇是速度最快的一种汇款方式，可以使收款人在最短的时间内收到汇款。不同外汇市场之间较大金额的外汇买卖通常使用电汇的方式进行。电汇汇率与信汇汇率和票汇汇率相比，汇率较高。电汇汇率现已成为计算其他各种汇率的基本汇率。

信汇汇率（简称 M/T rate）是指以信函方式进行外汇交易时所使用的汇率。信汇是付款人委托其所在国有关银行，用邮政通信方式委托收款人所在国的有关银行向收款人付款。信函方式收付外汇比电汇要慢，所以其汇率比电汇的汇率低。

票汇汇率（简称 D/D rate）是指以汇票、支票和其他票据作为支付方式进行外汇买卖的汇率。它又分为即期票汇汇率、远期票汇汇率和现钞价三种。即期票汇汇率，是指买卖即期汇票的汇率；远期票汇汇率，是指以即期票汇汇率为基础，扣除汇票远期付款贴现利息后得出的汇率；现钞价，是指买卖外币现钞的价格，一般按电汇的买入价扣除钞票的运送费、保险费和邮程的利息计算。由于票汇汇率通常采用票汇通知的方式，从卖出外汇到实际支付外汇间隔时间较长，所以票汇汇率一般较电汇的汇率低。

8. 开盘汇率与收盘汇率

根据外汇市场开盘与收盘的时间不同，汇率可划分为开盘汇率与收盘汇率。

开盘汇率是指每个营业日外汇市场买卖交易开始时的汇率，又叫开盘价。

收盘汇率是指每个营业日外汇市场买卖交易终了时的汇率，又叫收盘价。

9. 固定汇率和浮动汇率

按汇率制度的不同，汇率可分为固定汇率和浮动汇率。

固定汇率是指一种货币同另一种货币的汇率基本固定，汇率波动限定在一定范围内，由官方干预来保证汇率的稳定。固定汇率制度是在金本位制度下和布雷顿森林体系下通行的汇率制度。目前，一些发展中国家实行的仍然固定汇率制度。

浮动汇率是指货币当局不规定本币对其他货币的官方汇率，也没有汇率波动幅度的上下限制，外汇汇率随着外汇市场的供求变化而波动。当外币供过于求时，外币贬值，本币升值，外汇汇率下跌；相反，当外币供不应求时，外币升值，本币贬值，外汇汇率上涨。

四、汇率变动对经济的影响

汇率的变动会对一国的国际收支、国内经济和国际经济关系产生重要的影响。一般来说，汇率变动对经济开放、对外依赖程度较高、外汇管制较松的国家影响较大，对外汇管制较严、对外依赖程度较低的国家影响较小。

（一）汇率变动对国际收支的影响

汇率变动对一国国际收支在进出口贸易、非贸易收支、国际资本流动和外汇储备等几方面都有一定的影响。

1. 汇率变动对进出口贸易的影响

汇率的变动会引起进出口商品价格的变动，从而影响一国的进出口贸易。如果某种货币汇率下跌或该货币贬值，则货币发行国以外币计价的出口商品价格就比以前便宜，从而增强本国商品的国际竞争力，有利于出口；同时，该国以本币计价的进口商品价格就比以前要高，在一定程度上会抑制本国消费者对进口商品的需求，从而起到减少进口的作用。反之，如果某种货币汇率上升或该货币升值，则会发生与上述相反的情况，不仅会削弱货币发行国商品的国际竞争力，还会刺激本国消费者对进口商品的需求，起到增加进口的作用。汇率变动对进出口贸易的影响受进出口商品的供求弹性的制约，并存在着一个时滞问题。

2. 汇率变动对非贸易收支的影响

在其他条件不变的情况下，某种货币汇率下跌或该货币贬值，就相当于以本币所表现的外币价格上涨，如果货币发行国国内的物价水平未变，则在该国国内的外币购买力就相对增强。这样就对外国游客增加了吸引力，促进了本国旅游和其他非贸易收入的增加。反过来，在该种货币贬值后，国外的旅游和其他劳务开支对本国居民来说相对提高，进而抑制了本国的对外劳务支出。应该看到，本币贬值对一国的单方面转移收支可能会产生不利影响。以外国侨民赡家汇款收入为例，本币贬值后，单位外币所能换到的本币增加，而对侨民来说，一定的以本币表示的赡家费用就只需用更少的外币来支付，从而使本国的外币侨汇数量下降。

3. 汇率变动对国际资本流动的影响

资本流动，尤其是短期资本的流动对汇率变动的反应最为敏锐和迅速。当该种货币汇率下跌或该货币贬值时，货币发行国的资本为了防止货币贬值的损失，常常会逃往国外；存于本国银行的国际短期资本或其他投资，也会转往他国，以防止货币贬值造成损失。这样不仅会使该国国内投资的规模缩减，而且也会导致该国对外支出的增加，使该国的国际收支状况恶化。反之，如果以本币所表示的外币汇率下降，即本币升值，则对资本流动的影响与上述情况相反，会促进该国国内的投资规模增加，改善该国的国际收支状况。

4. 汇率变动对外汇储备的影响

黄金、外汇、在国际货币基金组织的储备头寸以及特别提款权是国际储备的基本内容，其中外汇占主要地位。

作为储备货币的汇率上升或下降，会直接影响一国储备资产实际价值的变动。若某种储备货币的汇率下跌，则持有这种货币作为储备的国家就会遭受损失，而发行这种储备货币的国家则转嫁了货币贬值的损失，减少了债务负担；反之，若某种储备货币的汇率上涨，则持有这种货币作为储备的国家就会获利。由于世界各国外汇储备在整个储备中的比重各不相同，发达国家的外汇储备约为整个储备的75%，而发展中国家的外汇储备在整个储备的占比高达90%以上，如果储备货币的汇率下跌，发展中国家会比发达国家蒙受更大的损失。

另外，汇率的不稳定还会对储备货币的地位产生影响。例如，第二次世界大战后的英镑和20世纪70年代的美元，由于汇率下跌和国际收支长期逆差，致使英镑失去了储备货币的地位，美元作为储备货币的地位也遭到严重削弱。原来与美元挂钩的货币或以美元计价的国际经济交易纷纷改为与特别提款权挂钩或以特别提款权计价。当时的联邦德国（西德）、日本和瑞士等国际收支状况较好，其货币坚挺，汇率有上升的趋势，故德国马克、日元和瑞士法郎在国际储备通货中的地位逐渐加强，这几种货币在各国外汇储备中的比重也在不断加大。

（二）汇率变动对国内经济的影响

汇率变动对一国国内物价、就业、资源配置和利率等都有直接和间接的影响。

1. 汇率变动对国内物价的影响

汇率变动对国内经济的直接影响集中表现在对物价的影响上，而物价又对国内其他方面的发展产生影响。

如果某种货币汇率下跌或该货币贬值，就会引起进口商品和以本币表示的商品价格上涨，其中进口商品的价格上涨会直接引起货币发行国国内与这些商品相关消费的物价上涨，如果进口原材料、中间品和机器设备等的价格上升，就会造成该国国内生产使用这些进口物资的非贸易品生产成本上升，从而还会推动该国国内非贸易品价格的上涨。而且汇率下跌还会引起出口扩大、进口缩减，加剧国内的供需矛盾，使国内的整个物价水平提高，又加剧通货膨胀，导致该国的经济恶化。与此相反，如果某种货币的汇率上升或货币升值，则会降低货币发行国国内的物价水平，减缓该国的通货膨胀。

2. 汇率变动对就业的影响

如果某种货币汇率下跌或货币贬值，就会带来货币发行国出口扩大、进口减少，贸易收支会得到改善。如果该国还存在闲置的生产要素（包括劳动力、机器等资本品、原材料），则该国的生产量就会扩大，还可以带动国内经济，扩大就业。出口部门和与进口相竞争部门的就业会随出口的扩大和进口的减少而增加。

3. 汇率变动对资源配置的影响

某种货币汇率下跌或该货币贬值，就会带来货币发行国出口数量扩大，从而使出口商品的本币价格上升。同时，进口商品的本币价格上升也会带动进口替代品的本币价格上升，整个贸易品部门的价格相对于非贸易品部门的价格就会上升，由此会诱发生产资源从非贸易品部门转移到贸易品部门。这样，该国的产业结构就倒向贸易部门，从而提高了本国的对外开放程度，即有更多的产品同外国产品相竞争。

对于发展中国家来说，本币贬值后，有利于进口替代行业生产效率的提高，使得与国外相竞争的贸易品部门扩大，使原先因定值过高而受到歧视性损害的农业部门获得正常发展，有利于发展中国家的农产品出口，从而有助于资源配置效率的提高。

4. 汇率变动对利率的影响

某种货币汇率下跌或该货币贬值，会起到扩出限进的作用，从而带来货币发行国出口增加、进口减少，外汇储备增加，同时会使该国国内的货币供应量增加，利率下降。反之，某种货币汇率上升或该货币升值，会起到限出扩进的作用，从而带来货币发行国出口减少、进口增加，外汇储备减少，同时会使该国国内的货币供应量减少，利率上升。

（三）汇率变动对国际经济关系的影响

汇率变动对国际经济关系的影响主要是发达国家汇率变动对国际经济关系的影响。

（1）汇率的剧烈变动加深了发达国家与发展中国家之间的矛盾。发展中国家的石油和初级产品出口，大部分是以美元计价的，发展中国家应付国际经济变动的能力较弱。汇率的变动，特别是美元汇率的大幅度上升或下跌，对发展中国家的经济影响很大。第二次世界大战后，美元的两次贬值，使初级产品生产国的外汇收入普遍遭受损失，而它们的美元债务，由于订有黄金保值条款，丝毫没有减轻，至于其他非美元债务，有的则相对加重。此外，当美元贬值时，以美元计价国家的外汇储备也会遭受损失。

（2）汇率的变动加剧了发达国家之间的矛盾，促使区域性经济集团的加强和反对美元霸权的发展，进一步激发了美、日、欧之间的贸易战和货币战。同时，世界主要货币汇率的不稳定也给国际储备体系和国际金融体系带来了巨大的不利影响。

第三节　外汇市场基础知识

一、外汇市场的概念

外汇市场是指进行外汇买卖或者货币兑换的交易场所。从全球范围来看，外汇市场是一个 24 小时全天候运作的市场。每天凌晨，大洋洲的惠灵顿、悉尼最先开盘，接着向西是亚洲的日本东京、中国香港、新加坡，然后是欧洲的法兰克福、苏黎世、巴黎和伦敦。由于英国已将传统的格林尼治时间改为欧洲标准时间，英国与欧洲大陆使用了统一的时间，因此，英国与欧洲各国形成了一个大规模的外汇市场。从欧洲时间下午 2 点开始，大西洋彼岸的美国纽约、旧金山和洛杉矶陆续开市。当纽约市场闭市时，大洋洲的外汇市场又开始了新的一天的外汇交易。外汇市场最活跃的时间是欧洲外汇市场的下午，此时，欧洲和美国东海岸两大外汇市场均在营业，是大额交易的最佳时间；而美国西海岸外汇市场闭市，日本东京、中国香港外汇市场刚开市时，外汇交易最为清淡，各国中央银行以及大的外汇投机商均倾向于选择在这一段时间影响外汇汇率，从而影响第二天欧美市场的行情。

二、外汇市场的分类

根据外汇市场的组织形式、经营业务等的不同，外汇市场有不同的分类方式。

1. 有形市场与无形市场

外汇市场就其组织形式而言，可以分为有形市场和无形市场两类，其中以无形市场为主。

有形市场是指具体存在的外汇交易场所。与股票交易所相似，有形市场有固定的营业场所和规定的交易时间。在每个营业日的规定时刻，各大银行的代表在外汇市场面对面地进行外汇交易洽谈，从而确定各种货币对一些主要货币的当日汇率。欧洲大陆除了瑞士的苏黎世市场外，巴黎市场、法兰克福市场、阿姆斯特丹市场、米兰市场等外汇市场均属于有形市场。有形市场是早期的外汇市场，现在，外汇市场在交易所外也得到了迅速发展。在有形市场内进行的交易仅限于决定对顾客交易的公定汇率，或用于调整各自即期外汇交易的余额，其他的大部分交易实际上都在有形市场之外完成。

无形市场是指没有具体的外汇交易场所的市场。在无形市场中，交易双方通过电话、电报等通信设施来达成外汇交易。无形市场不仅大大提高了外汇市场的运作效率，而且也消除了地点套汇的可能。世界上较大的外汇市场都是无形市场，如伦敦市场、纽约市场、东京市场、苏黎世市场等。

2. 即期外汇市场、远期外汇市场、外汇期货市场与外汇期权市场

根据经营业务的种类不同，外汇市场可分为即期外汇市场、远期外汇市场、外汇期货市场和外汇期权市场四大类。从市场份额来看，2004 年以来，即期交易、远期交易、互换交易和场外衍生品交易的市场占比分别为 20%、6%、32%和 42%。从市场形态来看，即期、远期外汇市场均属于无形市场，而外汇期货、期权市场则有固定的交易场所。1972 年 5 月，美国芝加哥商业交易所开设的国际货币市场，是最早的外汇期货市场。到 21 世纪初，世界上已有20 多家期货交易所开办了外汇期货、期权及其他衍生金融工具业务。

三、外汇市场的主要特征

外汇市场的飞速发展与外汇市场本身的特点密切相关，其主要特点如下。

1. 有市无场

外汇买卖是通过没有统一操作市场的网络进行的，不像股票交易那样有集中统一的地点或系统。外汇交易的网络是全球性的，并且形成了没有组织的"组织"。无形市场是由大家认

同的方式和先进的信息系统进行联系，经纪商也不具有任何组织的会员资格，但必须获得同行的信任和认可，近些年部分国家已逐步开始对经纪商进行监管。这种没有统一场地的外汇交易市场被称为"有市无场"。

其他金融市场多属于"有市有场"。西方工业国家的金融业基本上有两套系统，即集中买卖的中央操作和没有统一固定场所的行商网络。股票买卖是通过交易所进行的，如美国的纽约证券交易所、中国的上海证券交易所。这些集中买卖的金融商品，其报价、交易时间和交收程序都有统一的规定，并成立了同业协会，制定了同业守则。投资者需要通过经纪公司买卖所需的商品，这就是"有市有场"。

全球外汇市场每天的总交易量约有 6.6 万亿美元（2019 年），这种"有市无场"的外汇市场在如此大交易量的情况下，也能保证交易的即时性和成交的可靠性。海量的外汇市场资金就是在这种既没有集中交易的场所，又没有中央清算系统管制，并且还没有政府的监督的情况下完成安全清算和资金转移的。

2. 24 小时连续营业

外汇市场是一个全球性的市场，由于全球各金融中心的地理位置不同，亚洲市场、欧洲市场、美洲市场因时间差的关系，刚好连接成一个全天候 24 小时连续营业的全球外汇市场。

以北京时间为例，每个交易日的凌晨 4 点，一般看作上一个交易日的收盘时间；04:00，新西兰的惠灵顿市场开盘，拉开了新一天交易的序幕；06:00，澳大利亚悉尼市场开盘；08:00，日本东京市场开盘；09:00，中国香港市场开盘；14:30，德国法兰克福市场开盘；15:30，英国伦敦市场开盘；20:30，美国纽约市场开盘。

外汇市场如此 24 小时不间断运行，成为一个不分昼夜的市场，只有星期六、星期日以及各国的重大节日，外汇市场才会关闭。外汇市场 24 小时连续营业，为投资者提供了没有时间和空间障碍的理想投资场所，投资者可以寻找适合的时机进行交易。无论是白天还是晚上，外汇市场随时会对全球经济、社会和政治事件作出反应，这也决定了除了每周一早上开盘之外，外汇市场的其他交易时间都不会出现跳空的行情，汇率的走势通常都是连续的。20 世纪 90 年代以来，网络技术的迅猛发展使得在线交易逐渐普及。不管投资者在哪里，只要有网络，他都可以在市场开业的时间进行交易。因此，可以说外汇市场是一个没有时间和空间障碍的市场。现在，我国绝大多数银行都提供 24 小时在线的外汇交易；国外的外汇经纪商也提供了众多适合个人投资者操作的 24 小时运转的保证金外汇交易平台。

3. 零和游戏

在股票市场上，如果某只股票的价格出现上升或者下降，那么该只股票的总市值就会相应上升或下降。例如，中国股市某只股票的价格从 20 元下跌到 10 元，那么这只股票的价值也会随之减少一半，股东资产也会相应缩水。股票市场是通过上市公司的发展而产生价值的。然而，在外汇市场上，汇率的波动所表示的价值量的变化和股票价值量的变化完全不一样，这是由于汇率反映的是两种货币的交换比率，汇率变化的实质就是一种货币价值的减少与另一种货币价值的增加。

【例 1.3】 2020 年 5 月 29 日美元兑人民币汇率中间价报 7.131 6，跌破 2008 年 3 月以来的低点。但此后，人民币开启上涨模式，7 个月时间，反弹幅度超 7 000 点。2021 年 1 月 4 日美元兑人民币汇率中间价报 6.469 3，这就说明这 7 个月的时间美元的币值在下降，而人民币的币值在上涨，但从总的价值上来讲，并不会增加价值，也不会减少价值。

尽管外汇汇价变化很大，但是只要国家不消亡，货币就不会变成废纸，即使某种货币的汇率一直下跌，它总会代表一定的价值，无非是在这种货币汇率下跌的过程中增加了其他货币的价值。因此，我们说外汇交易是"零和游戏"，更确切地说是财富在不同国家之间的转移，通过外汇市场的交易，每天都在进行货币价值的"财富重新分配"。

上述外汇市场的三个基本特点决定了：①外汇市场是全球最大的市场；②外汇市场是全球最公平、最透明的市场；③外汇市场的汇率走势最为规范，最符合技术分析原理。

📖 小知识

外汇市场适宜交易的时段

1. 不同地区外汇市场重叠交易时段，如亚洲市场和欧洲市场重叠交易时段（北京时间 15:00—16:00），欧洲市场和北美洲市场重叠区交易时段（北京时间 20:00—24:00），该时段的市场最活跃。

2. 伦敦、纽约两个市场的重叠交易时段（北京时间 20:00—24:00），是各国银行外汇交易最密集的时段，也是每天外汇市场交易最频繁、市场波动最大、大宗交易最多的时段。

3. 每周的中间时段（北京时间周二至周四）是一周内外汇交易较活跃的时段，在这一时段较适宜进行外汇交易。

外汇市场不适宜交易的时段

1. 周五：周末闭市期间可能会有一些出乎意料的消息产生，因此，此时交易风险较大。

2. 节假日：一些银行在节假日时可能会停止营业，市场交易清淡，不宜进行外汇交易。

3. 重大事件发生时：可能会对市场造成巨大影响，带来汇率的剧烈变动，此时进行外汇交易风险较大。

四、外汇市场的主要参与者

一般而言，在外汇市场上，外汇交易的参与者主要分为两个层面、五大类别。两个层面是银行间交易和银行对客户的零售交易。银行间交易，包括商业银行之间、商业银行和中央银行之间的交易，一般每次交易的成交起点是 100 万美元或等值的其他货币。银行对客户的交易金额大小不限，银行往往通过分支机构汇聚百万美元以下的交易，然后转到批发市场上成交。五大类别的参与者是外汇银行、经纪人、一般客户、外汇投机者和中央银行。这五大参与者之间的相互交易，形成了整个外汇市场的交易。外汇市场的交易范围包括外汇银行与外汇经纪人或客户之间的交易、同一外汇市场的外汇银行之间的交易、不同外汇市场的外汇银行之间的交易、中央银行与外汇银行之间的交易以及各国中央银行之间的交易。

1. 外汇银行

外汇银行是外汇市场的主体，一般经中央银行指定或授权许可经营外汇业务。外汇银行包括以经营外汇业务为主的本国专营银行，兼营外汇业务的本国银行和其他金融机构，设在本国的外国银行分支机构、代办处或其他金融机构。外汇银行可以与外汇市场中的所有其他参与者发生交易，包括外汇经纪人、客户、其他外汇银行和中央银行。

外汇银行在外汇交易中主要有两个渠道获利。外汇银行直接代客户买卖外汇，赚取价差。外汇银行在向客户报出的外币买卖价格中存在一个价差，如 USD1 = CHF 0.849 0/0.849 6，即银行买入美元的汇率价格为 0.849 0 瑞士法郎，而卖出美元的汇率价格为 0.849 6 瑞士法郎，价差为 0.000 6 瑞士法郎。外汇银行通过代客户买卖外汇而赚取这一价差。除了传统的价差赢利外，外汇银行还开展了诸如掉期、期货、期权等外汇创新业务，通过这些业务来为客户安排外汇保值或套利，从中收取一定比例的服务费和手续费。现在，此项收入已成为外汇银行的主要收入来源。当然，外汇银行也可以在本行的经营方针和限额之内，通过调动外汇头寸进行外汇投机而获利。

2. 经纪人

经纪人包括外汇经纪人和外汇交易员。外汇经纪人是专门介绍外汇买卖业务、促使买卖双方成交的中间人。外汇经纪人能为客户提供最新、最可靠、最有利的信息，还能代理客户进行交易。许多大银行能够独立地进行外汇买卖，但它们还是经常通过经纪人进行外汇交易，这不仅是因为经纪人能报出更有利的价格，更重要的是这样能避免暴露自己身份，有利于银行自己实施其市场策略。

外汇交易员是外汇银行中专门从事外汇交易的人员，外汇交易员向客户进行报价，代理银行进行外汇买卖。根据承担工作的责任不同，外汇交易员可以分为首席交易员、高级交易员、交易员、初级交易员和实习交易员。首席交易员一般负责几种主要外汇的买卖，交易金额不受限制；高级交易员负责较重要的外汇交易，在交易金额上的限制也很少；交易员、初级交易员和实习交易员只负责一种货币的交易，而且根据经验规定了其交易限额，超限额交易时，要请示高级交易员或首席交易员同意后，方可进行交易。

3. 一般客户

一般客户是指外汇市场上除外汇银行之外的企业、机关、团体和个人。他们是外汇的最初供应者和最终需求者，如从事进出口贸易的企业、进行跨国投资的企业和偿还外币负债的企业以及需要外汇的个人等。一般客户的外汇买卖活动反映了外汇市场的实质性供求，尽管这部分交易在外汇市场中所占比重不大，但其对一国的国民经济会产生重要的影响。

4. 外汇投机者

外汇投机者是通过预测汇率的涨跌趋势，利用某种货币汇率的时间差异，低买高卖，赚取投机利润的市场参与者。

5. 中央银行

中央银行是外汇市场的特殊参与者，它进行外汇买卖不是为了牟取利润，而是为了监督和管理本国的外汇市场，使之有利于本国宏观经济政策的贯彻或符合国际协定的要求。美国、英国官方对外汇市场的干预均是利用外汇平准账户进行的。中央银行干预外汇市场的一大直接手段则是外汇管制。纽约联邦储备银行和英格兰银行会定期进行市场调查，监督外汇市场的交易。而日本对外汇活动的监管则相对更严，外汇经纪人完成的每一笔交易详情都必须呈报日本中央银行。中央银行是承担该国国际储备的银行，它还通过在外汇市场上买卖外汇来增减其外汇储备或调整外汇储备的结构。

🤓 小知识

国际清算银行（BIS）2019 年 9 月发布的全球外汇调查报告显示：全球外汇日均交易量达到 6.6 万亿美元（2013 年为 5.3 万亿美元）。2016 年至 2019 年现货交易量增加了 20%，达到 1.98 万亿美元，但在全球外汇交易活动中的份额从 33% 下降到 30%。相比之下，外汇掉期交易的市场份额持续增长，在 2019 年 4 月占外汇市场总交易量的 49%。

外汇交易继续集中在几大金融中心，英国伦敦、美国纽约、新加坡、中国香港、日本东京的外汇市场总交易量占比由 2016 年的 77% 升至 2019 年的 79%。中国上海的外汇市场总交易量首次跻身前八。

美元是全球外汇市场交易量最大的货币，占比为88%；欧元占比为33%；日元排名第三，但份额有所下降。货币对方面，主要货币对排名前七的依次为 EUR/USD、USD/JPY、GBP/USD、UDS/EME（新兴市场国家货币）、AUD/USD、USD/CAD、USD/CNY 等，这7个货币对的交易量合计占总交易量的85%。交叉货币对排名前三的依次为 EUR/GBP、EUR/JPY、EUR/CHF。

五、外汇市场的作用

外汇市场对于各国来说有以下几个作用。

（1）有利于实现各种货币购买力的国际转移。实现各种货币购买力国际转移是外汇市场的基本功能。外币的购买力在本国得以实现必须通过外汇市场，外币需要兑换为本币才能在该国实现其购买力。

（2）有利于国际债权债务的清算和提供国际资金融通。通过外汇市场，国际上的交易、投资和借贷所产生的债权债务得以清偿，使国际支付及国际清算工作得以顺利进行。

（3）有利于提供避免外汇风险的手段。有些公司或银行，特别是一些未来支出与收入以外币表示的进口商、投资者以及跨国企业等都会面临汇率风险。因为他们都有远期外汇的收支活动，为了避免由于远期汇率的变动而蒙受损失，他们可以通过外汇市场进行远期外汇买卖，或通过其他外汇金融衍生品进行套期保值，避免外汇风险。

（4）有利于提供投资（投机）机会。外汇市场上的投机者，可以利用各种货币利率的差异和汇率的变动进行投机。例如，当投机者预测未来汇率的升值率可能会大于两种货币利率差时，就可以通过借入高利率国家的货币购买低利率国家的货币，从中套取汇差；反之，当投机者预测未来汇率的升值率可能会低于两种货币利率差时，就可以通过卖出低利率国家的货币，存入高利率国家的货币，从中套取利差。

（5）有利于为各国政府和跨国企业提供运作服务。当政府的国际收支出现暂时性不平衡时，政府需要通过外汇买卖平衡国际收支；跨国企业为了全球业务的发展，也需要在外汇市场上买卖各种货币以满足企业业务发展的需求。

（6）有利于提高国际上资金的使用效率。世界各国的闲置资金多半都是在外汇市场上调剂运用。例如，我国的外汇储备主要存放在各主要外汇市场上或购买外国的有价证券，这就为国际性银行资金运营提供了条件。通过银行的运作，既给外汇资金盈余方带来了利息收入，又通过银行的运作提高了外汇资金的使用效率，还调剂了各国外汇资金的余缺。

六、世界主要外汇市场

目前，世界主要的外汇市场大约有30多个，分布于不同的国家和地区。根据传统的地域划分，世界主要外汇市场可分为亚洲市场、欧洲市场、北美洲市场三大部分。其中，最重要的外汇市场有伦敦市场、纽约市场、东京市场、香港市场、新加坡市场、苏黎世市场、法兰克福市场、巴黎市场等。另外，一些新兴的区域性外汇市场也陆续涌现，并逐渐发展起来，如巴拿马市场、开罗市场和巴林市场等。上海市场在世界外汇市场的地位在日益提升。

每一个外汇市场都有其自身的特点。外汇市场是从事外汇交易和外汇投机的场所。随着外汇交易日益电子化和网络化，取而代之的是通过计算机网络来进行外汇的报价、询价、买入、卖出、交割及清算。

1. 伦敦外汇市场

伦敦是历史悠久的国际金融中心，其货币市场、资本市场都是国际化的市场。外汇市场的繁荣又巩固了伦敦作为国际金融中心的地位。伦敦之所以能成为全球最大的外汇市场，有历史、地理和软环境等多种原因。

伦敦外汇市场由经营外汇业务的英国银行及外国银行在伦敦的分行、外汇经纪人、其他经营外汇业务的非银行金融机构和英格兰银行构成。伦敦外汇市场有约300家持有英格兰银行执照的外汇指定银行，其中包括各大清算银行的海外分行。世界100家最大的商业银行几乎都在伦敦设立了分行。它们向顾客提供各种外汇服务，并相互间进行大规模的外汇交易。伦敦外汇市场上的外汇经纪机构有90多家，这些外汇经纪机构组成经纪协会，控制了伦敦外汇市场上银行同业之间的交易。

伦敦外汇市场没有固定的交易场所，是通过电传、电报、电话及计算机控制系统进行交易的。伦敦市场上的交易货币几乎包括所有的可兑换货币，规模最大的外汇交易是英镑兑美元的交易，其次是英镑兑欧元和英镑兑日元的交易。此外，像美元兑欧元、欧元兑日元、日元兑美元等多边交易，在伦敦外汇市场上也普遍存在。

2. 纽约外汇市场

纽约外汇市场不仅是美国外汇业务的中心，也是世界上最重要的国际外汇市场之一，其每日的交易量居世界第二位，也是全球美元交易的清算中心。

纽约外汇市场由三个部分组成：一是银行与客户之间的外汇交易市场；二是纽约银行间的外汇交易市场；三是纽约各银行与国外银行间的外汇交易市场。在纽约外汇市场上交易的货币主要有欧元、英镑、加元、日元和中南美洲主要国家的货币等。纽约外汇市场是一个完全自由的外汇市场，汇率报价既采用直接标价法（指对英镑），又采用间接标价法（对英镑外的其他货币），便于在世界范围内进行美元交易。

3. 东京外汇市场

东京外汇市场是随着日本对外经济和贸易发展而发展起来的，是与日本金融自由化、国际化进程相联系的。从交易的货币和种类看，因为日本的进出口贸易多以美元结算，所以东京外汇市场90%以上的交易是美元兑日元的买卖，日元兑其他货币的交易较少。东京外汇交易市场的外汇交易品种有即期交易、远期交易和掉期交易等。即期外汇交易又分为银行对客户当日结算交易和银行同业间的次日结算交易。东京外汇市场上的即期交易、远期交易所占比重都不高，但掉期交易的业务量很大，其中又以日元兑美元的掉期交易量为最大。

东京外汇市场的交易者是通过现代化通信设施联网进行交易的。东京外汇市场的参与者有五类：一是外汇专业银行，即东京银行；二是外汇指定银行，指可以经营外汇业务的银行，共有342家，其中日本国内银行243家，国外银行99家；三是外汇经纪机构8家；四是其他日本银行；五是非银行客户，主要是企业法人、进出口企业商社、人寿财产保险公司、投资信托公司、信托银行等。

4. 香港外汇市场

我国香港是个自由港口，香港外汇市场是世界上最重要的外汇交易中心之一。香港市场每天开市的时间是上午9点，但许多金融机构半小时以前就有行市显示。到下午5点，各大银行都已冲平当日外汇头寸，基本上不再做新的交易，一般可以认为下午5点是香港外汇市场收市的时间。但实际上，许多机构在香港的外汇市场收市后，还会继续在伦敦市场、纽约市场进行交易，直到纽约市场收市才停止交易。香港外汇市场由两个部分构成：一是港元兑外币的市场，其中包括美元、日元、欧元、英镑、加元、澳元和东南亚国家的货币；二是美元兑其他外汇的市场。这一市场的交易目的在于完成跨国公司、跨国银行资金的国际调拨。

香港外汇市场的交易者通过各种现代化的通信设施和计算机网络进行外汇交易。中国香港的地理位置和时区条件与新加坡相似，可以十分方便地与其他国际外汇市场进行交易。

5. 新加坡外汇市场

新加坡外汇市场是随着亚洲美元市场的发展而发展起来的，主要参与者是外汇银行、外汇经纪人、商业客户和新加坡金融管理局。

新加坡外汇市场大部分交易由外汇经纪人办理，并通过他们把新加坡和世界其他金融中心联系起来。新加坡外汇市场的外汇交易以美元为主，美元的交易金额约占外汇交易总金额的85%。新加坡外汇市场的大部分交易都是即期交易，掉期交易及远期交易合计交易金额仅占交易总金额的1/3。新加坡外汇市场的汇率均以美元报价，非美元货币间的汇率通过套算求得。

6. 苏黎世外汇市场

瑞士苏黎世外汇市场是一个有历史传统的外汇市场，在国际外汇交易中居于重要的地位。在苏黎世外汇市场上，外汇交易是由银行直接通过电话或电传进行的，并不经过经纪人或中间商。由于瑞士法郎一直处于硬货币地位，汇率坚挺稳定，并且瑞士作为资金庇护地，对国际资金有很大的吸引力，同时，瑞士银行还能为客户资金严格保密，这样就吸引了大量资金流入瑞士，所以，苏黎世外汇市场上的外汇交易大部分是由于资金流动而产生的，只有小部分外汇交易是出自对外贸易的需求。

7. 法兰克福外汇市场

法兰克福是德国中央银行（德国联邦银行）所在地。法兰克福外汇市场分为定价市场和一般市场。定价市场由德国官方指定的外汇经纪人负责撮合交易，它们分属于法兰克福、杜塞尔多夫、汉堡、慕尼黑和柏林五个交易所。它们接受各家银行外汇交易委托，如果买卖不平衡，汇率就继续变动，一直变动到买卖相等，或通过德国中央银行的干预以达到平衡，定价活动方告结束，定价结束的时间大约是欧洲时间中午 12:45。

8. 巴黎外汇市场

巴黎外汇市场是巴黎国际金融市场的重要组成部分。巴黎之所以能够成为世界前几位的国际金融中心之一，是由于法国的对外贸易、资本输出和旅游业都比较发达。原则上巴黎外汇市场中的所有银行都可以以中间人的身份为其本身或客户进行外汇买卖。巴黎外汇市场的外汇交易可以在银行之间通过电话直接进行，也可以通过经纪人进行。巴黎外汇市场经常参加外汇交易的银行大约有100家，外汇经纪人约有20名。巴黎外汇市场上进行交易的货币主要有美元、英镑、瑞士法郎等。巴黎外汇市场的汇率标价以欧元作为单位货币，采用间接标价法。

第四节　我国外汇市场

不仅是香港外汇市场在世界上占有重要的地位，我国内地的外汇市场在世界外汇市场中的地位也日益重要。

一、我国外汇市场的发展历程

自改革开放以来，我国外汇市场的发展经历了三个重要阶段。

第一个阶段是 1978—1993 年，我国的改革开放刚刚开始起步，以双轨制为特征。实行外汇留成制度，建立和发展外汇调剂市场，建立了官方汇率与调剂市场汇率并存的双重汇率制度，实行计划和市场相结合的外汇管理体制。

第二个阶段是 1994 年到 21 世纪初，为适应建立社会主义市场经济体制的要求，我国取消了外汇留成与上缴制度，实施银行结售汇制度，实行了以市场供求为基础的、单一的、有管理的浮动汇率制度，建立了统一规范的全国外汇市场，实现了人民币经常项目可兑换，初步确立了市场配置外汇资源的基础地位。特别值得指出的是，这一时期我们成功抵御了亚洲金融风暴的冲击。

第三个阶段是进入 21 世纪以来，我国市场经济体制进一步完善，我国加速融入经济全球化，对外开放进一步扩大，外汇形势发生了根本性变化。我国的外汇管理从"宽进严出"向均衡管理转变，有序推进资本项目可兑换，进一步发挥利率、汇率的作用，促进国际收支平衡，注重防范国际经济风险。从 2009 年 12 月到 2011 年 4 月这一年多的时间，银行间外汇市场取得了一定发展：人民币外汇做市商实行分层制度，调整人民币外汇市场交易时间，增加外汇期权交易品种，增加了人民币兑林吉特、人民币兑卢布、美元兑新加坡元三个货币对，外汇交易系统增加了单独远期报价页面，调整了外币对市场流动性限额等业务。从 2012 年 11 月到 2014 年 6 月，我国还修订了银行间即期外汇市场人民币兑美元交易价浮动幅度，增加了人民币兑日元、人民币兑林吉特、人民币兑卢布、人民币兑澳元、人民币兑新西兰元、人民币兑英镑直接交易做市商的定义，增加了货币掉期无本金交换形式及期权 Delta[①]头寸交换的相关内容，增加了远期掉期净额清算方式。2014 年 6 月到 2018 年 12 月，又增加了人民币兑阿联酋迪拉姆、沙特里亚尔、匈牙利福林、波兰兹罗提、丹麦克朗、瑞典克朗、挪威克朗、土耳其里拉和墨西哥比索共 9 个货币的直接交易相关内容；增加了人民币兑加拿大元、阿联酋迪拉姆、沙特里亚尔、匈牙利福林、波兰兹罗提、丹麦克朗、瑞典克朗、挪威克朗、土耳其里拉和墨西哥比索共 10 个货币的直接交易做市商的定义；增加了外币对交易询价点击成交、新增了 NZD/USD 和 EUR/GBP 两个货币对的相关内容。

👓小知识

我国外汇市场的通用定义

基准货币（base currency）指在一个货币对中被计价标的的货币。

非基准货币（term currency /quote currency）也称计价货币、相对货币，指在一个货币对中用于计量 1 个货币单位基准货币价格的货币。

交易货币（dealt currency）指外汇交易时作为交易标的的货币。交易货币可以是基准货币，也可以是非基准货币。通常发起方发出交易请求时需指明交易货币及交易货币的金额。

对应货币（contra currency）指一个货币对中与交易货币相对应的货币。

【例 1.4】 在美元/人民币（USD/CNY）货币对中，假设美元/人民币汇率为 6.832 1，即

---

① Delta 指外汇即期价格单位变动带来外汇期权价格的绝对变动值，是用以衡量外汇期权风险状况的重要指标，通常用来衡量头寸的风险，详见第七章第二节"二、外汇期权交易的常规事项"。

1 美元兑换 6.832 1 元人民币,美元是基准货币,人民币是非基准货币;在欧元/美元（EUR/USD）货币对中,假设欧元/美元汇率是 1.417 00,即 1 欧元兑换 1.417 00 美元,欧元是基准货币,美元是非基准货币。假设机构 A 与机构 B 达成一笔外汇交易,若买入 USD/CNY 1 000 万美元,则美元是交易货币,人民币是对应货币;若买入 USD/CNY 1 000 万元人民币,则人民币是交易货币,美元是对应货币。

二、我国外汇市场的构成

我国外汇市场一般分成柜台市场和同业市场。

柜台市场又称为零售市场,是外汇指定银行与客户之间的交易市场。

同业市场又称为银行间市场,是外汇指定银行为了轧平其外汇头寸,互相进行交易而形成的外汇买卖市场。

三、人民币兑外币市场和外币兑外币市场

1. 人民币兑外币市场

人民币兑外币市场（inter-bank RMB/FX market）,是指市场参与者之间通过交易中心进行人民币外汇交易的市场。在这一市场内,截至 2018 年 12 月,又增加了 16 个外币兑人民币的即期交易,其中人民币/坚戈（CNY/KZT）、人民币/蒙古图格里克（CNY/MNT）、人民币/柬埔寨瑞尔（CNY/KHR）仅限于区域交易,取消了人民币/泰铢的区域交易限制。我国外汇市场的本币兑外币,是以设在上海外滩的中国外汇交易中心为核心进行运作的。

2. 外币兑外币市场

由于外币兑外币市场不涉及人民币业务,对国内经济的直接冲击较小,所以国家外汇管理部门对外币兑外币的交易限制较少。目前,凡是持有外汇局颁发的外汇业务经营许可证的银行和非银行金融机构几乎都可办理外币兑外币交易的代理业务。该市场的参与者不仅包括企业,还包括持有外汇的居民个人,他们也可以委托银行或有权经营外汇业务的金融机构参与市场交易。

在这一市场内,2014 年 6 月共有欧元/美元（EUR/USD）、英镑/美元（GBP/USD）等 9 种货币对的交易。截至 2018 年 12 月,又增加了新西兰元/美元（NZD/USD）、欧元/英镑（EUR/GBP）2 种货币对的交易,详见中国外汇交易中心网站。

四、我国银行间外汇市场参与者

外汇市场参与者（market participant）是指在银行间外汇市场进行交易的机构,包括会员、尝试做市机构和做市商。

1. 会员

会员（member）是指经有关外汇主管部门批准进入银行间外汇市场交易的机构,分为人民币外汇会员和外币对会员。会员应签署会员协议,并应遵守银行间外汇市场交易规则等规章制度。

2. 尝试做市机构

尝试做市机构（trial market maker）是指经有关外汇主管部门批准,在银行间人民币外汇市场向市场尝试持续提供相应交易品种买、卖双向报价的机构,分为即期尝试做市机构和远期、掉期尝试做市机构。尝试做市机构仍属于人民币外汇会员,不具备人民币外汇做市商的权利。

即期尝试做市机构（spot trial market maker）是指经有关外汇主管部门批准，在人民币外汇即期交易上尝试持续提供买、卖双向报价的机构。

远期、掉期尝试做市机构（forward-swap trial market maker）是指经有关外汇主管部门批准，在人民币外汇远期、掉期和货币掉期交易上尝试持续提供买、卖双向报价的机构。

3. 做市商

做市商（market maker/liquidity provider）是指经有关外汇主管部门批准，在银行间外汇市场向市场持续提供买、卖双向报价，并在规定范围内承诺按所报价格成交的机构，分为人民币外汇做市商和外币对做市商。做市商须签署做市协议，并遵守银行间外汇市场做市商相关规章制度。

人民币外汇做市商可分为综合做市商、即期做市商和远期掉期做市商。

综合做市商（general market maker）是指在人民币外汇即期、远期、掉期和货币掉期等各交易品种持续提供买、卖双向报价，并在规定范围内承诺按所报价格成交的机构。

即期做市商（spot market maker）是指在人民币外汇即期竞价和询价上提供买、卖双向报价，并在规定范围内承诺按所报价格成交的机构。

远期掉期做市商（forward-swap market maker）是指在人民币外汇远期、外汇掉期和货币掉期交易上持续提供买、卖双向报价，并在规定范围内承诺按所报价格成交的机构。

这里要注意以下几点。

（1）同一机构经有关外汇主管部门批准，可以具备人民币外汇会员、人民币外汇做市商、外币对做市商、外币对会员中的一个或多个身份，但人民币外汇做市商必须是人民币外汇会员，外币对做市商则可以不是外币对会员。

（2）申请人民币外汇做市商资格必须先申请相应做市品种的尝试做市机构的资格。

（3）对于人民币外汇市场新批准的交易品种，综合做市商经批准该交易品种的交易资格后，可自动获得该交易品种的做市资格。

五、我国的银行间外汇市场

中国外汇交易中心设在上海，是中央银行领导下的、独立核算、非营利性的事业法人。中国外汇交易中心的主要职能是提供外汇交易的系统，组织外汇交易品种的买卖，办理外汇交易的清算以及有关信息服务。外汇交易市场每周一至周五开市，开市时间为 9:30—16:30，国内法定节假日不开市。如涉及交易币种国家或地区的节假日时，则该货币只进行交易，交割日顺延至下一营业日。我国的银行间外汇市场基本情况见表 1.3。

表 1.3　我国的银行间外汇市场基本情况

银行间外汇市场	交易品种	交易模式	清算模式	交易时间
人民币外汇市场	即期交易	竞价	集中净额清算	周一至周五（法定节假日除外）北京时间 9:30—16:30
		询价	双边全额清算	
			集中净额清算	
	远期交易	询价	双边全额清算	
			双边差额清算	
	掉期交易	询价	双边全额清算	
	货币掉期	询价	双边全额清算	

银行间外汇市场	交易品种	交易模式	清算模式	交易时间
人民币外汇市场	期权交易	询价	期权费：双边清算	
			全额交割期权行权产生的即期交易：双边全额清算或集中净额清算	
			差额交割期权行权产生的轧差金额：双边差额清算	
外币对市场	即期交易	竞价	集中净额清算	周一至周五（法定节假日除外） 北京时间 7:00—19:00
		询价	双边全额清算	
	远期交易	询价	双边全额清算	
	掉期交易	询价	双边全额清算	
	货币掉期	询价	双边全额清算	
	外币利率互换	询价	双边全额清算	
外币拆借市场	/	询价	双边清算	

注：（1）若某外币对即期起息日为人民币假日，则该外币对竞价交易当天休市，但询价仍可正常进行。

（2）人民币兑哈萨克斯坦坚戈区域交易时间是 10:30—19:00；人民币兑蒙古图格里克、人民币兑柬埔寨瑞尔区域交易时间是 9:30—16:30。

外汇交易中心实行会员制，凡经外汇局批准经营外汇业务的金融机构及其分支机构提出申请的市场参与者，经有关外汇主管部门核准后都可成为外汇交易中心的会员。外资银行目前只能代理外汇买卖，不能自营外汇买卖。会员入市可以通过两种方式进行：一种是现场交易，会员可指派其交易员进入交易中心固定的交易场所，通过交易中心为其设立的专用交易台进行交易；另一种是远程交易，是指会员通过其与交易中心系统的计算机联网，在自己设置的交易台进行交易。

我国的银行间外汇市场交易模式（trading model）是指银行间外汇市场提供的外汇交易业务模式，包括竞价交易和询价交易。竞价交易（anonymous）也称匿名交易，是指交易双方通过外汇交易系统匿名报价，系统按照"价格优先、时间优先"的原则进行匹配，达成交易，交易达成后，交易双方通过集中清算模式进行清算的交易模式。竞价交易仅适用于外汇即期交易。询价交易（bilateral）是指有双边授信关系的交易双方，通过外汇交易系统双边直接协商交易要素达成交易，交易达成后，通过双边清算模式或其他清算模式进行清算的交易模式。我国的银行间外汇市场货币对基本参数见表 1.4。

表 1.4　我国的银行间外汇市场货币对基本参数

银行间外汇市场	货币对	报价精度						最小交易金额
		即期	远期	掉期	货币掉期	期权		
						隐含波动率	期权费	
人民币外汇市场	美元/人民币（USD/CNY）	0.000 1	0.01		浮动利率0.01；固定利率0.000 1	0.000 1	百分比：0.000 1 基点：0.01 期权费金额：0.01	即期撮合：100 万美元 即期竞价：1 万基准货币 即期询价意向性报价（RFQ）：交易货币的交易精度
	日元/人民币（100JPY/CNY）	0.000 1						
	港元/人民币（HKD/CNY）	0.000 01			/			
	欧元/人民币（EUR/CNY）	0.000 1						

银行间外汇市场	货币对	报价精度						最小交易金额
		即期	远期	掉期	货币掉期	期权 隐含波动率	期权费	
人民币外汇市场	英镑/人民币（GBP/CNY）	0.000 1						
	澳元/人民币（AUD/CNY）	0.000 1				/	/	即期询价点击成交（ESP）：1万基准货币 远期询价：交易货币的交易精度 远期撮合（C-Forward）：10万美元 无本金交割远期：1万交易货币 掉期询价：交易货币的交易精度 掉期撮合（C-Swap）：100万美元 货币掉期：1万交易货币 期权：1万交易货币 外币利率互换：1万交易货币
	加元/人民币（CAD/CNY）	0.000 1						
	新西兰元/人民币（NZD/CNY）	0.000 1						
	人民币/马来西亚林吉特（CNY/MYR）	0.000 01						
	人民币/俄罗斯卢布（CNY/RUB）	0.000 1						
	人民币/泰铢（CNY/THB）	0.000 1						
	新加坡元/人民币（SGD/CNY）	0.000 1						
	瑞士法郎/人民币（CHF/CNY）	0.000 1						
	人民币/南非兰特（CNY/ZAR）	0.000 1						
	人民币/韩元（CNY/KRW）	0.01						
	人民币/阿联酋迪拉姆（CNY/AED）	0.000 01						
	人民币/沙特里亚尔（CNY/SAR）	0.000 01						
	人民币/匈牙利福林（CNY/HUF）	0.000 1						
	人民币/波兰兹罗提（CNY/PLN）	0.000 01						
	人民币/丹麦克朗（CNY/DKK）	0.000 1						
	人民币/瑞典克朗（CNY/SEK）	0.000 1						
	人民币/挪威克朗（CNY/NOK）	0.000 1						
	人民币/土耳其里拉（CNY/TRY）	0.000 01						
	人民币/墨西哥比索（CNY/MXN）	0.000 1						
	人民币/哈萨克斯坦坚戈（CNY/KZT）（区域交易）	0.000 1						
	人民币/蒙古图格里克（CNY/MNT）（区域交易）	0.01	/					
	人民币/柬埔寨瑞尔（CNY/KHR）（区域交易）	0.01						
外币对市场	欧元/美元（EUR/USD）	0.000 1			浮动利率：0.000 01 固定利率：0.001			
	英镑/美元（GBP/USD）	0.000 1		0.01				
	美元/日元（USD/JPY）	0.000 1			/			
	美元/加元（USD/CAD）	0.000 1						

银行间外汇市场	货币对	报价精度						最小交易金额
		即期	远期	掉期	货币掉期	期权		
						隐含波动率	期权费	
外币对市场	美元/瑞士法郎（USD/CHF）	0.000 1						
	澳元/美元（AUD/USD）	0.000 1						
	美元/港元（USD/HKD）	0.000 1						
	欧元/日元（EUR/JPY）	0.01						
	美元/新加坡元（USD/SGD）	0.000 1						
	新西兰元/美元（NZD/USD）	0.000 01						
	欧元/英镑（EUR/GBP）	0.000 01						

注：（1）表格中的报价精度以小数形式表示，0.01 表示报价精度为 2，0.001 表示报价精度为 3，0.000 1 表示报价精度为 4，0.000 01 表示报价精度为 5，0.000 001 表示报价精度为 6。

（2）远期交易和掉期交易的报价精度均为远期点和掉期点的报价精度。

（3）人民币外汇交易中仅人民币兑美元、欧元、日元、港元、英镑、澳元、新西兰元、新加坡元、瑞士法郎、加拿大元、林吉特、俄罗斯卢布的交易支持竞价交易模式。

（4）人民币外汇货币掉期交易的报价精度为美元兑人民币的报价精度；人民币外汇货币掉期交易仅针对美元报价，但支持人民币兑六种货币（美元、欧元、日元、港元、英镑、澳元）的交易。外币对货币掉期交易的报价精度为欧元兑美元的报价精度；外币对货币掉期交易仅针对欧元报价，但支持美元兑五种货币（欧元、日元、港元、英镑、澳元）的交易。

（5）期权报价的精度包括波动率报价精度与期权费报价精度。

拓展学习提示

在中国外汇交易中心网站搜索"中国外汇交易中心产品指引"，通过搜索到的文件了解我国外汇市场的情况，包括我国外汇市场的构成、外汇交易中的基本名词、外汇交易类型等。

我国的银行间外汇市场清算（clearing）是指交易的匹配确认、盈亏以及双方支付或交割权利义务的计算、结算指令的发送和到账确认等过程。清算包括集中清算和双边清算两种模式，也可以分为全额清算和净额清算两种方式。集中清算（centralized settlement）是指外汇交易达成后，第三方作为中央清算对手方分别向交易双方独立进行资金清算。在银行间外汇市场的竞价交易模式中（包括人民币外汇交易和外币对交易），交易中心作为中央清算对手方与交易双方按集中清算模式进行资金清算。双边清算（bilateral settlement）是指外汇交易达成后，由交易双方按交易要素直接进行资金清算。

【例 1.5】 20×4 年 4 月 21 日，机构 A 和机构 B 达成一笔美元兑人民币即期交易，机构 A 以 CNY/USD 6.160 0 的价格向机构 B 买入 USD 10 000。

双边清算：20×4 年 4 月 23 日，机构 A 向机构 B 支付 CNY 61 600，同时机构 B 向机构 A 支付 USD 10 000。

集中清算：20×4 年 4 月 23 日，机构 A 向中央清算对手方支付 CNY 61 600，同时中央清算对手方向机构 A 支付 USD 10 000；机构 B 向中央清算对手方支付 USD 10 000，同时中央清算对手方向机构 B 支付 CNY 61 600。

全额清算（gross settlement）是指交易双方对彼此之间达成的交易按照交易要素逐笔进行资金清算。净额清算（netting settlement）是指交易双方对同一清算日的交易按币种进行轧差，并根据轧差后的应收或应付资金进行结算。

在银行间外汇市场的询价交易模式中（包括人民币外汇即期交易），交易中心作为中央清算对手方与指定会员按净额清算方式进行资金清算。

【例1.6】 20×4年4月21日，机构A和机构B达成了三笔美元兑人民币即期交易：机构A以CNY/USD 6.157 3的价格向机构B买入USD 10 000；机构A以CNY/USD 6.157 5的价格向机构B卖出USD 10 000；机构A以CNY/USD 6.156 0的价格向机构B买入USD 10 000。

双边全额清算：20×4年4月23日，机构A分三次向机构B支付CNY 61 573、USD 10 000、CNY 61 560；同时机构B分三次向机构A支付USD 10 000、CNY 61 575、USD 10 000。

双边净额清算：20×4年4月23日，机构A只需向机构B轧差支付CNY 61 558（61 573 + 61 560-61 575），同时机构B只需向机构A轧差支付USD 10 000（10 000-10 000+10 000）。

在这里要注意：在竞价交易模式中，人民币外汇交易和外币对交易只在各自内部进行净额清算，不互相进行轧差清算。

本章小结

从动态的角度看，外汇是指人们将一种货币兑换成另一种货币，清偿国际债权债务关系的行为，是国际上的一种汇兑活动。从静态的角度看，外汇一般是指以外币表示的用于进行国际结算的支付手段。广义的外汇是指国际货币基金组织和各国外汇管理法令中的外汇。狭义的外汇就是通常所说的外汇，是指以外币表示的用于国际结算的支付手段。

根据不同的分类标准，可以从不同角度对外汇和汇率进行不同的分类。由于折算的标准不同，外汇汇率有三种标价方法，即间接标价法、直接标价法和美元标价法。汇率的变动会对一国的国际收支、国内经济和国际经济关系产生不同程度的影响。一般来说，汇率变动对经济开放、对外依赖程度较高、外汇管制较松的国家影响较大，对外汇管制较严、对外依赖程度较小的国家影响较小。

外汇市场，是指进行外汇买卖或者货币兑换的交易场所。从全球范围来看，外汇市场是一个24小时全天候运作的市场。目前，世界上大约有30个主要的外汇市场，它们分布在不同的国家和地区。

基本训练

一、填空题

1. 动态的外汇是指一种（　　　）行为。

2. 按外汇的交割期限不同，外汇可以分为（　　　）和（　　　）。

3. 汇率是指两种货币之间的（　　　）。

4. 用本币作为标准货币表示汇率的标价方法是（　　　）。

5. 我国规定外汇是指以外币表示的可以用作（　　　）的支付手段和资产。

6. 一个国家的货币要在国际上被广泛运用和接受并成为通用的外汇，必须具备（　　　）、（　　　）、（　　　）及可偿性等特点。

7. 在国际标准ISO 4217—2008货币代码的三个英文字母中，前两个字母代表（　　　），第三个字母表示（　　　）。

8. 外汇按是否能自由兑换可以分为（　　　）和（　　　）。

9. 按买卖外汇的对象不同，汇率可以分为（　　　）和（　　　）。

10. 外汇按来源和用途的不同可以分为（　　　）和（　　　）。

二、判断题

1. 外汇就是指日常中人们所说的外币。 （　　　）

2. 相对物价上涨率高，本币趋于贬值；相对物价上涨率低，本币趋于升值。 （　　　）

3. 以直接标价法表示的外汇汇率升降与本币对外价值的高低成正比例变化。 （　　　）

4. 从短期看，本国利率上升，本币汇率走强；本国利率下跌，本币汇率走弱。 （　　　）

5. 货币的标准表示为三个大写字母，前两个字母代表该货币所属的国家或地区，第三个字母表示货币单位。 （　　　）

6. 在间接标价法中，本币的数额保持不变，外币的数额随着本币币值的变化而变动。 （　　　）

7. 中间汇率是外汇买卖业务中实际成交的汇率。 （　　　）

8. 商人汇率是银行与银行之间买卖外汇时采用的汇率。 （　　　）

三、案例分析与计算

太顺公司是我国一家生产向美国出口旅游鞋的厂家，其出口产品的人民币底价原来为每箱 5 500 元，按照原来市场汇率 USD 1 = CNY 6.56，公司对外报价每箱为 838.41 美元。但是由于外汇市场供求变动，美元开始贬值，美元兑人民币汇率变为 USD 1 = CNY 6.46，此时太顺公司若仍按原来的美元价格报价，其最终的人民币收入势必会减少。因此，公司经理决定提高每箱旅游鞋的美元定价，以保证最终收入。

请问：太顺公司要把美元价格提高到多少，才能保证其人民币收入不受损失？若公司为了保持在国际市场上的竞争力而维持美元价格不变，则在最终结汇时，该公司每箱旅游鞋要承担多少人民币损失？

四、简答题

1. 汇率变动对经济有哪些影响？
2. 外汇市场有哪些作用？

第二章　外汇交易原理

【学习目标】

理论目标：掌握外汇交易的概念、特点及交易规则；掌握外汇交易的报价技巧；熟悉银行同业间的外汇交易程序及通过经纪人进行外汇交易的程序；掌握外汇交易程序中应该注意的事项；掌握外汇的基本面分析及技术分析；熟悉外汇保证金交易。

技术目标：掌握外汇交易的基本原理、程序，能进行外汇交易基本面和技术分析，能通过外汇行情进行预测和分析，并进行外汇交易。

能力目标：具备从事外汇交易的能力，能熟练进行外汇报价和进行外汇交易一般操作。

引例

外汇交易的新手经常有一种误解，就是认为400倍的杠杆比100倍的杠杆风险大，但事实往往并非如此。首先要明确的是，一个账户的盈亏和杠杆的大小没有关系，只与仓位有关。比如，某客户下单0.1标准手欧元/美元，不管多少倍杠杆，行情波动1点的盈亏都是1美元。

那么杠杆影响的是什么？是保证金的占用。

举个例子，在相同的资金、相同的交易量的情况下，一个客户以1 000美元购买0.1标准手即10 000欧元/美元货币对，以某日ODL证券有限公司的MT4平台的报价为例，在100∶1的杠杆条件下，购买0.1标准手欧元/美元所要占用的保证金的金额为142.97美元，这称为已用保证金。这时账户里还剩有1 000−142.97＝857.03（美元），这称为可用保证金。也就是说，该账户里还有857.03美元的可用保证金可以用来防御价格的波动，当该账户可用保证金的金额为0的时候，平台就会将该账户的这笔交易强制平仓，这个时候该账户里就只剩下了已用保证金142.97美元。

在400∶1的杠杆条件下，一个客户购买0.1标准手欧元/美元，所要占用的保证金为35.74美元（已用保证金），此时账户里还剩1 000−35.74＝964.26（美元），这个时候该账户里有964.26美元的可用保证金可以用来防御价格的波动。

从上面的例子可以看出，在相同资金、相同交易量的情况下，客户的杠杆越大，占用的保证金越少，可用保证金就越多，从而可以防御的价格波动越大。因此，同样的仓位，客户的杠杆越大，占用的保证金越少，抗风险的能力（可支持的点数）就越强。为什么经常有人觉得400∶1的风险大？那是因为没有控制住仓位。比如，你有1 000美元本金，用100倍杠杆都不能做1标准手，最多做0.7标准手；而400倍杠杆就可以做2标准手以上，这时候价格同样波动1点，你的盈亏就同比放大了。因此，要引入实际杠杆的概念：仓位的市值/本金。比如，1万美元本金操作1标准手欧元，实际杠杆就是100 000÷10 000＝10倍。控制好实际杠杆，就控制了仓位，也就控制了风险。否则，无论杠杆是几倍，满仓操作都可能会爆仓。

以上是外汇交易的具体操作，那么什么是外汇交易，它有哪些交易规则，又是如何进行外汇交易呢？本章将重点讲述这些内容。

第一节　外汇交易概述

外汇交易，即俗称的外汇买卖，是指外汇买卖的主体为了满足某种经济活动或其他活动的需要，按特定的汇率和特定交割日而进行的不同货币之间的兑换行为，即以本币兑换成外币，或以外币兑换成本币，或是外币之间的相互兑换。

外汇交易的要素包括交易日、交易对手、货币、汇率、数额、交割日、支付指令等。外汇交易所产生的货币收付，一般并不进行实际交割，而都是由银行通过账户互相转账进行结算的。因此，外汇买卖、外汇交易、买卖外汇讲的都是同一个概念。需要注意的是，外汇交易一般只针对国际上可自由流通的货币，而非所有的货币。

一、外汇交易的分类

从交易的本质和类型来看，外汇交易可以分为以下两大类。

（1）为满足客户真实的贸易、资本交易需求进行的基础外汇交易。

（2）在基础外汇交易之上，为规避和防范汇率风险或出于外汇投资、投机需求进行的外汇衍生工具交易。

属于第一类的基础外汇交易主要是即期外汇交易，而外汇衍生工具交易则包括外汇远期交易、外汇择期交易、外汇掉期交易以及互换交易等。

外汇交易的产生主要有两个原因：大约每日 5% 的外汇交易是由于公司和政府部门在国外买入产品（服务）或销售它们的产品（服务），或者将它们在国外赚取的利润转换成本币；另外 95% 的外汇交易都是投机者进行的投机交易。

对于投机者来说，最好的交易机会是交易那些最通常交易的（流动量最大的）货币，叫作"主要货币"。现今，大约每日交易的 85% 是这些主要货币，包括美元、日元、欧元、英镑、瑞士法郎、加拿大元和澳大利亚元。

从表 2.1 中可以看出，国际外汇市场是一个即时的 24 小时交易市场，外汇交易每天从惠灵顿外汇市场开始，而后是东京市场、苏黎世市场、巴黎市场，最后是伦敦市场、纽约市场和洛杉矶市场。外汇市场相对其他金融市场来说，对全球发生的经济、社会和政治事件更加敏感，更容易产生波动。

表 2.1　外汇市场交易时间

地　区	城　市	开市时间（北京时间）	收市时间（北京时间）	活跃品种	活跃程度
大洋洲	惠灵顿	4:00	13:00	AUD、NZD	较小
	悉尼	7:00	15:00	AUD、NZD	较小
亚洲	东京	8:00	16:00	JPY	一般
	香港	9:00	17:00	JPY、HKD	一般
	新加坡	9:00	17:00	NZD、JPY	一般
	巴林	14:00	22:00	USD	较小

地 区	城 市	开市时间（北京时间）	收市时间（北京时间）	活跃品种	活跃程度
欧洲	法兰克福	16:00	0:00	JPY、EUR、GBP、CHF	较好
	苏黎世	16:00	0:00	CHF	一般
	巴黎	17:00	1:00	EUR	一般
	伦敦	18:00	2:00	所有币种	活跃
北美洲	纽约	20:00	4:00	所有币种	活跃
	洛杉矶	21:00	5:00	所有币种	一般

外汇交易市场主要是场外交易（OTC）或"银行内部"交易市场，因为事实上外汇交易都是由交易双方通过电话或者通过电子交易网络而达成的，外汇交易不像股票和期货交易那样集中在某一个交易场所里进行。

二、外汇交易的特点

外汇投资作为一种理财产品，市场相当广阔。外汇交易的主要特点如下。

（1）利润较高。由于外汇投资的信息全球公开、完全透明，投资者可以在第一时间掌握各种外汇信息，方便投资者进行投资理财；并且与股票等其他投资相比，外汇交易的利润回报率较高，且所得收益交纳税费较低。

（2）交易时间灵活。外汇交易市场一般没有具体的交易地点，而是通过银行、经纪人、企业和个人之间的电子网络展开货币交易。由于没有固定的中心交易场所，所以外汇市场能够24小时不间断地运作。投资者可以根据情况灵活安排交易时间，迅速应对市场的变化。

（3）利用杠杆作用，以小博大。投资者可以用保证金的形式来交易外汇，成本小、灵活度高。投资者只要在银行设立保证金交易账户并存入一定金额的保证金后，进行的外汇交易金额就可以放大几十倍以上，从而扩大了流动购买力和抗风险能力，并有效地增加了投资回报。

（4）交易方式灵活，风险容易控制。世界上大多数国家的外汇交易都可以在低位买升，也可以在高位买跌，即卖空、买空。另外，投资者也可以根据自身所能承受的亏损幅度设置止损位，根据预期获利目标设置限价位，进行风险管理，确保自己的投资和收益安全。

（5）市场空间大，资金流动性强。外汇所投资的目标不是一个上市公司，而是一个国家。一个国家的货币汇率不可能降为零，所以几乎不会出现有价无市或有市无价的风险。据统计，2007年每天外汇成交量可达3.3万亿美元，到2010年每天外汇成交量达到4万亿美元，而2019年每天的外汇成交量已达到6.6万亿美元，除极特殊情况外，外汇交易很难被某个集团或个人所操控，所以说外汇市场是世界上规模最大、流通最迅速、交易最公平的金融市场。

三、外汇交易的规则

国际外汇市场是一个以无形市场为主的外汇交易市场，每天都有巨额的外汇交易达成。在银行间外汇交易中存在着一些约定俗成的习惯和做法，最后被外汇交易员们认定为规则，在外汇交易中经常使用。这些规则主要包括以下几方面内容。

（1）使用统一的标价方法。为使交易能迅速顺利地进行，交易各方都使用统一的标价方法，即除了英镑、欧元、澳大利亚元和新西兰元等采用间接标价法以外，其他交易货币一律采用直接标价法，并同时报出买入价（bid price）和卖出价（offer price）。

（2）采取以美元为中心的报价方法。由于美元的特殊地位，除非特别说明，各国外汇市场已形成了一个默认规则，在外汇市场上报出的货币汇率都是针对美元的，非美元货币之间的汇率通过以美元为中介套算得出。在银行间外汇交易中，使用统一报价，有利于简化信息处理的工作量，也便于计算交易的损益。

（3）使用小数报价。外汇交易员在报出汇价时，按交易惯例，一般都会省略大数（big figure）汇价，仅报出小数（small figure）汇价。例如，美元/瑞士法郎 = 0.849 2/97，其中 0.84 为大数汇价，92/97 为小数汇价。交易员未报大数汇价的原因是，交易员进行询价、报价以及成交的过程，可能只有几秒钟的时间，汇价的变动一般不会影响大数汇价的变动。在报价中，交易员对即期外汇交易，只报出最后两位数，即小数汇价。需要注意的是，交易员对远期外汇交易要同时报出即期汇价和远期点数。

（4）交易单位为100万美元。外汇交易通常以100万美元的整数倍作为外汇交易额，如交易中的"one dollar"表示100万美元。需要注意的是，这种交易规则仅适用于银行间大批量的外汇交易，一般的进出口商或投资者想要交易的是适用于小规模交易的汇率，这些都需要在询价时预先进行说明，并报出具体的交易金额。在这种情况下，银行报出的外汇交易价格与银行间的外汇交易价格是不同的。

（5）客户询价后，银行有义务报价。银行在接受客户询价时，有义务报出某种货币的买入价和卖出价。银行对客户报出某种货币的买入价和卖出价后，按照商业惯例，银行应承担按此汇价买进或卖出该种货币的义务，但对此有一个交易时间和成交金额的限制，即客户不能要求银行按照其在10分钟以前给出的报价成交，且交易金额一般应在100万～500万美元（或其等价的其他货币）之间。

（6）交易双方应遵守"一言为定"的原则。外汇交易双方必须恪守信用，买卖一经成交就不得反悔。以电话达成的交易有电话交易录音，以电传达成的交易有电传机打印的交易记录，以交易系统达成的交易在该系统上有信息记录。因此，交易双方不得以任何借口抵赖、变更或要求放弃。

（7）交易术语规范化。为了能在汇率频繁变动的环境下迅速、无误地成交，在外汇交易的磋商过程中交易员经常使用简洁的语言和行话来交流，以节省交易的时间。例如，"five yours"即表示"我卖给你500万美元"。在进行外汇交易时，交易双方都要注意语言的规范化，外汇交易的报价术语参见表2.2。

表 2.2　外汇交易的报价术语

外汇交易术语	含 义	外汇交易术语	含 义
bid（buy，take，pay）	买入	square	平仓
mine	我方买入	premium/discount	升水/贴水
offer（give，sell）	卖出	odd date，broken date	不规则起息日
yours	我方卖出	roll over	展期
buying rate/selling rate	买价/卖价	libor	伦敦银行同业借款利率
middle rate	中间价	libid	伦敦银行同业存款利率
done（ok）	成交	full up	额度用尽
forward rate	远期汇价	direct dealing	银行直接交易
spot rate	即期汇价	normal	正常资金

外汇交易术语	含　义	外汇交易术语	含　义
market maker	报价行（做市商）	bear market	熊市
delivery date，value date，maturity date	交割日，起息日，结算日	bull market	牛市
ask price/ask rate	卖方开价/还价	go north	上升
over bought，long	多头	go south	下降
over sold，short	空头	open interest	空盘
position	头寸	which way are you	你想买还是想卖
call/put	买权/卖权	mp（moment period）	稍候
currency future	外汇期货	dealing price	交易汇价
currency option	外汇期权	indication rate	参考汇价

四、外汇交易的报价技巧

在外汇交易中，交易员需要按照外汇交易的规则进行报价，除了遵循按小数报价和以美元为中心的原则外，在询价者未指明买卖方向时，交易员需要同时报出买入价（bid price）和卖出价（offer price）。在外汇市场中，买入价和卖出价是相对的，即你卖我买，你买我卖。对于买入价，从报价者的角度来看，就是报价者在报价时愿意买入被报价货币的最高价格。就询价者而言，报价者所报出的买入价代表询价者可以卖出被报价货币的最高价格。同样道理，对于卖出价，从报价者的立场来看，就是报价者在报价时愿意卖出被报价货币的最低价格。以询价者立场来看，报价者报出的卖出价代表询价者可以买入被报价货币的最低价格。通过表 2.3 可以看出报价者和询价者在汇率报价上的相互关系。

表 2.3　报价者和询价者在汇率报价上的相互关系

	115.20	115.30
USD/JPY＝115.20/30	报价者——买入被报价货币	报价者——卖出被报价货币
	报价者——卖出报价货币	报价者——买入报价货币
	询价者——卖出被报价货币	询价者——买入被报价货币
	询价者——买入报价货币	询价者——卖出报价货币

对于报价者来说，当然希望买入价越低越好，卖出价越高越好，询价者则恰恰相反。因此，报价者在报价时就需要参考当时市场上的价格、外汇市场的预期、买卖货币的未来趋势以及自己本身的头寸等多方面因素后进行报价。

报价者在报价时通常会同时报出某种货币的买卖汇价，买卖汇价之间的价差就是交易员为银行赚取的利润和所承担的风险。一般而言，在实际外汇交易中，报出的买卖汇价的差额越小，其报价越好。因此，报价者的报价好坏取决于其所报买卖汇价差额的大小。交易员的报价要从市场竞争力和银行利润出发，如何报出一个汇价使其既有市场竞争力，又能为银行赚取较多利润，这是衡量银行交易员的业务水平和报价技巧的一个重要方面。

通常外汇交易员在报出价格时，应综合考虑以下五个方面的因素。

（1）交易员本身已持有的外汇头寸（position）。每位外汇交易员都有被授权的外汇头寸额度（position limit），在授权的头寸额度之内，交易员应尽最大可能来赚取利润。为了控制风险，交易员是不被允许其持有的头寸（holding position）超过其被授权的头寸额度的。交易员报价时必须考虑所持有的头寸在市场的波动幅度之下，其所报价格是否对其现有头寸有利。

（2）各种货币的极短期走势。交易员必须对欲进行报价的货币之极短期走势有准确的预测，在此所谓的极短期，可能是一小时，也可能是五分钟甚至只有五秒钟。一般而言，在银行从事报价的交易员大多属于日内交易者（intra-day trader），即交易员所持有的外汇头寸不会超过一日以上。交易员会随着市场波动状况，随时改变自己的持有头寸，以伺机获利。因此，交易员对各种货币的极短期走势应有准确的预测，才能报出理想的价格。

（3）市场的预期心理。若市场有明显的预期心理，货币的走势就较易往预期的价位波动。交易员必须了解当前市场的预期心理，及时调整自己的持有头寸，使自己的头寸处于有利的状况，如此报出来的价格才不会违反市场走势，也不会遭到重大的损失。

（4）各种货币的风险特性。交易员必须了解每种货币价格波动的特性，才能在报价时报出适当的价格。

（5）收益率与市场竞争力。交易员在报出价格之后，就是希望询价者愿意以其所报出的价格来进行交易；然而为增加市场竞争力，就需要缩小买卖价差（spread），即利润会相对减少。因此交易员在报价时，必须顾及市场竞争力与收益率。

综合上述五个方面的因素之后，交易员在以下四种情况下的基本报价技巧如下。

（1）市场预期被报价币币值上涨。当市场预期被报价币币值上涨时，市场的参与者倾向买入被报价币，以期获取利润。则交易员应将被报价币的价格报高，以降低风险或取得有利的头寸，因为银行卖出被报价币的价格越高，交易员以较低的价格来平仓的概率就越大，银行赚钱的机会也就越大。以范例来说明：预期被报价币的价格上扬时，交易员的报价见表2.4和表2.5。

表2.4　预期被报价币的价格上扬时的银行报价（1）

USD/CHF = 0.849 2/97	市场价格 market level		报价者的报价 quoting price	
	bid	offer	bid	offer
	0.849 2	97	94	99

表2.5　预期被报价币的价格上扬时的银行报价（2）

GBP/USD = 1.787 0/80	市场价格 market level		报价者的报价 quoting price	
	bid	offer	bid	offer
	1.787 0	80	75	80

（2）市场预期被报价币币值下跌。当市场预期被报价币币值会下跌时，市场的参与者会倾向卖出被报价币以期获取利润。此时交易员所报出的价格应比市场价格略低，以降低风险或取得有利的头寸。由于银行买入货币的价格比市场价格低，因此有比较大的概率以较高的银行间价格平仓，而赚取利润。以范例说明：预期被报价币价格下跌时，银行报价见表2.6。

表2.6　预期被报价币的价格下跌时的银行报价

USD/CHF = 0.849 2/97	市场价格 market level		报价者的报价 quoting price	
	bid	offer	bid	offer
	0.849 2	97	90	95

（3）银行不愿意持有头寸。当交易员的头寸已经平仓，或者市场波动的幅度过大，交易员不愿意买入或卖出被报价币，交易员会拉大价差。因为交易员报价的价差比市场价格的价差宽，即询价者若想要与交易员成交，不论买入价或卖出价一定比市场价格差，因此询价者愿意成交的意愿就降低了。例如，市场价格 USD/CHF = 0.849 2/97，交易员报价 0.849 0/99，此时询价者不论是买美元还是卖美元价格都不利，因此询价者不愿意做交易。

（4）银行有强烈愿望成交。交易员以市场竞争力为主要考虑因素时，其报价与市场价格相比更窄，即交易员报价的价差会比市场价格的价差小，不论买入或卖出价格均比市场价格好，因此，询价者会有较高的意愿来进行交易。例如，市场价格 USD/CHF = 0.849 2/97，交易员报价 0.849 4/95，此时询价者会愿意做交易。

第二节　外汇交易的程序

一、银行同业间的外汇交易程序

外汇银行都有专门的外汇交易室。外汇交易室是银行专门从事外汇交易的部门，其工作人员都是从事外汇交易的专业技术人员，主要包括首席交易员（chief dealer），负责整个外汇交易过程；高级交易员（senior dealer），负责大宗外汇交易；交易员（dealer）和低级交易员（junior dealer），负责在交易额度内进行一般性外汇交易；头寸管理员（position clerk），负责外汇头寸管理以及提供外汇头寸的即时动态等。

银行同业间的外汇交易程序通常按以下流程进行。

（1）询价行进入交易系统。询价行叫通对方银行的电话、向对方银行发电传或在路透社等交易系统终端机上输入自己的终端密码并输入对方银行的代码进行呼叫，接通后要说明自己的行号。

（2）询价行询价（asking）。询价行询价的内容包括买卖货币的名称、交易金额和交割日等，并要求报价行报价。询价行的买入价就是报价行的卖出价，反之，询价行的卖出价就是报报行的买入价。例如，USD/CNY = 8.276 0/80，8.278 0 是询价行买入美元支付人民币的价格，也就是报价行卖出美元收进人民币的价格。

（3）报价行报价（quotation）。报价行要根据询价行的要求快速报出某种货币的买入价与卖出价。对于无法直接给出，需要进行简单计算得出的报价，报价行可以要求询价行稍候，但时间不宜过长。报价行买入价就是询价行卖出价，反之，报价行的卖出价就是询价行的买入价。如上例中，8.276 0 是报价行买入美元并卖出人民币的价格，同时也是询价行卖出美元收进人民币的价格。

（4）成交（done）。询价行先表示买入或卖出某种货币的价位和金额，然后报价行接受询价行的要求并作出承诺，即表示成交。

（5）证实（confirmation）。交易成交后，需要得到双方的证实确认，一般的方法是报价行复述询价行要求买入或卖出某种货币的汇价、金额、交割日期和提出资金清算指示，同时询价行也向报价行提出自己的资金清算指示。一旦双方确认交易内容无误，即可通过记录仪或打印机打印交易"合约"。然后，交易员根据交易内容填写交易单（dealer slip）并在头寸登记表（position sheet）上记录交易头寸。交易合约和交易单将作为清算机构进行资金清算和会计记账的凭证，头寸登记表可以帮助交易员掌握头寸情况和盈亏状况，也便于事后检查。

（6）交割（delivery）或结算（settlement）。交割是指交易双方各自按照对方的要求，将卖出货币的金额及时、准确地汇入对方指定的银行账户。

二、通过经纪人进行外汇交易的程序

大多数外汇市场上的银行与银行或银行与客户之间的外汇交易都是通过外汇经纪人

（broker）来完成的。询价行（客户）通过路透社等交易系统、电话或电传直接呼叫外汇经纪人，请其报价，经外汇经纪人报价后，询价行（客户）即可决定买入或卖出某种货币，向经纪人明确作出一系列交易请求，包括交易货币的汇价、金额、交割日以及清算指示等，其交易程序与银行同业间的外汇交易程序基本相同。一旦成交，外汇经纪人就可通知该笔交易的买卖双方进行货币交付并开出该笔交易佣金收取通知单。有时询价行（客户）通过电话以订单形式通知经纪人，经纪人根据订单的要求进行外汇买卖，一旦买卖双方订单的要求获得满足即可达成交易，然后经纪人以电传等形式通知买卖成交的双方进行确认，确认无误后进行货币交付并开出该笔交易的佣金收取通知单。

通过外汇经纪人进行外汇买卖的清算交割与银行间外汇交易的清算交割一样，即交易双方各自按照对方的要求，将卖出货币的金额及时、准确地汇入对方指定的银行账户。

三、交易程序中应该注意的事项

（1）外汇交易询价（price inquiry）时应注意以下几个问题：①如果是即期交易，则要标明"spot"字样，如没有标明，则默认为即期交易；②遵循被报价币的国际惯例；③询价者的买卖行为不需要明示，否则报价者会根据询价者的意图而报价；④可以说明要交易货币数量（被报价币的数量），如没有说明交易的货币数量，则默认交易数量为100万美元。

（2）外汇交易报价（price quote）时应注意以下两个问题：①价格一经报出，就必须承担买卖义务；②语言简单明了，不含糊，用肯定语气。

（3）决定（price done）进行外汇交易时应注意以下两个问题：①询价行要迅速决定，如不快速决定，报价行自行中止报价；②决定方式：同意→成交，不同意→谢绝→再次重复询价。

（4）证实（price certificate）进行外汇交易时应注意以下几个问题：①买卖行为 agree / ok / done；②买卖数量；③价格（买入价或者卖出价），必须有完整的价格；④交割、起息日（value date）、银行账户（A/C No.）。

四、外汇交易技巧

交易者除了在询价、报价上要根据自己本身的头寸情况、交易的要求选择交易对象、交易的类型、交易价位外，同时也需要准确判断入市、出市时间，以使自己获得最大收益。

1. 入市技巧

交易者入市无非是买入某种货币（多头）或卖出某种货币（空头），其动机在于利用外汇价差获利。要想在瞬息万变的市场汇率中入市获利，选择正确的入市点，对于交易者来说，既是外汇交易获利的首要条件，又是对交易者业务水平考察的重要方面。因此，交易者必须熟练掌握入市技巧。

首先，交易者入市时应准确掌握市场上各种交易货币汇率变化的规律。在买入和卖出时应选择恰当的入市点，一旦看准入市机会，应果断进入市场买入或卖出某种货币，否则就可能错过良好的入市机会。交易者要注意避免出现入市后市场已上涨或回落的情况，否则买入的货币汇价被高位套牢，卖出的货币汇价较低，就会减少收益甚至造成损失。

其次，交易者要牢记市场永远是对的，依市场气氛而走。因为市场变幻莫测，交易者了解市场的能力毕竟有限，对市场汇价的走势情况，交易者不能有先入为主的思想。判断市场的未来走势有很多种方法，如基本面分析、技术分析等，这些方法将在后面的章节进行详细介绍。

小知识

怎样确定外汇买入或卖出时机

首先，交易者在确认进场交易点之前要判断好本次操作的方向，也就是要"买"还是要"卖"。

方法一，寻找近期的重要阻力或支撑带。

当交易者判断好操作方向后，如向上买进，就可以找寻相应的支撑位作为其进场点的参考价位，若到达这个支撑位而汇价未能跌破，则可在此买入；反之，若跌破该支撑位，则要再看下一支撑位是否会跌破。

方法二，等待短线移动平均线（MACD）背离。这里所指的短线背离一般为5分钟或15分钟K线图中的移动平均线背离。当交易者要向上买进时，则在短线价格回调的时候就要十分留心短线图中移动平均线的底背离，当作出底背离后，则能确定相对的低点，交易者在这一点附近买入可视为合适的进场机会。

方法三，切线位附近。此种情况为图形走出突破形态，汇价突破后，回探到突破切线附近的测试。此时再做顺切线突破的操作将是良好的进场时机，同时交易者在切线的另一侧应设置好止损位，以免因汇价的假突破而造成重大损失。

2. 出市技巧

交易者选择的出市时机直接关系到入市后利润或损失的数额。因此，交易者选择正确的入市时机只是外汇买卖获利的机会，而选择正确的出市时机才是交易者外汇买卖获利的关键。交易者出市的动机无非是平仓获利或平仓止损两种，无论是哪一种动机，交易者在决定出市时机时都应掌握如下的技巧。

（1）持仓应有耐心，要跟着市场气氛走，不要急于获利了结。交易者入市后，要特别关注市场汇率的走势，切忌急躁，要有赚满全程利润的心理准备，对市场的极短期汇率变化要坦然处之，要坚信自己对市场汇率预测的看法。但是，当市场汇率走势与自己预测相反时，应果断平仓出市，不可逆势而行。

（2）确立止损位，切勿平均损失。在入市后，如果市场汇率走势与自己的预测相反，要确立止损位，将损失限制在某一限度内。一旦损失达到确立的止损位时要果断平仓，切勿平均损失。

所谓平均损失是指在面对有损失的交易时，持有多头头寸的交易者，往往市场汇价越跌越买，即空头走势下的逆向操作，以摊低交易成本，减少损失；持有空头头寸的交易者，市场汇价越高越卖，即多头走势下逆向操作，以摊低交易成本，减少损失。这两种平均损失存在着很大的风险：空头走势的逐步买入，可能面临资金用尽的危机；多头走势的逐步卖出，难免有轧空的可能。

止损位一般是关键技术的点位，即技术分析图中的拐点，此点位往往是市场难以越过的阻力价位或难以跌穿的支撑价位。市场汇率一旦突破此关键技术点位，就有可能出现大涨或大跌。交易者一般可借助技术分析，确定市场汇率的关键技术点位。

小知识

外汇均线止损技巧

买卖外汇时，止损是一个很重要的概念，很多的投资者对于止损这个概念的掌握都很片面。

作为技术分析的一部分，移动平均线能指引投资者进行外汇交易，获得更多的利润。虽然它看上

去很简单，但在交易过程中能帮上不少的忙。比如，在 2010 年 12 月 10 日，做欧元兑日元的外汇交易时，日图中的汇价已有效突破了 5 日均线和 10 日均线，并且 5 日均线成功地上穿了 10 日均线，这说明短期空头势力很可能被多头所替代，市场上将会出现很多的停损盘。而停损盘的大量产生，将有助于行情进一步沿着多方延续下去。于是，投资者可以顺应市场的趋势，在 120.78 的价位买入一手欧元/日元，止盈 100 点，止损 40 点。随后，汇价果然沿着移动平均线给出的方向上涨，而交易者也很顺利地获得了 100 点的利润。

当投资者进行长线交易的时候，宜看日、周乃至月均线图；进行短线交易的时候，则应综合看分钟图、小时图和日图，这样才能更好地进行外汇交易。

（3）不要预先设定利润目标。交易者要根据市场汇率的变化掌握头寸，随时获利了结或进行止损，而不能根据自己设定的利润目标进行平仓，不要以不达目的不收手的心理完成交易。

第三节 外汇汇率的预测

一、外汇汇率的基本面分析

外汇汇率的基本面分析是指人们对宏观基本因素的状况和变化对汇率走势造成的影响进行研究，得出货币间供求关系的结论，以判断汇率走势的分析方法。外汇汇率基本面分析的研究对象包括经济、政治、军事、人文、地理、突发事件等各个方面。外汇汇率的基本面分析一般用以判断长期汇率变化的趋势。在某些书籍中，将外汇汇率的基本面分析只定义为对经济因素的分析是片面的。

由外汇汇率基本面分析得来的汇率长期发展的趋势较为可靠，并具有前瞻性。但其缺点是无法提供汇率涨跌的起止点和发生变化的时间，而且外汇汇率的变化并不是严格遵从于基本面的分析结论。因此，对于外汇汇率基本面的分析一定要结合技术面以及市场心理等因素进行研究。

（一）影响汇率的主要因素

影响汇率的主要因素包括以下几点。

（1）政治局势。国际、国内政治局势变化对汇率有很大影响。局势稳定，则汇率稳定；局势动荡，则汇率也会剧烈波动。这里所需要关注的方面包括国际关系、政治斗争、重要政府官员情况、动乱、暴乱等因素。

（2）经济形势。一国经济各方面综合效应是影响本币汇率最直接和最主要的因素，其中主要考虑该国的经济增长水平、国际收支状况、通货膨胀水平、利率水平等几个方面的因素。

（3）军事动态。战争、局部冲突、对峙等都会造成某一国家或地区的不安全，对相关国家或者地区以及弱势货币的汇率也会造成负面影响，而对于远离这些军事事件发生地国家的货币和传统避险货币的汇率则是有利的。

（4）政府、央行的宏观政策。政府的财政政策、外汇政策和央行的货币政策对汇率起着非常重要的作用，有时甚至是决定性的作用。如一国政府宣布本币贬值或升值、央行的利率升降、市场干预等情况。

（5）市场心理。外汇市场参与者的心理预期严重影响汇率的走向。对于某一货币的升值或贬值，市场往往会形成自己的看法，在市场心理达成一定共识的情况下，就会在一定时期内左右汇率的变化，这时可能会发生汇率的升降与基本面完全脱离或央行干预无效的情况。

（6）投机交易。随着金融全球化进程的加快，充斥在外汇市场中的国际游资规模越来越庞大，有些国际游资为某些投资机构所掌控，由于其交易额非常巨大并多采用对冲方式，有时会对汇率走势产生深远影响。如量子基金狙击英镑、泰铢，使其汇率在短时间内出现大幅下跌。

（7）突发事件。一些重大的突发事件也会对市场心理形成影响，从而使汇率发生变化，其造成结果的程度也会对汇率的长期变化产生影响。如美国"9·11"事件就使美元在短期内大幅贬值。

（二）主要经济指标的解读与公布时间

由于美元在外汇市场中的重要地位，且绝大多数的外汇交易都以美元为中心，美国的经济数据在外汇市场中最为引人注目。以下是一些美国重要经济指标理论上的观察方法和结论，但在实际运用中的情况会复杂得多。

1. 国内生产总值

国内生产总值（GDP）是指某一国在一定时期其境内生产的全部最终产品和提供服务的总价值，它反映一个国家总体经济形势的好坏，与经济增长密切相关，被大多数西方经济学家视为"最富有综合性的经济动态指标"。国内生产总值主要由消费、私人投资、政府支出、净出口额四部分组成。一国的国内生产总值数据稳定增长，就表明该国的经济蓬勃发展，国民收入增加，有利于该国货币的汇率。一般情况下，如果一国的国内生产总值连续两个季度下降则被视为出现经济衰退。美国的国内生产总值每季度由美国商务部进行统计，分为初值、修正值、终值。美国一般在每季度末公布前一个季度国内生产总值的终值。

2. 工业生产总值

工业生产总值（industrial production）是指某国工业生产部门在一定时间内生产的全部工业产品的总价值，在国内生产总值中占有很大的比重。由于工业部门雇用了大量工人，工业生产总值的变动对整个国民经济有着重大影响，与汇率呈正相关关系，尤其以制造业为代表。美国工业生产总值数据由美联储统计，于每月15日公布。

3. 失业率

失业率（unemployment rate）是经济发展的"晴雨表"，与经济周期密切相关。失业率数据上升，说明经济发展受阻；反之，失业率数据下降，则说明经济发展向好。对于大多数西方国家来说，失业率在4%左右为正常水平，但如果失业率超过了9%，则说明经济处于衰退阶段。美国的失业率数据由美国劳工部统计，于每月第一个周五的北京时间21:30公布。

4. 贸易赤字

国际贸易是构成经济活动的重要环节。当一国的出口大于进口时称为贸易顺差；反之，当一国的出口小于进口时，则称为贸易逆差。很长时间以来，美国的贸易数据处于逆差状态成为常态，其重点在于贸易赤字的扩大或缩小。美国贸易赤字扩大不利于美元，反之，美国贸易赤字缩小则有利于美元。美国贸易赤字的数据由美国商务部统计，于每月中下旬公布前一个月的数据。

5. 经常项目收支

经常账户是一国收支表上的主要项目，内容是记载一国与外国包括因商品与劳务进出口、投资所得、其他商品与劳务所得以及片面转移等因素所产生的资金流出与流入的状况。如果一国的经常项目收支为正数，则为顺差，有利于本币；反之，如果一国的经常项目收支为负数，则为逆差，不利于本币。美国经常项目收支数据由美国商务部统计，每月中旬公布前一个月的数据。

6. 资本账户收支

资本账户主要描述一国的长、短期资本流动情况，包括长期资本、非流动性短期私人资本、特别提款权、误差与遗漏以及流动性短期私人资本等项目。资本项目在金融日益国际化、自由化的今天，对一国经济的影响不亚于经常账户项目，金融市场对外开放程度越高，其对经济的影响越大。资本账户对汇率影响的观察方法与经常账户基本相同。

7. 利率

利率（interest rate）是指借出资金的回报或使用资金的代价。一国利率的高低对货币汇率有着直接影响。高利率的货币由于回报率较高，则需求上升，汇率升值；反之，低利率的货币由于回报率较低，需求下降，则汇率贬值。美国的联邦基金利率由美联储会议决定。

8. 生产物价指数

生产物价指数（PPI）主要衡量各种商品在不同生产阶段的价格变化的情形。生产物价指数上升说明生产旺盛，通胀水平有上升的可能，美联储倾向于提高利率，有利于美元；反之，生产物价指数下降说明生产萎缩，则有通缩的可能，美联储倾向于调低利率，不利于美元。美国生产物价指数由美国劳工部编制，于每月第二个周五的北京时间 21:30 公布。

9. 消费物价指数

消费物价指数（CPI）是以与居民生活有关的产品及劳务价格统计出来的物价变动指标，是判定是否通胀的主要数据。消费物价指数上升，则通胀水平可能上升，美联储趋于调高利率，对美元有利；反之，消费物价指数下降，则有通缩的可能，美联储倾向于调低利率，不利于美元。但是，通胀水平应保持在一定的幅度里，通胀水平太高（恶性通胀）或太低（通缩），都不利于汇率。美国消费物价指数由美国劳工部编制，于每月第三个星期公布。

10. 趸售（批发）物价指数

趸售（批发）物价指数（WPI）是根据大宗物资批发价格的加权平均价格编制而成的物价指数，包括在内的产品有原料、中间产品、最终产品与进出口品，但不包括各类劳务。趸售（批发）物价指数是讨论通货膨胀时，最常提及的三种物价指数之一，趸售（批发）物价指数的观察方法与消费物价指数、生产物价指数基本相同。美国商务部于每月中旬公布前一个月的趸售（批发）物价指数。

11. 领先指标

领先指标由股价、消费品订单、周均失业救济金索求、建筑批则、消费者预期、制造厂商交货订单变动、货币供应、销售业绩、敏感原料价格变动、厂房设备订单、平均工作周等项目构成，是观察未来 6～12 个月内经济走向的指标。领先指标数据好，汇率上升；反之，领先指标数据不好，则汇率下降。

12. 个人收入

个人收入（personal income）代表个人从各种所得来源获得的收入总和，包括工资薪水、社会福利、支出储蓄、股利收入等。个人收入提高，代表经济好转，消费可能增加，有利于本币；反之，个人收入下降，则代表经济萎缩，消费也可能下降，不利于本币。美国个人收入数据由美国经济分析局统计，于每月月初公布。

13. 商业库存

商业库存（inventories）包括工厂存货、批发业存货、零售业存货，主要用以评估生产循环状况。存货低于适当水准，将增加生产，经济向好，对本币有利；反之，存货高于适当水准，则将减少生产，经济下滑，对本币不利。商业库存数据由美国商务部统计，于每月中旬公布。

14. 采购经理人指数

采购经理人指数（purchase management index）是衡量制造业的重要指标，考察制造业生产、新订单、商品价格、存货、雇员、订单交货、新出口订单和进口等方面的情况。采购经理人指数以50为强弱分界点，50以上表示制造业向好，对本币有利；反之，50以下则意味着制造业衰退，对本币不利。采购经理人指数由供应管理协会（ISM）编制，于每月初公布。

15. 耐久财订单

所谓耐久财是指不易耗损的财物，如汽车、飞机等重工业产品和制造业资本财，其他诸如电器用品等也属于耐久财。耐久财订单（durable good orders）代表未来一个月内制造商生产情形的好坏，耐久财订单数据与货币汇率呈正相关关系，但需要注意其中国防订单所占的比重。耐久财订单由美国商务部统计，一般在每月的22日至25日公布。

16. 设备使用率

设备使用率（capacity utilization）是工业总产出对生产设备的比率。设备使用率涵盖的范围包括生产业、矿业、公用事业、耐久财、非耐久财、基本金属工业、汽车和小货车业及汽油8个项目。设备使用率代表上述产业的产能利用程度。当设备使用率超过95%时，代表这些设备的使用率接近极限，通货膨胀的压力将随产能无法应付而急速升高，在市场预期利率可能升高的情况下，对美元是利多。反之，如果设备使用率在90%以下，且持续下降时，表示设备闲置过多，经济有衰退的现象，在市场预期利率可能降低的情况下，对美元是利空。美国商务部每月中旬公布前一个月的设备使用率数据。

17. 房屋开工率

房屋兴建一般分为两种，即个别住屋与群体住屋。房屋开工率与建筑许可的增加，理论上对于美元来说偏向利多，不过仍须与其他经济数据一同考虑。美国的房屋开工率于每月的16—19日由美国商务部公布。

二、主要货币的属性

下面介绍几种主要货币的属性，因为这些货币是外汇市场主要的交易货币，为了能顺利地进行外汇交易，我们必须牢记这些货币的属性。

1. 欧元

欧元的属性有以下几点。

（1）欧元是除美元外，交易量最大的货币品种。欧元可以作为美元的对立面对冲，在美元指数里占有较大比重。

（2）欧元的活跃时间是欧洲交易时段和美国交易时段。

（3）欧元的属性较为稳定，走势较为规范，假、破的现象较少；每当美国或者欧洲有重要经济数据公布时，其受到的冲击在欧系货币中最大。

（4）有重要影响的交叉汇率：欧元/日元（EUR/JPY）、欧元/英镑（EUR/GBP）、欧元/瑞士法郎（EUR/CHF）。

2. 瑞士法郎

瑞士法郎（以下简称瑞郎）的属性有以下几点。

（1）瑞郎的走势基本和欧元相同，由于瑞郎交叉盘在短期内一般较为稳定，因此，瑞郎短线的涨跌一般情况下和欧元保持一致，但瑞郎交叉如果大幅变动，也会出现某一个币种短期相对较强的现象。

（2）瑞郎具有避险属性，如果世界局势不稳定，瑞郎一般会受到避险需求的青睐。

（3）瑞郎的走势相对欧元较为不稳定。因此，在用技术分析的时候，要注意假、破现象的出现。

（4）有重要影响的交叉汇率：欧元/瑞士法郎（EUR/CHF）、英镑/瑞士法郎（GBP/CHF）。

3. 英镑

英镑的属性有以下几点。

（1）英镑和欧元、瑞郎同属欧系币种，大的走势方向较为一致，偶尔会出现单独走强或走弱的行情。

（2）英镑的利息较高，有时会受到高息货币走强的利好刺激而表现较为出色。

（3）英镑波动的点数较大，但从百分比上来看，与欧元、瑞郎相近。

（4）有重要影响的交叉汇率：英镑/日元（GBP/JPY）、欧元/英镑（EUR/GBP）、英镑/瑞士法郎（GBP/CHF）。

4. 日元

日元的属性有以下几点。

（1）日元的走势较为独立。

（2）日元的汇率容易受到交叉盘的影响。

（3）每年3月为日本财政年结算月，历史上日元经常在这个月份出现较大的走强行情。

（4）每年9月为日本半年财政结算月，也经常会出现日元大幅走强行情。

（5）日本政府经常对外汇市场进行直接干预，而且干预的方向一般是推低日元。

（6）在单边走势中，日元有时候会出现较长时间的盘整。

（7）有重要影响的交叉汇率：欧元/日元（EUR/JPY）、英镑/日元（GBP/JPY）。

5. 加拿大元

加拿大元（以下简称加元）的属性有以下几点。

（1）加元是高息币种。

（2）加元的走势和石油等商品期货有较强联系（因为加拿大是全球重要的石油出口国）。

（3）加元的走势方向性很强，一旦出现一个中线方向，加元比较容易走出较大的单边行情。

（4）加元的主要活跃时段是在美国交易时段（这个时段也是加拿大市场开市的时间）。

6．澳大利亚元

澳大利亚元（以下简称澳元）的属性有以下几点。

（1）澳元是高息币种。

（2）澳元的走势和黄金等商品期货有较强联系（因为澳大利亚黄金产量较大）。

（3）由于日本在澳大利亚投资较多，在日本财政年结算前后，澳元经常会出现大幅下跌行情（由于日本的资金回流国内）。

（4）澳元受新西兰元（NZD）走势的影响较大。

（5）有重要影响的交叉汇率：新西兰元/澳大利亚元（NZD/AUD）。

三、美元指数

在初涉外汇市场时，投资者经常会用到一种衡量各种货币强弱的指标，那就是美元指数（US dollar index&reg，USDX）。美元指数类似于显示美国股票综合状态的道琼斯工业平均数（Dow Jones industrial average），美元指数表示的是美元的综合值。

美元指数是参照 1973 年 3 月 6 种货币对美元汇率变化的几何平均加权值来计算的，并以 100.00 点为基准来衡量其价值，如 105.50 点的报价，是指从 1973 年 3 月以来其价值上升了 5.50%。

1973 年 3 月美元指数被选作参照点，因为当时是外汇市场转折的历史性时刻，从那时起主要的贸易国允许本币自由地与外币进行浮动报价。该协定是在华盛顿的史密斯索尼安学院（Smithsonian Institution）达成的，象征着自由贸易理论家的胜利。史密斯索尼安协议（Smithsonian Agreement）代替了 1948 年在新罕布什尔州布雷顿森林达成的固定汇率体制。

美元指数是综合反映美元在国际外汇市场的汇率情况的指标，用来衡量美元对一篮子货币的汇率变化程度。它通过计算美元和对选定的一篮子货币的综合变化率，来衡量美元的强弱程度，从而间接反映美国的出口竞争能力和进口成本的变动情况。如果美元指数下跌，说明美元对其他的主要货币贬值。美元指数是每周 7 天，每天 24 小时连续计算的。

美元指数期货的计算原则是以全球各主要国家与美国之间的贸易结算量为基础，以加权的方式计算出美元的整体强弱程度，并以 100 点为强弱分界线。在 1999 年 1 月 1 日欧元推出后，这个期货合约的标的物进行了调整，从 10 个国家减少为 6 个国家，欧元也一跃成为最重要、权重最大的货币，其所占权重达到 57.6%，日元为 13.6%，英镑为 11.9%，加元为 9.1%，瑞典克朗为 4.2%，瑞郎为 3.6%。因此，欧元的波动对美元指数的强弱影响最大。

🤓 小知识

2020 年人民币汇率走势

受新冠肺炎疫情和其他因素的影响，2020 年人民币双边和多边汇率走势先抑后扬。

2020 年上半年，人民币汇率整体呈现宽幅震荡的走势。截至 6 月 30 日，人民币兑美元收报 7.0741，较 2019 年末的 6.9662 贬值 1.53%；CFETS 人民币汇率指数收报 92.05，较 2019 年末的 91.39 升值 0.72%。整体来看，上半年人民币相对于美元贬值幅度有限，相对一篮子货币保持稳定，显示出较强韧性，走势大体可分为三个阶段。

第一阶段：年初至春节前，中美签署协议，人民币汇率震荡升值。

2019 年 10 月中美举行第十三轮贸易磋商，2020 年 1 月 15 日签署第一阶段贸易协议。受此利好消息和客盘季节性结汇因素影响，市场持续数月的紧张情绪有所缓解，人民币汇率从 2019 年底的 6.9662 升值 1.53%至 2020 年 1 月 20 日的 6.861 3。

第二阶段：春节后至 4 月，疫情冲击经济，人民币汇率震荡贬值。

春节后，疫情对国内外经济和金融市场的冲击成为影响人民币汇率走势的主要因素，具体来看又可分为四个节点：一是春节后至 2 月中旬，国内新冠肺炎疫情暴发并呈现扩散态势，企业居民生产生活受到严重冲击，市场避险情绪显著升温，人民币汇率从 6.861 3 震荡贬值 2.5%至 7.038 6；二是 2 月下旬，国内新冠肺炎新增确诊和新增疑似病例连续下降，各地有序复工复产，市场避险情绪缓解，人民币汇率从 7.038 6 升值 1.3%至 6.949 9；三是 3 月份，疫情在欧美持续蔓延并对金融市场产生严重冲击，美股四次熔断、大宗商品和债券价格持续暴跌引发美元流动性危机，人民币汇率承压贬值至 7.10 附近；四是 4 月份，受中美陆续公布一季度宏观经济数据的影响，人民币汇率在 7.04 至 7.10 的范围内宽幅震荡。

第三阶段：5 月至 6 月，中美关系波折，人民币汇率宽幅震荡。

5 月至 6 月，人民币汇率主要受到中美关系的影响。5 月，中美关系中不确定的因素有所增加，包括美方表示将重新评估中国履行第一阶段贸易协议的情况，威胁对中国输美商品提高关税和转移供应链，试图阻止联邦退休基金投资中国股票市场等。受上述消息影响，5 月人民币汇率从 7.051 9 贬值 1.31%至 7.145 5。6 月，中国复工复产有序推进、经济指标持续复苏，同时中美紧张的关系有所缓和，美方表示中国正积极履行第一阶段贸易协定，贸易协定"完好无损"，人民币汇率震荡升值至 7.07 附近。

2020 年下半年，在国内疫情防控得力、经济率先复苏、出口表现靓丽、对外开放提速、美元指数走弱、中美利差走阔等因素下，人民币汇率震荡走高，2021 年元旦后即突破 6.50。

第四节 外汇保证金交易

外汇保证金交易，也叫外汇按金交易，是指利用杠杆投资的原理，在金融机构之间及金融机构与投资者之间进行的一种远期外汇买卖方式。在交易时，交易者只付出 1%~10%的按金（即保证金，下同），就可进行 100%额度的交易，使得每一位小额投资人亦可在金融市场中买卖外币，赚取利益。

一、外汇保证金交易的运用

举例而言，赵先生要做等值 100 000 美元的交易，采用保证金方式，假设保证金比例为 1%，赵先生只需要有 100 000×1%＝1 000（美元）的资金，便可以进行此交易。换句话说，只要 1 000 元的资金便可以进行 100 000 元的交易，即资金放大了 100 倍。因此，若投资 1 万美元，即可从事 100 万美元的交易。

下面我们再通过具体的实例来了解外汇保证金交易。

假设在 1 美元兑换 135.00 日元时买入日元：

	实盘交易	保证金交易
购入 12 500 000 日元需要美元	92 592.59 美元	1 000 美元
若日元汇率上升 100 点，赢利为	691 美元	691 美元
赢利率为	691÷92 592.59×100%＝0.746%	691÷1 000×100%＝69.1%

| 若日元汇率下降 100 点，亏损为 | 681 美元 | 681 美元 |
| 亏损率为 | $681 \div 92\,592.59 \times 100\% = 0.735\%$ | $681 \div 1\,000 \times 100\% = 68.1\%$ |

从以上分析中，我们可以发现，实盘交易与保证金交易在买卖赢利和亏损的金额上是完全相同的，所不同的是投资者投入的资金在数量上的差距，实盘交易要投入 9 万多美元才能买卖 12 500 000 日元，而采用保证金的形式只需 1 000 美元，两者投入的金额相差 90 多倍。因此，采取合约形式对投资者来说投入小、产出多，比较适合大众的投资，可以用较小的资金赢得较多的利润。

但是，采取保证金形式买卖外汇要特别注意的问题是，保证金的金额虽小，但实际撬动的资金却十分庞大，而外汇汇价每日的波幅又很大，如果投资者在判断外汇走势方面失误，就很容易造成保证金全部损失。以上面分析为例，同样是 100 点的亏损幅度，投资者的 1 000 美元就亏掉了 681 美元，如果日元继续贬值，投资者又没有及时采取措施，不仅保证金可能会全部赔掉，而且还可能要追加投资。因此，高收益和高风险是并存的，但如果投资者的操作方法得当，这些投资风险是可以管理和控制的。

在保证金外汇交易中，投资者还可能获得可观的利息收入。保证金外汇交易的利息不是以投资者实际的投资金额计算，而是以合约的金额计算的。例如，投资者投入 10 000 美元做保证金，共买了 5 个合约的英镑，那么，利息的计算不是按投资人投入的 10 000 美元计算，而是按 5 个合约的英镑总值计算，即英镑的合约价值乘以合约数量。这样一来，利息的收入就很可观了。当然，如果汇价不升反跌，那么，投资者虽然拿了利息，但怎么也抵消不了价格变化的损失。

利息兼收也不意味着买卖任何一种外币都有利息可收，只有买入高息外币才能有利息收入，卖出高息外币不仅没有利息收入，投资者还必须支付利息。由于各国的利息会经常进行调整，因此，不同时期不同货币的利息支付或收取是不一样的，投资者要以从事外币交易的交易商公布的利息收取标准为依据。

利息的计算公式有两种：一种是用于直接标价的外币，像日元、瑞士法郎等；另一种是用于间接标价的外币，如欧元、英镑、澳元等。

日元、瑞士法郎等直接标价货币的利息计算公式为

利息=合约金额×（1÷入市价）×利率×（天数÷360）×合约数

欧元、英镑等间接标价货币的利息计算公式为

利息=合约金额×入市价×利率×（天数÷360）×合约数

采用合约现货外汇买卖的方法，既可以在低价先买入合约，待价格升高后再卖出合约，也可以在高价先卖出合约，等价格跌落后再买入合约。外汇的价格总是在波动中攀升或下跌的。这种既可以先买入又可以先卖出的方法，不仅可以在上升的行情中获利，也可以在下跌的形势下赚钱。投资者若能灵活运用这一方法，则无论升市，还是跌市都可以左右逢源。投资者应如何计算合约现货外汇买卖的盈亏呢？主要有以下三个因素要考虑。

首先，要考虑外汇汇率的变化。投资者从汇率的波动中赚钱是合约现货外汇投资获取利润的主要途径。投资者赢利或亏损的多少是按点数来计算的。所谓点数，实际上就是汇率，如 1 美元兑换 130.25 日元，130.25 日元可以说成 13 025 点，当日元汇率跌到 131.25 时，即下跌了 100 点，日元在这个价位上，每一点代表了 7.3 美元。日元、英镑、瑞士法郎等货币

的每一点所代表的价值也不一样。在合约现货外汇买卖中,赚的点数越多,赢利也就越多,赔的点数越少,亏损也就越少。例如,投资者在 1.600 0 价位时买入 1 个合约的英镑,当英镑汇率上升到 1.700 0 时,投资者把这个合约卖掉,即可赚取 1 000 点的英镑,赢利高达 6 250 美元。而另一个投资者在英镑汇率为 1.700 0 时买入英镑,英镑下滑至 1.690 0 时,他马上抛掉手中的合约,那么,他只赔了 100 点,即会赔掉 625 美元。当然,赚和赔的点数与赢利和亏损的多少是成正比的。

其次,要考虑利息的支出与收益。先买高息外币会得到一定的利息,但先卖高息外币就要支付一定的利息。如果是短线的投资,例如,当天买卖结束,或者在一两天内结束,就不必考虑利息的支出与收益,因为一两天的利息支出与收益很少,对赢利或者亏损影响很小。对中、长线投资者来说,利息却是一个不可忽视的重要问题。例如,投资者在 GBP1=USD1.700 0 价位时先卖英镑,一个月以后,英镑的价格还在这一位置,如果按卖英镑要支付 8%的利息计算,每月的利息支付高达 708(62 500×8%÷12×1.7)美元,这也是一笔不小的支出。从目前一般居民投资的情况来看,有很多投资者把利息的收入看得比较重,却忽视了外币的走势,他们喜欢买高息外币,结果造成了因少失多。例如,当英镑下跌时,投资者买了英镑,即使一个合约每月收息 708 美元,但一个月英镑下跌了 500 点,在点数上赔掉 3 125(0.05×62 500)美元,利息的收入弥补不了英镑下跌带来的损失。所以,投资者要把外汇汇率的走势放在第一位,而把利息的收入或支出放在第二位。

最后,要考虑手续费的支出。投资者买卖合约外汇要通过金融机构进行,因此,投资者要把这一部分支出计算到成本中。金融公司收取的手续费是按投资者买卖合约的数量计算的,而不是以赢利或亏损的多少来计算的,因此,这是一个固定的量。

我们根据以上三个方面的因素可以得出计算合约现货外汇赢利及亏损的方法。

日元、瑞士法郎等直接标价货币的损益计算公式为

损益=合约金额×(1÷卖出价-1÷买入价)×合约数-手续费±利息

而欧元、英镑等间接标价货币的损益计算公式为

损益=合约金额×(卖出价-买入价)×合约数-手续费±利息

二、外汇保证金交易的特点

外汇保证金交易(外汇按金交易)方式在 20 世纪 80 年代产生于伦敦,后流入我国香港。除了与期货交易一样也实行保证金制度外,外汇保证金交易还有以下不同于其他保证金交易的特点:①外汇按金交易的市场是无形的、不固定的,在客户与银行之间直接进行交易,中间没有交易所这样的中介机构;②外汇按金交易没有到期日,交易者可以无限期持有头寸;③外汇按金交易市场规模巨大,参与者很多;④外汇按金交易的币种丰富,所有可兑换货币都可作为交易品种;⑤外汇按金交易的交易时间是 24 小时不间断的;⑥外汇按金交易要计算各种货币之间的利率差,金融机构须向客户支付或从客户按金中扣除。

三、外汇保证金交易范例

投资者如何进行外汇保证金操作赚取利润呢?下面我们通过具体的实例来分析。

范 例

图 2.1 为 2017 年 7 月至 2019 年 6 月欧元/美元走势图。

赵先生投入 1 万美元做外汇投资，选择杠杆比例为 1：100，1 万美元可以做 2 手。配合仓位管理，赵先生每次交易 1 手，2017 年 7 月 18 日在 1.603 5 卖出欧元/美元，到 10 月 31 日在 1.234 0 位置平仓，中间历时三个半月，赢利情况如何呢？我们计算一下。

1.603 5 － 1.234 0 ＝ 0.369 5，也就是说赵先生在 3.5 个月投资外汇赢利近 3 700 个点，1 标准手 1 个点是 10 美元，赵先生实现赢利近 3.7 万美元。

同理，赵先生用 4.7 万美元交易 4 手，在 10 月 31 日平仓后买进欧元/美元，12 月 19 日平仓，1 个半月赢利 4 × (4 700 － 2 340) × 10 ＝ 9.44 万美元；5 个月时间总资金已达 13.14 万美元！13 万美元 12 月 19 日卖出欧元/美元 13 手，次年 3 月 6 日平仓，可获利 13 × (4 700 － 2 480) × 10 ＝ 28.86 万美元；2018 年 3 月 6 日在 1.248 0 位置买进 28 手欧元/美元，到 11 月 25 日平仓，为时 8 个月获利 28 × (5 144 － 2 480) × 10 ＝ 74.592 万美元；11 月 25 日卖出 74 手欧元，到 6 月 7 日平仓，6 个月获利 74 × (5 144 － 1 877) × 10 ＝ 241.758 万美元，到 2019 年 6 月 7 日，资金共计 359.35 万美元，不到两年的时间资金涨了近逾 359 倍！

图 2.1　欧元/美元走势图（一）

我们可以猜测到，赵先生在交易过程中并没有花费太多的时间和精力，有人说亏损了怎么办，我们可以比较一下，即使赵先生全部亏损，损失的仅仅是 1 万美元而已，与 359 万美元的赢利相比，孰优孰劣一目了然。

我们仍以赵先生 1 万美元为例，如图 2.2 所示，2019 年 4 月 15 日在 1.368 0 位置卖出 1 手欧元/美元，6 月 7 日在 1.187 7 位置平仓，1.5 个月赢利(3 680 － 1 877) × 10 ＝ 18 030（美元）；6 月 7 日买进 3 手欧元/美元，7 月 15 日在 1.300 0 位置平仓，其间获利 3 × (3 000 － 1 877) × 10 ＝ 33 690（美元），即赵先生从 4 月 15 日到 7 月 15 日 3 个月的时间，资金由 1 万美元变成 6.172 万美元，净赢利 5.172 万美元。

中线投资对于工薪阶层非常适合，不影响工作，同时可获得额外收益。

图 2.2　欧元/美元走势图（二）

以赵先生 1 万美元为例，如图 2.3 所示，7 月 1 日 17 时在 1.220 0 位置买入 1 手欧元/美元，7 月 16 日在 1.300 0 位置平仓，半个月时间获利(3 000 － 2 200) × 10 ＝ 8 000（美元），15 天实现赢利 80%。中短线投资外汇相比股票而言，具有更易操作性的特点，收益率较为可观。

以赵先生 1 万美元作为初始资金，如图 2.4 所示，7 月 16 日 15:30 在 1.290 0 买入 1 手欧元/美元，20：00 在 1.300 0 附近平仓，4.5 小时获利(3 000 － 2 900) × 10 ＝ 1 000（美元）；7 月 17、18 日休市，7 月 19 日 15 时在 1.287 0 附近再度买入 1 手欧元/美元，16:30 在 1.299 0 附近平仓，1.5 个小时获利(2 990 － 2 870) × 10 ＝ 1 200（美元），两天时间获利 2 200 美元也是较为可观的赢利。

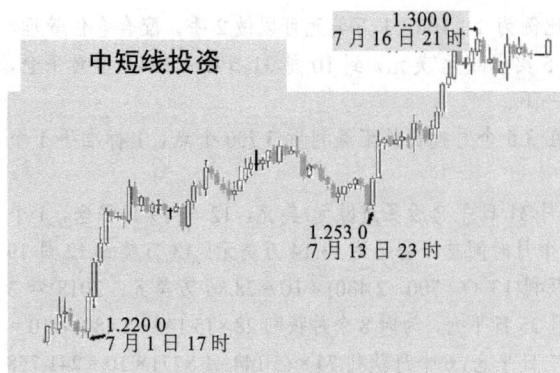

图 2.3　欧元/美元走势图（三）　　　　图 2.4　欧元/美元走势图（四）

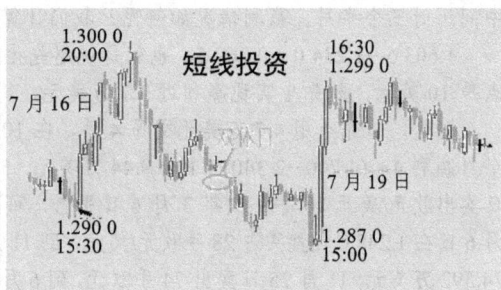

短线交易为上班族提供了便利，24 小时不间断的交易为上班族提供了理财的宽裕时间。

拓展学习提示

读者可通过中国外汇网、环球外汇网、和讯网、外汇通、FX168 财经网等网站了解外汇交易的原理与技巧，进行外汇模拟交易，以掌握更多外汇交易知识。

本章小结

外汇交易，俗称外汇买卖，是指外汇买卖的主体为了满足某种经济活动或其他活动的需要，按特定的汇率和特定交割日而进行的不同货币之间的兑换行为，即以本币兑换成外币，或以外币兑换成本币，或是外币之间的相互兑换。

从外汇交易的本质和实现的类型来看，外汇买卖可以分为以下两大类：①为满足客户真实的贸易、资本交易需求进行的基础外汇交易；②在基础外汇交易之上，为规避和防范汇率风险或出于外汇投资、投机需求进行的外汇衍生工具交易。

外汇交易的主要特点有：利润较高、交易时间灵活、利用杠杆作用、以小博大、交易方式灵活、风险容易控制、市场空间巨大、资金流动性很强。

银行同业间的外汇交易程序通常按如下过程进行：询价行进入交易系统、询价行询价（asking）、报价行报价（quotation）、成交（done）、证实（confirmation）、交割（delivery）或结算（settlement）。

基本训练

一、翻译下列专业词语

1. mine　　　2. yours　　　3. position　　　4. big figure　　　5. delivery date

二、填空题

1. 外汇交易是指外汇买卖的主体为了满足某种经济活动的需要，按特定的（　　　）、特定的（　　　）进行不同的（　　　）兑换行为。

2. 对于银行的交易员，如果他预计某一种外汇将发生升值，则他报出的价格应该比市场的价格

（   ）。

3. 对于银行的交易员，如果他不想进行交易，则他报出的买卖价差应该比市场的价差（   ）。

4. 在外汇交易中，为了有效地防止损失，交易者应该设定（   ）。

5. 外汇市场上，通常汇率采取双向报价方式，即同时报出（   ）及（   ）。

6. 银行所报出的买入汇率和卖出汇率之差，称为买卖价差，价差越小，市场竞争力（   ），但同时其风险也将（   ）。

7. 当某种货币购入过多，将形成这种货币多余的情况，称该货币为（   ）。

8. 当某种货币卖出过多，将形成这种货币不足的情况，称该货币为（   ）。

9. 在我国，企业进口需要用本币到银行购买外汇，对于银行这一过程称为（   ）。

10. 交易员在报价中，当其认为被报价货币将会发生下跌时，报出的交易价格往往要比市场价格（   ）。

三、单项选择题

1. 某银行交易员今天做了如下交易，（"–/+" 代表"空头/多头"）。

被报价货币	汇率	报价货币
（1）USD + 100 000	1.352 0	CHF – 135 200
（2）USD – 200 000	130.20	JPY + 26 040 000
（3）GBP – 100 00	1.800 0	USD + 180 000

则美元、英镑、瑞士法郎、日元分别为（   ）。

    A. 多头、空头、空头、多头   B. 多头、多头、空头、空头

    C. 空头、空头、空头、多头   D. 空头、多头、多头、多头

2. 某银行的汇率报价为 AUD/USD = 0.697 0/80，若询价者购买美元、若询价者要买入被报价货币、若询价者要买入报价货币，分别对应的汇价正确的是（   ）。

    A. 0.697 0，0.697 0，0.698 0   B. 0.698 0，0.698 0，0.697 0

    C. 0.697 0，0.698 0，0.697 0   D. 0.698 0，0.697 0，0.698 0

3. 甲、乙、丙三家银行的报价分别为 USD/SGD = 1.615 0/57、1.615 2/58、1.615 1/56，若询价者要购买美元，哪家银行的报价最好？哪家银行的报价最具竞争性？（   ）

    A. 甲、乙   B. 乙、丙   C. 甲、甲

    D. 丙、丙   E. 甲、丙

4. 如果你是银行，你向客户报出美元兑港元汇率 7.805 7/67，客户要以港元买美元 100 万元，你给客户什么汇价？（   ）

    A. 7.805 7   B. 7.806 7   C. 7.806 2   D. 7.801 0

5. 接上题，如果客户以你的上述报价向你购买了 500 万美元，卖给你港元，随后，你打电话给经纪人想买回美元平仓，几家经纪人的报价如下，对你最有利的报价是（   ）。

    A. 7.805 8/65   B. 7.806 2/70   C. 7.805 4/60   D. 7.805 3/63

6. 昨日开盘价为 EUR/USD=1.245 0，今日开盘价为 EUR/USD=1.232 0，下列说法正确的是（   ）。

    A. 美元升值，欧元贬值   B. 美元贬值，欧元升值

    C. 美元贬值，欧元贬值   D. 美元升值，欧元升值

7. 某银行的汇率报价 USD/JPY=112.40/50，若询价者购买美元、若询价者要买入被报价货币、若

询价者要买入报价货币，分别对应的汇价正确的是（　　）。

  A. 112.40，112.50，112.50   B. 112.50，112.50，112.40

  C. 112.40，112.40，112.40   D. 112.50，112.50，112.50

8. 甲、乙、丙三家银行的报价分别为 EUR/USD =1.215 3/60、1.215 2/58、1.215 4/59，若询价者要购买美元，哪家银行的报价最好？哪家银行的报价最具竞争性？（　　）

  A. 甲、丙   B. 甲、乙   C. 乙、丙   D. 丙、丙

9. 假设美元兑日元的汇率是 103.73/87，某客户想买入 1 万日元，需支付给银行（　　）美元。

  A. 96.27   B. 96.34   C. 96.40   D. 100

10. 在外汇交易中，为了防范风险，一般都需要以订单的形式确定某一（　　）。

  A. 买入点   B. 赢利点   C. 限价位   D. 止损位

四、多项选择题

1. 以下属于外汇交易规则的有（　　）。

  A. 以美元为中心报价   B. 双方遵循一言为定的原则

  C. 使用统一的标价方法   D. 交易术语规范化

2. 对于汇率预测的方法主要有（　　）。

  A. 直觉判断法 B. 技术分析法 C. 市场对比法   D. 基本面分析法

3. 对于技术分析中的趋势分析，主要是通过过去的运行轨迹找出（　　）。

  A. 阻力线   B. 支撑线   C. 价格上的折点   D. 汇率上下的通道

4. 交易员在报价时需要参考的方面有（　　）。

  A. 当时的市价 B. 未来的预期 C. 自身的头寸   D. 货币的特性

5. 交易员出市的目的有（　　）。

  A. 平仓获利   B. 持仓获利   C. 平仓损失   D. 持仓损失

五、判断题

1. 在外汇交易的报价方式中，报出的买卖差价越小，表明银行承受的风险越大，货币的交易性越高。（　　）

2. 在通过无形市场进行外汇交易时，交易双方通过电话口头确定的外汇交易价格可以无效，因为双方没有签订正式的书面合同。（　　）

3. 外汇交易是透明度很高的交易，因为交易双方都可以获得相关的市场信息。（　　）

4. 外汇交易中，银行间的直接交易和通过经纪人进行交易的程序完全不同。（　　）

5. 对于银行的多头和空头都存在风险，因此要进行对冲交易来规避风险。（　　）

六、案例分析与计算

1. 表 2.7 为甲、乙、丙三家银行的报价，就每一个汇率的报价而言，若询价者要购买美元，哪家银行的报价最好？哪家银行的报价最具有竞争性？

表 2.7 三家银行的报价

	甲	乙	丙
USD/SGD	1.615 0/57	1.615 2/58	1.615 1/56
USD/JPY	110.43/49	110.42/47	110.44/48
GBP/USD	1.547 2/79	1.547 2/80	1.547 3/78
EUR/USD	1.215 3/60	1.215 2/58	1.215 4/59
USD/CHF	0.849 0/97	0.849 2/98	0.849 3/99
AUD/USD	0.712 0/25	0.712 2/26	0.711 9/25

2. 市场汇价为 USD/JPY = 101.45/50，现 A 银行持美元多头或市场超买，该行欲卖出美元头寸，

应如何报价？说明理由。

3. 某日现汇市场美元兑日元汇率为101.55/60。如果 A 银行持美元多头或市场已超买，预期美元转跌，该银行须卖出部分或全部美元。该银行交易员报出的价格应是多少？说明理由。

4. 你希望卖出瑞士法郎，买入日元，已知市场信息如下。美元/瑞士法郎、美元/日元的银行报价分别为：A 银行 1.494 7/57，141.75/05；B 银行 1.494 6/58，141.75/95；C 银行 1.494 5/56，141.70/90；D 银行 1.494 8/59，141.73/93；E 银行 1.494 9/60，141.75/85。

请问：①你应从哪家银行卖出瑞士法郎，买入美元？汇率的价格为多少？②你应从哪家银行卖出美元，买入日元？汇率的价格又为多少？

5. 你希望卖出澳元，买入港元，已知市场信息如下。澳元/美元、美元/港元的银行报价分别为：A 银行 0.711 7/25，7.807 0/80；B 银行 0.711 5/24，7.806 9/79；C 银行 0.711 8/26，7.807 1/81；D 银行 0.711 9/25，7. 807 2/80；E 银行 0.711 6/27，7.807 1/78。

请问：①你应从哪家银行卖出澳元，买入美元？汇率的价格是多少？②你应从哪家银行卖出美元，买入港元？汇率的价格是多少？

6. 现在市场相对平静，你拥有汇率价格为127.00 的 1 000 万美元的空头头寸。你从纽约获得以下消息："美联储将对美元进行干预，使之更加坚挺。买入美元的数额估计将会很大。"市场上其他交易商美元/日元的报价分别如下。

  A. 127.91/01   B. 127.92/02   C. 127.93/03   D. 129.89/99

这时你接到了一个询价。

请问：你应如何回复询价？请具体分析。

7. 市场消息显示：英国上月贸易赤字为 23 亿英镑，而不是市场预测的 5 亿英镑。你现在的头寸是多空持平，但你接到一个即期英镑/美元询价，市场上其他交易商的报价分别如下。

  A. 1.950 5/15   B. 1.950 7/17   C. 1.950 0/10

  D. 1.950 2/12   E. 1.950 3/13   F. 1.950 6/16

请问：你应如何进行回复？

七、翻译与填空

1.

A bank: GBP AG 5USD, PLS

B bank: 37/41

A bank: 5 yours

A bank: Ok done at （ ） we buy USD 5MIO against GBP value JAN 20, 2010 USD to ManTrust for our A/C 632-9-52781

B bank: Ok, all agreed GBP to stanchart bank london for our A/C 483 726, TKS

2.

BCGD: GTCX SP HKD 2

GTCX: 7.103 5/40

BCGD: Yours

GTCX: Ok done

     CFM At （ ） we buy USD 2MIO AG HKD

BCGD: All   agreed

HKD   to   B   bank

TKS, BI

八、简答题

1. 外汇交易的特点有哪些？

2. 外汇交易的规则是什么？

3. 外汇交易的报价技巧有哪些？

4. 银行同业间的外汇交易程序是什么？

第三章　即期外汇交易

【学习目标】

理论目标：掌握即期外汇交易的含义、交割日的确定、即期汇率的分类以及即期外汇交易中的报价技巧；了解即期外汇交易的程序、即期外汇交易的具体应用等；重点掌握即期外汇交易中的各种汇率的计算。

技术目标：能根据实例确定即期外汇交易的交割日，能够准确计算即期外汇交易中汇率的套算以及电汇汇率和信汇汇率、票汇汇率之间的转换，能对即期汇率进行准确的报价。

能力目标：具有准确把握即期外汇交易过程的能力。

引例

某年8月19日，刘先生在交通银行上海静安支行存入澳元现金8 000元，银行向他出具的个人存款凭条上注明："收款人户名刘先生，实收现金澳大利亚元8 000元，账户性质储蓄现钞。"等信息，刘先生在该存款凭条上签字确认。同时，刘先生用该存款向银行申购了"得利宝——新绿"理财产品。银行受理后，向他出示了客户须知、产品说明书、章程等资料。刘先生在产品说明书后签字，银行还向刘先生出示了购买理财产品业务受理通知书和业务回单。其中，业务受理通知书中注明有"交易名称理财产品认购、产品名称得利宝FH 08153期、代码FH 081529、币种AUD、投资金额8 000元、现钞标志钞"等信息；在业务回单中注明有刘先生户名、卡号、产品期号、产品代码、现钞金额数量和收益期限标明等信息，刘先生在业务回单上签字确认。

事后，刘先生发现现汇与现钞差价人民币1 840元，遂以澳大利亚元8 000元系以现汇购入为由，要求该银行在理财产品认购中将现钞更改为现汇，并起诉到法院。法院受理后，认为其存款凭条上和理财产品相关手续上均出现了"现钞"字样，于是驳回了刘先生的起诉。

现钞与现汇之间有一定的区别，而作为从事外汇操作的银行，其现钞和现汇的价格也是不一样的，两者既有联系又有区别。

第一节　即期外汇交易概述

一、即期外汇交易与即期外汇市场

即期外汇交易（spot exchange transaction），又称现汇交易，是指买卖双方约定于成交后

的两个营业日内交割的外汇交易。"即期"的意思是交易当时就完成，但由于全球外汇市场需

图 3.1 即期外汇交易

要 24 小时才能运行一周，这样因各市场时差问题给交割带来了障碍，因此在两个营业日内进行交割都算是即期外汇交易，如图 3.1 所示。

即期交易是外汇市场上最常见、最普遍的交易形式，其基本作用在于：满足客户临时性的付款需求、实现货币购买力的转移、调整货币头寸、进行外汇投机等。其交易汇率构成整个外汇市场汇率的基础。一般而言，在国际外汇市场上进行外汇交易时，除非特殊指定日期，一般都视为即期交易。

即期外汇市场根据交易中所使用的金融工具或金融资产的不同，可分为外汇零售市场和外汇批发市场。外汇零售市场又称外币现钞市场（cash market），是外汇银行与客户之间的外汇交易市场，在这个市场上交易的主要是外币现钞和外币旅行支票。外汇批发市场是银行与银行之间的外汇交易市场，主要参与者是银行、外汇经纪公司及各国中央银行。市场交易中所指的即期外汇市场一般是指后者，即银行间的外汇批发市场。

在即期外汇市场中，交易者众多，其目的也各不相同，中央银行进行即期外汇交易主要是出于平稳一国汇率的目的；银行间的主要交易目的是平衡自身的外汇头寸、防范汇率风险，也包括外汇投机目的，银行间的即期外汇交易金额巨大，构成了外汇市场的主体；而最基础的交易是银行与客户的交易，客户进行的即期外汇交易包括外汇汇款、出口收汇、进口付汇、外汇投机等业务，银行与客户之间的即期外汇交易一般是零售外汇交易，交易金额比较小。银行的即期外汇头寸一般不马上平盘，而是累积到一定金额时，才进行对冲。

二、即期外汇交易的交割日

1. 即期外汇交易交割日的分类

外汇交易的双方达成交易外汇协议的这一天称为成交日。达成交易后，双方履行资金划拨、实际收付相应货币金额的行为称为交割，交易双方交割的这一天称为交割日（delivery date），又称结算日（maturity date）。交割日是交易双方的货币资金划拨到指定账户，并开始计息之日，因此也称起息日（value date）。根据成交日与交割日间隔的时间不同，即期外汇交易的交割日可分为以下三种情况。

（1）标准交割日（value spot，VAL SP），指采用 T + 2 的交割方式，即成交后的第二个营业日进行交割。目前大部分的即期外汇交易都采用这种交割方式，无论是银行报出的买卖价格，还是在金融报刊中出现的报价，都是采用 T + 2 交割方式下的报价。

（2）隔日交割（value tomorrow，VAL TOM），又称现金交割，是指即期外汇交易采用 T+1 的交割方式，即成交后的第一个营业日进行交割。某些国家或地区因时差而采用这种交割方式。例如，在我国香港外汇市场上，港元兑日元、新加坡元、澳元的即期交易的交割日都为成交后的次日；美元兑加拿大元、墨西哥比索的即期交易也是成交后的次日为交割日。因为上述这些地区基本上属于同一时区，使交易成交后次日到账成为可能。

（3）当日交割（value today，VAL TOD），指即期外汇交易采用 T + 0 的交割方式，即在成交当日进行交割。银行与当地客户的零星即期外汇交易一般当天就可以实现外汇的收付。例如，我国居民到中国银行用欧元兑换日元，就可立即兑换与结算。

2. 即期外汇交易交割日的确定

需要指出的是，两个营业日是以成交地的时间为准而不是以结算地的时间为准。成交地与结算地是两个不同的概念。成交地是指交易双方买卖货币的地点，结算地是指该种被买卖货币的发行国家或地区。例如，在伦敦的两家银行进行美元兑日元的买卖，伦敦是成交地，纽约和东京则是结算地。因此，在即期外汇交易中，交割日最好是结算地银行的营业日，否则就不能实现外汇存款的转移，也不能计算利息。

根据市场惯例，交割日必须是两种货币的发行国家或地区的银行的营业日，并且遵循"价值抵偿原则"，即外汇交易的双方必须在同一时间内进行交割或结算，以避免任何一方因交割时间不同而蒙受损失。所以，确定即期交割日的规则如下。

（1）交割日必须是两种货币共同的营业日，至少应该是付款地市场的营业日。

（2）交易必须遵循"价值抵偿原则"，即一项外汇交易合同的双方必须在同一时间进行交割，以免任何一方因交割不同时而蒙受损失。

（3）成交后的两日若不是营业日，则即期交割日向后顺延。

三、即期外汇交易的报价

在即期外汇市场上，一般把提供外汇交易价格（汇价）的机构称为报价者（也称为做市商），通常由外汇银行充当这一角色；与此相对，把向报价者索价并在报价者所提供的即期汇价上与报价者交易的其他外汇银行、外汇经纪人、个人和中央银行等称为询价者。

表 3.1 是路透中文网 2019 年 3 月 10 日的外汇报价。

表 3.1　路透中文网 2019 年 3 月 10 日外汇报价

货　币	汇　率	最　　高	最　　低	波动	买　价	卖　价
人民币/美元	0.149 01	0.149 01	0.148 75	+0.31%	0.149 01	0.149 04
人民币/英镑	0.113 07	0.113 07	0.111 96	+0.12%	0.113 07	0.113 13
人民币/欧元	0.132 19	0.132 38	0.111 96	+0.12%	0.132 19	0.132 24
欧元/美元	1.127 1	1.129 8	1.124 5	+0.21%	1.127 1	1.127 3
英镑/美元	1.319 1	1.328 8	1.314 8	+0.30%	1.319 1	1.319 5
美元/日元	111.36	111.46	111.19	+0.15%	111.36	111.37
美元/瑞郎	1.007 9	1.011 2	1.007 9	−0.25%	1.007 9	1.008 0
美元/加元	1.340 0	1.340 9	1.338 5	+0.08%	1.340 0	1.340 4
澳元/美元	0.707 70	0.708 00	0.705 80	+0.11%	0.707 70	0.707 90

（一）银行报价惯例

在即期外汇市场上，为了保证外汇交易的正常运行，各个外汇银行都遵循一定的报价惯例，这些报价惯例主要有以下几种。

1. 双向报价

外汇银行的报价一般都采用双向报价方式，即银行同时报出买入价（bid rate）和卖出价（offer rate）。

当报价银行的外汇交易员对询价方报出某种货币买卖价的同时，这一银行也就承担了以该价格买进或卖出一定数额货币的义务，如果询价方在规定的时间内同意该价格，则报价银行必须以该价格成交。买入价和卖出价的差额称为差价（spread），差价越大，报价者的利润越大，但市场竞争力越弱。银行报价时所报的汇率一般用 5 位有效数字表示，由大数和小数两个部分组成。大数（big figure）是汇价的基本部分，通常交易员不会报出，只有在需证实交易的时候，或是在变化剧烈的市场才会报出；小数（small figure）是汇价的最后两个数字。

【例 3.1】 某银行的即期外汇报价为 EUR/USD =(1.19)81/86。公式斜线左边的货币——欧元称为基准货币（base currency），斜线右边的货币——美元称为标价货币（quoted currency）；1.19 是大数，外汇银行报价时可以不报出，81、86 是小数，81 和 86 之间的差额称为差价。

即期外汇交易中，报价的最小单位，市场称为基本点（basic point），是标价货币最小价格单位的 1%，例如，人民币的最小价格单位是 1%元（即分），故美元兑人民币的交易价格应标至 0.000 1 元。

【例 3.2】 美元兑换日元的汇率从 120.53 上升到 120.63，则称外汇市场的汇率上升了 10 个基本点或 10 个点。

2．以美元为中心报价

除特殊标明外，所有货币的汇率都是针对美元的报价，即采用以美元为中心的报价方法，即 1 或 100 单位美元折合多少金额的该种货币。如东京银行报出日元的开市价是 117.30/40，指的就是 USD/JPY = 117.30/40。

3．英镑、爱尔兰镑、澳大利亚元和新西兰元的汇率报价

英镑、爱尔兰镑、澳大利亚元和新西兰元的汇率报价方式是采用以这些货币为基准货币折合成多少美元的方式，如 GBP/USD = 1.402 5、AUD/USD = 0.674 1。

4．通过电信手段报价

通过电信手段（如电话、电传等）报价时，报价银行只报汇价的最后两位数。例如，美元兑加元的汇价是 USD/CAD = 1.542 5/35 时，报价银行的交易员一般只报 25/35。

（二）进出口报价

在进出口贸易中，往往有这样三种情况：一是一方以本币报价，但对方要求以某种外币报价；二是一方以某种外币报价，但需要折算可以获得多少本币或对方要求以本币报价；三是以一种外币报价但是需要折算成以另一种外币报价。这些都涉及同一个问题，就是在外汇交易中，当银行既报买入价又报卖出价，把以一种货币报价折算成以另一种货币报价时，到底应该选择买入价还是卖出价。对于这个问题的解决，应遵循的基本原则是：无论如何改变报价，其收益（或成本）不应该有变化。具体来说有以下几个规则。

（1）以本币报价改为以外币报价时，应按买入价计算。

【例 3.3】 我国某出口商出口机器设备，原来以人民币报价，每件报价为 6 万元人民币，但进口商要求以美元报价，美元兑人民币的即期汇率为 USD 100 = CNY 826.46/828.94，则该出口商在报价时应该遵循的原则为：经过美元报价之后获得的美元卖到银行换得的人民币的数目应与原报价的数目相同。很明显，出口商在获得美元后，要以 826.46 的价格把每 100 美元卖给银行，因此要获得 6 万元人民币应该报出的美元价格为 60 000÷8.264 6 = 7 259.88（美元）。因此在把 6 万元人民币折算成美元的时候应使用买入价，如果使用卖出价，则出口商将

会遭受损失。

（2）以外币报价改为以本币报价时，应该按卖出价计算。

【例3.4】 瑞士某出口商原来以美元报价，报价为每件 100 美元，现在进口商要求以瑞士法郎报价，即期汇率为 USD/CHF = 1.331 3/18。这种情况下遵循的原则还是出口商把收回的瑞士法郎卖到银行后可以换回原报价数量的美元。出口商把 1 单位瑞士法郎卖到银行可以得到 1/1.331 8 美元，因此报价应使用卖出价，故使用本币报价时，报价为 100 × 1.331 8 = 133.18（瑞士法郎）。

（3）以一种外汇报价改为以另一种外汇报价时，先依据外汇市场所在地确定本币和外币，然后按照（1）（2）两项原则进行处理。

【例3.5】 我国某出口商原以美元报价，报价为每件 1 万美元，现在应客户的需要，改为以日元报价，纽约外汇市场当日的即期汇率为美元/日元 = 118.57/62，外汇市场所在地在美国，故可以把美元作为本币，那么应该以买入价折算，使用间接标价法，买入价在后，所以日元报价为 1 186 200 日元。

📖 **小知识**

我国银行间即期外汇市场的交易改革

中国人民银行于 2006 年 1 月 3 日发布了〔2006〕第 1 号公告《中国人民银行关于进一步完善银行间即期外汇市场的公告》。发布该公告的目的在于完善以市场供求为基础、参考一篮子货币进行调节、有管理的浮动汇率制度，促进外汇市场发展，丰富外汇交易方式，提高金融机构自主定价能力。

中国外汇交易中心为进一步促进价格发现和提高交易效率，于 2017 年 12 月 4 日在新一代外汇交易平台 CFETS FX2017 上推出了基于双边授信的即期撮合交易。撮合交易是全球主流货币的外汇交易形式，卖方在交易市场委托销售订单、买方在交易市场委托购买订单，交易市场按照价格优先、时间优先的原则确定双方成交价格生成电子交易合同，并按交易订单指定的交割仓库进行交割的交易方式。

为进一步完善交易机制，提高交易效率，中国外汇交易中心于 2018 年 12 月 24 日在新一代外汇交易平台 CFETS FX2017 外汇衍生品询价交易模式下推出了协商交易功能。协商交易功能是指在询价交易模式下，由一方（Taker）发起完整交易要素，另一方（Maker）可选择拒绝或确认，确认则达成交易。协商交易功能上线后，外汇衍生品询价交易模式将支持意向性报价（RFQ）和协商交易（Negotiate）两种功能。外汇衍生品交易支持人民币外汇期权和货币掉期，外币对货币掉期和外币利率互换交易，后续将视市场情况扩展至其他衍生品交易。各交易品种协商交易要素与询价 RFQ 交易要素一致。交易双方可通过以下方式在新平台达成协商交易。一是新平台直接达成。一方通过新平台协商交易功能发起完整交易要素，另一方收到交易要素后进行确认，则达成交易。二是即时通信工具与新平台直连。交易双方可通过外汇即时通信工具（专线版或互联网版）协商交易要素，达成交易意向后，交易要素可直接连通至新平台，交易双方通过新平台协商交易功能进行确认后达成交易。三是货币经纪与新平台直连。货币经纪人可通过互联网版外汇即时通信工具为交易双方提供经纪服务，交易双方达成交易意向后，交易要素可直接连通至新平台，交易双方通过新平台协商交易功能进行确认后达成交易。

✏️ **拓展学习提示**

读者可通过互联网查阅《中国人民银行关于银行间外汇市场交易汇价和银行挂牌汇价管理有关事项的通知》，了解我国银行间外汇市场交易的管理规定，了解人民币兑美元、欧元、日元、港元、英镑、马来西亚林吉特、俄罗斯卢布、澳大利亚元、加拿大元和新西兰元的汇率报价方法，人民币兑美元汇率中间价的形成方式，以及每日银行间即期外汇交易市场人民币兑世界主要货币的浮动幅度。

第二节　即期汇率与套算汇率

一、即期汇率

即期外汇交易使用的汇率称为即期汇率，进行即期外汇交易时，银行之间的结算按操作的方式不同可以分为电汇、票汇、信汇，相应的汇率也分为电汇汇率、票汇汇率、信汇汇率。

电汇（telegraphic transfer，T/T）是指汇出行以电信方式（电报、电传或其他电子通信方式）向汇入行发出付款委托的一种汇付方式。汇入行在对收到的付款委托经核对密押无误后，将款项解付给收款人。

票汇（remittance by bank's demand draft，D/D）是银行以即期汇票作为支付工具的一种汇付方式。汇出行应汇款人的申请，开具以汇入行为付款人的汇票，交由汇款人自行寄交给收款人，由收款人凭此汇票从付款行收款。

信汇（mail transfer，M/T）是指汇出行以邮政航空信件向汇入行发出汇款委托的一种汇付方式，汇入行对汇出行支付委托书的签字或印鉴核对无误后，将款项解付给收款人。

在实际交易中，使用票汇和信汇方式的交易较少，大部分外汇交易的货币收付都是采用电汇的方式。因此，电汇汇率是计算信汇汇率和票汇汇率的基础，报价银行所报出的即期汇率指的也是电汇汇率。

电汇之所以被普遍使用，是因为其效率高、时间短，只需一两天的时间，客户的货币资金即可到账。电汇通常采用纽约清算所银行同业支付系统（CHIPS）、环球银行金融电信协会（SWIFT）这两个结算系统完成货币资金的收付。21 世纪初，在纽约经营的外汇银行（包括外国银行在纽约的分支行）都已加入了纽约清算所银行同业支付系统，全球国际性大银行都已加入了环球银行金融电信协会。银行间外汇交易的结算通过这两个支付系统即可完成它们之间的货币转账。没有加入这两个系统的银行之间的结算，可以通过交易双方代理行的账户划拨货币存款。

由于通过电汇划拨货币的时间最短，早期，银行一般都是通过电报的方式将其支付指令传递给付款行，因此花费的成本较高。为了节省成本，银行往往在交易达成后的第二天凌晨通过电报公司发出电报，这时的电报费用较低，这样，往往需要两个营业日才能完成资金的交割，也就是标准交割。现在，由于交易手段的更新，即期交割指令往往通过电信系统来完成，但由于时区的原因，资金也难以立即到账，因此仍沿用了以往两个营业日到账的传统。不过现在有很多的即期交易已经实现了当日交割或者次日交割，也就是 T＋0 或 T＋1 的交割模式。电汇即期交易能够在很短的时间内完成交易双方资金的交割，交易双方互不占用对方资金。

信汇交易或票汇交易都存在着一方占用另一方资金的问题。例如，伦敦某客户需要一笔100 美元的资金，他就需要将一定数额的英镑通过账户支付给银行，银行为其签发一张以美国某银行作为付款人的即期汇票，由该客户本人将其带往美国进行结算交割。这时，客户的资金已经支付出去，但客户的美元由于邮程还不能及时到账，这就存在伦敦银行占用了客户的资金问题。为了解决这一问题，银行需要按特定的方式将该笔资金合理的邮程天数所产生的利息返还给客户，因此，银行卖给客户美元的汇率就要适当低一些。同样，如果客户拿着一张美国银行开具的即期美元汇票来兑换英镑，银行即时将英镑支付给客户，而将汇票流转到美国银行进行美元的划入也需要一定的天数，这时又存在客户占用银行资金的问题，银行需要按特定的方式将这笔资金在一定的邮程天数内产生的利息计算进来，也就是银行买入美元的汇率也要低一些。由于资金占用产生的利息问题，信汇汇率和票汇汇率的买入价和卖出价都要比即期汇率低一些，电汇由于不占用资金，因此其是最贵的汇率。信汇汇率和票汇汇率的计算公式为

$$信汇汇率（票汇汇率）= 电汇汇率 \times [1 - 占用资金货币的利率$$
$$\times（邮程天数 - 2）\div 360]$$

需要特别指出的是，信汇汇率中邮程天数减去 2 是由于电汇汇率沿用的是两个营业日交割的交易规定，因此信汇汇率（票汇汇率）按电汇汇率计算需要扣除两天；占用资金货币的利率一般指的是本币的利率。

【例 3.6】 假设在苏黎世外汇市场上即期汇率为 USD/CHF = 1.546 0/80，瑞士法郎的利率为 5%，美元的利率为 8%，瑞士到美国的邮程为 7 天，则美元/瑞士法郎的信汇汇率（或票汇汇率）为

$$信汇汇率（票汇汇率）买入汇率 = 1.546 0 \times [1 - 5\% \times (7 - 2) \div 360] \approx 1.544 9$$
$$信汇汇率（票汇汇率）卖出汇率 = 1.548 0 \times [1 - 5\% \times (7 - 2) \div 360] \approx 1.546 9$$

二、套算汇率

在国际外汇市场上，报价银行一般报出以美元为中心的汇率，即美元与其他货币之间的即期汇率。如果客户要求使用非美元货币之间的即期汇率，则报价银行可以通过非美元货币分别与美元货币的即期汇率套算出来，即套算汇率（cross rate）。套算汇率的规则有以下两个。

1. 两个即期汇率中美元在同一边

如果两个即期汇率中美元在同一边，即要么都为基础货币，要么都为报价货币，那么，非美元货币之间的即期汇率应通过交叉相除套算得出。

【例 3.7】 已知即期汇率：USD 1 = HKD 7.726 0/7.735 6；即期汇率： USD 1 = CHF 1.496 0/1.497 0。求 CHF/HKD = ？

在本例中，美元在两个即期汇率中同为基础货币，要求两个报价货币之间的比价关系，根据规则，我们知道可以通过交叉相除的方式获得港元与瑞士法郎的即期汇率，其套算原理如下。

因为美元兑港元的买入汇率可以表示为

USD 1 ───▶ 银行 ───▶ HKD 7.726 0

美元兑瑞士法郎的卖出汇率可以表示为

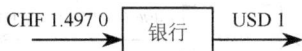

CHF 1.497 0 ───▶ 银行 ───▶ USD 1

因此，当银行同时做以上两笔交易时，可以表示为

CHF 1.497 0 ───▶ 银行 ───▶ HKD 7.726 0

所以，瑞士法郎兑港元的买入汇率应为

$$\text{CHF 1} \rightarrow \boxed{\text{银行}} \rightarrow \text{HKD 7.726 0} \div 1.497\ 0 = \text{HKD 5.161 0}$$

同样的道理，我们可以知道，由于美元兑港元的卖出汇率为

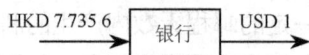

$$\text{HKD 7.735 6} \rightarrow \boxed{\text{银行}} \rightarrow \text{USD 1}$$

美元兑瑞士法郎的买入汇率为

$$\text{USD 1} \rightarrow \boxed{\text{银行}} \rightarrow \text{CHF 1.496 0}$$

因此，当银行进行以上两笔交易时，可以表示为

$$\text{HKD 7.735 6} \rightarrow \boxed{\text{银行}} \rightarrow \text{CHF 1.496 0}$$

所以，瑞士法郎兑港元的卖出汇率应为

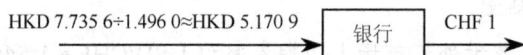

$$\text{HKD 7.735 6} \div 1.496\ 0 \approx \text{HKD 5.170 9} \rightarrow \boxed{\text{银行}} \rightarrow \text{CHF 1}$$

这样，我们就可以推断出，瑞士法郎兑港元的双向汇率应为

$$\text{CHF/HKD} = (7.726\ 0 \div 1.497\ 0)/(7.735\ 6 \div 1.496\ 0) = 5.161\ 0/5.170\ 9$$

从例 3.7 中我们可以看出，当美元作为两个即期汇率中的基础货币，则非美元货币的双向汇率可以通过交叉相除的方式获得。当美元作为两个即期汇率中的报价货币，其计算方式也类似，同样是采取交叉相除的方式，这里就不再进一步说明了。

2. 两个即期汇率中美元不在同一边

如果两个即期汇率中美元不在同一边，即其中一个汇率以美元作为基础货币，另一个汇率以美元作为报价货币，那么，非美元货币之间的即期汇率应通过两边相乘套算得出。

【例3.8】 已知即期汇率：USD 1 = CHF 1.496 0/1.497 0；即期汇率：GBP 1 = USD 1.701 0/1.702 0。求 GBP/CHF = ？

在本例中，美元在一个汇率中为基础货币，在另一个汇率中为报价货币，要求出两个非美元货币之间的比价关系，根据规则，我们可以通过同边相乘的方式获得两个非美元货币之间的比价。其套算原理如下。

美元兑瑞士法郎的买入汇率可以表示为

$$\text{USD 1} \rightarrow \boxed{\text{银行}} \rightarrow \text{CHF 1.496 0}$$

英镑兑美元的买入汇率可以表示为

$$\text{GBP 1} \rightarrow \boxed{\text{银行}} \rightarrow \text{USD 1.701 0}$$

所以，当银行买入 1.701 0 美元时，需要支付给客户 1.496 0 × 1.701 0 ≈ 2.544 7（瑞士法郎），可表示为

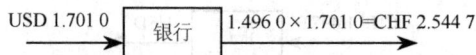

$$\text{USD 1.701 0} \rightarrow \boxed{\text{银行}} \rightarrow 1.496\ 0 \times 1.701\ 0 = \text{CHF 2.544 7}$$

因此，当该银行同时做以上两笔交易时，即买入 1 英镑，付出 1.701 0 美元；买入 1.701 0 美元，支付 1.496 0 × 1.701 0 ≈ 2.544 7（瑞士法郎），其套算结果如下。

$$\xrightarrow{\text{GBP 1}} \boxed{\text{银行}} \xrightarrow{\text{CHF } 1.496\,0 \times 1.701\,0 = 2.544\,7}$$

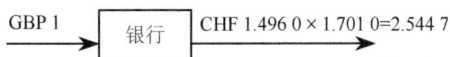

所以，英镑兑瑞士法郎的买入汇率为 GBP 1 = CHF 2.544 7。

同样的道理，我们可以知道，由于美元兑瑞士法郎的卖出价为

$$\xrightarrow{\text{CHF } 1.497\,0} \boxed{\text{银行}} \xrightarrow{\text{USD 1}}$$

英镑兑美元的卖出汇率为

$$\xrightarrow{\text{USD } 1.702\,0} \boxed{\text{银行}} \xrightarrow{\text{GBP 1}}$$

所以，当银行卖出 1.702 0 美元时，需要向客户收取 1.497 0 × 1.702 0 = 2.547 9（瑞士法郎），表示为

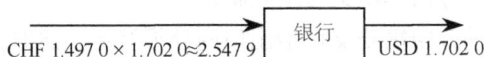

$$\xrightarrow{\text{CHF } 1.497\,0 \times 1.702\,0 \approx 2.547\,9} \boxed{\text{银行}} \xrightarrow{\text{USD } 1.702\,0}$$

因此，当该银行同时做以上两笔交易时，即卖出 1 英镑，收入 1.702 0 美元；卖出 1.702 0 美元，收入 1.497 0 × 1.702 0 = 2.547 9（瑞士法郎），其套算结果如下。

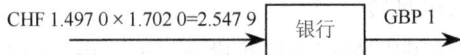

$$\xrightarrow{\text{CHF } 1.497\,0 \times 1.702\,0 = 2.547\,9} \boxed{\text{银行}} \xrightarrow{\text{GBP 1}}$$

所以，英镑兑瑞士法郎的卖出汇率应为 GBP1 = CHF 2.547 9，英镑与瑞士法郎的双向汇率为 GBP/CHF = 2.544 7/2.547 9。

从例 3.8 中我们可以看出，当美元分别作为两个即期汇率中的基础货币和报价货币时，非美元货币的双向汇率可以通过同边相乘的方式获得，即左边的汇率相乘得出买入汇率，右边的汇率相乘得出卖出汇率。

从例 3.8 中可以看出，套算汇率存在着很大的买卖差价。主要是因为通过美元为中介套算出来的即期汇率是将两个买卖差价结合起来，这样就会使交易产生双倍的交易成本。而许多非美元货币之间的交易无须通过美元来过渡，这样就可以避免交易成本的增加，许多报价行也以此来吸引客户。因此在交易成本比较小时，套算汇率只要出现一点偏离，报价行就会抓住机会进行套利。

第三节　即期外汇交易的作用与范例

一、即期外汇交易的作用

即期外汇交易作为最基本的外汇交易，其基本的作用有：满足客户临时性的付款需要，实现货币购买力的转移；调节各种货币头寸，规避汇率风险；进行外汇投机等。其具体表现如下。

1. 满足客户临时性的付款需要

满足客户临时性的付款需要，实现货币购买力的转移是即期外汇交易最常见的作用，客户的外汇交易经常应用于对外贸易的结算、对外的资本投资等经济活动，具体包括以下四种

方式。

（1）汇出汇款，即需要向国外支付外币的客户，需要把本币兑换成外币后委托银行向国外的收款人汇款。银行接受汇款人的委托后需委托国外的代理行从本行的外币结算账户中支付一定金额的外币给收款人。

（2）汇入汇款，即收款人从国外收到以外币支付的款项后，可以存入自己的外币账户，也可以将外汇结售给银行，换成本币。通常情况下，办理汇款的外国银行会事先将外币资金转入接受汇款银行的结算账户中。

（3）出口收汇，即出口商将出口货物装运后，根据不同的结算方式，如采用托收或信用证结算时，立即开具以双方商定的结算货币计价的汇票，并附上有关的单据，通过银行进行托收或议付，这时，付款行将其外币款项记入议付行或托收行的外币结算账户，议付行或托收行将按照即期汇率计算的等值本币支付给收款人。

（4）进口付汇，即在进口中需要支付给出口商外汇资金，这时进口商需要按即期汇率支付相应金额的本币给银行，银行将外汇资金支付给出口商所在国的银行，进口商一般通过本国银行在国外的结算账户完成外汇的划转。

2．即期抛补，规避汇率风险

即期抛补是指交易者利用即期外汇市场买进所需要支出的外汇，或卖出自己的外汇资金，防止汇率波动给自己带来风险的行为。利用即期外汇市场进行抛补来避免汇率变动的风险能否成功，取决于抛补者资金的流动性强弱和融资的易难，以及其对未来即期汇率预测得是否准确。下面举例进行说明。

假如某进口商在4个月后有500万美元的进口支出，如果该进口商担心支出时美元会升值，则该进口商可以在目前的即期外汇市场上以目前的即期汇率买进500万美元，然后存入银行，到4个月后支付时，便可用此存款支付进口所需。在这种方式下，是以牺牲了500万美元在4个月的流动性为代价的，同时还要考虑美元和本币在这4个月的收益大小。

3．外汇投机

即期外汇的投机是指客户根据其对将来汇率变化作出预测而进行的以买卖外汇为前提的交易行为。在外汇市场上，如投机者预期某种货币的汇率将上升或下跌时，就可以在即期外汇市场上买入或卖出该种货币。交易者利用即期外汇交易来进行外汇投机需要有足够的资金基础。当今外汇市场上投机盛行，与汇率波动不定、不同时间的价差存在套汇机会有直接的关系。比如，某投机者预期港元将在某日升值，则该投机者就会立即在香港外汇市场买入港元，等港元升值后再卖出港元，从中获得差价收益。

📖 小知识

我国外汇交易市场发展回顾

1994年1月1日起，我国外汇管理体制进行了重大改革：汇率并轨，实行以市场供求为基础的、单一的、有管理的浮动汇率制度；取消外汇留成和上缴，实行银行结售汇制度；建立全国统一、规范的银行间外汇市场。同年4月4日，银行间外汇市场（即中国外汇交易系统）正式启动运营。银行间市场主要为外汇指定银行平补结售汇头寸余缺及其清算提供服务，外汇指定银行为交易主体，外汇管理部门对银行结售汇周转头寸实行上下限额管理，对于超过或不足限额的部分，银行可通过银行间市场售出或补充。其后，我国外汇交易市场不断发展和完善。1994 年 4 月 5 日，增设了港元交易。1995 年 3 月 1 日，开办了日元交易。2002 年 4 月 1 日，增加了欧元交易。在增加交易品种的同时，交易时间也进一步延长。从 2003 年 2 月 8 日开始，我国外汇市场交易时间从过去的 9:20—11:00 延长到 9:30—15:30。2003 年 10 月 1 日起，我国外汇交易市场允许交易主体当日进行双向交易。2005 年 5 月 18 日，我国外汇交易市场开办了 8 种外币对交易。2005 年 8 月 15 日，推出了远期外汇交易。2006 年 1 月 4 日，引入了做市商和询价交易方式。从此形成了银行间市场可全天候进行结售汇业务的双向外汇资金买卖、进行头寸平补和资金调度的市场运行现状。2007 年 4 月 6 日，我国外汇交易市场推出了利率互换交易。2010 年 6 月 7 日，新增了美元兑新加坡元外币对交易；8 月、11 月，银行间外汇市场开办了人民币兑马来西亚吉林特和俄罗斯卢布的交易业务。2011 年 4 月 1 日，在银行间外汇市场推出了人民币对外汇期权交易。2013 年，银行间外汇市场人民币外汇询价交易净额清算业务转移至上海清算所。外汇交易中心 2015 年推出了标准化人民币外汇掉期交易，2016 年推出了标准化人民币外汇远期交易。2015 年，改进了人民币兑美元汇率中间价报价机制，强调人民币兑美元汇率中间价报价要参考上日收盘汇率，以反映市场供求变化。2016 年，明确了"收盘汇率+一篮子货币汇率变化"的人民币兑美元汇率中间价形成机制，统筹兼顾了市场供求、保持对一篮子货币基本稳定和稳定市场预期三者之间的关系，提高了汇率机制的规则性、透明度和市场化水平。2017 年，在人民币兑美元汇率中间价报价模型中引入了"逆周期因子"，并根据我国经济形势的发展需要，于 2018 年 1 月和 8 月分别取消和重启了"逆周期因子"。

二、即期外汇交易范例

范例 1　美元作为被报价货币

ABC: SP CHF 1	ABC：请报出美元兑瑞士法郎的即期汇率，交易金额 100 万美元。
XYZ: 1.321 3/18	XYZ：美元兑瑞士法郎即期汇率为 1 美元＝1.321 3/18 瑞士法郎。
ABC: 13 Done my CHF to ABC Zurich A/C XXX	ABC：我方卖出 100 万美元，请把我方的瑞士法郎汇入苏黎世 ABC 银行账户上。
XYZ: Agree at 1.321 3　we buy USD 1 MIO AG CHF VAL May 20 USD to XYZ N.Y. A/C XXX TKS for calling N deal BIBI	XYZ：同意，证实在 1.321 3 的价位上我方买入 100 万美元兑瑞士法郎，交割日为 5 月 20 日，我方的美元请汇入纽约 XYZ 银行账户上。谢谢询价和交易，再见。
ABC: TKS for price　BIBI	ABC：谢谢报价，再见。

范例 2　美元作为报价货币

ABC: SP GBP 5 MIO	ABC：请报出英镑兑美元的即期汇率，交易金额 500 万英镑。
XYZ: 1.824 3/47	XYZ：英镑兑美元的即期汇率为 1.824 3/47。
ABC: My risk	ABC：我不满意这个价格。
...	......
ABC: Now pls	ABC：现在请重新报价。
XYZ: 1.824 4 choice	XYZ：1.824 4 任选交割方向（一般而言，当报价银行报出

choice 时一定要做交易，不可以用价格不好做借口而不做交易）。

ABC: Sell PLS My USD to ABC N.Y. A/C XXX

ABC: 我方卖出，请将我方的美元汇入 ABC 银行账户。

XYZ: Ok done，At 1.824 4 we buy GBP 5 MIO AG USD VAL May 20，GBP to my London A/C XXX,

TKS for deal, BIBI

XYZ: 成交，证实在 1.824 4 的价格上，我方买入 500 万英镑兑美元，交割日是 5 月 20 日，我方的英镑请汇入伦敦 XYZ 银行账户。

谢谢交易，再见。

范例 3 交叉盘的报价

ABC: SP EUR/YEN 3 EUR

ABC: 请报出欧元兑日元的即期汇率，交易金额 300 万欧元。

XYZ: 129.70/76

XYZ: 欧元兑日元的即期汇率为 129.70/76。

XYZ: Our risk off price

XYZ: 我方取消前次报价。

ABC: Now PLS 6 EUR PLS

ABC: 现在请重新报价，交易金额 600 万欧元。

XYZ: 129.71/75

XYZ: 欧元兑日元的即期汇率为 129.71/75。

ABC: Sell EUR 6 My YEN to ABC Tokyo A/C XXX

ABC: 我方卖出 600 万欧元兑日元，日元请汇入我方在东京 ABC 的银行账户。

XYZ: Done，at 129.71，We buy EUR 6 MIO AG YEN VAL May 20 EUR to XYZ my Frankfurt A/C XXX

XYZ: 成交，证实在 129.71 价位上，我方买入 600 万欧元兑日元，5 月 20 日交割，欧元请汇入我方在法兰克福的 XYZ 银行账户。

本章小结

即期外汇交易又称现汇交易或现期交易，是指外汇交易成交后两个营业日之内办理交割的外汇买卖业务。外汇交易的双方达成外汇交易协议的这一天称为成交日。达成交易后，交易双方履行资金划拨、实际收付相应金额的货币行为称为交割；交易双方进行交割的这一天称为交割日，也称为结算日或起息日。

在即期外汇交易市场上，一般把提供交易价格（汇价）的机构称为报价者，通常由外汇银行充当这一角色；与此相对，外汇市场把向报价者索价并在报价者所提供的即期汇价上与报价者进行交易的其他外汇银行、外汇经纪、个人和中央银行等称为询价者。报价银行在报出外汇交易价格时一般都采用双向报价法，并且遵循着相应的交易规则。对于涉及进出口交易的外汇交易报价中，往往需要进行不同货币的转换计算。即期汇率包括电汇汇率、信汇汇率和票汇汇率，电汇汇率是其他汇率计算的基础。在银行的即期外汇交易的报价中，一般报出的价格都是针对美元的，对于非美元货币之间的汇率，可以通过非美元与美元的即期汇率套算得出。

即期外汇交易的功能主要有满足客户的临时性需要、外汇抛补以及投机交易，这三种功能在即期外汇市场上较为常见。

基本训练

一、填空题

1. 即期外汇交易又称（　　　）或（　　　），是指外汇交易成交后（　　　）之内办理交割的外汇买卖业务。

2. 在电汇汇率、信汇汇率、票汇汇率中，汇价最高的是（　　　）。

3. 在进出口的报价中，出口方如果把本币改成外币报价，应按银行的（　　　）进行计算得出。

4. 在进出口的报价中，出口方如果把外币改成本币报价，应按银行的（　　　）进行计算得出。

5. 即期外汇交易的层次可以分为（　　　）、（　　　）、（　　　）。

二、单项选择题

1. 当某一交易者未来将有一笔美元支出，为了规避美元汇率变动的风险，该交易者可以在即期市场上（　　　）。

　　A. 买入美元　　　B. 卖出美元　　　C. 先买后卖美元　　　D. 先卖后买美元

2. 一笔美元与日元的即期外汇交易，成交日为5月12日，采用标准交割日，13日是美国银行的假日、日本银行的营业日，14日是两国银行的营业日，则该笔交易的交割日应该是哪一天？（　　　）

　　A. 12日　　　B. 13日　　　C. 14日　　　D. 15日

3. 昨日开盘价为 GBP/USD = 1.561 0，今日开盘价为 GBP/USD = 1.58 20，下列说法正确的是（　　　）。

　　A. USD 升值，GBP 贬值　　　　　　B. USD 贬值，GBP 升值

　　C. USD 贬值，GBP 贬值　　　　　　D. USD 升值，GBP 升值

4. 某银行承做4笔外汇交易：①卖出即期英镑400万；②买入即期英镑300万；③买入即期英镑250万；④卖出即期英镑150万。这4笔业务的风险情况为（　　　）。

　　A. 银行头寸为零，无风险　　　　　　B. 银行头寸为零，有风险

　　C. 银行头寸不为零，无风险　　　　　D. 银行头寸不为零，有风险

5. 当银行的报价为 USD/JPY = 110.15/25、GBP/USD = 1.58 75/80 时，某一交易者欲用英镑购买日元，银行给他的汇率价格应该是（　　　）。

　　A. 174.86　　　B. 175.08　　　C. 67.364　　　D. 67.449

三、多项选择题

1. 即期外汇交易的动机有（　　　）。

　　A. 套期保值　　　B. 即期抛补　　　C. 套利投机　　　D. 弥补差额

2. 即期外汇的交割可以分为（　　　）。

　　A. 标准交割　　　B. 当日交割　　　C. 约定交割　　　D. 次日交割

3. 现汇的三种具体形式是（　　　）。

4. 即期外汇交易的交割日又被称为（　　）。

　　A. 起息日　　　　B. 到账日　　　　C. 汇款日　　　　D. 结算日

5. 即期外汇交易的询价者可以是（　　）。

　　A. 央行　　　　　B. 外汇银行　　　　C. 经纪人　　　　D. 客户

四、判断题

1. 票汇汇率是外汇市场上的基准汇率，是计算其他各种汇率的基础。　　　　（　　）

2. 即期外汇买卖双方的权利和义务是不对等的。　　　　　　　　　　　　（　　）

3. 在进出口报价中，本币报价改为外币报价时，应按买入价计算。　　　　（　　）

4. 银行间即期外汇交易，主要在外汇银行之间进行，无须外汇经纪人参与外汇交易。（　　）

5. 在外汇市场上，如果投机者预测日元将会贬值、美元将会升值，即进行卖出美元买入日元的即期外汇交易。　　　　　　　　　　　　　　　　　　　　　　　　（　　）

五、案例分析与计算

1. 一天某银行当天公布的外汇牌价是 USD 1 = CAD 1.79 90/1.80 10，USD 1 = CHF 1.49 90/ 1.50 10，客户现欲以瑞士法郎向银行购买加拿大元，银行应给该客户报出什么价格？

2. 某日我国香港外汇市场美元兑港元的电汇汇率是 USD 1 = HKD7.70 60/7.74 60，港元的年利率为 8%，香港到美国的邮程为 10 天，求该日美元兑港元的信汇汇率。

3. 我国某公司从瑞士进口一种小仪表，瑞士公司有两种报价，一种报价是 100 瑞士法郎，另一种报价是 66 美元。已知当天的汇率为 CHF 1 = CNY 2.97 84/2.99 33，USD 1 = CNY 4.71 03/4.73 39，我国该公司应接受哪种货币报价？

4. 某年 8 月 15 日，我国某公司按当时汇率 USD 1 = EUR 0.70 56 向德国某商人报出销售核桃仁的美元价和欧元价，任其选择。该商人决定按美元计价成交，与该公司签订了数量为 1 000 吨的核桃仁的销售合同，价值 750 万美元。到了同年 11 月 20 日，美元与欧元的汇率变为 USD 1 = EUR 0.70 48，于是该商人提出按 8 月 15 日所报欧元价计算，并以增加 3%的货价作为交换条件。你认为能否同意该商人的要求？为什么？

六、简答题

1. 即期外汇的交割分类有哪几种？

2. 即期外汇的报价方法有哪几种？

3. 套算汇率的计算规则是怎样的？

第四章　远期外汇交易

【学习目标】

理论目标：掌握远期外汇交易的概念，了解远期汇率的报价和远期外汇交易的操作，了解择期外汇交易的含义及特点，掌握择期外汇交易的定价方法；掌握远期外汇交易交割日的确定、远期汇率的报价及计算、远期外汇业务的操作及择期外汇交易的定价原则及定价步骤。

技术目标：掌握远期外汇交易的报价原理及一般流程，能指导客户完成远期外汇交易；掌握远期外汇交易的业务操作，能独立为客户完成远期外汇交易业务。

能力目标：具备从事远期外汇交易的一般能力，包括指导客户开户、交易，为客户提供交易咨询服务及解决远期外汇交易中一般突发问题的能力；具备为客户完成远期结售汇业务的能力。

引例

小张和高明在银行做完一笔远期外汇交易，小张突然想起一个问题："高明，3个月后是12月6日，万一出点意外，那天外方款付不了怎么办？"高明微笑着说："正是考虑到这种情况，我们银行提供择期交易，择期最长3个月，就是说企业在12月6日到明年3月6日期间内任意一天都可以按照114.75的价格来交割。"他们所做的"择期外汇交易"业务是指客户可以在约定的将来某一段时间内的任何一个工作日，都按规定的汇率进行交割的外汇买卖业务，它是一种可选择交割日的远期外汇交易。

择期外汇交易适用于将来某段时间内有外币之间买卖需求又不确定具体交割日的客户，用于公司进出口贸易结算、支付信用证保证金等业务。办理这种业务的客户需在银行开立外币账户，这样客户就可以在交割日不确定的时候，于交易日将未来某段时间的汇率确定在一个水平，将汇率风险完全锁定，并降低因贸易项下合同未正常履行而导致外汇买卖合约违约的概率。

择期外汇交易货币包括可自由兑换的各类外币。交易期限是2个银行工作日以上1年以内，最终交割日为到期日，并可以根据客户需要确定具体交易期限。

以上引例中我们看到的是择期外汇交易，而择期外汇交易只是远期外汇交易的一种，本章将介绍有关远期外汇交易的内容。

第一节　远期外汇交易概述

远期外汇交易（forward exchange deals）又称期汇交易，是指外汇交易合约成立时，双方并无外汇或本币的支付，而是交易双方约定于将来某一特定日期，以约定的汇率进行外汇交易。简而言之，远期外汇交易就是指交易双方现在先约定未来外汇买卖的汇率，在到期日按约定的汇率、币种以及金额办理交割的外汇交易。从另一个角度来讲，远期外汇交易指的是比任何传统的即期市场交割日都晚的外汇交易。对于接受即期交割国际惯例的市场来说，所有交割日超过交易日两个工作日的外汇交易都可视为远期外汇交易。

远期外汇交易的汇率以及交易规模取决于交易日的相关指标，而与交割日或实际交割日的即期汇率无关。交割日可以是交易完成的第三个工作日以后，甚至几年后的某一天。通常外汇交易在到期交割时，采取全额交割制。远期外汇交易如图 4.1 所示。

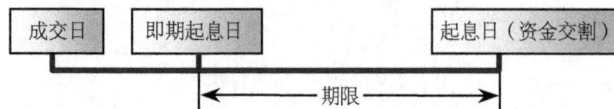

图 4.1　远期外汇交易

一、远期外汇交易的作用和特点

远期外汇交易是为了防范国际贸易中的外汇风险而发展起来的。一般从事贸易的进出口商，在报价完成到实际外汇支付之间通常有一段时间，而这段时间的汇率风险需要由客户自己承担。如果进出口商在签订贸易合同时便与银行进行购买或出售远期外汇来锁定汇率，则可避免因远期外汇汇率变动所带来的损失。远期外汇交易也可以被用来创造一个投机头寸，投机者利用预期汇率与远期汇率不一致这一特点，通过与银行买卖远期外汇合约从中套利。

远期外汇交易主要有以下四个特点。

（1）远期外汇合约中的条款，如汇率、交割方式、金额等由交易双方自行协商确定。

（2）远期外汇交易一般在场外进行，属于无形市场，没有固定的交易场所和交易时间，可以 24 小时进行交易。

（3）交易的规模较大。

（4）信用风险较大，很难规避违约风险。银行和客户之间的远期外汇交易是否交纳保证金视客户的诚信情况而定。银行间的远期外汇交易通常是标准化的远期外汇交易，信用风险很小。

二、远期外汇交易的类型

远期外汇交易根据交割日的不同，可以分为固定交割日远期外汇交易和择期外汇交易两种类型。

1. 固定交割日远期外汇交易

固定交割日远期外汇交易是指交割日期固定的远期外汇交易活动。这种交易的特点在于交割日一旦确定，交易双方的任何一方都不能变动。我们通常所说的远期外汇交易指的就是这种固定交割日远期外汇交易。

2. 择期外汇交易

择期外汇交易（forward option，简称择期交易），是指交易双方在做远期交易时，不规定具体的交割日期，只规定交割的期限范围。在规定的交割期限范围内，客户可以按约定的汇率和金额自由选择日期进行交割。

客户签订贸易合同后经常不能确定未来收付款的具体日期，只能预期在将来的某一个时间段内收、付约定的外汇款项。为了防止在将来收付款时因汇率变化产生损失，客户可以通过银行为其叙做择期外汇交易，这样，在约定的时期内，客户可以自由选择交割日期进行交割。客户在做择期外汇交易时，应尽可能地缩短未来不确定的交易时间，以便获得更有利的远期汇率。

【例 4.1】 某公司于某年 5 月 10 日向银行提出用美元购买欧元，预计付款日为当年 8 月 7 日—9 月 5 日，但目前无法确定准确的交割日期。则该公司可与银行叙做择期外汇交易，交割日为 8 月 7 日—9 月 5 日中的任何一银行工作日，当时的远期汇率为 1.41 72。无论汇率如何变化，该公司都可以选择在 8 月 7 日—9 月 5 日中的任何一个银行工作日按汇率 1.41 72 从银行买入欧元。

三、远期外汇交易的起息日和交割日

远期外汇交易的起息日为成交后的第二个营业日，即即期日；而远期外汇交易的交割日则是远期交割月的最后一个营业日，可按照外汇交易的通用惯例来确定。这些惯例可以概括为"日对日""月对月""节假日顺延""不跨月"。

（1）"日对日"，是指远期外汇交易的起息日与即期外汇交易的交割日相对应。也就是说交割期限是从起息日开始计算，而不是从成交日开始计算。例如，某客户在 3 月 15 日达成一笔 3 个月期的远期外汇交易，则其起息日为 3 月 17 日，交割日为 6 月 17 日。

（2）"月对月"，也称"月底日对月底日规则"。月底日是指每个月的最后一个营业日，而不是指某个月的最后一天。按照外汇市场交易的惯例，如果即期日为月底日，那么远期交易的交割日也应该为月底日。

【例 4.2】 某月的月底为 28 日，29 日、30 日为周末，31 日为法定节假日。如果一笔择期外汇交易的即期日为该月的 28 日，那么该笔交易的一月期远期外汇交易的交割日就为下一月的 30 日或 31 日，而不是下一月的 28 日，因为下一月的月底日，即最后一个交易日为 30 日或 31 日。

（3）"节假日顺延"，是指远期交易的交割日为周末或公共假日时，则交割日顺延到下一个营业日。

（4）"不跨月"，是指当交割日向后顺延时，一定不能跨越其所在的月份。在这种情况下远期外汇交易的交割日就是交割月的最后一个工作日。

【例 4.3】 假定一笔择期外汇交易的即期交割日为 7 月 30 日，则该笔交易的 3 个月远期美元兑日元的交易交割日如表 4.1 所示。

在表 4.1 中，本来该笔交易的 3 个月期的远期交割日应为 10 月 30 日，但该日正好是纽约市场的节假日，即非营业日。按"节假日顺延"的原则，该笔交易的交

表 4.1 远期外汇交易的交割日推算

日　　期	东　　京	纽　　约
10 月 29 日	营业	营业
10 月 30 日	营业	假期
10 月 31 日	营业	假期

割日应该顺延至 10 月 31 日，但 10 月 31 日也不是纽约市场的营业日，如果再顺延就要跨越 10 月进入 11 月了，因此，按照惯例和规则，这笔择期外汇交易的交割日应该是 10 月 29 日。

🤓 **小知识**

中国外汇交易中心的远期外汇交易相关起息日规则

（1）远期外汇交易起息日等于即期起息日加上交易双方约定的期限。遇美元假日或货币对中任一

货币的节假日时，100 万美元以下标准期限遵循"下一营业日"准则，100 万美元以上（包括 100 万美元）标准期限遵循"经调整的下一营业日"准则。非标准期限的起息日由交易双方直接约定。

例如，2019 年 8 月 20 日成交了一笔 1 年期 1 万英镑/人民币的远期外汇交易，该笔交易的即期起息日为 2019 年 8 月 24 日，远期起息日应为 2020 年 8 月 24 日。

2019 年 7 月 29 日成交了一笔 1 月期 100 万英镑/人民币的远期外汇交易，即期起息日为 2019 年 7 月 31 日，远期交易起息日本应为 2019 年 8 月 31 日，但因 2019 年 8 月 31 日是英国假日，根据"经调整的下一营业日"准则，该笔远期交易的起息日调整至 2019 年 8 月 30 日。

（2）月末规则。若择期外汇交易的即期起息日为某个月的最后一个营业日，那么 100 万美元以上（包括 100 万美元）标准期限远期（掉期）交易的起息日也应落在相应月份的最后一个营业日。

第二节　远期汇率的决定与报价

一、远期汇率的决定方式

（一）远期汇率的单向报价

远期汇率价格的决定因素有三个：①即期汇率的价格；②买入与卖出货币间的利率差；③期间长短。下面举例说明远期汇率的决定方式。

【例 4.4】　假设出口商 A 在 6 个月（180 天）后会得到货款 1 000 000 美元，则出口商通过即期外汇市场及资金借贷以规避此远期外汇风险的成本。市场现状（为方便说明，市场价格暂以单向报价表示）如下：①美元/瑞士法郎即期汇率为 1.600 0；②6 个月美元利率为 3.5%；③6 个月瑞士法郎利率为 8.5%。

该出口商为规避此汇率风险，所采取的步骤如下。

（1）出口商先行借入 1 000 000 美元，并在即期市场预先卖出 1 000 000 美元以规避 6 个月后出口收到美元的外汇风险，借入美元的期间为 6 个月，利率为 3.5%，同时可使用因卖出美元所获的瑞士法郎资金 6 个月，利率为 8.5%。

（2）借入 1 000 000 美元的利息成本为

$$USD\ 1\ 000\ 000 \times 3.5\% \times 180 \div 360 = USD\ 17\ 500$$

$$USD\ 17\ 500 \times 1.600\ 0 = CHF\ 28\ 000$$

（3）卖出即期美元所得瑞士法郎 6 个月的利息收益为

$$CHF\ 1\ 600\ 000 \times 8.5\% \times 180 \div 360 = CHF\ 68\ 000$$

（4）客户通过上述方式规避外汇风险的损益如下：

CHF 1 600 000（卖出即期美元所得的瑞士法郎金额）

－CHF 28 000（借入美元 6 个月的利息成本）

＋CHF 68 000　（使用瑞士法郎 6 个月的利息收益）

_____

CHF 1 640 000

$$CHF\ 1\ 640\ 000 \div USD\ 1\ 000\ 000 = 1.64$$

1.64 即为远期外汇的价格。

由例 4.4 的计算可求出以即期交易方式规避远期外汇风险的损益，据此便可求得远期汇

率价格。运用上述计算理念，可以得出远期汇率价格的计算公式为

远期汇率价格＝即期汇率价格＋即期汇率价格×（报价币利率－被报价币利率）×天数÷360

换汇汇率＝即期汇率价格×（报价币利率－被报价币利率）×天数÷360

将例4.4代入上式：

卖出6个月远期外汇的价格＝1.60＋1.60×（8.5%－3.5%）×180÷360＝1.64

在上述公式中，若报价币的利率大于被报价币的利率，则其利率差为正数，此时远期汇率减其即期汇率大于零，称为升水；若报价币的利率小于被报价币的利率，则其利率差为负数，此时远期汇率减其即期汇率小于零，称为贴水。

上述公式为一简易的换汇汇率计算方法，并未将交易期间被报价币所得利息头寸的风险计算在内，而较精确的计算公式为

$$q = s \times \frac{(i - i^*) \times \dfrac{t}{360}}{1 + i^* \times \dfrac{t}{360}} \tag{4.1}$$

其中：q为远期掉期率；s为即期汇率；i为报价币利率；i^*为被报价币利率；t为远期天数。

由于式（4.1）中的分母近似等于1，因此，远期掉期率近似值的计算公式为

$$q = s \times (i - i^*) \times \frac{t}{360} \tag{4.2}$$

所以，远期汇率价格是由即期汇率价格加上承做若干天数时买卖两种币别的利率差转换成汇率形态得出的，即远期汇率与即期汇率、两种货币的利差及远期天数有关。

（二）远期外汇汇率的双向报价

从远期外汇的报价中我们知道，远期外汇汇率采用双向报价方法，在这种报价方法中，远期汇率是如何求得的呢？下面我们按不同的报价方法分别来讨论这个问题。

1. 价格报价法

下面举例说明价格报价法（美元为被报价币）。

【例4.5】 假设市场情况如下：①USD/CHF＝1.641 0/20；②3个月美元的双向利率为3.125%～3.25%；③3个月瑞士法郎的双向利率为7.75%～7.875%。则3个月美元/瑞士法郎的远期汇率价格是多少呢？

首先我们看到，此报价中美元为被报价币，在这种情况下的思考过程如下。

我们要算出3个月美元/瑞士法郎的远期汇率，即3个月美元/瑞士法郎的远期买入价和卖出价，前面的买入价是银行买入美元的同时卖出瑞士法郎的价格，为了轧平此笔交易的头寸，银行应该即期卖出美元的同时买入瑞士法郎。银行的操作为即期借入一笔同金额的美元并在即期市场卖出，换回瑞士法郎，为防止利息损失，同时把手里的瑞士法郎贷出去3个月。3个月后，收回贷出的瑞士法郎，卖给客户，再买入相应的美元。所以我们看到，美元的利率为贷款利率，瑞士法郎的利率为存款利率，而即期汇率为买入价。把此思考过程代入公式为

买入价＝1.641 0＋1.641 0×（7.75%－3.25%）×90÷360

＝1.641 0＋0.018 461 25

＝1.659 461 25

≈1.659 5

我们要算出 3 个月美元/瑞士法郎的远期汇率，即 3 个月美元/瑞士法郎的远期买入价和卖出价，后面的卖出价是银行卖出美元的同时，买入瑞士法郎的价格。为了轧平此笔交易的头寸，银行应该即期买入美元的同时，卖出瑞士法郎。银行的操作为即期借入一笔同金额的瑞士法郎并在即期市场卖出，换回美元，为防止利息损失，同时把手里的美元贷出去 3 个月。3 个月后，收回贷出的美元，卖给客户，再买入相应的瑞士法郎。所以我们看到，美元的利率为存款利率，瑞士法郎的利率为贷款利率，而即期汇率为卖出价。把此思考过程代入公式为

$$卖出价 = 1.642\ 0 + 1.642\ 0 \times (7.875\% - 3.125\%) \times 90 \div 360$$

$$= 1.642\ 0 + 0.019\ 498\ 75$$

$$= 1.661\ 498\ 75$$

$$\approx 1.661\ 5$$

2. 数量报价法

下面举例说明数量报价法（美元为报价币）。

【例 4.6】 假设市场情况如下：①GBP/USD = 1.48 30/40；②3 个月英镑的双向利率为 5.75% ~ 6.00%；③3 个月美元的双向利率为 3.125% ~ 3.25%。则 3 个月英镑/美元的远期外汇报价的双向汇率分别是多少？

首先我们看到，此报价中美元为报价币，在这种情况下的思考过程如下。

我们要算出 3 个月英镑/美元的远期汇率，即 3 个月英镑/美元的远期买入价和卖出价，前面的买入价是银行买入英镑的同时，卖出美元的价格，为了轧平此笔交易的头寸，银行应该即期卖出英镑的同时，买入美元。银行的操作为即期借入一笔同金额的英镑并在即期市场卖出，换回美元，为防止利息损失，同时把手里的美元贷出去 3 个月。3 个月后，收回贷出的美元，卖给客户，再买入相应的英镑。所以我们看到，英镑的利率为贷款利率，美元的利率为存款利率，而即期汇率为买入价（美元的卖出价）。把此思考过程代入公式为

$$买入价 = 1.483\ 0 + 1.483\ 0 \times (3.125\% - 6\%) \times 90 \div 360$$

$$= 1.483\ 0 - 0.010\ 659\ 062\ 5$$

$$= 1.472\ 340\ 937\ 5$$

$$\approx 1.472\ 3$$

卖出价是银行卖出英镑的同时，买入美元的价格，为了轧平此笔交易的头寸，银行应该即期买入英镑的同时，卖出美元。银行的操作为即期借入一笔同金额的美元并在即期市场卖出，换回英镑，为防止利息损失，同时把手里的英镑贷出去 3 个月。3 个月后，收回贷出的英镑，卖给客户，再买入相应的美元。所以我们看到，英镑的利率为存款利率，美元的利率为贷款利率，而即期汇率为卖出价（美元的买入价）。把此思考过程代入公式为

$$卖出价 = 1.484\ 0 + 1.484\ 0 \times (3.25\% - 5.75\%) \times 90 \div 360$$

$$= 1.484\ 0 - 0.009\ 275$$

$$= 1.474\ 725$$

$$\approx 1.474\ 7$$

由例 4.6 我们可以得出以下结论，在远期外汇的双向报价中：

$$远期买入价 = 即期买入价 + 即期买入价 \times （报价币低利率$$

$$- 被报价币高利率）\times 天数 \div 360 \qquad (4.3)$$

$$远期卖出价 = 即期卖出价 + 即期卖出价 \times（报价币高利率$$
$$- 被报价币低利率）\times 天数 \div 360 \tag{4.4}$$

3. 奇零期间远期汇率的计算

奇零期间的远期合约（odd-date forward）是指交割日期不是月的倍数而是天的倍数的远期外汇交易合约。此类远期外汇交易合约是银行应客户某种特殊需要与其签订的特殊日期的远期外汇交易合约。其汇率计算有两种方法：一种方法直接采用相关期间的利率，根据标准方式进行计算，即根据利率来插补（polation）；另一种方法根据标准期间的远期汇率，进行向内插补（interpolation），即根据汇率插补。下面我们用实例来说明此类远期汇率的计算方法。

【例4.7】 某客户与银行签订了一份远期外汇交易合约，卖出远期美元，买入远期瑞士法郎，交易日为5月6日，交割日为7月18日，有关利率与汇率如下：5月6日即期汇率美元/瑞士法郎 = 1.560 0；瑞士法郎的年利率为6%，美元的年利率为4%；2月期美元升水为50点；3月期美元升水为90点。

银行向客户报出7月18日美元/瑞士法郎的远期汇率，其计算方法有以下两种。

方法一： 直接根据即期汇率和相关期间的利率计算出美元/瑞士法郎的远期汇率。

因5月6日至7月18日期间的天数为73天，我们可以根据以下公式计算出7月18日美元/瑞士法郎的远期汇率。

$$f = s + s \times（i + i^*）\times t \div 360 \tag{4.5}$$

其中，f 为远期汇率，s 为即期汇率，t 为天数，i 和 i^* 分别为报价货币和基础货币的利率。该笔交易的远期汇率为

$$美元/瑞士法郎 = 1.560\ 0 + 1.560\ 0 \times（6\% - 4\%）\times 73 \div 360 \approx 1.566\ 3$$

方法二： 根据汇率插补计算出美元/瑞士法郎的远期汇率。

因5月6日进行2个月远期交易的交割日为7月8日，3个月远期交易的交割日为8月8日，7月18日交割的远期交易比7月8日交割的远期交易多了10天，而7月8日至8月8日间隔为31天，在这31天美元升水40（90 - 50）点，10天升水为12.9（40 × 10 ÷ 31）点。因此5月6日成交，而7月18日交割的远期交易美元升水为62.9（50 + 12.9）点，则银行报出7月18日远期汇率为

$$美元/瑞士法郎 = 1.560\ 0 + 0.006\ 29 \approx 1.566\ 3$$

相对于方法一来说，方法二汇率插补计算法有一个明显的特点，即两个日期间的掉期点数与时间呈线性关系。如果两个日期相隔较短，此假设比较合理，但若两个日期间隔较长，误差可能较大，因此根据相关期间的利率计算远期汇率比较准确。

二、远期汇率的报价方法

远期汇率的报价方法主要有两种：一种是直接报出远期外汇的实际汇率，采用这种报价方法的外汇市场较少；另一种是只报出远期汇率与即期汇率的差额。在外汇市场上以升水、贴水和平价来表明远期汇率与即期汇率的差额。升水表示远期外汇比即期汇率价格高，贴水表示远期汇率比即期汇率价格低，平价表示两者的价格相等。

（一）直接报价法

直接报价法即直接报出远期外汇的实际汇率。该方法简单明了，与即期外汇的报价相似，

只是表现的期限不同。

进入 21 世纪后，采用此法的国家越来越少，但日本和瑞士等国仍采用此种报价法。

【例 4.8】 日元兑美元的即期汇率和 3 个月的远期汇率可表示为

即期汇率 USD/JPY = 134.50/60

3 个月远期汇率 USD/JPY = 133.70/90

（二）点数报价法

在点数报价法下，须注意以下几个问题。

1. 升水与贴水

在实际交易中，远期汇率不是直接报出的，而是报出以"点数"表示的远期升水（at premium）与远期贴水（at discount）。升贴水的最大意义在于它代替了远期汇率。如果远期汇率等于即期汇率，就是远期平价（at par）。

升水与贴水是两个相对的概念，在一个报价中，如果单位货币升水，报价货币就是贴水；反之，单位货币贴水，报价货币就是升水。因为升水或贴水是两种货币价值的相对变动。例如：

即期汇率 USD 1 = CHF 1.660 0　　CHF 1 = USD 0.607 3

远期汇率 USD 1 = CHF 1.640 0　　CHF 1 = USD 0.613 9

在左边的报价中，1 美元贴水 0.02 瑞士法郎，在右边的报价中，1 瑞士法郎升水 0.006 6 美元。在远期外汇市场中，报价货币相对于基准货币或单位货币在未来更贵，报价货币便是升水，或者说基准货币相对报价货币处于贴水。在上例左边的报价中，远期美元兑换的瑞士法郎要比即期少 200 点，故美元贴水、瑞士法郎升水，升水值为 200 点。

表 4.2 为 2019 年 7 月 22 日中国银行人民币远期外汇牌价（中国银行网站可查询当前远期外汇牌价）。

表 4.2　2019 年 7 月 22 日中国银行人民币远期外汇牌价（部分牌价）

		美元	欧元	日元	英镑	澳元	加元
7 天	买入	687.631 3	763.466 25	6.317 845	848.272 26	473.033 148	520.544 15
	卖出	694.522 0	776.188 45	6.417 775	861.911 96	482.018 448	528.798 65
1 个月	买入	687.581 5	764.707 8	6.326 915	849.031 172	473.271 958	520.651 25
	卖出	694.622 2	777.751 4	6.429 58	863.011 972	482.511 458	529.496 35
3 个月	买入	687.650 0	768.612 25	6.356 795	851.532 909	474.208 22	521.200 4
	卖出	694.720 7	781.750 95	6.460 267	865.598 809	483.506 02	529.748 5
6 个月	买入	687.849 8	774.648 05	6.403 209	855.200 201	475.518 332	521.981 3
	卖出	695.100 7	788.129 85	6.508 788	869.656 101	484.957 932	530.733 5
9 个月	买入	688.209 1	780.118 8	6.447 302	858.429 328	476.837 227	522.595 35
	卖出	695.540 1	793.766 1	6.554 363	873.062 028	486.380 227	531.507 55
12 个月	买入	688.599 4	785.595 55	6.489 578	861.534 609	478.121 459	523.128 45
	卖出	695.990 6	799.384 05	6.597 66	876.277 609	487.723 459	532.099 05

注：（1）每 100 外币兑换人民币的价格。

（2）以上人民币牌价系当日市场开盘价，仅作参考。中国银行交易报价随市场波动而变化，如需交易，价格以中国银行当时报价为准。

（3）除此以外，中国银行人民币远期外汇牌价的货币还有港元、澳大利亚元、新西兰元、瑞士法郎、韩元、卢布、哈萨克斯坦坚戈，以及二十天、两个月等时间，详细见中国银行官网。

2. 汇率的标价方法与汇水的关系

由于汇率的标价方法不同，计算远期汇率的方法也不相同，设 Ft 为远期汇率，St 为即期汇率，P 为升水点数，D 为贴水点数，则在直接标价法下，远期外汇汇率等于即期汇率加上升水数字或即期汇率减去贴水数字。如在苏黎世外汇市场，即期汇率为 USD 1 = CHF 1.268 0，3 个月美元远期外汇汇率升水 0.002 5 美元，则 3 个月美元远期汇率为 USD 1 = 1.268 0 + 0.002 5 = CHF 1.270 5；如 3 个月美元远期外汇贴水 0.00 25 美元，则 3 个月美元远期汇率为 USD 1 = 1.268 0 − 0.002 5 = CHF 1.265 5。

$$Ft = St + P（本币数额增大、远期外汇升水）$$

$$Ft = St - D（本币数额减少、远期外汇贴水）$$

【例 4.9】 在瑞士苏黎世外汇市场上（直接标价）：

USD/CHF 即期汇率	1.684 8/1.685 8
− 美元 3 个月贴水	248/238
3 个月远期汇率	1.660 0/1.662 0
USD/CHF 即期汇率	1.684 8/1.685 8
+ 美元 6 个月升水	520/530
6 个月远期汇率	1.736 8/1.738 8

在间接标价法下，远期外汇汇率等于即期汇率减去升水数字或即期汇率加上贴水数字。如在伦敦外汇市场，即期汇率为 GBP 1 = USD 1.508 0，3 个月美元远期外汇升水 0.004 6 美元，则 3 个月美元远期汇率为 GBP 1 = 1.508 0 − 0.004 6 = USD 1.503 4；如 3 个月美元远期外汇贴水 0.004 6 美元，则 3 个月美元远期汇率为 GBP 1 = 1.508 0 + 0.004 6 = USD 1.512 6。

$$Ft = St - P（远期外汇升水、外币数额减少）$$

$$Ft = St + D（远期外汇贴水、外币数额增加）$$

【例 4.10】 在伦敦外汇市场上（间接标价）：

GBP/USD 即期汇率	1.481 5/1.482 5
− 美元 3 个月升水	216/206
3 个月远期汇率	1.459 9/1.461 9
GBP/USD 即期汇率	1.481 5/1.482 5
+ 美元 6 个月贴水	135/145
6 个月远期汇率	1.495 0/1.497 0

在实际外汇交易中，有时银行在报价的同时会说明远期价格是升水还是贴水，有时也不作说明。点数表示的是汇率中的小数点后第四位数字。无论何种标价法，凡是点数前高后低，即远期汇率等于即期汇率减去点数；凡是点数前低后高，即远期汇率等于即期汇率加上点数。如在伦敦外汇市场，即期汇率为 GBP 1 = USD 1.508 0/1.509 0，3 个月远期汇水为 20/40，则 3 个月远期汇率为 GBP 1 = (1.508 0 + 0.002 0)/(1.509 0 + 0.004 0) = USD 1.510 0/1.513 0；若 3 个月远期汇水为 40/20，则 3 个月远期汇率为 GBP 1 = (1.508 0 − 0.004 0)/(1.509 0 − 0.002 0) = USD 1.504 0/1.507 0。当标价中即期汇率的买卖价格全部列出，并且远期汇水也有两个数值时，则具体的计算规则是将汇水点数（亦称调期点）分别对准即期汇率的买入价与卖出价相应的点数部位；然后，按照汇水点数"前小后大往上加"，如例 4.9 中的 520/530 和例 4.10 中的 135/145 的汇水点数及其计算过程，或按照汇水点"前大后小往下减"，如例 4.9 中的 248/238

和例 4.10 中的 216/206 的汇水点数及其计算过程。即期汇率、远期汇水与远期汇率的关系可分别用表 4.3 及公式总结如下。

$$
\begin{array}{ccccc}
\text{即期汇率} & & \text{远期汇水} & & \text{远期汇率} \\
\text{小/大} & + & \text{小/大} & = & \text{小/大} \\
\text{大/小} & - & \text{大/小} & = & \text{小/大}
\end{array}
$$

不论即期汇率还是远期汇率，斜线左边的数字总是小于斜线右边的数字，即单位货币的买入价总是小于单位货币的卖出价。并且与即期汇率相比，远期汇率的买入价与卖出价之间的汇差总是更大。如果计算出的结果与此相反，说明计算方法错误。

表 4.3 即期汇率、远期汇水与远期汇率的关系

汇水的形式	计算方法	基准货币	报价货币
小/大	加	升水	贴水
大/小	减	贴水	升水

表 4.4 为银行结售汇综合头寸日报表。

表 4.4 银行结售汇综合头寸日报表

年 月 日 （单位：万美元）

项 目	差 额	结汇/买入	售汇/卖出	备 注
上一日结售汇综合头寸	（1）			
当日对客户即期结售汇	（2）			
当日自身结售汇	（3）			
当日银行间即期外汇交易	（4）			
其中：竞价交易	（5）			
询价交易	（6）			
当日对客户远期结售汇签约	（7）			
当日银行间远期外汇交易签约	（8）			
其中：与其他银行的远期签约	（9）			
当日结售汇综合头寸	（10）			
当日末对客户远期结售汇累计未到期	（11）			
当日末银行间远期外汇交易累计未到期	（12）			
其中：与其他银行的远期累计未到期	（13）			
当日收付实现制头寸	（14）			
附加项				
当日兑客户远期结售汇履约	（15）			
当日银行间远期外汇交易履约	（16）			
当日兑客户人民币兑外币掉期履约	（17）			
当日银行间人民币兑外币掉期履约	（18）			
其中：与其他银行的掉期履约	（19）			
当日对客户人民币兑外币掉期累计未到期	（20）			
当日银行间人民币兑外币掉期累计未到期	（21）			
其中：与其他银行的掉期累计未到期	（22）			

备注：

第三节　择期外汇交易

择期外汇交易又称时间期权或弹性交割日的远期外汇交易，是指交易双方约定于未来某一段时间，依交易当时所约定的币别、汇率及金额可随时进行交割的交易活动。这种远期外汇交易，银行给予客户在收支货币时间上一定的灵活性，客户只要在成交后从第三个营业日起在约定期限内的任何一个营业日，都可按约定的汇率办理交割。

一、择期外汇交易的注意事项

择期外汇交易交割日的期限范围可以是从第三个营业日至到期日的整个期间，也可以是该期间内某一具体时间。一般而言，交割期限越长，银行承担汇率的风险越大，因而银行给客户的汇率报价越差，客户的交易成本也就越高，因此，客户在择期交易中应尽可能缩短选择交割的期间。在实务中，择期外汇交易的交割期限通常为1个月内，更长交割期限的择期外汇交易合约很少见。有关择期外汇交易合约，有以下两点注意事项。

（1）择期外汇交易合约规定的第一个与最后一个交割日，都必须是银行的营业日。

（2）每一次交割的金额有最低限额，对于大金额的交割通常要提前通知银行。

例如，如果客户希望在某一天交割100万美元以上的金额，银行就需要在前一天作好准备。银行估计每天的现金流量，大额的金额预先通知，有利于银行有效地管理现金流动性。

二、择期外汇交易的特点

1. 交割日有一定的灵活性，有利于规避汇率风险

择期外汇交易克服了传统远期外汇交易固定交割日期的缺点，赋予了客户选择交割日期的灵活性，客户通过使用具有时间期权性质的远期外汇交易可有效地规避汇率风险。

例如，进出口商签订了买卖商品的合同，往往只知道发生货款收付的时间范围，还不能确定哪一天收到出口的货款，或哪一天货物能到达并支付货款。如果进出口商签订了固定交割日期的远期外汇合约，一旦到期时应收的货款尚未到或应付的货款难以汇出，则进出口商就需要承担违约责任。在此情况下，如果进出口商采用择期外汇交易合约，既可以锁定贸易成本与收益，又避免了外汇汇率风险以及违约风险。同时，客户使用具有时间期权性质的远期外汇交易事先锁定了自己进行交易的汇率，并且不承担汇率变动的风险。在远期外汇交易中，由于远期汇率会不断地根据掉期率的变动而进行调整，因此客户要承担汇率变动的风险。

2. 择期外汇交易的成本较高，买卖差价大

银行在为择期外汇交易进行定价时，总是假设客户会在银行最不利的时候与其进行货币交割。因此，银行将总是选择在交割期间对客户最不利的价格与其进行货币交割。换言之，银行在为客户择期外汇交易的报价中始终收取交割期间预期的最高远期升水的货币，而付出预期最低远期贴水的货币；让客户付出预期最高远期升水的货币，收进预期最低远期贴水的货币。总之，在择期交易中，择期汇率对银行最有利，对客户最不利，客户选择的交割期限

越长，银行给出的买卖差价越大。

3. 时间期权与货币期权有明显的区别

首先，货币期权的客户必须事先交纳保证金，才能得到选择是否进行交易的权利；时间期权的客户无须交纳保证金，就可以得到选择是否进行交易的权利。其次，货币期权允许客户放弃交割的权利，没有义务到期一定办理货币交割；时间期权的客户仅仅有权在交割期限内选择具体交割日期，必须在规定的期限内按约定的外汇、金额和汇率履行货币交割的义务，不得放弃交割义务。最后，货币期权的客户所承担的损失是期权费；时间期权的客户将比远期交易的客户承担更多的损失。

三、择期外汇交易的定价

择期外汇交易定价的核心问题是确定交割期间内外汇的远期升水或贴水。银行和客户进行择期外汇交易，并将交割日的选择权主动让给客户，自身将承担更多的汇率风险以及资金流量管理的成本。如果银行按择期交易第一天的汇价卖给客户一种升水货币，客户在择期交易的最后一天办理交割，则银行就需要支付该笔升水货币；反之，如果银行按择期交易第一天的汇价买进一种贴水货币，客户在择期外汇最后一天办理交割，则银行就需要收进该笔贴水货币。因此，银行采取与此相反的方式进行定价。买入的货币，升水按择期外汇的第一天定价，贴水则按择期交易的最后一天定价；卖出的货币，贴水按择期交易的第一天定价，升水则按择期交易最后一天定价。所以银行在择期外汇交易定价时，首先列出客户选择执行交割期限的第一天和最后一天，并计算出两天的汇价，然后从中选择对自己最有利的汇率与客户签订合约。择期外汇交易定价的具体原则如下。

（1）当美元有远期升水，其他货币有远期贴水时，银行买进美元，卖出其他货币。如果择期交易从现在开始，则按即期汇率报价；如果择期交易从未来某一天开始，则按择期交易开始的第一天的远期汇率报价。反之，当美元有远期贴水，其他货币有远期升水时，银行卖出美元，买进其他货币，按择期交易最后一天的远期汇率报价。

（2）当美元有远期贴水，其他货币有远期升水时，银行买进美元，卖出其他货币，按择期交易最后一天的远期汇率报价。反之，当美元有远期升水，其他货币有远期贴水时，银行卖出美元，买进其他货币。如果择期外汇交易从现在开始，按即期汇率报价；如果择期外汇交易从未来某一天开始，则按择期交易开始的第一天远期汇率报价。

（3）在其他货币从远期升水到远期贴水时，银行买进美元，卖出其他货币，按择期外汇交易期限内的最低美元贴水报价或按择期外汇交易期限内的最高其他货币升水报价；反之，在其他货币从远期贴水到远期升水时，银行卖出美元，买进其他货币，按择期外汇交易期限内的最高美元升水报价或按择期外汇交易期限内的最低其他货币贴水报价。

下面以美元兑换瑞士法郎为例，说明择期外汇交易中银行报价的三种情况。

【例4.11】 美元有远期升水，瑞士法郎有远期贴水。即期汇率：USD/CHF = 1.601 0/30；1月期掉期率：230/250；3月期掉期率：300/320。

择期外汇交易期限从现在开始到1个月，银行买进美元，卖出瑞士法郎，用即期汇率报价，即 1.601 0；卖出美元，买进瑞士法郎，则按择期外汇交易最后一天的远期汇率报价，即 1.628 0（1.603 0 + 0.025 0）。

择期外汇交易期限从 1 个月到 3 个月，银行买进美元，卖出瑞士法郎，按 1 个月远期汇率，即 1.624 0（1.601 0 + 0.023 0）；卖出美元，买进瑞士法郎，则按择期外汇交易最后一天的远期汇率报价，即 1.635 0（1.603 0 + 0.032 0）。

【例 4.12】 美元有远期贴水，瑞士法郎有远期升水。即期汇率：USD/CHF = 1.601 0/30；1 月期掉期率：250/230；3 月期掉期率：320/300。

择期外汇期限从现在开始到 1 个月，银行买进美元，卖出瑞士法郎，则按择期外汇交易最后一天的远期汇率报价，即 1.576 0（1.601 0 − 0.025 0）；卖出美元，买进瑞士法郎，用即期汇率报价，即 1.603 0。

择期外汇交易期限从 1 个月到 3 个月，银行买进美元，卖出瑞士法郎，则按择期外汇交易最后一天的远期汇率报价，即 1.569 0（1.601 0 − 0.032 0）；卖出美元，买进瑞士法郎，按 1 个月远期汇率报价，即 1.580 0（1.603 0 − 0.023 0）。

【例 4.13】 瑞士法郎从远期升水到远期贴水。即期汇率：USD/CHF = 1.601 0/30；1 月期掉期率：250/230；3 月期掉期率：300/320。

择期外汇交易期限从现在开始到 1 个月，此时瑞士法郎为升水，而美元为贴水，银行买进美元，卖出瑞士法郎，按择期外汇交易期限内的最低美元贴水或最高瑞士法郎升水报价，即 1.576 0（1.601 0 − 0.025 0）；卖出美元，买进瑞士法郎，则按择期外汇交易期限内的最高美元升水或最低瑞士法郎贴水报价，即 1.603 0。

择期外汇交易期限从 1 个月到 3 个月，此时瑞士法郎为贴水，而美元为升水，银行买进美元，卖出瑞士法郎，按择期外汇交易期限内的最低美元贴水或最高瑞士法郎升水报价，即 1.576 0（1.601 0 − 0.025 0）；卖出美元，买进瑞士法郎，则按择期外汇交易期限内的最高美元升水或最低瑞士法郎贴水报价，即按择期外汇交易最后一天的远期汇率报价，即 1.635 0（1.603 0 + 0.032 0）。

由上述几例可见，在择期外汇交易的交割期限内，择期外汇交易的汇率对银行往往是有利的，对客户往往是不利的，银行始终收取择期交易交割期间可能最高的远期升水货币，付出可能最低的远期贴水货币；而让客户付出可能最高的远期升水货币，收取可能最低的远期贴水货币。所以，银行报出的择期交易汇率价格是在择期交易交割期间内对客户最不利的买入价和最不利的卖出价，即最低的买入价和最高的卖出价。

【例 4.14】 美元/日元即期汇率：110.20/30，5 月期掉期率：5/4，6 月期掉期率：6/5，求 5 个月至 6 个月的择期外汇交易汇率。

5 个月至 6 个月的买入价有两个，即 110.20 − 0.05 = 110.15 和 110.20 − 0.06 = 110.14。

5 个月至 6 个月的卖出价有两个，即 110.30 − 0.04 = 110.26 和 110.30 − 0.05 = 110.25。

5 个月至 6 个月的最低买入价是 110.14，5 个月至 6 个月的最高卖出价是 110.26，所以 5 个月至 6 个月的择期外汇交易汇率是 110.14/26。

【例 4.15】 远期结汇（以择期交易方式签约）例子如下。某年 6 月 5 日，港元兑换人民币的即期结汇价为 105.98，远期牌价显示，期限为 8 个月的远期结汇价为 106.26，对应的起息日（即交割日）为第二年 2 月 6 日，12 个月档期对应的起息日为第二年 6 月 6 日。B 公司预计 8 个月后将有 5 000 万港元汇入要结汇，则该公司与银行签订了 8 个月的港元远期结汇合约，并择期至 12 个月，约定 8 个月后，即第二年 2 月 6 日开始到 6 月 6 日的 4 个月时间内，采用 106.26 的价格一次或多次结汇 5 000 万港元。

8个月后（在第二年 2 月 6 日至 2004 年 6 月 6 日之间的任意工作日内），当 B 公司办理 5 000 万港元结汇时将获得人民币：

$$HKD\ 50\ 000\ 000 \times 1.062\ 6 = CNY\ 53\ 130\ 000$$

如果当时港元兑换人民币的即期结汇价仍为 105.98，则 B 公司除了能成功锁定人民币成本外，还能够多获得汇兑收益人民币 140 000 元。具体计算如下。

即期结汇： HKD 50 000 000.00 × 1.059 8 = CNY 52 990 000.00

远期结汇： HKD 50 000 000.00 × 1.062 6 = CNY 53 130 000.00

收益： CNY 53 130 000.00 − CNY 52 990 000.00 = CNY 140 000.00

汇兑收益率：CNY 140 000.00 ÷ CNY 52 990 000.00 = 0.264%

第四节　远期外汇交易的作用与范例

一、保值动机

远期外汇交易产生的主要原因是企业、银行、投资者规避汇率风险的需要，具体包括以下几个方面的原因。

1. 进出口商预先买进或卖出期汇，以避免汇率变动风险

汇率变动是经常性的，在商品贸易往来中，时间越长，由汇率变动所带来的风险也就越大，而进出口商从签订买卖合同到交货、付款又往往需要相当长时间（通常为 30～90 天，有的会更长），因此，进出口商有可能因汇率变动而遭受损失。进出口商为避免汇率波动所带来的风险，就要想办法在收取或支付款项时，按成交时的汇率办理交割。

【例 4.16】　某一日本出口商向美国进口商出口价值 10 万美元的商品，共花成本 1 200 万日元，约定 3 个月后付款。双方签订买卖合同时的即期汇率为 USD1 = JPY130。按此汇率，出口该批商品可换得 1 300 万日元，扣除成本，出口商可获利 100 万日元。但 3 个月后，若美元汇价跌至 USD 1 = JPY 128，则该出口商只可换得 1 280 万日元，比按原汇率计算少赚了 20 万元；若美元汇价跌至 USD 1 = JPY 120 及以下，则该出口商就会出现亏损。可见美元下跌或日元升值将对该日本出口商造成压力。因此，该出口商在订立买卖合同时，就按 USD 1 = JPY 130 的汇率，将 3 个月期的 10 万美元期汇卖出，即把双方约定远期交割的 10 万美元外汇售给日本的银行，届时就可收取 1 300 万日元的货款，从而避免了汇率变动带来的风险。

【例 4.17】　某一中国香港进口商向美国买进价值 10 万美元的商品，约定 3 个月后付款，如果买进商品时的汇率为 USD 1 = HKD 7.81，则该批货物买价为 78.1 万港元。但 3 个月后，如果美元升值，港元兑美元的汇率为 USD 1 = HKD 7.88，那么这批商品的价款就上升为 78.8 万港元，进口商就得多付出 0.7 万港元。如果美元升值更多，涨至 USD 1=HKD 8.00 及以上，该进口商的进口成本也会猛增，甚至会导致经营亏损。所以，该进口商为避免遭受美元汇率变动带来的损失，在订立买卖合约时，就向美国的银行买进这 3 个月的美元期汇，以此避免在此期间内因美元汇率上升所带来的成本风险，届时只要付出 78.1 万港元就可以了。

由此可见，进出口商避免或转嫁汇率变动风险的同时，也就是银行承担汇率变动风险的开始。

2. 外汇银行为了平衡其远期外汇持有额而交易

远期外汇持有额就是外汇头寸（foreign exchange position）。进出口商为避免外汇风险而进行期汇交易，实质上就是把汇率变动的风险转嫁给外汇银行。外汇银行之所以有风险，是因为它在与客户进行了各种交易以后，会产生一天的外汇"综合持有额"或总头寸（overall position），在这当中难免会出现期汇和现汇的超买或超卖现象。这样，外汇银行就处于汇率变动的风险之中。为此，外汇银行就会设法把它的外汇头寸予以平衡，即要对不同期限不同货币头寸的余缺进行抛售或补进，由此求得期汇头寸的平衡。

【例4.18】 中国香港某外汇银行发生超卖现象，表现为美元期汇头寸"缺"10万美元，为此银行就要设法补进。假定即期汇率为 USD 1 = HKD 7.70，3 个月远期汇率为 USD 1 = HKD 7.88，即美元 3 个月期汇汇率升水 0.18 港元。3 个月后，该外汇银行要付给客户 10 万美元，收入 7.88 万港元。该银行为了平衡这笔超卖的美元期汇，它必须到外汇市场上立即补进同期限（3 个月）、相等金额（10 万美元）的美元期汇。如果该外汇银行没有马上补进，而是延至当日收盘时才成交，这样就可能因汇率已发生变化而造成损失。假定当日收市时美元即期汇率已升至 USD 1 = HKD 7.90，美元 3 个月期汇仍为升水 0.18 港元，这样，该外汇银行补进的美元期汇就按 USD 1 = HKD 8.08（7.90 + 0.18）的汇率成交。买入 10 万美元就需支付 80.8 万港元，结果该银行因补进时间不及时而损失 2（80.8-78.8）万港元。

所以，银行发现超卖情况时，就应立即买入同额的某种即期外汇。本例中，即期汇率为 USD 1 = HKD 7.70，买入 10 万美元需支付 77 万港元。若这一天收盘时外汇银行就已补进了 3 个月期的美元外汇，这样，即期港元外汇已为多余，因此，又可把这笔即期港元外汇按 USD 1 = HKD 7.90 汇率卖出，因此可收入 79 万港元，则该外汇银行可获利 2（79-77）万港元。

由例 4.18 可知，首先，在出现期汇头寸不平衡时，外汇银行应先买入或卖出同类同额现汇，再抛补这笔期汇。也就是说，用买卖同类同额的现汇来掩护这笔期汇头寸平衡前的外汇风险。其次，银行在平衡期汇头寸时，还必须着眼于即期汇率的变动和即期汇率与远期汇率差额的大小。

3. 短期投资者或定期债务投资者预约买卖期汇以规避风险

在没有外汇管制的情况下，如果一国的利率低于他国，该国的资金就会流往他国以谋求高息。假设在汇率不变的情况下纽约投资市场的利率比伦敦市场的利率高，两者的利率分别为 9.8% 和 7.2%，则英国的投资者为追求高息，就会用英镑现款购买美元现汇，然后将其投资于 3 个月期的美国国债，待该国债到期后再将美元本利兑换成英镑汇回国内。这样，投资者就可多获得 2.6% 的利息。但如果 3 个月后，美元汇率下跌，投资者就得花更多的美元去兑换英镑，因此就有可能换不回投资的英镑数量而遭受损失。为此，英国投资者可以在买进美元现汇的同时，卖出 3 个月的美元期汇，这样，只要美元远期汇率贴水不超过两地的利差（2.6%），投资者的汇率风险就可以消除。当然，如果美元远期汇率贴水超过了这个利差，投资者就无利可图而且还会遭到损失。这是就在国外投资而言的，如果在国外有定期外汇债务的人，则要购进期汇以防债务到期时多付出本币。

【例4.19】 我国一投资者对美国有外汇债务 1 亿美元，为防止美元汇率波动造成损失，就购买了 3 个月期汇,当时汇率为 USD 1 = CNY 6.444 2,现汇率变动为 USD 1 = CNY 6.445 2。如果未买期汇,该投资者就得付出 6.445 2 亿元人民币才能兑换 1 亿美元,但现已购买期汇,则只需花 6.444 2 亿元人民币就够了。

二、外汇投机交易

汇率的频繁、剧烈波动会给外汇投机者创造有利的投机条件,尤其在浮动汇率制下更是如此。

所谓外汇投机,是指投机者利用外汇市场汇率涨落不一,纯粹以赚取利润为目的的外汇交易。

外汇投机交易的特点是:①投机者主动置身于汇率变动的风险之中,从汇率变动中谋利;②投机活动并非基于对外汇的实际需求,而是想通过汇率的涨落赚取差额利润;③投资收益的大小决定于投机者预期的正确程度。

外汇投机交易的方式有买卖现汇和买卖期汇两种方式。

当投机者预期某种外汇汇率将剧烈变动时,就可以通过买卖现汇与买卖期汇来获取投机利润。由于买卖即期外汇投机者必须持有外汇资金,交易规模大小就视投机者持有资金的多寡而定。故大部分投机者是通过买卖远期外汇来谋取利润。因为期汇投机只需交纳少量保证金,无须支付现汇,到期轧抵,计算盈亏,因此不必持有巨额资金就可以进行交易。也由于期汇买卖仅凭一份合约就可办理,因此,期汇投机较容易,成交额较大,但风险也较高。

外汇投机交易有先卖后买和先买后卖两种形式。

先卖后买,即卖空(sell short)或称"空头"(bear)。当投机者预期某种外币(如美元)将贬值或汇率将大幅度下跌时,就可以在外汇市场趁美元价格相对较高时先行卖出,到期时如果美元汇率真的下跌,投机者就可按下跌的汇率买进美元现汇来交割美元远期合约,赚取差价利润。该投机方式的特点就是以预约的形式进行交易,投机者卖出外币时自己手边实际并无外汇,正因为如此,故称为"卖空"。

先买后卖,即买空(buy long)或称"多头"(bull)。当投机者预期某种货币将升值,就可以在外汇市场上趁该币价格相对较低时先行买进该种货币的远期,到期时如果该货币汇率真的上升,投机者就可以按上升的汇率卖出该货币现汇来交割远期合约,从中赚取投机利润。这种交易是预约交易。由于这种投机者仅仅是在到期日收付汇价涨落的差额,一般不具有十足的交割资金,故称为"买空"。

【例 4.20】 有一瑞士外汇投机商预期英镑有可能贬值。当时,英镑 3 个月期汇汇率为 GBP 1 = CHF3.344 8,他就在苏黎世外汇市场上卖出了 10 万英镑的 3 个月期汇,即在交割日时他应交付 10 万英镑现汇,收入 33.448 万瑞士法郎。若 3 个月后,苏黎世外汇市场的英镑现汇价格果然像该投机商预期这样下跌,跌至 GBP 1 = CHF 3.240 8,这时他就可以原先约定汇率所得的 33.448 万瑞士法郎中的 32.408 万瑞士法郎在市场上买进 10 万英镑现汇,来履行期汇合约。这样,该投机商通过卖空就赚取了 1.04(33.448-32.408)万瑞士法郎的差价利润。当然,如果汇率的变动与该投机商预期正好相反,则该投机商就会遭受损失。

【例 4.21】 有一美国外汇投机商预期瑞士法郎可能会大幅度升值。若当时瑞士法郎 3 个月期汇汇率为 USD 1 = CHF 1.90,该投机商就在纽约外汇市场上买入了 19 万瑞士法郎 3 个月期汇,即到交割日他须付出 10 万美元,收入 19 万瑞士法郎。若 3 个月后,纽约外汇市场的瑞士法郎汇率果然升至 USD 1 = CHF 1.80，该投机商就可以把按原先约定的汇率所得到的 19 万瑞士法郎，拿出 18 万到纽约外汇市场上卖出，换回 10 万美元的现汇去履行期汇合约。可见，投机商通过这种买空，赚取了 1 万瑞士法郎，约合 5 556 美元。

买空与卖空或空头与多头，是一种反向的期汇投机活动。这种活动建立在以下两个基础上：一是必须有远期外汇买卖市场的存在，二是外汇汇率必须有较大、较频繁的变化。而投机能否成功则依赖于投机者的预期是否正确，以及投机技巧和投机经验如何。

目前，理论界对外汇投机一般持辩证的看法，认为投机活动既有其有利的一面，也有其不利的一面。在实际业务中，投机交易作为买卖交易的一种行为有其存在的必要性与合理性。在远期外汇市场上，进出口商和外汇银行等主要参与者大多不愿承担外汇汇率变动的风险，需要转嫁汇率变动风险。而该类投机者又正好甘冒这个风险，因而成了这些转嫁风险者的最佳对象，他们是远期外汇市场所必需的构成部分。但由于外汇投机并不代表真实的外汇供求，过度投机也可能会扰乱金融秩序。

三、远期结售汇

下面以中国银行的远期结售汇业务为例说明该业务。远期结售汇业务是指客户与银行签订远期结售汇协议，约定未来结汇或售汇的外汇币种、金额、期限及汇率，到期时按照该协议订明的币种、金额、汇率办理交割的结售汇业务。

📖 **小知识**

中国银行远期结售汇业务情况介绍

1. 适宜客户：境内机构及经外汇局批准的其他客户。
2. 产品优势：①采取实需原则；②一日多价。
3. 产品功能：锁定当期成本，保值避险。
4. 交易货币：美元、港元、欧元、日元、英镑、瑞士法郎、澳大利亚元、加拿大元。
5. 交易期限：7 年以内任意期限。
6. 交易流程：申请办理远期结售汇业务的客户应在中国银行开立相关账户；与中国银行签署远期结汇/售汇总协议书，并逐笔提交远期结汇/售汇委托书。协议书及委托书应使用规定格式，并由客户的法定代表人或其授权签字人签署（客户事先应向中国银行提供有权签字人签样及印模授权书）；中国银行视具体的客户及业务情况酌情收取保证金或扣除授信额度；逐笔提交委托书及有效凭证或商业单据，与中国银行签订远期结售汇合约。根据要求，中国银行提供办理结售汇业务所需的相应单据和有效凭证，进行交割。
7. 风险提示：①风险与收益并存；②未来实际交割时，即期汇率可能优于当时签约汇率，所以，客户在锁定汇率风险的同时，无法享受在汇率于己有利波动时的额外收益。

产品范例

某公司是一家大型纺织品出口企业，20×0 年 6 月，该公司来中国银行咨询一笔远期保值业务。该公司将于 20×0 年 7 月与一日本客户签订一笔价值 800 万美元的远期出口合同。考虑到所收货币非本币，希望中国银行提供保值工具。根据该公司的实际情况，中国银行建议其在签订出口合同的同时叙做远期结汇业务，避免在远期美元收入的过程中因汇率波动而造成汇兑损失，预先锁定换汇成本。20×0 年 7 月 1 日，该公司与中国银行叙做了期限为 10 个月的 800 万美元远期结汇业务，客户成交汇率为 6.785 8。20×1 年 5 月 7 日，该公司收到日本客户的美元货款后，即办理交割手续。当天即期结汇价为 6.500 3，因此，该公司叙做远期结汇业务比办理即期结汇业务增加收益人民币 2 283 994 元。

【例 4.22】 美元远期与超远期结汇业务。

A 公司对美元汇率走势较敏感，在20×7年4月起就根据公司自身的业务发展情况对20×7年和20×8年的收汇业务作了整体规划，以较高的结汇汇率分批、分段、分散地叙做了远期和超远期结汇业务。

A 公司成立于20×2年6月，主要生产销售包复丝、复合纺丝、化纤丝等，公司收汇比较稳定。自20×5年7月21日汇改以来，A 公司一直在关注汇率走势，有较强的汇率风险意识。某商业银行通过分析汇率改革带来的人民币升值预期，并结合 A 公司对规避汇率风险的需求，适时地推广了以锁定远期汇率为目的的远期结售汇业务和一年期以上的超远期结售汇业务。

所谓远期结售汇业务是指银行与客户约定于未来某一特定日期或时期，依交易当时合约所约定的币种、金额及汇率进行交割的结售汇交易。超过一年期的远期结售汇业务为超远期结售汇业务。远期结售汇交易的币种为美元、日元、欧元、港元、澳大利亚元、瑞士法郎、丹麦克朗。远期结售汇业务的期限为 7 天、20 天、1~12 个月。远期结售汇业务的交易可以是固定期限交易，也可以是择期交易。远期结售汇交易的交割日为签订远期结售汇申请书的日期加约定日期。交割日如遇节假日，则顺延到下一个银行工作日。下面以 A 公司旗下一企业的签约情况为例，具体见表4.5。

截至20×8年8月31日，A 公司共实现交割 3 720 万美元。A 公司在锁定汇率成本、规避市场汇率波动风险的同时，获得了 1 690.2 万元的汇差收益，收益丰厚。

表4.5　A公司下属企业远期、超远期结汇明细（单位：万美元）

交　割　日	汇价	金额
20×7-09-20	7.616 8	200
20×7-10-10	7.606 8	300
20×7-11-12	7.590 1	300
20×7-12-13	7.565 4	100
20×8-01-12	7.577 8	180
20×8-02-05	7.534 3	180
20×8-03-07	7.528 8	300
20×8-04-07	7.524 3	350
20×8-06-16	7.448 8	600
20×8-07-15	7.434 1	600
20×8-08-15	7.418 3	600
20×8-09-15	7.402 6	600
合　计		4 310

远期结售汇业务是银行基础类理财产品，在汇率波动较大的今天，是企业有效规避汇率风险的一种理财产品。本案中，A 公司以独到的眼光及大胆的预测，与银行签订了远期、超远期结汇合约。事实证明，公司通过远期、超远期结售汇合约成功地避免了汇率风险。随着客观环境的变化，出口企业需要积极面对挑战，熟练掌握各种外汇避险工具和手段，增强自身适应汇率浮动和应对汇率变动的能力。

四、超远期外汇买卖

超远期外汇买卖业务是指起息日在一年以后的远期外汇买卖，即客户指定将来一年后的交割日，委托银行买入一种货币，卖出另一种货币。

（1）适宜客户。适用于将来某天有外币之间买卖需求的客户，用于公司进出口贸易结算或借入外汇债务等。客户需在银行开立外币账户。

（2）产品优势。可以在交易日就将未来交割日的汇率水平确定下来，将汇率风险完全锁定。

（3）产品功能。客户委托银行在指定的交割日以合同约定的汇率买入一种货币，卖出另一种货币，可实现不同外币之间的兑换。

（4）交易货币。可自由兑换的各类外币。

（5）交易期限。一年以上。

（6）交易流程。由客户发起指令，通过委托书形式确定交易细节；成交后，银行出具交易证实单，并在交割日实现收付。

（7）风险提示。无法利用在未来交割日即期汇率优于合同约定汇率的市场机会，只能按照合约约定的汇率进行交割。

【例4.23】 20×6年3月某公司借入1 000万欧元贷款，期限为3年，固定利率为6%，每年3月20日与9月20日付息。因公司今后只有美元收入，这样在以后还本付息时，都需要用美元买入欧元。为避免欧元升值的汇率风险，该公司可以采用购买超远期欧元的方式，将今后3年期间的汇率风险全部锁住。这样，公司向银行卖出远期美元，买入远期欧元（即期汇率 EUR 1 = USD 1.321 1），所用远期汇率及金额为

20×6年9月20日，买入欧元30万，EUR 1 = USD 1.329 7

20×7年3月20日，买入欧元30万，EUR 1 = USD 1.334 7

······

20×9年9月20日，买入欧元$30(1 000×6\%×\frac{6}{12})$万，EUR 1 = USD 1.354 0

公司在交易当日就将以后3年的各次付息及还本所需欧元以美元形式锁定，从而避免了汇率风险。

在上述这种一揽子超远期外汇买卖中，还可以采用平均超远期汇率的形式。如在例4.23中，平均远期汇率为 EUR 1 = USD 1.348 4（此汇率并非以上各远期汇率的简单算术平均值）。在这种方式下，客户将来所有买入欧元、卖出美元，均使用同一远期汇率 EUR 1 = USD 1.348 4。

五、可敲出远期外汇买卖

可敲出远期外汇买卖业务是指买卖双方签订远期合约，一方可在交割日按照优于正常远期汇率的价格，买入或卖出约定数量的货币。上述远期合约得以实现的前提条件是双方设定一个"敲出"汇率。如果在交割日前市场即期汇率从未触碰过该"敲出"汇率，上述合约得以履约；否则，上述合约自动取消。

（1）适宜客户。适用于将来某天有外币之间买卖需求的客户，用于公司进出口贸易结算、支付信用证保证金等。客户需在银行开立外币账户。

（2）产品优势。该产品通过将两笔外汇期权相结合的方式（即同时买卖两笔期权），有效组合出比传统远期外汇买卖约定价格更优的汇率水平；同时由于买卖期权费用相抵，可以为客户实现"零成本"。

（3）产品功能。可实现不同外币之间的转换，锁定远期汇率，从而降低因汇率波动带来的风险。

（4）交易货币。可自由兑换的各类外币。

（5）交易期限。可根据客户需要确定具体期限。

（6）交易流程。由客户发起指令，通过委托书形式确定交易细节；成交后，银行出具交易证实单，并在交割日实现收付。客户可根据需要，在交易期中要求银行对该交易进行平仓，或在交易到期日前要求银行对该交易进行一次展期。

（7）风险提示。一旦敲出汇率被触碰而接触合约，交易即被取消，客户将暴露在汇率风险之下。

【例4.24】 某企业需在某年6月支付货款150万欧元，而收入货币为美元，支付货币与

收入货币存在不匹配，使企业承担欧元升值的风险。客户经理建议该企业叙做远期产品，以固定汇率成本。按照市场价格，欧元兑美元即期汇率为 1.131 2，3 个月远期价格为 1.134 0。该企业认为远期外汇交易汇率报价较高，希望等待更好的价格购买欧元，可是等待无异于令其现金流暴露于汇率风险的敞口下。银行针对客户的需求为其提供可"敲出"的远期外汇买卖产品，即可锁定远期汇率在 1.130 0，敲出汇率在 1.150 0。如果在交割日前市场汇率从未触碰过 1.150 0，则客户可以按照 1.130 0 的价格购买欧元（仅比即期价格低 12 个点，而比远期价格低 40 个点）；否则，合约自动取消。交易完成后的 3 个月中，欧元兑美元汇率始终持续在一个窄幅区间波动，未触碰过敲出汇率 1.150 0，企业最终在交割日以 1.130 0 的价格购入欧元，企业非常满意。

六、远期交易范例

远期交易过程范例及中文翻译如下所示。

A：JPY 6 USD 3 months	A：询问 3 个月远期美元/日元价位，金额为 600 万美元。
B：JPY120.26/63 SPD30/25	B：美元/日元即期汇率为 120.26/63，三个月差价点数为 30/25。
A：26 yours, my JPY to my tokyo	A：请以 120.26 的即期汇率卖出美元，兑换日元汇入我东京的账户。
B：Ok, done at 119.96 We buy USD 6 MIO against JPY Val MAR-28 USD to my N.Y. TKS and BI	B：好的，成交在 119.96，即 120.26 – 0.30。 我们买入 600 万美元兑日元。 3 月 28 日交割。 美元请汇入我在纽约的账户。 谢谢，再会。
A：Ok. agreed, TKS, BI	A：好的，成交。 谢谢，再会。

第五节　无本金交割远期外汇交易

无本金交割远期外汇交易（non-deliverable forward，NDF）常用于衡量海外市场对人民币升值的预期。人民币无本金交割远期是 21 世纪以来常见的一个财经词汇，常用于衡量海外市场对人民币升值的预期。无本金交割远期外汇合约在离岸场外市场（offshore OTC market）交易，所以又常被称为海外无本金交割远期交易。

一、无本金交割远期外汇交易的起源与发展

无本金交割远期外汇交易市场起源于 20 世纪 90 年代，它为中国、印度、越南等新兴市场国家的货币提供了套期保值功能，几乎所有的无本金交割远期外汇交易合约都以美元结算。人民币、越南盾、韩元、印度卢比、菲律宾比索等亚洲新兴市场国家货币都存在无本金交割远期外汇交易市场，与这些国家存在贸易往来或设有分支机构的公司可以通过无本金交割远

期外汇交易进行套期保值，以此规避汇率风险。无本金交割远期外汇交易市场的另一功能是可用于分析这些国家汇率的未来走势的预期，由于人民币目前还不可自由兑换，了解无本金交割远期外汇交易市场的基本知识对关注人民币汇率走势很有益处。

无本金交割远期外汇交易实际上是远期交易的一种。与一般意义上的远期外汇交易（指有本金交割，即 DF）不同的是，无本金交割远期外汇交易不做本金的实物交割，而是根据契约所订立的远期汇率与到期时即期汇率之差进行差额交割。无本金交割远期外汇交易可让投资人押注非自由兑换货币的走势或进行避险，它提供了一种近似于投资人民币的方式。从技术上来说，无本金交割远期外汇交易市场不会对人民币产生直接影响，因为这些合约是在我国以外地区以美元结算的。

无本金交割远期外汇交易主要适用于实行外汇管制国家的货币。2001 年以来，亚洲地区的人民币、韩元等货币的非交割远期交易（是到期只轧差不交割的交易）相当活跃。无本金交割远期外汇交易由银行充当中介机构，供求双方基于对汇率看法（或目的）的不同，签订非交割远期外汇交易合约，该合约确定远期汇率。合约到期时，交易双方只需将该汇率与实际汇率差额部分进行交割清算，结算的货币是自由兑换货币（一般为美元），交易双方无须对无本金交割远期外汇交易的本金（受限制货币）进行交割。无本金交割远期外汇交易的期限一般在数月至数年之间，主要交易品种是一年期和一年以下的品种，超过一年的合约一般交易不够活跃。

国际清算银行表示，随着无本金交割远期外汇交易市场的发展，投资者的基础也将逐渐扩大。活跃在市场的不仅有投机分子，如对冲基金，还有一些跨国公司。一般企业和避险基金也是推升人民币远期交易量的主要来源。国际清算银行发现，人民币无本金交割远期交易合约显示出的波动性始终大于我国国内外汇市场中人民币汇率的波动。通过无本金交割远期外汇交易市场持有人民币的海外投资者愿意接受低于人民币官方利率的利率水平，其一个主要原因是：人民币升值的预期使得海外的人民币持有者减少了对低利率导致人民币存款收益低的担忧，他们更指望从人民币的升值中获利。表 4.6 为 2019 年 3 月 10 日人民币无本金交割远期合约的报价对比实时报价可在 FX168 财经网查询。

表 4.6　2019 年 3 月 10 日人民币无本金交割远期合约（NDF）报价

人民币无本金交割远期交易	2014 年 7 月	2019 年 3 月
1 周	6.467 0	—
1 个月	6.466 0	6.713 0
2 个月	6.458 0	6.715 7
3 个月	6.448 0	6.718 8
6 个月	—	6.727 5
9 个月	6.410 1	6.324 8
1 年	6.390 0	6.741 0
2 年	6.288 3	6.774 5
3 年	6.154 5	6.814 5
4 年	6.015 8	6.896 0
5 年	5.883 2	6.940 0

二、远期合约

远期合约（forward contract）是一种常见的金融衍生品（derivatives），它不但被广泛应用于外汇市场，也应用于债券投资等其他场合。

远期合约是指双方同意在未来某一日期按照固定价格交换金融资产的合约，远期合约中需要规定标的物、有效期和执行价格等内容。

远期合约与期货合约的区别主要在于远期合约的灵活性大，而期货合约则是标准化合约。由于期货合约交易实行每日无负债结算制度，因此履约风险低，流动性也更大。远期合约由于灵活性大、流动性差，因此一般在场外进行交易，而期货合约一般在交易所进行交易。

三、人民币无本金交割远期外汇交易合约价格的计算

远期汇率合约价格，不但与预期的汇率走势有关，而且与两种货币的利率也有很大关系。国内媒体常将人民币一年期无本金交割远期交易汇率等同于海外市场对 1 年后人民币汇率的预期，这是一种不严谨的计算方法，当中美利差过大时，这种错误的算法就容易误导投资者的决策。

国内媒体常用的计算方法忽略了中美利差，是一种很不严谨的计算方法，投资者务必要注意这一点。在这里不妨用 2014 年 8 月 23 日的数据举个例子：人民币 1 年期无本金交割远期交易汇率为 6.234 5，人民币 1 年期利率为 4.14%，美元 1 年期利率为 2.00%，那么，人民币 1 年远期汇率应为 $F = 6.234\ 5 \times (1 + 2.00\%) \div (1 + 4.14\%) \approx 6.106\ 4$。可以看出，2014 年 8 月 23 日，6.234 5 的人民币 1 年期无本金交割远期交易合约价格代表海外市场预期人民币汇率 1 年后会升值至 6.106 4。由于近期存在人民币加息预期，因此人民币无本金交割远期交易合约价格有小幅上扬。投资者看了上面提出的正确计算方法，就会知道这不是因为人民币升值压力减小。

假设某客户 3 个月后有货款收入 1 000 万美元，但同时又担心人民币升值。这时，该客户可以进行远期结汇交易，从而避免汇率风险。设定当日中国人民银行公布的即期汇率为 8.277 0，四大国有商业银行的 3 个月远期美元/人民币结汇价格为 8.270 0。那么 3 个月后的远期购汇交易交割后，该客户的美元收入折算成人民币就锁定为 8.270 0×1 000 = 8 270（万元人民币）。

无本金交割远期外汇交易也可以达到避免汇率风险的目的。设定 3 个月人民币无本金交割远期交易报价为 0.040 0/0.030 0，因此客户卖出 3 个月人民币无本金交割远期交易的执行汇率价格为 8.237 0(8.277 0 − 0.04)。3 个月到期后，如果人民币升值，即期价格为 1 美元兑换 8 元人民币，则银行将补偿给客户的美元金额为(8.237 0 − 8) ÷ 8×1 000 = 29.625（万美元）。同时，该客户将收到的 1 000 万美元货款收入按照 1：8 即期结汇，结汇收入为 8 000 万元人民币。将无本金交割远期外汇交易差额交割的收入 296 250.00 美元按照 1：8 即期结汇，结汇收入为 237 万元人民币。两项结汇收入相加，合计收入为 8 237 万元人民币。实际上相当于按照无本金交割远期外汇交易的执行价格 8.237 0 进行了美元结汇。无本金交割远期外汇交易的避险作用：客户进行无本金交割远期外汇交易时，就已经把美元远期结汇汇率固定在了执行价格 1 美元兑 8.237 0 元人民币，3 个月后，无论人民币升值到什么程度，客户都无须担心汇率风险。

四、人民币升值预期决定

人民币升值预期主要由以下几方面决定，即美国官员讲话、我国贸易顺差、我国外汇储备、我国经济增速、我国通货膨胀率。除此之外，人民币无本金交割远期交易合约价格还受我国利率调整和美国利率调整因素的影响。

人民币无本金交割远期交易合约在离岸场外交易市场进行交易，人民币无本金交割远期交易合约的种类包括 1 月期、3 月期、

6 月期、9 月期、12 月期五种合约。一般来讲，公司的财政年度（fiscal year）一般是 1 年，因此超过 1 年的套期保值需求不大，因此也就没有开设。人民币无本金交割远期（无本金交割远期交易）市场可以用于外贸和跨国企业规避人民币汇率风险，也可以用于评判人民币升值的预期。但是，需要注意的是，简单地将 1 年期无本金交割远期外汇交易合约价格等同于海外市场对人民币 1 年后汇率的预期是不正确的。在我国利率高于美国利率的情况下，海外市场对人民币汇率的预期要比媒体简单根据无本金交割远期外汇交易合约价格得出的错误结论略高。投资者如能掌握根据无本金交割远期外汇交易合约价格正确计算人民币升值预期的知识，就能避免因错误的资讯造成投资失误，这是非常重要的。

📖 小知识

中国工商银行无本金交割型远期外汇产品介绍

我国工商银行无本金交割型远期外汇，指我国工商银行（以下简称"工行"）为客户提供的以远期汇率与定盘汇率轧差计算损益并以美元交割的远期外汇产品。该产品适用于除金融机构以外，在境内依法注册的通过我国工商银行法人客户金融衍生业务客户评估的公司法人、企业法人、事业单位法人和社会团体法人客户，以及在境外依法注册并在境内银行间市场开展人民币债券投资的商业银行、保险公司、证券公司和基金管理公司等金融机构类境外法人。

无本金交割型远期外汇产品能够帮助客户提前确定未来日期的外汇买卖汇率，锁定汇率风险，规避由于未来汇率变动给客户带来的潜在损失。无本金交割型远期外汇产品是针对外汇市场非自由兑换货币的远期产品，到期交割方式为差额交割，参考结算汇率为交易币种定盘汇率，结算货币为美元。

客户可通过营业网点向工行提交远期 NDF 外汇交易指令。

1. 交易申请及达成

客户可于交易日向工行营业网点提交交易指令，工行接受后予以审查，对于需要交纳保证金或提供其他工行认可保证措施的，工行将相应金额从客户资金账户划入保证金账户冻结或完成履约保证的抵质押手续。工行将在客户完成履约保证手续后，根据客户交易指令所列示要素与客户达成交易，并向客户出具成交通知。如成交后 3 个工作日内客户未收到工行出具的成交通知，应及时向工行查询；如成交后 10 个工作日未向工行查询，该交易以工行记录为准。

2. 交易取消

客户提交交易指令后，若需要对相关交易申请要素进行修改的，可向工行申请取消原指令。客户可在工行出具成交通知前向工行提交交易取消指令，以取消原交易指令；工行已出具成交通知的，原交易申请不得取消。工行收到客户交易取消指令后，可视情况受理，如原交易已经达成则不受理交易取消指令；如原交易尚未成交，则可受理交易取消指令。

我国人民币无本金交割远期交易的监管变化

2016 年以前，外汇局对于国内外资企业或者本国企业开展人民币无本金交割远期交易是明确禁止的。汇发〔2006〕52 号规定远期结售汇须全额交割，不得差额交割。人民币无本金交割远期交易中并不包含外汇跨境流动，银行得到企业交付的外汇担保，不需汇到境外，只是作为银行通知其在境外的分行开展人民币无本金交割远期交易的重要凭证，得到的利润也只是存在境外银行账户中。因为人民币无本金交割远期和传统远期结售汇存在套利空间，所以在当时依然有很多企业采用人民币无本金交割远期的衍生金融工具进行套利。2016 年外汇局放开远期结汇差额交割，但远期售汇一直只允许全额交割。直到 2018 年 2 月 13 日，外汇局下发了汇发〔2018〕3 号文件《国家外汇管理局关于完善远期结售汇业务有关外汇管理问题的通知》，从 2018 年 2 月 12 日起，允许远期售汇到期交割方式根据实际需求选择全额或差额结算，至此远期结售汇在市场定价、交割结算、风险管理等方面完全实现了市场化。这更有利于企业利用人民币无本金交割远期来对冲外汇风险或套利，更有利于人民币无本金交割远期衍生品的完善发展。

本章小结

远期外汇交易又称期汇交易,是指外汇交易合约成立时,双方并无外汇或本币的支付,而是交易双方约定于将来某一特定日期,以合约约定的汇率买卖外汇的交易。简而言之,就是现在先约定未来外汇买卖的汇率,到时按约定的汇率、币种以及金额办理交割的外汇交易。

远期外汇交易主要有以下四个特点:远期外汇合约中的条款由交易双方自行协商确定;远期外汇交易一般在场外市场进行交易;交易的规模较大;信用风险较大,很难规避违约风险。

远期外汇交易,根据交割日的不同可以分为固定交割日远期外汇交易和择期外汇交易两种类型。

在远期外汇交易的双向报价中,远期买入价=即期买入价+即期买入价×(报价币低利率−被报价币高利率)×天数÷360;远期卖出价=即期卖出价+即期卖出价×(报价币高利率−被报价币低利率)×天数÷360。

基本训练

一、翻译下列专业词语

1. premium   2. discount   3. forward exchange deals   4. sell short   5. buy long

二、填空题

1. 远期外汇交易按交割日的不同分为(   )和(   )。

2. 在远期外汇交易中,如果交割期不是月的整数倍则称为(   )。

3. 择期外汇交易又被称为(   )或(   )的远期外汇交易。

4. 择期外汇交易的交割日的第一天和最后一天必须是(   )。

5. 远期汇率的报价方式是(   )和(   )。

三、单项选择题

1. 在直接标价法下,对于远期的汇率大于即期的汇率,我们可以知道这是(   )。

    A. 升水　　　　　　　B. 贴水　　　　　　　C. 平价　　　　　　　D. 都不是

2. 对于远期外汇交易的交割,下列说法正确的是(   )。

    A. 在固定日交割　　　　　　　　　　B. 在非固定日交割

    C. 可在固定日也可不在固定日交割　　D. 可不交割

3. 某投机商预测将来某种外币会贬值,则现在就卖出该种外币,待将来便宜的时候再把这种外币买回来从而获利的外汇交易是(   )。

    A. 卖空　　　　　　　B. 买空　　　　　　　C. 买卖掉期交易　　　D. 卖买掉期交易

4. 下列属于择期外汇交易特点的是(   )。

    A. 交易成本较低　　　　　　　　　　B. 买卖差价大

    C. 客户事先必须交纳保证金　　　　　D. 可以放弃交割

5. 如果某时刻即期汇率为 SPOT GBP/USD 1.673 2/42，掉期率为 SPOT/3MONTH 80/70，则三个月远期汇率为（   ）。

    A. 1.629 2/1.667 2　　B. 1.681 2/32　　C. 1.629 2/1.681 2　　D. 1.665 2 /1.667 2

6. 如果某时刻即期汇率为 SPOT USD/CHF= 1.641 0/20，掉期率为 SPOT/3MONTH 184/195，则远期外汇报价为（   ）。

    A. 1.659 4/1.661 5　　B. 1.661 5/1.659 4　　C. 1.622 6/1.622 5　　D. 1.622 5 /1.622 6

7. 择期外汇交易合约与远期外汇交易合约的区别在于（   ）。

    A. 远期外汇交易合约和择期外汇交易合约均可在合约有效期内任何一天交割

    B. 远期外汇交易合约只能在到期日交割，择期外汇交易合约可在合约有效期内任何一天交割

    C. 远期外汇交易合约和择期外汇交易合约都只能在到期日交割

    D. 远期外汇交易合约可在合约有效期内任何一天交割，择期外汇交易合约只能在到期日交割

8. 下列说法正确的是（   ）。

    A. 利率高的货币远期趋于升水　　　　B. 利率低的货币远期趋于贴水

    C. 远期升贴水与利率无关　　　　　　D. 远期升贴水与利率有关

四、多项选择题

1. 远期外汇交易的特点是（   ）。

    A. 远期外汇交易合约中的条款，如汇率、交割方式、金额等由交易双方自行协商确定

    B. 远期外汇交易一般在场外进行，它属于无形市场，没有固定的场所和交易时间，可以 24 小时进行交易

    C. 交易的规模较大

    D. 信用风险较大，很难规避违约风险

2. 远期外汇交易的类型分为（   ）。

    A. 固定交割日期交易 B. 择期交易　　C. 期货交易　　　　D. 期权交易

3. 远期外汇交易交割日的通用惯例是（   ）。

    A. 日对日　　　　B. 月对月　　　　C. 节假日顺延　　D. 不跨月

4. 在直接标价法下，外汇的远期价格应等于（   ）。

    A. 即期价格加贴水点数　　　　　　　B. 即期价格减贴水点数

    C. 即期价格加升水点数　　　　　　　D. 即期价格减升水点数

5. 远期外汇交易的动机有（   ）。

    A. 保值　　　　　B. 持有　　　　　C. 投机　　　　　D. 套现

6. 在远期外汇交易进行保值时，正确的是（   ）。

    A. 未来有收入，则买入远期外汇　　　B. 未来有收入，则卖出远期外汇

    C. 未来有支出，则买入远期外汇　　　D. 未来有支出，则卖出远期外汇

7. 在远期外汇交易进行投机时，可以进行（   ）。

    A. 空头交易　　　B. 多头交易　　　C. 卖空交易　　　D. 买空交易

8. 对于择期外汇交易下列说法正确的是（   ）。

    A. 一次性交割完毕　　B. 可分次交割　　C. 必须交割　　　D. 可以放弃不交割

9. 时间期权和货币期权的区别有（   ）。

A. 时间期权无须交纳保证金而货币期权需交纳保证金

B. 货币期权无须交纳保证金而时间期权需交纳保证金

C. 时间期权客户可放弃交割而货币期权不能放弃交割

D. 货币期权客户可放弃交割而时间期权不能放弃交割

10. 如果投机者预测外汇汇率上涨，先买进期汇，等到汇率上涨后再卖出现汇的投机活动称为（　　）。

A. 做多头 　　　B. 做空头 　　　C. 买空

D. 卖空 　　　E. 投机

五、判断题

1. 1月29日A银行与B银行进行了一笔远期外汇交易，期限为1个月，2月29日为2月的最后一天，且为非营业日，在这种情况下，交割日应在3月1日。　　　　　　　　　　（　　）

2. 对债务进行套期保值时，在外汇市场上应做先买入后卖出的套期保值。　　　　（　　）

3. 利率低，远期汇率趋于升水。　　　　　　　　　　　　　　　　　　　　　（　　）

4. 为避免外汇交易的风险，外汇银行需不断进行轧平头寸交易。　　　　　　　（　　）

5. 投资者若预测外汇将会贬值，便会进行买空交易。　　　　　　　　　　　　（　　）

6. 远期外汇交易既可以用来保值，又可以用来投机。　　　　　　　　　　　　（　　）

7. 择期外汇交易合约规定的第一个与最后一个交割日，都必须是银行的营业日。　（　　）

8. 择期外汇交易的成本较高，买卖差价大。　　　　　　　　　　　　　　　　（　　）

9. 本国利率相对较高时，将导致本币汇率上升，本币升值，外币贬值。　　　　（　　）

10. 投资者若预测汇率价格将上升，采取先买后卖方式获利为空头投机。　　　（　　）

六、案例分析与计算

1. 某年1月15日，伦敦外汇市场上英镑/美元的即期汇价为GBP 1 = USD 1.292 8/1.293 1，假设6个月后美元发生升水，升水幅度为177/172点，威廉公司卖出6个月期远期美元3 000元，折算成英镑是多少？

2. 某年7月中旬外汇市场行情为：即期汇率为GBP/USD = 1.217 8/83，两个月掉期率为105/100；一美国出口商签订向英国出口价值为10万英镑仪器的合同，预计两个月后才会收到英镑，到时需将英镑兑换成美元核算盈亏。假若美国出口商预测两个月后英镑会贬值，即期汇率水平会变为GBP/USD = 1.212 0/30，如不考虑交易费用，美国出口商现在如果不采取避免汇率变动风险的保值措施，则两个月后将收到的英镑折算为美元时，相对4月中旬进行远期保值换成美元将会损失多少？

3. 2019年7月中旬外汇市场行情为：即期汇率USD 1 = JPY108.38/108.53，3个月远期汇率USD 1 = JPY 107.34/107.64。可以看出美元表现为贴水，一美国进口商从日本进口了价值10亿日元的货物，在3个月后支付。为了避免日元兑换美元升值所带来的外汇风险，该进口商进行了远期外汇交易的套期保值。此例中：

（1）该进口商不采取避免汇率变动风险的保值措施，现在就支付10亿日元需要多少美元？

（2）设3个月后的汇率为USD 1 = JPY107.18/107.39，则到2019年10月中旬才支付10亿日元需要多少美元？比现在支付日元预计要多支出多少美元？

（3）该美国进口商应如何利用远期外汇市场进行套期保值？

4. 下列为各货币之即期汇率报价，请按照题目指示计算其远期汇率。

（1）美元/新加坡元汇率为 1.415 0，3 个月美元利率为 3.25%，3 个月新加坡元利率为 6.875%，试计算 3 个月后的美元/新加坡元之汇率。

（2）美元/日元汇率为 108.20，6 个月美元利率为 3.5%，6 个月日元利率为 3.75%，试计算 6 个月后的美元/日元之汇率。

（3）英镑/美元汇率为 1.542 0，6 个月英镑利率为 5.875%，6 个月美元利率为 3.5%，试计算 6 个月后的英镑/美元之汇率。

（4）美元/新加坡元汇率为 1.623 0/40，3 个月美元利率为 3.25%/3.875%，3 个月新加坡元利率为 7.5%/7.875%，试计算 3 个月后的美元/新加坡元之双向汇率。

（5）英镑/美元汇率为 1.586 0/70，3 个月英镑利率为 5.75%/6.125%，3 个月美元利率为 3.5%/3.75%，试计算 3 个月后的英镑/美元之双向汇率。

（6）澳元/美元汇率为 0.685 0/60，6 个月澳元利率为 6.375%/6.875%，6 个月美元利率为 3.5%/3.75%，试计算 6 个月后的澳元/美元之双向汇率。

（7）英镑/瑞士法郎汇率为 2.496 0/70，2 个月英镑利率为 5.375%/5.75%，2 个月瑞士法郎利率为 7.875%/8.25%，试计算 2 个月后的英镑/瑞士法郎之双向汇率。

（8）美元/新加坡元汇率为 1.415 0/60，3 个月美元利率为 3.25%/3.75%，3 个月新加坡元利率为 6.875%/7.25%，试计算 3 个月后的美元/新加坡元之双向汇率。

5. 假设英镑/美元即期利率为 1.834 0/50，2 月期掉期率为 96/91，3 月期掉期率为 121/117，报价银行报出 2～3 个月的择期外汇交易汇率是多少？

6. 假设美元/英镑即期利率为 1.575 0/60，2 月期掉期率为 152/156，3 月期掉期率为 216/220，报价银行报出 2～3 个月的择期外汇交易汇率是多少？

7. 假设一家瑞士公司在 6 个月后将收到货款 100 万美元，目前市场条件是：即期汇率为 USD/CHF = 1.600 0，美元利率为 3.5%，瑞郎利率为 8.5%。该公司进行 6 个月远期外汇交易收到货款后可以换得多少瑞郎？

8. 假设即期汇率 USD/CNY = 8.264 0/60，6 个月美元的利率为 3%/6%，6 个月人民币利率为 5%/8%，计算 6 个月期的 USD/CNY 的远期汇率。

9. 设某港商向英国出口商品，3 个月后收入 100 万英镑。签订进出口合同时，伦敦外汇市场的即期汇率为 GBP 1 = HKD 12.000/10，3 个月掉期率为 50/60 点。若付款日的即期汇率为 11.500/60，那么，该出口商若采用远期外汇交易进行保值，他可以减少多少损失？

10. 以报价银行的角度，报出下列择期交易的汇率。

（1）美元/新加坡元即期汇率为 1.598 0/90，2 月期掉期率为 154/157，3 月期掉期率为 219/221.5，报出 2～3 个月的择期外汇交易汇率。

（2）英镑/美元即期汇率为 1.547 0/80，1 月期掉期率为 61/59，2 月期掉期率为 123.5/121，报出 1～2 个月的择期外汇交易汇率。

（3）澳元/美元即期汇率为 0.688 0/90，3 月期掉期率为 137/134.5，4 月期掉期率为 179.5/177，报出 3～4 个月的择期外汇交易汇率。

11. 上海某企业采取远期结售汇。去年 9 月 1 日与国外客商签订了进口一批设备的合同，价值 1 000 万美元，定于今年 3 月 2 日收妥付款。如按过去的即期结售汇方式，则 3 月 2 日当天，该公司货到付

表 4.7 择期交易报价表

美元/港元	美元升水 （买入/卖出）	美元贴水 （买入/卖出）
即期汇率	7.800 0/7.803 0	7.800 0/7.803 0
1 个月远期汇率	7.807 0/7.811 5	7.791 5/7.796 0
2 个月远期汇率	7.814 0/7.820 0	7.783 0/7.789 0
3 个月远期汇率	7.821 5/7.827 5	7.775 5/7.781 5
3 个月择期汇率 1～3 月	7.800 0/7.827 5	7.775 5/7.803 0
3 个月择期汇率 2～3 月	7.807 0/7.827 5	7.775 5/7.796 0
3 个月择期汇率 3 月内	7.814 0/7.827 5	7.775 5/7.789 0

款，按即期价格向银行购汇，中国银行当日美元即期售汇牌价为 829.10，公司需支付人民币 10 000 000 × 829.10% = 82 910 000(元)。由于该公司在去年 9 月 1 日与中国银行签订了远期结售汇协议，当日该行 6 个月美元远期售汇牌价为 825.79，该公司实际需支付人民币多少元？该公司节省了人民币多少元？

12. 某银行择期交易报价如表 4.7 所示。

结合表 4.7 说明什么是择期外汇交易，择期外汇交易的特点是什么。如果有人要做即期对 3 个月的择期外汇交易，在美元升水和贴水时的汇率分别是多少？

七、翻译并填空

1.

A: GBP 0.5 MIO

B: GBP/USD 1.892 0/25

A: Mine PLS adjust to 1 month

B: Ok, done

　　Spot 1 month 95/90 at （　　　　）

　　We sell GBP 0.5 MIO VAL JULY/22/2003，USD to my NY

A: Ok, all agreed,my GBP to my London TKS, BI

B: Ok, BI AND TKS

2.

A: GBP 0.5 MIO

B: GBP/USD 1.422 0/30

A: Mine PLS adjust to 1 month

B: Ok, done

　　Spot 1 month 55/50 at （　　　　）

　　We sell GBP 0.5 MIO VAL JUNE/22/98，USD to my NY

A: Ok, all agreed, my GBP to my London TKS, BI

B: Ok, BI and TKS

八、简答题

1. 远期外汇交易的特点有哪些？

2. 远期外汇交易的起息日和交割日的推算有哪些规则？

3. 我国远期结售汇业务有哪些特点？

4. 择期外汇交易的特点有哪些？

第五章 个人外汇交易与结算

【学习目标】

理论目标：了解个人外汇交易的含义、特点、交易策略；掌握个人外汇交易的开户流程、交易方式及手段；了解我国个人外汇结算业务的品种，掌握个人外汇结算业务的操作流程。

技术目标：掌握个人外汇交易的流程及交易方式，能指导客户完成个人外汇交易，能独立为客户完成外汇结算业务。

能力目标：具备从事个人外汇交易的能力，包括指导客户开户、交易，为客户提供交易咨询，为客户完成个人外汇结算业务及解决交易中突发问题的能力。

引例

一笔实盘个人外汇交易

张先生有一笔1万美元的投资用款，由于对国外股票不熟悉，对外汇存款收益也不满意，于是他选择了实盘外汇买卖。当前银行已普遍开设了个人外汇交易业务，因此张先生很顺利地就完成了外汇买卖的准备工作，接下来张先生根据专业人员的分析最终决定在4月18日以1：1.117 5的汇率卖出美元买入欧元。这样，张先生账户上的1万美元就兑换成了8 948.5欧元。五一休假期间，张先生外出旅游，黄金周过后，他通过对欧元走势进行分析，最终决定在5月10日以1.173 2的汇率将账户中的欧元兑换成美元，8 948.5 × 1.173 2 = 10 498.4（美元），这样，张先生在短短3周便获利498.4美元，收益率超过了4.9%。

仅22天就赚了498.4美元，折合成人民币相当于3 000多元，外汇投资有这么大的赚头？居民个人可以进行的是个人外汇实盘买卖业务，也就是居民个人可以把手中的外汇（现钞、现汇均可）按照所在银行公布的国外外汇市场报价来进行交易。张先生采取的是实盘操作的模式，这种模式在交易的过程中没有任何的信用因素以及放大效应。个人外汇实盘买卖业务主要交易货币为欧元/美元、英镑/美元、美元/日元、美元/瑞郎、澳元/美元、美元/加元以及相应交叉盘。当前大部分银行已经实现了连续24小时交易，并开通了网上交易、电话交易等交易方式。此外，个人实盘外汇交易的风险相对较低，交易成本也相对透明，被广大投资者所认同。与股市不同，国际外汇市场的日均波幅为1.5%，这样的空间为投资者提供了实现赢利的可能性，但同时也存在汇率波动的风险。

不过，外汇投资并不是一本万利的买卖。外汇市场和股票市场是一样的，都是通过在低位买入、高位抛出赢利的。唯一不同的是，在股市投资者用的是人民币，买的是股票，而外汇市场投资者用的是美元，这两个市场都有投资风险，投资者在投资时需谨慎。

在个人外汇交易领域，我国一直持谨慎态度，在1993年年底，中国人民银行开始允许国内银行开展面向个人的实盘外汇买卖业务（一种封闭型外汇交易，在国际上其他市场都没有开办此项业务）。自1993年中国银行率先推出个人外汇交易实盘交易业务以来，除个别银行外，全国各大商业银行均已开设了此项业务。随着股票市场的规范，买卖股票的赢利空间大幅缩小，于是投资者纷纷进入外汇市场，国内外汇实盘买卖逐渐成为一种新兴的投资方式，进入了快速发展的阶段。个人外汇交易业务迅速发展，已成为我国除股票市场以外最大的投资市场。

我国外汇市场比股票市场更加规范和成熟，尽管交易规则和国际惯例还有一些差别，国内银行开办的个人实盘外汇买卖业务还是吸引了越来越多的投资者。

总体来看，国内绝大多数的外汇投资者参与的是国内银行的实盘外汇交易，由于国家外汇管理政策的限制，国内尚未开设保证金交易业务，投资者尚需待以时日。

第一节　个人外汇交易

个人外汇交易又称"外汇宝"，是指银行参照国际外汇市场汇率，为我国境内居民将一种外汇直接兑换成另外一种外汇的业务。也就是个人客户在银行进行的可自由兑换外汇（或外币）间的交易。个人外汇交易一般有实盘和虚盘（保证金）之分。

一、个人外汇交易的用处、政策和特点

通过外汇买卖，个人可以卖出手中持有的外币，买入存款利率较高或处于升值中的另一种外币，从而获取更高的利息收益或者获得外汇升值的好处，避免汇率风险。如买入利率较高且处于升值中的货币，可获得汇差、利息两方面的收入。通过外汇买卖，个人还可以调整手中所持外汇的币种结构，既方便使用，也有利于保值。

目前，按国家有关政策规定，居民个人只能进行实盘外汇买卖，还不能进行虚盘外汇买卖。所以个人外汇交易业务均为实盘交易（不能进行透支、保证金等交易），个人在银行规定的交易时间内，可以通过柜面服务人员或其他电子金融服务方式，进行实盘外汇买卖。银行接受客户的委托，按照银行个人外汇交易业务的报价，为客户把一种外币兑换成另一种外币。目前，由于人民币还没有实现自由兑换，故人民币与外汇之间还不能进行自由买卖。居民个人可以持外币现钞去银行开户，也可以将已有的外汇账户存款转至开办个人外汇交易业务的银行。在交易手段上，投资者既可以到银行柜台办理交易，也可以通过电话、互联网进行外汇买卖。

与股票、债券、期货等其他投资品种相比，个人外汇交易有其自身的特点，这主要表现在以下几个方面。

（1）交易时间长。由于全球外汇市场连续24小时在运作，因此，外汇交易的时间长。只要银行能够提供服务，居民个人可以进行24小时的外汇买卖。

（2）汇率波动大。由于目前全球汇率体制主要是浮动汇率制，加之国际外汇市场受国际上各种政治、经济因素以及各种突发事件的影响，汇率波动已经成为一种正常现象，有时甚

至会出现大幅波动。国际外汇市场的汇率涨跌幅没有限制。汇率波动给个人外汇交易业务既带来机遇，也带来风险。

（3）交易方式多样、灵活。目前个人外汇交易业务可以通过银行柜面交易、电话交易或者自助交易等方式进行。

（4）个人外汇交易的货币均为国际上可以自由兑换的货币。由于美元是国际外汇市场交易的媒介货币，多数外汇买卖都涉及美元，如美元/日元、欧元/美元、英镑/美元、美元/瑞士法郎等。在欧元面世后，欧元与主要可兑换货币之间的交易也日益受到市场的重视。

（5）个人外汇交易报价与国际惯例相同。银行在国际外汇市场即时汇率（国际外汇市场报价是双边报价，银行也同时报出买入价和卖出价，正常情况下买卖价差大约为 5 个基本点，买卖价差为银行赢利部分）的基础上扩大买卖价格的差距（买卖价差），产生个人外汇交易价，该价格随着国际外汇市场行情而变动。

（6）资金结算时间短。投资者当日可进行多次反向交易，起息日采取 T + 0 方式，即投资者可以把当天买入（卖出）的货币当天卖出（买入），且交易次数没有限制。

二、个人外汇交易策略

在进行外汇交易之前，投资者要做好思想准备，因为外汇交易是一个寻找价格大概率可能进行的方向的过程，它的根据主要来源于外汇汇率历史走势大量图形、数据的统计。在历史走势里，若某个相似图形、数据出现之后，汇率的价格都会朝上或朝下发展，这样的事件如果发生次数足够多，则该图形、数据的指导意义就比较大，当这样的图形、数据再次出现时，投资者就可以按它要行进的方向下单交易。

从上面的描述可以看出以下两点：①只要交易一直继续，投资者肯定会有亏损的时候，成功的交易里一定会包括亏损的交易，哪怕是通过正确方法下单，投资者也会有亏损；②交易只做大概率事件，而小概率事件产生的利润不是我们所能把握的。不要幻想拿住所有的机会，越这样想，就越容易失败。所以，要只挣你能挣到的那部分利润。投资者在外汇交易中要时刻牢记以下几点。

第一，市场里能挣钱的方法很多，只要能稳定赢利，且赢利能满足你对金钱大小的希望就是一个好方法，而坚持一个好方法才是关键。这是个需要一门精的行业，门门通反而会让投资者感到迷惑。

第二，不要和交易系统不一致的朋友去探讨走势，系统不一致，有时候看法也不一致，但大家可能都是正确的。因为正确的交易里也包括亏损的交易，看法矛盾时有人会赚，就一定有人会赔。

第三，市场里的机会是需要等待的，等待的时候要耐得住寂寞，沉得住气。耐得住寂寞，才能守得住繁华。严格遵守交易纪律，每笔交易都要设定止损，根据资金管理要求严格控制仓位。

第四，大道至简，切忌满屏幕画分析线图，分析得越多，越容易出错。因此，操作是关键。当无法看清价格走势时，请先退出来，不要进行交易，这时应选择观望，等待市场走势清晰的时候再进行交易，没有人会逼着你进场交易。

第五，先做模拟、复盘，再进行小资金实盘交易，之后发现问题，纠错，返回模拟、复盘，再实盘交易，如此往复，直到交易系统稳定赢利，就成功了。

第六，外汇交易和其他行业一样，需要付出巨大的时间成本方能成功，一旦成功，轻松点点鼠标，就会实现财务自由。

三、个人外汇交易账户的开立

投资者要进行外汇交易，首先要到银行开设外汇交易账户。目前，工商银行、中国银行、交通银行等都已开办了个人外汇交易业务，俗称"外汇宝"交易。

首先，投资者可以到自己认为比较便利的银行，询问该银行能否办理个人外汇交易业务。通常比较大的银行分支机构均可办理个人外汇交易业务。如果该银行分支机构不能办理该项业务，营业员也会引导投资者到附近可以办理该项业务的分支机构。投资者也可以利用电话系统进行电话委托交易，或者利用计算机网络进行网上交易，不需要考虑交易银行的地理位置。

在选择好开立外汇交易账户的银行后，投资者凭有效身份证件（居民凭居民身份证、军人凭军官证或士兵证、非居民凭有效身份证件）和开设外汇交易账户所需的外汇到银行办理开户手续。不同的银行对开立个人外汇交易账户的要求也不同，有的要求开立一个专门的外汇交易账户，有的要求开立活期一本通账户；填写"个人外汇交易开户申请书""个人外汇交易协议书"。此外，投资者还可以根据实际需要开通电话交易委托、多媒体自助交易、个人计算机交易和网络交易等服务。

投资者开设外汇交易账户的外汇可分为外汇现钞和外汇现汇，这两种外汇都可以进行外汇买卖。外汇现钞是投资者以现金形式从境外直接携入的或在境内持有的外汇现金，外汇现汇是从境外以汇款形式汇入的。按照我国外汇管理机构的有关规定，外汇现汇可以直接汇往境外，也可以兑换为外汇现钞提取出来，但是外汇现钞不能直接汇往境外，也不能兑换为外汇现汇。外汇现汇或外汇现钞兑换成人民币时，两者的兑换价格也不同，外汇现钞的兑换价格总是低于外汇现汇的兑换价格，这是因为银行兑入的外币要运抵这种外钞的发行国或运往能出售这种外钞的国际金融中心才能进账或出售，银行需承担这部分外钞的运输、保险等费用，还需要垫付其间的利息，这些费用和利息均需在外汇现钞的汇率中扣除。

以外汇现钞账户或外汇现汇账户进行外汇交易时，都是按照同一个价格进行交易，并没有价格上的差别。虽然外汇现钞和外汇现汇都可以进行外汇买卖，但是按国家外汇管理机关的有关规定，一种外币现汇只能兑换成另一种外币现汇，一种外币现钞只能兑换成另一种外币现钞。投资者办好外汇交易账户之后，就可以进行外汇买卖。

四、个人外汇交易的手段

现在，商业银行对个人开办的外汇买卖业务主要是外汇宝交易，个人投资者可以通过外汇宝交易委托银行按委托价格或按市价将一种外币兑换成另一种外币。中国银行、交通银行、工商银行、农业银行等多家银行均开设了外汇宝业务，而且外汇宝业务可以通过柜台交易、电话委托交易、网络交易等多种方式进行。

投资者开立外汇宝账户时，应持有效证件。不同的银行还会要求申请人开立不同名称的账户，如活期一本通账户、外汇资金账户和借记卡等，其实这些账户的性质是一样的。开立外汇宝账户有最低的资金要求，不同银行对外汇宝账户的最低资金要求不同，一般是 100 美元或等值的其他外汇。申请人必须真实、有效地填写"个人外汇宝（实盘）交易开户申请书"

"个人外汇交易（实盘）协议书"等。投资者在申请开立外汇宝账户时，最好同时开通电话委托交易、网络交易等交易方式，开通这些交易方式并不需要增加费用，会方便以后投资者进行交易。投资者如实填写外汇宝开户的有关申请资料以后，将申请书、协议书、有效身份证件、资金账户等递交给银行。银行就会在很短的时间内为投资者开立外汇宝账户。开好外汇宝账户后，投资者须设定一个密码，通过柜台的密码输入器自行设定密码，输入两遍相同的数字后，密码就会生效。这个密码在投资者进行电话交易和网络交易时，需自行输入，在密码输入正确后，投资者才能进入委托系统进行交易。

投资者在进行外汇交易时，有多种交易方式，下面以几种常见的交易方式为例，介绍个人投资者如何进行外汇交易。

1. 柜台交易

柜台交易是指投资者直接到银行进行交易。投资者进行柜台交易时，需填写"个人外汇交易水单"，上面要清楚填写要买进或卖出的外汇名称和数额及交易的价格（也就是汇率或汇价），连同本人身份证件和个人外汇交易专用存折交与经办人员。交易成交以后，银行将"外汇买卖回单"给投资者加以确认成交价和成交金额。交易的价格需要投资者认真填写，交易价格分为时价交易（又称市价交易）和限定价格交易。时价交易不制定交易价格，由银行交易员根据外汇市场的即时价格为投资者完成交易。投资者选择时价交易，银行会在最短时间内为投资者完成交易。银行为迅速完成交易，会按低于、等于或高于外汇市场现时价格成交。外汇市场现时价格是时时波动的，因此时价交易的价格也是波动的，不是投资者可以控制的，可能会高于或低于投资者希望的价格。时价交易的优点在于投资者可迅速实现买入或卖出某种外汇的意愿，不足之处是实际成交价可能会偏离投资者的心理价位，投资者可能会处于一个不利的境况：投资者得到了所需的外汇，却付出了较高的成本。

限定价格交易是指投资者明确定下一个买入价（或者卖出价），银行只能在外汇市场现时价格低于或等于（高于或等于）投资者规定的买入价（卖出价）时为投资者买入（卖出）外汇。由于外汇市场现时价格不一定等于或优于投资者的限定价格，因此投资者可能需要等待一段时间才能完成交易。限定价格交易的成交顺序按价格优先、时间优先的顺序排列。就是说，有甲和乙两个投资者，当甲的买入限定价高于乙的买入限定价时，甲将优先成交，相反，当甲的卖出限定价低于乙时，也是甲优先成交；当他们的买入限定价格一样时，如果甲比乙更早向银行递交交易单据，从时间顺序排列，甲在乙前面，当外汇市场现时价格下降到他们的限定价格时，甲的交易先完成，然后才能轮到乙的交易。利用外汇宝进行时价交易，虽然不限最低交易金额，但是较低的交易金额会比较高的交易金额付出更多的手续费。银行的外汇交易手续费体现在外汇买入价和卖出价的差价上。如果投资者的交易金额达到2万美元或等值外币时可享受一定的交易优惠，即在中间价不变的基础上买卖差价适当缩小；如果投资者的交易金额达到20万美元或等值外币时，可享受进一步的优惠。

利用外汇宝进行限定价格交易委托时，银行一般规定一个最低交易额，只有超过这个最低交易额时，如当投资者的交易金额达到2 000美元或等值外币时，才可以进行交易委托。限定价格交易委托有有效期，交易委托的有效期一般到当个交易日的结束，如果在当个交易日未能成交，限定价格交易委托自动失效，若投资者还希望进行外汇交易，需在第二个或其他交易日再行委托。投资者的交易委托被接受后，银行将冻结投资者账户相应的交易资金，直至交易完成或投资者撤销交易委托，或当个交易日结束时，委托仍未成交，交易委托自动失效。如投资者账户内的资金不足，则银行不接受投资者的交易委托。有的银行还规定非美元货币间的交易不能进行交易委托，非美元货币间的交易委托也不享受大额优惠。

2. 电话委托交易

电话委托交易是指投资者利用电话委托进行外汇交易，而不需要亲自去银行柜台办理有关的交易手续。投资者在利用电话委托交易前，需要和银行签订"电话委托交易协议书"，银行给投资者一个用户号码，投资者自己设定密码。在此，要提醒投资者注意的是，所设定的密码只能自己知晓，不要告诉别人，因为银行在协议书上写明"凡因客户密码泄露造成的损失，银行概不负责"。

电话委托交易时，投资者需要有一部音频拨号电话机，脉冲拨号方式电话机不能使用电话委托系统。若电话机是音频/脉冲拨号方式，需将电话机上的"音频/脉冲（T/P）"开关置于"音频（T或Tone）"位置上。

投资者拨通银行外汇交易委托电话，会有语音提示，投资者应按语音提示输入用户号码和密码。若拨通交易委托电话后三分钟内没有输入用户号码和密码，系统将自动断线。投资者在电话上输入用户号码和密码时应匀速按键，不可过快或过慢，以免误操作造成损失。若连续三次输入无效，系统会自动断线。

在用户号码和密码输入准确无误且电话委托交易系统接受后，会有语音提示。比如，查询活期一本通账户请按1，查询活期一本通未登录交易请按2，查询货币代码请按5，外汇买卖请按8，修改密码请按9等。

假设我们要通过电话委托交易买入日元，同时卖出美元，可以按照下面的步骤进行操作。

第一步：已经拨通电话委托交易系统，并且用户号码和密码输入准确无误，电话委托交易系统已接受，按照语音提示进行操作。

第二步：选择外汇买卖，在电话上按"8"键。

第三步：按照语音提示，选择要交易的货币，交易货币的代码在签订协议时银行已经给了投资者，货币符号均由货币代码表中相应的两位有效数字表示。比如，英镑的代码为12，港元的代码为13，美元的代码为14，瑞士法郎的代码为15，日元的代码为27等。

我们要买入日元，在电话上按"2"键和"7"键。

第四步：按照系统语音提示，投资者可以选择时价交易或限定价格交易。如果我们选择时价交易，按"1"键，然后直接输入交易金额，不需要输入汇率。若我们选择限定价格交易，按"2"键，再按系统语音提示输入汇率的价格。系统对每一个汇率的价格都自动保留4位小数，投资者输入汇率价格的最后4位数字分别表示小数点后的第一、第二、第三和第四位小数，汇率价格输入结束时按一次"#"键。例如，输入"17856#"，表示1.7856；输入"1234500#"，表示123.45；输入"6789#"表示0.6789。日元兑美元的汇率是JPY110.12/USD，按"1101200#"。"#"键的功能是在输入金额、汇率等不定长数据时表示输入结束。

第五步：系统语音提示输入买入货币金额和卖出货币金额时，投资者只需输入其中一种货币金额，另一种货币金额可直接按一次"#"键表示，系统将根据已输入的货币金额、成交汇率自动计算得出另一种货币的金额，即成交金额。除日元、比利时法郎外，其余货币金额输入时必须保留两位小数，金额输入结束按一次"#"键。例如，输入美元金额"456723#"，表示 4 567.23 美元；输入欧元金额"90000#"，表示 900.00 欧元整。如果我们用 5 000 美元买入日元，按"500000#"。

第六步：最后系统要求投资者对上述交易加以确认时，投资者须在语音提示后 15 秒内按键确认，银行才会接受投资者的委托。若投资者在规定时间内没有完成确认，则该笔委托不成功，系统将退回到上一级菜单。和柜台交易相似，电话委托交易委托的有效期也为当前交易日，超过当前交易日结束时间，则交易委托自动失效。

进行电话委托交易时，无论电话线路因何原因中断，断线前未完成的电话委托服务自动失效，断线前已完成的电话委托服务依旧有效。

与柜台交易一样，进行时价交易和限定价格交易委托时，客户账户内必须有足够的资金，否则时价交易和限定价格交易委托将不被系统接受。电话交易比柜台交易有利的地方在于，每个交易日的交易时间比柜台交易时间长，除我国以及有关国际市场的公共假期和法定假期以外的工作日，均可进行电话委托交易。由于在国际外汇市场上，外汇交易是 24 小时不间断的，一般情况下，银行也进行每日十几个小时以上的外汇交易，投资者可在银行进行外汇交易的时间内进行电话委托交易，而银行的柜台交易时间每天只有八九个小时。

此外，外汇宝电话委托交易还有其他的服务功能：查询账户余额、查询未登折交易、查询货币代码、查询外汇宝即时汇率、查询交易委托状况、撤销交易委托和修改密码等。有的银行还在电话系统上提供市场动态分析，利用外汇宝电话委托交易就可以参考这些市场动态分析。

3. 网络交易

网络交易是指投资者利用计算机、调制解调器、电话线路、网络系统与银行的计算机系统相连接后进行交易。

网络交易有两种方式。一种是投资者用个人计算机中的网络浏览器软件，进入银行网站的主页，在银行网站的主页上投资者可以非常直观地看到银行所提供的各种服务。投资者要进行外汇买卖，在主页上单击外汇交易按钮，显示屏上就会弹出一个对话框，要求投资者输入外汇交易账号和投资者自己设定的密码。在外汇交易账号和密码被银行计算机系统接受之后，显示屏上就会弹出一个新的外汇交易页面，投资者可以根据自己的需要选择买入或卖出的选项，然后在其下面空白的对话框里填入交易货币的名称、汇率、时价交易或限定价格交易、交易金额。投资者在对这些交易因素确认无误后，单击确认按钮，银行就会接受投资者的委托。

还有一种网络交易方式是：投资者和银行签订网络交易协议书时，银行会给投资者一个授权号，投资者利用该授权号上网进入银行网络系统中的主页，将专门的外汇交易软件下载到自己的计算机中，然后再把这个外汇交易软件安装在投资者的个人计算机上。进行外汇交易的时候，投资者启动外汇交易软件连接到银行的网络，进入银行网站的主页。进入银行主页的操作与上面一种网络交易方式相同，在银行的主页上投资者可以非常直观地看到银行所提供的各种服务。

这两种网络交易方式的区别在于交易的安全性，第二种网络交易方式比第一种网络交易方式多了一重安全保障。网络交易有着电话委托交易和柜台交易无法比拟的优势，投资者可以参考网页中的许多分析资料，并能够直观地看到以图表形式表现的汇率变动的走势，以更好地进行判断，同时能够清楚掌

握自己的资金状况。

投资者无论用何种交易方式进行外汇交易,实际成交价都应以银行计算机成交记录为准。如果投资者的交易金额达到一定数额时,比如说交易金额达到 2 万美元或等值外币时,投资者就可享受前面所述的交易优惠。

第二节　个人外汇结算

随着经济的发展,个人因出国留学和旅游等事由而需通过银行办理个人外汇汇款的汇入、汇出、托收、兑换、旅行支票购买与兑付等业务,这些则是个人外汇结算业务。

一、汇入汇款

汇入汇款(inward remittance)是指国外或我国港澳地区汇款人将款项通过境外汇款行汇入境内银行,由境内银行根据其汇款指示将款项付给收款人的结算方式。

目前,我国银行开展的汇入汇款业务是根据电汇、信汇和票汇三种结算方式进行解付的。电汇速度较快,有利于收款人及时收款,加快资金周转速度;票汇费用较低,有利于降低收款人的财务费用和控制成本;信汇适用范围广,操作简单易行。

我国居民个人汇入的汇款主要是经常项目下的专利、版权、稿费、咨询费、保险金、利润、红利、利息、年金、退休金、雇员报酬、遗产、赡家款和捐赠等外汇收入。

(一)居民个人汇入汇款业务申办的条件

当客户(收款人)到银行进行居民个人汇入汇款业务申办时,要符合下列条件。

(1)收款人须凭有效身份证件领取汇入款项。

(2)境内居民收到从境外汇入的属于经常项目外汇收入,一次性提取外币现钞或兑换人民币等值 5 万美元以上(含 5 万美元)的,应持相应经常项目收入证明材料向所在地外汇管理部门申请,经所在地外汇管理部门审核真实性后,凭外汇管理部门核准件到银行办理取款业务。

小知识

居民个人经常项目外汇收入

(1)专利费和版权费。专利费和版权费是指居民个人将属于个人的专利、版权许可或转让给非居民而取得的外汇。

(2)稿费。稿费是指居民个人在境外发表文章或者出版书籍获得的外汇稿费。

(3)咨询费收入。咨询费收入是指居民个人为境外提供法律、会计和管理等咨询服务而取得的外汇。

(4)保险金。保险金是指居民个人从境外保险公司获得的外汇。

(5)利润和红利。利润和红利是指居民个人对境外直接投资的收益或者持有境外货币有价证券而获得的利润和红利。

(二)汇入汇款的解付原则

办理汇入汇款解付业务需遵循以下原则。

1. "收妥头寸"原则

银行办理汇入汇款解付业务的前提是收妥头寸。头寸又称头衬，源自我国旧时商业和金融用语。不论是商业还是金融业，营业结束后，都要"轧头寸"。收入大于支出称"多头寸"，支出大于收入称"少头寸"。货币头寸又称现金头寸，是指商业银行每日收支相抵后，资金过剩或不足的数量，它是同业拆借市场的重要交易原因。

2. "随到随解"原则

电汇业务最迟不超过 2 个工作日完成，信汇业务最迟不超过 5 个工作日完成。银行办理解付电汇汇款时应注意：早于起息日的汇款不得解付；收到国外汇出行发出的只提供收款人地址而没有收款人账号的付款电报，必须在 1～2 个工作日内对收款人发出解付通知书，有收款人电话的，应予以电话通知；对于发出解付通知书已满 1 个月，但收款人尚未来领取的，应再次挂号寄发解付通知书，并继续做好跟进工作，对于距第一次通知已满 3 个月，收款人仍未来领取的，应主动向汇出行查询。

3. "谁款谁收"原则

凡居民个人为收款人的，银行在解付时必须交验、记录收款人的有效身份证件（身份证、护照和军人证等）。如系他人代领，则除交验、记录收款人的有效身份证件外，还须交验、记录代领人本人的有效身份证件。除协议另有规定外，对于养老金汇款，收款人还应提供健康证明；境内居民个人的汇入款，可按当天牌价支付人民币、办理丙种存款或按有关规定并视库存情况支取外币现钞。解付境内居民汇入汇款后，不向汇出行寄送"正收条"；汇入汇款货币与收款人账户货币不同，按付款指示入账。

4. "为客户保密"原则

非汇款人和收款人查询不予受理。公安局、检察院、法院等部门因公了解居民个人汇款情况，须出示有关介绍信及证件后方可予以办理。

（三）汇入汇款的操作

汇入汇款的业务处理包括汇入汇款的审核、汇入汇款的解付、汇入汇款的修改与退汇、汇入汇款的查询和业务归档五个主要环节。

1. 汇入汇款的审核

汇入行收到汇入款项后，应做好汇入汇款登记和汇款内容的审核两项工作。

汇入汇款登记主要有电/函的登记和业务登记。汇入行电/函管理部门收到境外代理行的汇入汇款电/函后，在"来电/函登记簿"上进行登记。银行在收到汇入汇款时，应编制汇入汇款参考号，汇入汇款业务参考号编制好后，应在"汇入汇款登记簿"上进行登记，并在汇款来电/函的右上角注明汇入汇款业务的编号。"汇入汇款登记簿"应包括银行业务编号、汇入日期、汇款币别和金额、汇出行、汇出行业务参考号、收款人、解付日期及备注等内容。

不同的汇款方式下对汇入汇款内容的审核有一些差异。

汇入汇款为电汇凭证时，银行审核需要注意以下几点。

（1）来电是否已经密押管理部门核实并加盖"押符"戳记。

（2）来电/函是否有"避免重复（PLS AVOID DUPLICATION 或 REPEAT MESSAGE）"字样。若有"避免重复（PLS AVOID DUPLICATION 或 REPEAT MESSAGE）"字样，应查看

"汇入汇款登记簿"是否收到或办理过同笔汇款，以防止重复解付。

（3）汇款币别和金额。

（4）汇款日期及起息日。

（5）收款人详细名称及地址。

（6）汇款人详细名称及地址。

（7）汇款附言（汇款用途）。

（8）汇款费用情况。

（9）核对头寸登记簿，注意不要将汇入汇款与头寸调拨款项混淆。汇入行原则上应在头寸落实后，方可解付款项。

汇入汇款的信汇凭证可以是信汇委托书，也可以是汇票，其审核要点也不完全相同。

收到国外银行寄来的"信汇委托书"，并经核实属汇入汇款业务后，汇入行应签收并审核以下内容。

（1）委托书上是否有印鉴部门加盖的"印鉴相符"戳记。

（2）委托书上是否有明显的"付款委托书"字样。

（3）委托书上的付款指示是否明确。

（4）币别是否正确，金额的大小写是否一致。

（5）汇款头寸调拨方式是否正常。

（6）委托书上有无"电报证实书"或"副本"字样。对有类似这些字样的委托书，在查明确未凭电报或正本委托书解付款项的情况下，方可视作有效委托书。如凭副本委托书解付款项，汇入行应向收款人说明"系凭副本解付，保留追索权"。

（7）委托书的发出与收到日期是否正常。如超过正常的邮寄时间，汇入行应注意仔细核对"汇入汇款登记簿"，防止重复登记。

上述审核中遇到疑难问题时，汇入行应及时向汇出行进行查询。

如果汇入行收到的信汇凭证是银行汇票，银行的审核需要注意以下几点。

收款人提交以我行为付款人的汇票要求解付时，经办人员需仔细审核汇票以下内容。

（1）汇票上的印鉴是否相符，是否有印鉴管理部门加盖的"印鉴相符"戳记。

（2）汇票金额是否在签字人签字权限之内。

（3）汇票是否在有效期内。

（4）汇票的付款行是否为我行。

（5）汇票上是否注明收款人详细名称、地址和收款人开户银行及账号。

（6）汇票上是否注明头寸偿付条款。

（7）汇票上的货币名称是否正确，金额大小写是否一致。

（8）背书手续是否齐全。

（9）有无特殊条款。

2. 汇入汇款的解付

上述内容审核无误后，汇入行即可按下述不同情况办理汇入汇款的解付手续。

（1）汇入行收到以居民个人为收款人的汇入汇款时，应根据汇出行提供的收款人详细地址、电话等有关资料通知收款人本人携带有效身份证件来汇入行领取汇款。

（2）仔细核对收款人的身份证件与来人和收款人是否相符。核对无误后，银行应将收款人的证件名称和号码登记在汇款收据上，并请收款人在上面签字确认。如系汇票，银行还需将收款人的证件名称和号码登记在汇票背面并背书。

（3）由他人代领汇款的，代领人除出示收款人的有效身份证件外，还需出示本人有效身份证件。代领人在汇款收据上签名时，应同时注明代领人和收款人的证件名称及号码，并注明"代领"字样。

（4）上述手续办妥后，汇入行按总行及外汇管理部门的规定，根据收款人要求，将汇入汇款原币转为外汇存款、支付外币现钞或结算成人民币；若有手续费，须按规定进行扣收。

解付汇款后，汇入行应按照总行及外汇管理部门的要求，做好国际收支统计申报工作。

3．汇入汇款的修改

汇入行收到汇出行的汇款修改或止付通知，应首先核对来电/函的印押是否相符；其次，对尚未解付的汇入汇款，若收到汇入行的修改通知，应停止按原汇款指示解付，并按汇出行新的汇款指示办理；对已经解付的汇入汇款或因其他原因已无法修改原汇款指示的，汇入行应及时通知汇出行。

4．汇入汇款的退汇

对于汇出行要求退（撤）汇的，汇入行收到汇出行的退（撤）汇通知时，应区别以下情况进行处理。

（1）汇入汇款未解付。停止该笔汇款的解付，按汇出行的退（撤）汇指示，扣收相关费用后将汇入款项退回汇出行。

（2）汇入汇款已解付。汇入汇款已解付的，必须征得收款人的同意方可退汇。对于收款人同意退汇的，在确认头寸已入我行账户后，按汇出行的退（撤）汇指示，扣收相关费用后将款项退回汇出行。若收款人不同意退汇的，应要求收款人出具书面的拒绝退汇通知，凭以通知汇出行。

对于属下列情况下的汇入汇款应由汇入行主动退汇。

（1）汇入汇款来电/函中收款人名称、地址、账号不明或因其他原因不能按时解付，虽经汇入行多次查询未得到明确答复的。

（2）汇入汇款自收到款项并通知收款人之日起3个月内无人领取的。

（3）收款人出具书面申请拒收的。

（4）汇入汇款电/函不清、与汇出行联系无法解决、长期无法解付的。

对于上述四种情况，汇入行扣收有关费用后，将余款退回汇出行。

因汇入汇款修改或退汇引起的外汇资金汇出，凡是在解付时办理结汇手续的，银行应再予以办理售汇手续。

5．汇入汇款的查询

汇入汇款的查询工作是一项重要的工作，对于不同原因引起的查询，汇入行应作不同的处理。

（1）若收到的境外代理行/总行的汇入汇款电/函存在印/押不符、收款人地址不详、收款人户名与账号不符等问题，应及时以加押电传或环球银行金融电信协会系统向代理行/总行查询，以保证款项的及时解付。

（2）若汇入行未按期收到汇出行调拨的头寸，应以电/函向汇出行进行查询，超过规定的期限仍未收妥的，应向其计收利息。

（3）对于收款人的查询，汇入行应要求其出示相关的汇款证明，代其向有关部门进行查询。

（4）对于汇出行的有关查询电/函，汇入行应做到有查必复。

6. 业务归档

一笔汇入汇款业务处理完毕后，汇入行应按业务发生顺序将有关业务凭证和往来电/函归入汇入汇款业务档案夹。汇款业务较多的经办行也可采取定期装订成册的归档方式。汇款业务档案的保存期为一年，期满后应移至档案管理部门进行保管。

二、外币兑换

外币兑换（exchange of foreign currencies）是指银行和银行指定的外币兑换机构办理的居民、非居民在非贸易项目下的外币与外币、外币与人民币及人民币与外币的兑换。外币包括外币现钞、现汇存款、外币支票、外币信用卡、旅行支票和旅行信用证等。下面主要介绍外币现钞和现汇的兑换。

目前，我国可兑换的外币主要有美元、日元、港元、英镑、瑞士法郎、澳大利亚元、新加坡元和欧元等。外币兑换的手续比较简便，外币兑换网点分布广泛，在各商业银行外币储蓄网点及大型商场、旅馆和机场等兑换点均可办理。外币兑换按银行当日挂牌买卖价格进行兑换，不收取其他费用。

1. 外币兑入业务

外币兑入业务即结汇业务，是指银行按规定的人民币汇率买入企事业单位或个人的外汇，并支付相应人民币的业务。

（1）凡属中国人民银行公布的"人民币外汇汇率表"内所列的各种外币，银行均可办理收兑。银行办理收兑外币，按当天牌价兑付，没有收兑牌价的外币不予收兑。已停止流通的旧版货币，银行不能直接兑现，只能办理托收。

（2）兑入外币现钞时，银行要审定外币的币别，识别真伪并鉴定其流通情况，合乎兑换条件后才能办理收兑。发现外币为假钞时，银行将没收假钞，并开具没收假钞证明。

📖 小知识

外币防伪常识

大众化的外币防伪常识主要靠"看"。

一看制版：真钞的主景、主建筑和正面人像制版，均采取手工雕刻和机器雕刻相结合，防伪效果较好，底纹和边缘位置线条复杂。

二看纸张：真钞纸张光洁度好，耐磨，对水和油有耐腐蚀性，长时间流通不易发毛。

三看印刷：真钞表面有凹凸感。

四看油墨：真钞长时期流通不脱色，假钞则色彩暗淡、易脱色。

真钞内还加入了水印、纤维丝和安全线等防伪措施。真钞水印加在纸币内，影像逼真，立体感强，水印有一定阴影，且过渡自然；假钞水印缺少立体感，有的假钞水印较为模糊、透光性不好，有的假钞水印印在表面。

（3）兑入外币现钞，应付人民币金额=兑入外币金额×现钞买入价；兑入外币现汇，应付人民币金额=兑入外汇金额×现汇买入价。

【例5.1】 美元现钞买入价为6.690 8。150美元兑换多少人民币？

$$USD\ 150 \times 6.690\ 8 = CNY\ 1\ 003.62$$

【例5.2】 港元现钞买入价为0.862 5。10 000港元兑换多少人民币？

$$HKD\ 10\ 000 \times 0.862\ 5 = CNY\ 8\ 625$$

2. 外币兑出业务

外币兑出业务即售汇业务，售汇是指银行按规定的人民币汇率卖给企事业单位或居民个人外汇，并收取相应人民币的业务。

（1）申请购买国家公布的可自由兑换的外币时，企事业单位或居民个人应按外汇局的有关规定向银行申请购买，经银行审核无误后办理兑付。

（2）兑出外币的折算方法如下：

兑出外币金额 = 人民币金额 ÷ 卖出价

应收人民币金额 = 兑出外汇主币金额 × 卖出价

找回人民币金额 = 实收人民币金额 – 应收人民币金额

兑出外币时只能兑付外币主币金额。

【例5.3】 港元卖出价为0.863 0。100元人民币可换得多少港元？

$$CNY\ 100 \div 0.863\ 0 = HKD\ 115.87$$

$$HKD\ 110 \times 0.863\ 0 = CNY\ 94.93$$

$$CNY\ 100 - CNY\ 94.93 = CNY\ 5.07$$

100元人民币可兑110港元，找5.07元人民币。

【例5.4】 美元卖出价为6.691 3。200元人民币可换得多少美元？

$$CNY\ 200 \div 6.691\ 3 = USD\ 29.89$$

$$USD\ 29.00 \times 6.691\ 3 = CNY\ 194.05$$

$$CNY\ 200 - CNY\ 194.05 = CNY\ 5.95$$

200元人民币可兑29美元，找5.95元人民币。

3. 外币互兑业务

外币互兑业务是指一种外币兑换成另一种外币的业务。在我国，外币互兑业务是银行按挂牌人民币汇率，以一种外汇通过人民币折算，兑换成另一种外汇的业务活动。外币互兑包括两种情况：一是两种外币之间的套算，即一种外币兑换为另一种外币，通过人民币进行套算，也就是先买入一种外币，按买入价折算成人民币数额，再卖出另一种外币，把人民币数额按卖价折算为另一种外币；二是同种货币之间的套算，包括钞兑汇或汇兑钞，因为同一种外币体现在汇率上现钞和现汇率值有所差异，所以要按外币套算，进行处理。下面主要介绍第一种情况的外币互兑。

外币互兑的计算公式如下：

应付人民币金额 = 兑入外汇金额 × 现钞（现汇）买入价

兑出外币金额 = 应付人民币金额 ÷ 卖出价

应收人民币金额 = 兑出外汇主币金额 × 卖出价

找回人民币金额 = 应付人民币金额 – 应收人民币金额

【例 5.5】 假设英镑买入价为 10.670 2，日元卖出价为 0.086 248。50 英镑能兑换多少日元呢？首先，将英镑兑换成人民币：

$$GBP\ 50 \times 10.670\ 2 = CNY\ 533.51$$

然后，将人民币兑换成日元：

$$CNY\ 533.50 \div 0.086\ 248 = JPY\ 6\ 185.65$$

由于兑出外币时，只能兑付外币主币金额：

$$JPY\ 6\ 000 \times 0.086\ 248 = CNY\ 517.49$$

最后，兑换外币后，以人民币进行支付：

$$CNY\ 533.51 - CNY\ 517.49 = CNY\ 16.02$$

故在当前汇率下，50 英镑可兑换 6 000 日元，找回人民币 16.02 元。

三、光票托收

光票托收（clean collection）是指不附带商业单据的外币票据的托收。经办银行将委托人委托收款的票据寄到境外代收行或出票行，待境外行收到托收款项后，为委托人办理票据兑现。光票托收主要用于非贸易结算和贸易结算中合同尾款、佣金和样品费等款项的收取以及不能或不便提供商业单据的交易，如寄送样品和软件等高科技产品交易、时令性商品交易以及服务和技术转让等交易费用的收取。

随着我国对外开放、对内搞活政策的深入贯彻执行，近年来，我国对外经济贸易交往日益频繁、活跃，银行的各项业务不断发展，光票托收业务量以及服务对象和业务范围也随之不断扩大。

小知识

银行不受理的托收业务

下列票据的托收业务银行不予受理：非自由兑换货币的票据，来历不明、异常的大额票据，已经背书转让过的票据，票面遭毁损、有更改痕迹的票据，曾遭退票的票据，票据影印件，美国财政支票（treasury check），美国邮政汇票（postal money order）和表面注明流通地区限制的票据等。

（一）光票托收的优点

光票托收业务具有以下四个优点。

（1）方便。国际化银行的网络遍布全球，使得银行托收全球各地的款项十分方便。

（2）安全。通过银行间的国际网络收款可以避免汇款的潜在风险。

（3）快捷。假如托收行与付款行（代收行）之间签有"立即贷记"协议，可以大大缩短收款人的收款时间。

（4）费用低廉。光票托收的银行费用相对较低。

小知识

托收业务常识

（1）商业银行一般不接受美国政府出具的债券，如美国邮政汇票、美国政府国库支票或由美国联邦政府出具的票据，以及表面注明限制流通地区的票据。

（2）已背书转让的票据，易发生伪造、变造等欺诈行为；金额特别巨大、出票行陌生或资信有疑问的票据，易发生欺诈行为；用于投资、贷款或抵押等目的的大额票据，易发生欺诈行为。

（3）立即贷记方式下的光票托收由于国外付款机构享有追索权，银行一般会要求客户存放一段时间，不能提前支取。

（4）居民个人到银行办理托收时，应填写托收申请书，持本人有效身份证件办理，有关国外票据付款机构、清算机构和代出售残损货币机构发生的费用，由委托人负担。

（二）光票托收业务规定

1. 光票托收业务的受理条件

光票托收业务的受理需要满足以下条件。

（1）若是委托人本人办理光票托收业务，本人应持有效身份证件和票据正本（票据抬头人应为委托人本人），填写光票托收申请书；若是委托他人代办，则代办人除需提供委托人本人有效身份证件和委托人票据正本外，还需提供代办人有效身份证件，并填写光票托收申请书，银行核验委托人及代办人有效身份证件无误后，视为委托人授权代办人代为办理托收业务，且授权有效。

（2）对未曾受理过的或金额较大的金融单据，银行应向金融单据开立人查询有关付款要求，并视具体情况确定是否受理托收申请，但有关查询费用由委托人来承担。

（3）票据背书应与票据抬头人一致，背书不可为私人印章。

（4）如票据为伪冒背书或票面经涂改（包括金额、受益人和日期等）而导致退票，银行按有关法律规定，保留向委托人行使追索的权利，并对伪冒票据予以没收。

（5）如在邮寄过程中金融单据丢失，托收银行依据国际惯例不负任何责任。

（6）托收过程中所产生的费用，均由委托人承担，银行照实向委托人收取。

📖 **小知识**

客户办理光票托收业务须知

客户办理光票托收业务须知如下。

（1）到柜台办理光票托收业务时，委托人需携带本人有效身份证件，如由他人代办时，代办人需携带票据抬头人有效身份证件和代办人的有效身份证件。

（2）票据可以付款时，收款人需在付款单据上承诺"同意银行保留追索权"，以符合各国票据法的有关规定。

（3）收款人在托收时可先开立个人银行账户，银行开办托收票据代转存业务，支票款收妥后需在银行存满1个月（1个月为追索期）后才可取现，其余汇票和本票款项收妥后就可取现。

2. 光票托收业务的受理费用

光票托收业务的受理费用包括以下两项。

（1）个人外币票据（除外币现钞以外的其他光票）按托收金额的0.1%收费，最低20元/笔，最高250元/笔，另收邮费；退票费10元/笔。

（2）现钞托收按托收金额的0.5%收费，最低20元/笔，最高250元/笔，另收邮费。

（三）光票托收的程序

办理光票托收业务的程序如下。

首先由委托人填写光票托收申请书，开具托收汇票一并交与托收行；然后托收行依据光票托收申请书制作托收指示，一并航寄代收行。对即期汇票，代收行收到汇票后应立即向付款人提示

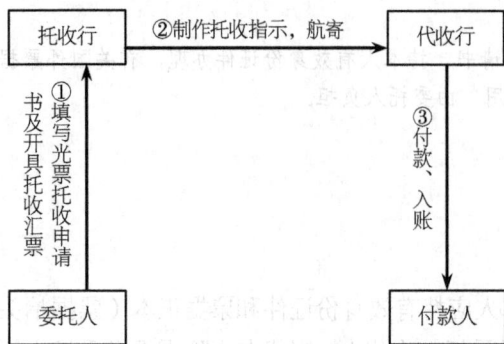

图 5.1　光票托收流程

付款，付款人如无拒付理由，应立即向代收行付款。付款人付款后，代收行将汇票交与付款人入账。对于远期汇票，代收行接到汇票后，应立即向付款人提示承兑，付款人如无拒绝承兑的理由，应立即承兑。承兑后，代收行持有承兑汇票，到期再向付款人进行付款提示，此时付款人应向代收行付款。如遇付款人拒付，除非托收指示另有规定，代收行应在法定期限内制作拒绝证书，并及时将拒付情况通知托收行。光票托收流程如图 5.1 所示。

😎 **小知识**

托收小技巧

在办理光票托收业务时，对于 5 000 美元以上的私人票据，银行通常采取"独立托收"方式，但此种方式费用较高（平均每笔 65 美元以上）、时间较长（两个月左右），当接受此类票据时，银行应向客户解释清楚，并要求客户在"备注栏"填写"同意采取独立托收方式"，以免日后引起纠纷。

（四）托收行的具体业务内容

托收行的具体业务包括托收业务受理与票据审核、托收票据处理两方面内容。

1. 托收业务受理与票据审核

受托银行在受理托收业务时，应注意以下几个方面。

（1）委托人委托托收行办理光票托收业务时，需提交"光票托收申请书"。"光票托收申请书"是委托人与托收行之间的契约。

（2）托收行在受理托收业务时，应审核申请书填写的票据内容与托收票据所载是否一致，托收票据的要素是否齐全、完善，表面是否存在缺陷等。如经背书转让，该转让是否符合票据流通和我国外汇管理的有关规定。

（3）当发现下列情况时，托收行可以不受理委托人的托收委托申请。如客户持影印件而非正本办理托收业务，客户所持票据为伪冒的，票据货币为非自由兑换货币等。

2. 托收票款处理

（1）托收票款处理。托收行在受理托收委托申请后，应针对不同客户的委托，根据托收票据的种类、币别、金额、付款地区和收款人的资信情况，选择采用"立即贷记"或"收妥贷记"的托收方式。

😎 **小知识**

不能采用"立即贷记"托收方式的情况

不能采用"立即贷记"托收方式的情况有以下几种：①超过协议规定金额的票据；②过期或未到期的票据；③曾遭拒付的票据；④票面有更改或损坏的票据，无磁性油墨号码的票据；⑤非支票项目，

如存单、存折、债券、股票和息券等；⑥付款人为企业的商业本票和汇票；⑦外币现钞及其他有价单证；⑧其他不符合立即贷记协议条件的票据。

"立即贷记"方式收汇（入账时间）快、费用低，但贷记款项不具终局性，因票据正面或背面的风险导致退票的可能性较大。"收妥贷记"方式安全稳定，退票可能性较小，适用的票据范围广，但收汇时间长，费用较高，小额票据不宜采用此方式收款。

📖**小知识**

关于立即贷记、最终贷记和收妥贷记（标准托收）

在我国，票据托收方式包括立即贷记、最终贷记和收妥贷记（标准托收）三种。

（1）立即贷记。"立即贷记"是指托收行将符合要求的票据寄给代收行，代收行收到票据后通过票据交换中心进行清算，并在保留追索权的情况下将票款贷记托收行账户。

（2）最终贷记。"最终贷记"适用于美国境内付款的美元票据托收。托收行将符合要求的票据寄给代收行，由代收行在规定的时间内，或者贷记托收行，或者通知退票。"最终贷记"下，票款一经贷记托收行，客户不再承担票据账面的风险。

（3）收妥贷记。"收妥贷记"也是标准托收，它是指托收行将票据委托代收行办理托收，票据经付款人付款后由代收行贷记托收行。

（2）解付原则。托收行在收到代收行的贷记报单后，应根据不同的托收方式分别进行处理。采用"立即贷记"方式的，托收行需在协议规定的退票期未收到退票通知的情况下，方可解付，但根据协议需要代收行通知确认付款的，托收行应在收到代收行的付款确认通知后，方可办理入账；采用"收妥贷记"方式的，托收行待起息日后即可解付。

（3）解付规定。如委托人选择入账方式的收款账户为委托人本人账户，则托收款项应直接转入委托人账户；如委托人选择入账方式的收款账户非委托人账户，原则上，受理行不予办理入账，可以解付现金。除直接转入委托人账户的解付方式外，凡以其他方式办理解付的，受理行必须核验来人的有效身份证件和托收申请书回执。

📖**小知识**

银行对解付验证的规定

银行对解付验证的规定一般分为以下三种情况。

（1）来人为委托人本人的，需核验委托人的有效身份证件和托收申请书回执。

（2）业务受理之初为代办，且解付时来人为代办人的，除核验代办人的有效身份证件外，还需核验委托人的有效身份证件及托收申请书回执。经核验无误后，可视为委托人授权代办人代为办理有关业务且授权有效。

（3）业务受理之初为委托人本人办理或代办的，解付时来人既非委托人本人，也非代办人本人，受理行除需核验来人的有效身份证件外，还需核验委托人的有效身份证件及托收申请书回执。经核验无误后，且选择收款账户为委托人账户的，视作委托人授权来人代为办理有关业务且授权有效，受理行方可予以办理解付入账。否则，受理行应拒绝办理。

（4）退票处理。①采用"收妥贷记"方式的，在收到代收行的退票通知及退回的票据后，托收行将通知委托人办理退票手续。②采用"立即贷记"方式托收的，如退票是在协议规定的退票期内通知的，已收到的头寸，银行不予解付，通知委托人办理退票手续；如超过退票期限，银行已将票款解付的，银行将视不同情况分别进行处理：或不予接受退票，或退回票款，或协助代收行向委托人追索。③退票在协议规定的退票期内通知的，已收到的头寸不予解付，通知委托人办理退票手续。④代收行退回的票据，需对托收行的背书作注销处理后，方可将正本票据签退委托人。⑤退票所产生的费用由委托人负担。

四、旅行支票

对于出门在外的人来说，最怕的是小偷，最担心的问题莫过于失窃。一方面，现金失窃会给人们愉快的旅途蒙上阴影；另一方面，身处异地他乡，失窃还关系到自己的人身安全和影响后续的行程。所以，现金的遗失或失窃是旅行者最不幸的事，更糟糕的是现金无法获得赔偿。不过我们完全有办法避免这种尴尬的情形发生，一种风行国外的现金代替金融工具——旅行支票已经进入我国。

（一）旅行支票的起源与发展

旅行支票（travelers cheque）是指银行或旅游公司为方便国际旅行者在旅行期间安全携带和支付旅行费用而发行的一种固定面额票据。它可在全球范围内广泛使用，是因公因私出境人员安全携带和支付日常费用及学杂费的极佳选择。

旅行支票最初见于美国运通公司，该公司在 1891 年首创了一种购票人自己证明身份的美元旅行支票，之后又逐渐发行了英镑、加拿大元、瑞士法郎、法国法郎、日元 6 种货币的旅行支票。第二次世界大战后，随着旅游事业的发展，旅行支票逐渐被各国银行采用，得到推广。由于它具有方便、安全、经济的优点，很快便成为国际旅游者常用的支付凭证之一。

按照货币的不同，旅行支票可以分为外币旅行支票和人民币旅行支票。中国银行可以收兑的外币旅行支票只限于中国银行与发行旅行支票的银行洽妥代兑，并备有旅行支票样本以供核验的支票。

目前，我国居民可选择的旅行支票品牌有：美国运通公司发行的美国运通（American Express）旅行支票、日本住友银行发行的日元和美元旅行支票等。下面主要以运通旅行支票为例进行介绍。

（二）旅行支票的出售及挂失

1. 旅行支票的出售

发行旅行支票的银行或旅行社，除自己（包括其分支机构）发售旅行支票外，还可委托国内外的代理行发售。

旅客购买旅行支票时，只要填写申请书，注明要买哪家银行发行的旅行支票、货币的种类、面额和张数即可。若用本币购买旅行支票，按当天外汇牌价的卖出价折算，另收手续费。代售行代售旅行支票的，应立即从发行银行划收。

按照旅行支票的规定，购买者应在代售银行的柜台，在每张旅行支票的"初签栏"签名，以便在兑付时与复签栏的签名核对，这是对旅行支票采取的安全措施。

2. 旅行支票的挂失

旅行支票遗失或被盗窃时，游客可到银行办理挂失，说明丢失旅行支票的时间、地点、支票的面额、号码和数量，以及是否已按规定在购买时做了初签、有没有复签。发行银行关于挂失后的旅行支票的退款或补发新旅行支票的规定各有不同。旅行支票的有效期，一般是出售之日起 1 年内，但现在由于银行间业务竞争激烈，许多银行已不对旅行支票规定有效期。

（三）外币旅行支票的兑付

目前，我国可以接受的外币旅行支票有十多种，银行在兑付时的基本做法和要求如下。

1. 检查旅行支票的真伪

银行有关业务人员要熟悉旅行支票票样，遇到有疑问的旅行支票，应检查原票样，以鉴别其真伪。收兑银行具有发行旅行支票银行的名单，凡在该名单之内的支票，可予收兑，不在该名单之内的旅行支票，应作托收处理。

📖 **小知识**

旅行支票验证方式——滴水试验

当对旅行支票的真实性有疑问时，银行有关工作人员可进行滴水试验，即在支票背面左方及右方面额处滴一点水，真实的旅行支票只有左方的油墨会化开，而右方没有反应，如图 5.2 所示。

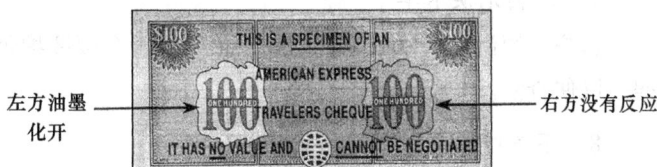

图 5.2 旅行支票滴水试验

2. 检查护照

银行在兑付旅行支票时，应核对持票人的身份，并核对旅行支票上的签名是否与护照一致。

3. 验证复签与初签是否相符

若复签走样，应再请持票人背书一次，若持票人交来已复签的支票，应请持票人在支票上背书，以便核对是否与支票正面的初签、复签相符。若接待单位送来已复签的支票，应请该单位证明持票人的身份、姓名、护照号码等。若交来的支票，既无初签也无复签，不能确定持票人是否为支票原主时，银行一般不予收兑。

银行不予办理兑付的旅行支票情况

（1）没有初签的旅行支票。

（2）转让的旅行支票。

（3）规定有效期的旅行支票，已逾期的。

（4）限制在英镑区及其他有限制兑付的旅行支票。

旅行支票再次复签的情况

如果发生以下情况，柜员应要求客户在右下角总裁签名下或旅行支票背面空白处再次"复签"。

（1）当客户兑现已经"复签"好的旅行支票时。

（2）当客户"复签"时，柜员的视线受到遮挡的。

（3）当柜员忙于其他工作时，客户已经签妥旅行支票"复署签名"的。

（4）旅行支票不在柜员视线范围内复签的。

4. 兑付与转让

没有抬头人（pay to the order）或者已经证明不可转让（non negotiable）的旅行支票不能用以直接支付费用或转让给服务企业，只能由持票人向银行兑付票款。

有抬头人的旅行支票，如受让人是我国的服务企业，例如，"pay to the order of beijing hotel"，可以收兑，也可寄国外托收。如个人之间的转让，一般应予婉拒，特殊情况时，应在请示业务主管研究后另定。

5. 逾期托收

对于超过有效期限的旅行支票不能收兑，只能办理托收。

6. 填写兑付申请

兑付旅行支票时，应请客户填写"购买外钞申请书"一式两份，注明购买旅行支票的行名、号码和面额。

7. 填制兑换水单

客户应填制兑换水单一式两联，抬头人姓名要按护照上的全名填写清楚，并注明护照号码，以便查验。

8. 不盖印章

旅行支票上不得加盖任何印章。

9. 收取贴息

收兑旅行支票时，银行应按支票的面额扣收 7.5‰的贴息。即按当天外汇牌价的买入价折算，减去贴息部分。

10. 收回垫款

银行兑付旅行支票后，应将旅行支票寄给发行银行，收妥后以票款外汇归垫。

五、全球汇款

居民个人在境外需用国内资金或因公因私出境人员须携带资金出境时，可到银行等金融机构办理全球汇款业务。

目前，我国居民可选择的全球汇款方式主要有票汇、电汇、西联汇款和速汇金等。

1. 票汇

票汇（remittance by banker's demand draft，D/D）是一种传统的汇款方式，是汇出行应汇款人的申请，代汇款人开立的、以其分行或代理行为解付行的银行即期汇票，支付一定金额给收款人的汇款方式。

汇款人可将银行汇票寄给收款人或自己携带出境给收款人。收款人一经收到该汇票，就可以向付款银行提示付款，或出售给自己的开户行贷记其账户。

票汇是一种传统的汇款方式，其基本业务流程如下。

（1）审核客户填写的票汇申请书。办理外汇汇票时，客户须在银行指定网点用英文大写字母清晰、完整地填写票汇申请书，填写内容包括申请日期、汇款币种、金额、收款人名称及所在国家和城市、汇款人姓名及联系电话等。

（2）境内个人外汇汇出境外用于经常项目支出的，银行应审核客户递交的有效身份证件并按以下规定办理。①外汇储蓄账户内汇出境外当日累计等值10 000美元（含）以下的，凭本人有效身份证件在银行办理；超过上述金额的，凭经常项目下有交易额的真实凭证办理。②外币现钞汇出当日累计等值10 000美元（含10 000美元）以下的，凭本人有效身份证件办理；超过上述金额的，还应提供经常项目下有交易额的真实凭证、经海关签章的"中华人民共和国海关进境旅客行李物品申报单"或本人原存款银行外币现钞提取单据。

（3）境外个人经常项目下外汇汇出境外的，银行应审核客户递交的有效身份证件并按以下规定办理。①外汇储蓄账户内汇出的，凭本人有效身份证件办理。②外币现钞汇出的，当日累计等值10 000美元（含10 000美元）以下的，凭本人有效身份证件办理；超过上述金额的，还应提供经海关签章的"中华人民共和国海关进境旅客行李物品申报单"或本人原存款银行外币现钞提取单据。

办理完票汇手续后，柜员应将汇票交给客户，客户可邮寄或自行携带出境。

（4）境外使用汇票兑付。客户在境外使用银行开出的外币汇票时，将汇票交至境外任意银行办理委托收款即可。外币汇票在境外解付时，一般需要收取托收费用，该费用因国家和银行的不同而不同。

在境外银行办理委托收款到最终款项收回解付的所需时间，取决于所在国银行间的清算时间，一般3～5个工作日即可完成。银行出具的美元汇票在美国本土时，次日即可实现款项的收回解付。

（5）汇票的退票、挂失和止付。若客户所开出的票据未能如期使用，要办理退票时，客户需持书面退票申请、汇票正本、票汇申请书回执到原受理网点办理退票；银行接受退票申请后，将办理票汇款项的追索，待款项从境外返回后，银行电话通知客户取款。

如客户的票据不慎丢失，应立即办理挂失，办理挂失时，客户需提交书面挂失申请及票汇申请书回执，到原受理网点办理挂失；若票汇申请书回执与汇票均已丢失，客户需凭汇票汇款人的有效身份证件到原受理网点办理挂失。银行接受挂失申请后，将办理票汇款项的追索，待款项从境外退回后，银行电话通知客户取款。银行接受退票或挂失申请后，将通过国外代理银行为客户办理票汇款项的追索。由于退票、挂失所产生的国外银行费用以及非美元票据退款为美元所形成的汇兑损益由客户承担，并在票款中扣收。

小知识

票据的有效期

银行出具的外汇汇票正常情况下有效期为半年，但不同国家的票据法有所差异，因此如客户是将汇票携带出境后进行支付或托收的，客户在到达境外目的地后应持票据到当地银行进行咨询，了解当地银行对票据期限是否有特殊规定，并在符合当地银行票据有效期的要求下，在有效期内委托境外银行办理委托收款、支付给当地机构或个人。

2. 电汇

电汇（telegraphic transfer，T/T）是汇出行应汇款人的申请，采用加押电报（cable）、电传（telex）、环球银行金融电信协会和纽约清算所银行同业支付系统等方式，指示汇入行解付一定金额给收款人的一种汇款方式。

电汇快捷方便，常用于汇款人汇款数额较大并且资金调拨受时间限制的情况，是目前使用最多的一种汇款方式。其基本业务流程如下。

（1）审核汇款人填写的电汇申请书。办理电汇时，汇款人需在银行指定网点用英文大写字母清晰、完整地填写电汇申请书，填写内容包括申请日期、汇款币种、汇款金额、收款人开户银行的名称及地址、收款银行国别及城市、收款人姓名及地址、收款人账号、汇款人姓名及联系电话等。

（2）境内个人外汇汇出境外用于经常项目支出，银行审核汇款人递交的有效身份证件并按以下规定办理。①外汇储蓄账户内汇出境外当日累计等值 10 000 美元（含 10 000 美元）以下的，凭汇款人本人有效身份证件在银行办理；超过上述金额的，凭经常项目下有交易额的真实凭证办理。②外币现钞汇出当日累计等值 10 000 美元（含 10 000 美元）以下的，凭汇款人本人有效身份证件办理；超过上述金额的，汇款人还应提供经常项目下有交易额的真实凭证、经海关签章的"中华人民共和国海关进境旅客行李物品申报单"或本人原存款银行外币现钞提取单据。

（3）境外个人经常项目下外汇汇出境外，银行审核汇款人递交的有效身份证件并按以下规定办理。①外汇储蓄账户内汇出的，凭汇款人本人有效身份证件办理。②外币现钞汇出的，当日累计等值 10 000 美元（含 10 000 美元）以下的，凭汇款人本人有效身份证件办理；超过上述金额的，汇款人还应提供经海关签章的"中华人民共和国海关进境旅客行李物品申报单"或本人原存款银行外币现钞提取单据。

（4）办理汇款的查询、修改和止付。如汇款人汇出款项长时间没有到账，可以到原汇款网点查询，并需提供汇出款凭证客户回执联。如汇款人在外汇款项汇出后且到账，需要修改汇款信息或办理止付，需提供汇款凭证的客户回执联到原银行网点办理。如果汇出汇款已经解付，银行不能为汇款人办理该项业务。

小知识

电汇汇款到账速度

电汇汇款的到账速度与汇款币种、收款银行及清算银行工作日及时差以及收款人信息是否准确等诸多因素相关。境外汇出汇款一般都需通过货币发行国的清算系统进行，如美元汇款需通过美国的清算系统、日元汇款需通过日本的清算系统等。由于境外汇款涉及境外清算系统、境外银行及国内汇款银行等多方工作日和工作时间的限制及时差的影响，所以不同币种、不同时间的汇款"从银行汇出到最终收款人收到款项的时间"并不固定。如果一笔汇款的收款人所在国家与汇款款项币种发行国不一致时，即该笔汇款涉及多个国家，则汇款速度更会有较大的差异。此外，如果收款人信息（账号、户名和开户行等）不准确，也会影响款项到账速度。通常，在汇款行、收款行和清算行均为正常工作日，收款人信息正确，汇款的收款人所在国家与汇款款项币种发行国一致时，银行电汇汇出汇款款项当日或次日（均指工作日）即可到账。

3. 西联汇款

西联汇款业务是银行和邮政储蓄等机构与美国西联公司合作开展的个人外汇实时汇款业务，收款人可在十几分钟内取得汇款。目前，在我国西联汇款的汇出只限于美元汇款。

西联汇款的客户群：一是外籍人员赡家款、生活费等款项的汇入和汇出；二是子女出国留学的学费和生活费汇出；三是出国务工人员劳务费和赡家款的汇入。现在银行等合作机构通过柜面介绍、客户经理上门推荐和媒体宣传等方式进行积极的营销，西联汇款已为越来越多的客户所接受。在整个私人汇款市场中，西联汇款的影响力越来越大。

西联汇款拥有全球汇兑网络，能即时在全球 190 多个国家和地区办理汇款，收款人只需要短短几分钟，就可收到汇款，其汇出业务流程如下。

第一，审核汇款人填写的西联汇款表。汇款人办理西联汇款业务时，需按要求填写西联汇款表。

第二，审核汇款人递交的有效凭证。在用西联汇款办理境外汇出汇款时，汇款人须持有效身份证件（如身份证、护照、绿卡和港/澳/台回乡证等）到银行指定网点办理。

第三，收取款项。办理该业务时，汇款人应按西联汇款的收费标准交纳汇款费用，如汇款人持外币现钞或从外币现钞账户汇款，还需交纳钞变汇手续费。

第四，递交汇款收条及监控密码。柜员将汇款收条及汇款监控号码递交汇款人，汇款人一定要谨记及时取回收条及监控密码（MTCN）。

第五，电话通知收款人汇款金额和监控密码。

第六，收款人领取汇款。在通知收款人手续已办妥及汇款的监控密码后，不出几分钟，指定的收款人就可在全球任何一家西联代办处领取到该笔汇款。收款人的取款方法如下：①确定汇款手续已经办妥，汇款人的汇款款项已经汇出；②接到汇款人的通知，收款人可根据汇款人提供汇款的具体金额和监控密码，就近到西联汇款代理网点，出示有效身份证件并填妥取款表格，清楚地列明汇款人的姓名、汇款地点及监控密码；③西联汇款代理网点通过计算机网络核实汇款资料后，收款人即可取到该笔汇款。

🤓 小知识

西联公司

西联公司（Western Union）是世界上领先的特快汇款公司，是美国财富 500 强之一的第一资讯集团（First Data Corp.）的子公司，成立于 1851 年。西联公司拥有全球先进的电子汇兑金融网络，其合作网点遍布全球近 200 个国家和地区。

西联汇款在我国境内已与中国邮政储蓄银行、中国农业银行、中国建设银行、上海浦东发展银行、中国光大银行、浙江稠州商业银行、吉林银行、哈尔滨银行、福建海峡银行、烟台银行、温州银行和徽商银行合作，合作网点总数超过 31 000 个，遍及境内所有的省、自治区和直辖市，形成了完善的业务网络。

4. 速汇金

速汇金业务是银行等金融机构与全球第二大汇款服务公司——速汇金国际有限公司（Money Gram，以下简称"速汇金公司"）合作，利用速汇金公司的先进网络以及银行便捷的资金调拨系统为个人外币汇款提供的一种国际汇款业务。

汇款人无须提供收款人的银行账号，其外币汇款在 10 分钟内即可到达与速汇金公司联网的各家银行网点。如果汇款人需要尽快将外币资金支付给境外的收款人，但不知该收款人的开户行信息，或汇款人本人近期将前往境外，但汇款人在境外没有开立银行账户，或汇款人近期所前往的境外目的地不唯一，又不便携带大量外币现金时，汇款人即可使用速汇金汇出汇款业务。速汇金汇款业务的流程如下。

首先，银行审核汇款人填写的速汇金汇款表格。汇款人在办理速汇金业务时，需填写速汇金的汇款表格，主要填写内容包括汇款人姓名、住所的详细地址、邮政编码、联系电话、身份证件名称及号码、职业和大小写的汇款金额、收款人姓名、国家和城市等。

其次，银行审核汇款人递交的有效凭证。在用速汇金业务办理境外汇出汇款时，汇款人需持外币现金或银行存款凭证、有效身份证件（如身份证、护照、绿卡和港/澳/台回乡证等）到银行指定网点办理。此外，所有单笔汇出金额超过 2 000 美元（含）的需填写国际收支申报表，居民个人汇入 2 000 美元以上的，需填写国际收支申报表。速汇金业务的办理除需要符合速汇金系统和业务处理要求外，还需要遵守外汇局和中国人民银行等监管部门的有关规定。速汇金业务汇出汇款的单笔限额为 10 000 美元（不含），每人每日累计汇出汇款不得超过 20 000 美元（不含）。

最后，收取款项。办理该业务时，收款人需按速汇金收费标准交纳汇款费用，如汇款人支取外币现钞的，还需交纳钞变汇手续费。

西联汇款和速汇金都是国际汇款公司利用其遍布全球的网点，通过计算机网络直接进行汇款，因此可以达到"即时"汇款的水平。速汇金的手续费较西联汇款要低，且在境外收汇时可即时兑换成其他币种，但目前速汇金业务的办理网点较少。

本章小结

本章主要介绍了个人外汇交易和个人外汇结算业务的内容及实务。

第一节主要介绍了个人外汇交易的概念、特点及个人外汇交易的策略；详细介绍了各种外汇交易方式的含义、性质、特点及交易方法，简要介绍了个人外汇交易账户的开立以及具体交易流程和操作。

第二节主要介绍了个人外汇结算业务；具体介绍了汇入汇款业务的概念、条件、解付原则、业务操作，外币兑换概述及业务知识，光票托收的概念、特点、业务规定、业务流程及业务操作，旅行支票的概念、旅行支票的出售及挂失、旅行支票的兑付。目前全球汇款业务的主要方式有票汇、电汇、西联汇款和速汇金。

基本训练

一、名词解释

个人外汇交易　　汇入汇款　　外币兑换　　光票托收　　旅行支票　　票汇　　电汇　　西联汇款

速汇金

二、单项选择题

1. 以下关于个人外汇交易特点的说法正确的是（　　　）。
   A. 交易时间有限　　　　　　　　　　B. 汇率稳定
   C. 交易方式灵活多样　　　　　　　　D. 资金结算时间长

2. 下列关于我国个人实盘外汇交易的说法正确的是（　　　）。
   A. 可以利用融资杠杆　　　　　　　　B. 必须有足额外汇才能交易
   C. 可以做卖空交易　　　　　　　　　D. 可以远期交割

3. 下列关于我国个人开立外汇宝账户规定的说法不正确的是（　　　）。
   A. 有最低资金要求　　　　　　　　　B. 必须填写相关协议
   C. 填写申请书　　　　　　　　　　　D. 交易方式不能选择

4. 我国个人外汇交易的柜台交易是（　　　）。
   A. 投资者直接到柜台交易　　　　　　B. 无须填写委托书
   C. 只能做时价交易　　　　　　　　　D. 时价交易的优点是满足投资者对价格的要求

5. 投资者做限定价格交易时，正确的说法是（　　　）。
   A. 投资者不明确定下交易价格　　　　B. 投资者一般需要等待一段时间
   C. 投资者可迅速实现交易　　　　　　D. 投资者可能会付出较高的价格

三、判断题

1. 光票托收是指不附带商业单据和汇票的外币票据的托收。　　　　　　　（　　）

2. 如果客户短期不平仓，那么一般应在每天按当天收市价结算一次；如果客户账面出现亏损，那么客户须以亏损了结。　　　　　　　　　　　　　　　　　　　　　　　（　　）

3. 银行是外汇交易的最终执行者，银行的好坏将直接影响投资者以后市场操作的实际效果。
　　　　　　　　　　　　　　　　　　　　　　　　　　　　　　　　　（　　）

4. 客户委托交易中，选择有电话委托交易的银行更有利，因为突发事件将会导致市场汇率大幅波动，电话委托交易方便投资者及时根据市场情况作出反应，减少由于时间延误而造成的交易风险。
　　　　　　　　　　　　　　　　　　　　　　　　　　　　　　　　　（　　）

5. 客户在柜台领取个人外汇交易申请书或委托书，按表中要求填写完毕，连同本人身份证、存折或现金交柜台经办人员审核清点。　　　　　　　　　　　　　　　　　　（　　）

6. 进行电话委托交易时，客户通过电话完成买卖交易的同时还需要到银行柜台办理业务。
　　　　　　　　　　　　　　　　　　　　　　　　　　　　　　　　　（　　）

7. 办理电话委托交易时客户应先持身份证到银行开立个人外汇交易电话委托交易专用存折，预留密码。　　　　　　　　　　　　　　　　　　　　　　　　　　　　　　（　　）

8. 进行电话委托交易之前，客户应先领取电话委托交易规程和操作说明，将填好的电话委托交易申请书和身份证、存折交柜台，设定电话委托交易的专用密码。　　　　　　（　　）

9. 电话委托交易完成后，客户必须到银行柜台查询证实。　　　　　　　　（　　）

10. 由于外汇市场是一个 24 小时连续进行的市场，所以个人外汇交易时建议选择交易时间长的银行。　　　　　　　　　　　　　　　　　　　　　　　　　　　　　　（　　）

四、案例分析与计算

1. 某投资者要将 1 500 美元现钞兑换为人民币，当前美元现钞买入价为 6.690 8，该投资者兑换的人民币金额是多少？

2. 有一个外汇交易者持有 10 000 港元现钞要兑换成人民币，当前港元现钞买入价为 0.861 8，该交易者兑换的人民币金额是多少？

3. 银行所公布的港元卖出价为 0.863 0，有一个外汇交易者要将 10 000 元人民币兑换成港元，该交易者可换得的港元金额是多少？

4. 有一个外汇交易者持有 20 000 元人民币，可换得的美元是多少？假设当前美元卖出价为 6.631 0。

5. 某投资者要将 5 000 英镑换成日元，当前的英镑买入价为 10.670 2，日元卖出价为 0.086 248。该投资者能兑换多少日元呢？

五、简答题

1. 什么是个人外汇交易？个人外汇交易的特点是什么？个人外汇交易的策略是什么？

2. 现货外汇交易的含义是什么？合约现货外汇交易的含义是什么？期货外汇交易的含义是什么？对这三者进行比较。

3. 个人外汇交易账户开立的程序。

4. 对立即贷记、最终贷记、收妥贷记进行比较。

5. 什么是旅行支票？银行不予办理兑付旅行支票的情况有哪些？

6. 速汇金业务的程序是什么？

7. 外币兑换的含义是什么？

8. 简述办理西联汇款业务的程序。

第六章　外汇期货交易

【学习目标】

理论目标：了解外汇期货交易的含义、特点、开办外汇期货交易业务的目的；熟悉外汇期货交易的作用；了解外汇期货市场的构成。

技术目标：掌握外汇期货交易的流程和要求。

能力目标：具备进行外汇期货交易的能力，能熟练运用外汇期货交易业务进行避险和投机操作。

引例

世界首单美元/离岸人民币弹性外汇期货交易完成

2019年1月11日，中国银行新加坡分行与中国工商银行股份有限公司新加坡分行在新加坡交易所成功完成了全球首单人民币兑美元外汇灵活期货交易业务（CNH/USD FlexC），该单业务包含4份灵活定制的期货交易合约（构成2笔场内掉期交易），交易对手为当地中资机构，名义本金合计为800万美元。人民币外汇FlexC期货是针对交易需求可灵活定制合约到期日的人民币外汇期货产品，其结合了OTC及期货市场两方面的优势，具有降低交易对手风险、减少交易成本及节约资本占用的特点。在全球场外市场监管加强的背景下，开办人民币外汇FlexC期货业务有利于为市场提供更有效的交易方案。

芝加哥商品交易所抢推人民币外汇期货期权交易

全球最大的金融衍生品交易所——芝加哥商品交易所（CME）于2006年8月28日正式推出了人民币外汇期货、期权交易。芝加哥交易所共推出了3个人民币期货交易品种，分别是人民币兑欧元期货、人民币兑美元期货及人民币兑日元期货。芝加哥商品交易所是最大的金融交易所，其主要提供利率、股票指数、外汇和商品四大类期货和期权产品。2006年4月，中国外汇交易中心与芝加哥商品交易所签署了合作协议，成为其超级清算会员，交易中心的会员单位可通过中国外汇交易中心交易芝加哥商品交易所的产品。

截至2020年年底，中国外汇交易中心尚未推出外汇期货交易。芝加哥商品交易所推出的人民币外汇期货交易会对人民币汇率的波动产生压力，也会对国内主权货币汇率造成一定影响。香港交易所于2012年9月17日推出了首只美元兑人民币的期货，该品种是全球首只可交收的人民币期货产品，旨在提高人民币货币投资的资本效益及风险管理的灵活性。那么，什么是外汇期货交易，它有哪些特点和作用，交易者该如何进行外汇期货交易操作呢？本章将详细介绍外汇期货交易的具体内容、交易流程及有关规定。

第一节　外汇期货交易概述

外汇期货交易（currency future transaction）是指在固定的交易场所，买卖双方通过公开竞价的方式买进或卖出具有标准合同金额和标准交割日期的外汇合约的交易。

一、外汇期货交易与远期外汇交易

外汇期货交易与远期外汇交易有很多共同之处，这两种交易都具有保值避险和投机的作用，即外汇期货交易与远期外汇交易都是在未来某一时刻，买卖双方按照事先确定的价格买进或卖出某种外汇，都能在当前就确定将来现金流的转换价格，从而起到保值的作用。另外，外汇期货交易与远期外汇交易一样，在签订合同的时候，交易双方都不需要向对方支付任何费用，因此投机商也可以在正确预测外汇期货走势的前提下，通过贱买贵卖来赚取投机收益。

但是，这两者也有很多不同之处。比如，远期外汇交易大多是在银行之间进行的，银行只与资信认可的客户进行远期外汇交易，通常不与资信不被认可或者对资信不了解的客户进行远期外汇交易，或者会要求这些客户提供担保、抵押，即远期外汇交易在准入的问题上是有限制的。而外汇期货交易的准入相对容易，只要客户交纳足够的保证金就可以进行交易了。另外，这两者从交易方式、报价方式等方面也有很多不同。

1972 年，美国芝加哥商品交易所成立了一个叫作国际货币市场（International Monetary Market，IMM）的分支部门，并首次推出了外汇期货交易，从而为投资者提供了规避汇率风险的新品种。随着固定汇率制度的崩溃，浮动汇率制度的实行，到了 20 世纪 80 年代，国际汇率波动剧烈，货币期货交易得到了充分的发展。现在，世界上进行外汇期货交易的主要场所，除了芝加哥商品交易所国际货币市场之外，还有伦敦国际金融期货交易所、悉尼期货交易所、东京国际金融期货交易所、新加坡国际金融交易所等。

二、外汇期货交易的特点

1. 外汇期货交易具有一定标准数量的合约单位

外汇期货交易对合约单位有严格的要求。特定货币的每份期货合约的数量相等、金额固定，这一特定数量由各交易所根据各标的货币与结算货币的正常汇率确定。如表 6.1 所示，芝加哥国际货币市场上英镑期货合约交易单位为 62 500 英镑，日元为 12 500 000 日元。

表 6.1　芝加哥国际货币市场外汇期货合约概况

合约种类	交易单位	基本点数	最小价格变动（USD）	一张合约最小价格变动（USD）	合约时间（月）
欧元（EUR）	125 000	0.000 1	0.000 1	12.5	3，6，9，12
英镑（GBP）	62 500	0.000 2	0.000 2	12.5	3，6，9，12
瑞士法郎（CHF）	125 000	0.000 1	0.000 1	12.5	3，6，9，12
加元（CAD）	100 000	0.000 1	0.000 1	10	3，6，9，12
澳元（AUD）	100 000	0.000 1	0.000 1	10	3，6，9，12
日元（JPY）	12 500 000	0.000 001	0.000 001	12.5	3，6，9，12

2. 外汇期货合约交易的合约时间标准化与报价统一

在外汇现货市场上，除英镑、澳元等货币外，其他货币的汇率都采用美元作为标价货币。而在外汇期货市场上，交易货币的标价方式刚好相反，交易的货币均以每单位货币值多少美元来进行标价，这种标价方式是由外汇期货交易的本质决定的。作为外汇期货标的物的货币和商品期货的标的物一样，其价值应用结算货币（通常为美元）标示出来。例如，假定外汇现货市场上美元兑日元的即期汇率为 USD 1 = JPY 113.68，外汇期货市场上日元期货合约（3个月）的价格则为 0.008 797 美元。

外汇期货交易的报价一般保留到小数点后面第四位，最后一个尾数为基本点（basic point），即 1 point = USD 0.000 1。但是低价值货币（如日元）的报价，其基本点通常为小数点后第六位，即 1 point = USD 0.000 001，在进行报价时再将小数点向后移两位，仍保留 4 位数，如上文中的日元期货合约报价为 0.879 7。

交易合约时间是每 3 个月为一个周期，即交易届满月为 3 月、6 月、9 月、12 月，合约到期的月份称为即期月份（spot month）。

3. 外汇期货交易的交割日统一

芝加哥商品交易所国际货币市场外汇期货合约的交割日为即期月份的第三个星期三。若当天不是营业日，则顺延至下一个营业日。合约交易的截止日期为交割日前的第二个营业日。最后一个交易日的汇率为结算价。

4. 外汇期货交易所对每日汇率变动的幅度设有最低的限制

外汇期货交易合约的最小变动价位（minimum fluctuation tick）是指标的货币汇率变动一次的最小幅度，用基本点的倍数表示。如表 6.1 所示，英镑期货的基本点是 0.000 2，最小变动价位是 0.000 2 美元；欧元期货和加拿大元期货的基本点都是 0.000 1，最小变动价位也是 0.000 1 美元；日元期货的基本点为 0.000 001，最小变动价位为 0.000 001 美元。

5. 外汇期货交易所对价格最大波动进行限制

外汇期货交易是以小博大，且单笔交易数额较大的交易，为防范汇率波动风险，主要外汇期货交易所都采取了一定程度的涨跌停板制度，即采取每日价格最大波动限制（daily limit moves）。一旦外汇期货的价格波动超过该幅度，则交易自动停止，这样，交易者便不至于因外汇期货价格的剧烈波动而遭受巨大损失。芝加哥商品交易所国际货币市场规定：每日仅在开市的 15 分钟内对外汇期货的价格最大波动进行限制，之后没有限制。例如，在开市时，日元期货的每日价格最大波动为 200 点，每点的价位是 12.50 美元，那么，芝加哥商品交易所的日元期货每份合约的每日价格最大波动为 2 500 美元。

三、外汇期货交易与远期外汇交易的比较

1. 外汇期货交易与远期外汇交易的不同点

外汇期货交易与远期外汇交易的区别主要有以下几点。

（1）外汇期货交易是买方或卖方与期货市场的清算所签约，交易者与清算所是直接合同关系；而远期外汇交易是买卖双方签约，买卖双方为合同关系。

（2）外汇期货交易是设计化、格式化的远期外汇交易。而远期外汇交易是非设计化的，

它是任意数量、任意期限、任意币种的远期外汇买卖，一切由交易双方自行商议。

（3）外汇期货交易在公开市场通过竞价进行交易，而远期外汇交易是通过银行柜台业务或电传、电话报价进行交易。

（4）外汇期货的买方只报买价，卖方只报卖价，而远期外汇交易买卖双方都要分别报出买价和卖价两种价格。

（5）外汇期货交易所实行会员制，非会员要进行外汇期货买卖必须通过经纪人，所以要向经纪人交纳佣金；远期外汇交易一般不通过经纪人，不需要交纳佣金。

（6）外汇期货交易一般不以最后的交割来结束，往往是在交割日之前做一笔币种相同、数量相同、方向相反的交易，以对冲结束。在实务中，实际交割额通常不到交易额的 1%。远期外汇交易最后要进行交割。

（7）外汇期货交易实行保证金制度，保证金通常为合同金额的 2%～3%，而远期外汇交易一般不收保证金。因此也决定了外汇期货交易一般无信用风险，远期外汇交易信用风险大。

2. 外汇期货交易与远期外汇交易的相同点

外汇期货交易与远期外汇交易的相似之处有以下几点。

（1）交易目的相同。两者都是为了防范外汇风险或投机。

（2）两者都是一定时期以后交割。

（3）两者都是通过合同形式将汇率固定下来。

（4）交易市场互相依赖。外汇期货市场和远期外汇市场虽然分别为两个独立的市场，但由于市场交易的标的物相同，一旦两个市场出现较大差距，就会出现套利行为。因此，两个市场的价格互相影响、互相依赖。

第二节　外汇期货市场

一、外汇期货市场的发展

期货市场的产生是为了规避风险。最早由于农作物的价格易受外在因素，如气候、战争等的影响，而出现大起大落的现象。这种价格不平稳的现象，对于农作物的买卖双方均造成莫大的困扰。买卖双方为控制其成本或确保利润，预先约定了未来买卖的价格与数量，以规避价格波动的风险，这种预先约定的买卖承诺，便是期货市场产生的起源。

1972 年 5 月，芝加哥商品交易所正式成立国际货币市场分部，推出了 7 种外汇期货合约，从而揭开了期货市场创新发展的序幕。从 1976 年以来，外汇期货市场迅速发展，交易量激增了数十倍。1978 年纽约商品交易所也增加了外汇期货业务，1979 年纽约证券交易所亦宣布，设立一个新的交易所来专门从事外币和金融期货交易。1981 年 2 月，芝加哥商品交易所首次开始欧洲美元期货交易。随后，澳大利亚、加拿大、荷兰、新加坡等国家和地区也开设了外汇期货交易市场，从此，外汇期货市场便蓬勃发展起来。

二、外汇期货市场的组织结构

通常，期货交易必须通过特定人士在交易所的交易厅以公开叫价的方式来进行，其进行过程如图 6.1 所示。近年来，随着科技的迅速发展，各大交易所纷纷引入电子盘交易。美国商品期货交易委员会（Commodity Futures Trading Commission，CFTC）的主要职责是维持一个公开、公平、有效率的市场，具有防止市场不公平交易、保护投资人权益、确保市场正常的经济功能。在美国，商品期货交易委员会是有关期货交易的主管机关，其通过美国全国期货协会 （National Futures Association，NFA）对所有的交易所及期货经纪公司做法令规范及管理。期货市场的参与者主要有买方、卖方、交易所、清算所、佣金商、场内交易员。

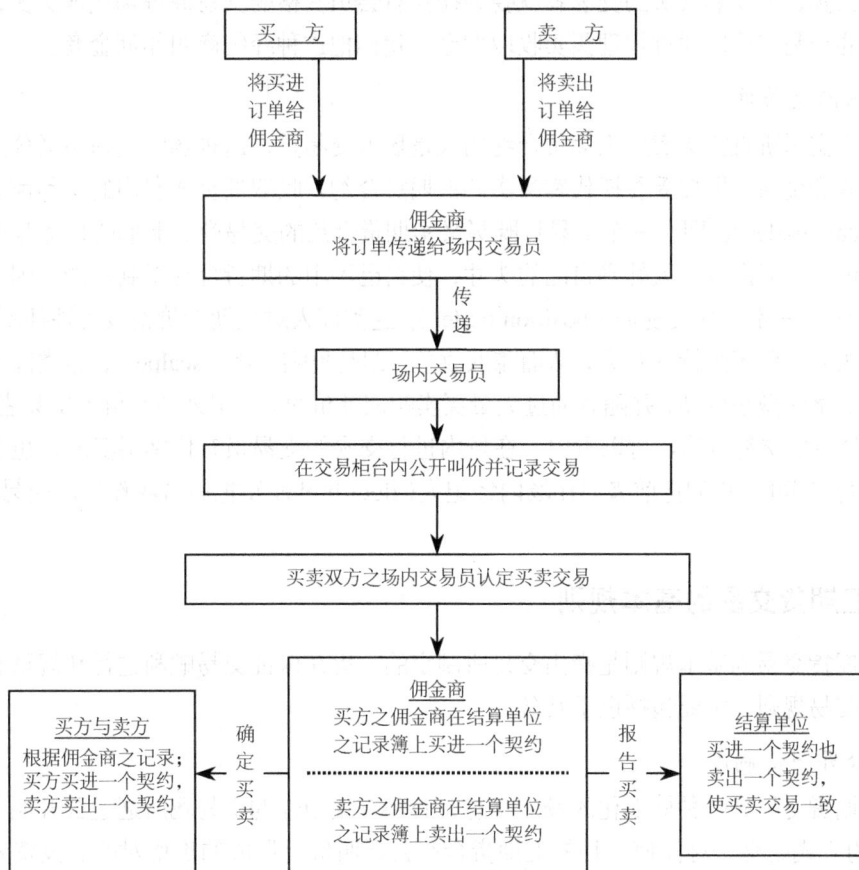

图 6.1　期货交易进行过程

1. 交易所

当今全球大部分可以进行货币期货交易的交易所都是以股份公司的形式向当地政府注册的非营利团体，其成立的目的是为交易提供场所和所需的设备，订立交易规则、交易时间、交易品种还有保证金数额、交割月份、佣金数额等交易条件，同时调解会员之间的纠纷，为市场提供资讯帮助等。

2. 清算所

清算所又称结算所（clearing house），它是通过向期货合约的当事人买入合约成为买家或出售合约成为卖家的过程来完成结算工作的。即可以认为期货交易的买方是从清算所买入的期货合约，期货合约的卖方把合约先卖给清算所，再由清算所卖给买方。这样，如果一方违约，清算所也要负责与交易另一方进行清算。清算所遭到的损失和承担的风险由违约一方保证金账户中的资金给予补偿。清算所的职责是：①作为会员账户向借贷双方提供资金流动和转移的场所以及资金存放中心，使资金得到真正的流动和转移；②履行期货合约保证人的保证交易顺利进行的职责。

3. 佣金商

由于外汇期货交易主要是在期货交易所场内进行的，而且只有具有会员资格的交易商才可以进场买卖，所以非会员的交易者就要委托具有会员资格的交易商进场代理买卖，这样有会员资格的交易商可以通过代理买卖收取佣金，我们把这种经纪商叫作佣金商。

4. 场内交易员

在期货交易所直接买卖外汇期货合约的人是场内交易员，这种场内交易员又分为几种。一是场内的佣金商，即接受委托代客买卖外汇期货合约并收取佣金或费用的交易商。二是日交易商（day trader），即在一个交易日既买又卖期货合约的交易商。他们的任务是通过价格波动赚取价差，但需要当天轧平自己的头寸，使自己手中的期货合约得到对冲，因此将来没有交割义务。三是头寸交易商（position trader），这类商人对短期的价格波动往往不感兴趣，通常购进头寸之后至少持仓几天，从而赚取收益。四是抢帽子者（scalper），这类商人在场内密切关注价格的微小变动，并随时通过大量买卖赚取差价收入。另外还有价差交易者（spread trader）、跨市价交易者等。可以看出，在场内进行交易的交易员有代客买卖的，也有利用自有资金自营买卖的，我们把前者叫作场内经纪人（floor broker），把后者叫作场内交易商（floor trader）。

三、外汇期货交易的基本规则

外汇期货交易的基本规则是指由交易所制定的、旨在保证交易顺利进行和规章制度中最为重要的交易规则，主要包括以下几条。

1. 公开叫价制度

外汇期货交易是一种标准化的场内交易，必须在集中性的交易场所通过公开叫价（open outcry）的方式成交。对任何一种外汇期货合约公开叫价所形成的价格对所有投资者有效。期货市场的公开叫价方式主要有两种：一种是计算机自动撮合成交方式，另一种是会员在交易所大厅公开喊价方式。在我国，交易计算机自动撮合的竞价方式又分为集合竞价和连续竞价两种。集合竞价产生开盘价，以此开盘参考价成交可得到最大交易量，高于该参考价的买入申报和低于该参考价的卖出申报必须全部成交；与参考价相同价位的申报，其中买入申报和卖出申报必须有一方能全部成交。依据以上规则在开盘前一瞬间产生开盘价，然后以此价格对所有有效委托中能成交的委托进行撮合成交，不能成交的委托在连续竞价期间排队等候。连续竞价是计算机系统的撮合主机自动对投资者申报的委托进行逐笔连续撮合处理的过程。

无论是集合竞价还是连续竞价，都遵循"价格优先，时间优先"的总原则，即在交易指令进入交易所主机后，最优价格最先成交，也就是说最高的买价和最低的卖价报单首先成交。在价格一致的情况下，率先进入交易系统的交易指令先成交。

公开叫价由期货交易所的会员进行，其他有意进行外汇期货交易的非会员必须通过会员在外汇期货交易所内通过公开叫价成交。

2. 保证金制度

保证金（margin）是用来确保期货买卖双方履约并承担价格变动风险的一种财力担保金。因为外汇期货市场通常存在信用风险。若买卖双方直接达成交易，如果市场汇价出现不利于一方的情况，则该方就会出现亏损。亏损达到一定程度时亏损方很可能会选择违约。在外汇期货交易中设立保证金是为了防止投资者因为外汇期货市场汇率变动而违约，从而给清算所带来损失。参加外汇期货交易的各方必须交纳保证金，非会员客户必须向经纪公司（会员）交付保证金。会员必须向交易所的清算机构交纳保证金。期货交易的保证金除了起到防止交易各方违约的作用外，还是结算制度的基础。

按保证金交纳的时间和金额比例不同，可将履约保证金分为初始保证金和追加保证金两类。初始保证金，有时也被称作原始保证金，是当交易者新开仓时必须依照各类合约有关规定向清算所交纳的资金，通常为交易总额的一定比例。不同交易所规定的初始保证金交纳金额有所不同，而且初始保证金交纳多少通常也随合约金额及交易者身份不同而不同。例如，芝加哥商品交易所国际货币市场规定日元期货合约的初始保证金为每张 2 700 美元，英镑期货合约的初始保证金为每张 2 800 美元。任何人只需在外汇期货市场上开户并按规定交纳初始保证金，就可以开始进行外汇期货交易。

在向交易所交纳初始保证金后，交易所的清算机构根据外汇期货价格变化逐日清算未交割期货合约的盈亏，浮动赢利将增加保证金账户余额，浮动亏损将减少保证金账户余额。保证金账户在经过逐日清算（即逐日盯市）后必须维持一个最低余额，称为维持保证金。当市场汇价有利于交易者时，交易所会自动将赢利加到交易者的保证金账户，那么超过原始保证金部分的金额便可以被提领。芝加哥商品交易所国际货币市场规定日元期货的维持保证金为每张外汇期货合约 2 000 美元，英镑期货的维持保证金为每张外汇期货合约 2 100 美元。

追加保证金反映了市场波动对交易者头寸的影响，因而也称为变动保证金。交易者在持仓过程中会因市场的不断变化而产生浮动盈亏，因而保证金账户中实际可用来弥补亏损和提供担保的资金会随时发生增减变化。当保证金账面金额低于维持保证金时，交易者必须在规定时间内补充保证金，否则在下一交易日，交易所有权实施强行平仓。这部分需重新补充的保证金就是追加保证金。

保证金制度（margin system）是期货交易的灵魂，而其顺利实施又有赖于每日无负债的逐日盯市制度。期货交易是一种零和交易，但盈亏双方结算并不直接在交易双方之间进行，而是由交易所通过双方保证金账户的盈亏划转来实现。当亏损一方在交易所保证金账户中承担其亏损时，交易所作为成交合约的担保者，必须代为承担这部分亏损，以保证赢利者能及时得到全部赢利。这样，亏损方便向交易所拖欠了债务。为了防止这种债务现象的发生，逐日盯市制度应运而生。

3. 逐日盯市制度

逐日盯市制度（mark to market daily）是指结算部门在每日闭市后计算、检查保证金账户余额，通过适时发出保证金追加单（margin call），使保证金余额维持在一定水平上，防止负债发生的结算制度。同样，会员经纪商为了规避其代理客户的信用风险，也会要求其客户在其清算所的账户中存入相应的保证金，实行逐日盯市制。逐日盯市制需要核算两种盈亏。一是浮动盈亏，即如果客户有买卖头寸，如某日客户买入一份英镑期货合约，价格相当于 GBP 1 = USD 0.965 0，则在该份合约没有被卖出对冲或交割之前，每天经纪商都要核算浮动盈亏，浮动盈亏的计算公式如下：

$$浮动盈亏 = （当日结算价 - 买入价）\times 单位合约数 \times 合约份数$$
$$= （卖出价 - 当日结算价）\times 单位合约数 \times 合约份数$$

当日结算价一般为当日交易临近结束的时候一个较短时间内的各种成交价的加权平均交易价。如当天的结算价为 GBP 1 = USD 0.966 0，则浮动盈亏 = （0.966 0 - 0.965 0）× 62 500 × 1 = USD 62.5，表示当天的价格波动对该投资者有利，其实现了贱买。二是买卖盈亏，如果该投资者将这份期货合约卖出，价格为 GBP 1 = USD 0.965 5，则还要计算其买卖盈亏，计算公式如下：

$$买卖盈亏 = （卖出价 - 买入价）\times 单位合约数 \times 合约份数$$

即（0.965 5 - 0.965 0）× 62 500 × 1 = USD 31.25。这样，客户的保证金账户的资金就有可能增加，也有可能减少。当客户想进行期货交易的时候，经纪商会要求其开立保证金账户并且存进一笔资金，这笔资金叫作初始保证金（initial margin），如 USD1 485。如果客户保证金账户亏损到一定的水平，如只剩 USD1 100 的时候，经纪商就要发出保证金追加单，要求客户在极短的时间内将保证金补足到初始保证金的水平。这一允许交易者继续进行交易的最低保证金水平叫作维持保证金（maintenance margin），即本例中的 USD1 100。经纪商与清算机构的逐日盯市制度与经纪商与客户的逐日盯市制度的规则是一样的，只是经纪商的保证金没有初始保证金和维持保证金之分。

4. 结算制度

外汇期货结算，是指外汇期货清算机构根据交易所公布的结算价格，对客户持有外汇期货合约头寸的盈亏状况进行资金清算的过程。期货清算机构的组织形式有两种：一种是独立于期货交易所的结算公司，如伦敦结算所同时为伦敦三家期货交易所进行期货结算；另一种是交易所内设的结算部门，如芝加哥商品交易所有自己的结算部门。两者的区别在于：独立的结算所在履约担保、控制和承担结算风险方面独立于交易所之外，交易所内部结算机构则全部集中在交易所；独立的结算所一般由银行等金融机构以及交易所共同参股，相对于交易所独自承担结算，风险较为分散。

外汇期货交易的结算大体可分为两个层次：一是交易所对会员进行结算；二是由会员公司对其所代理的客户进行结算。交易所在银行开设统一的结算资金账户，会员在交易所结算机构开设结算账户，会员在交易所的交易由交易所结算机构统一结算。外汇期货结算是风险控制的重要手段，其核心的内容是逐日盯市制度，在前面已经作过介绍。

5. 交割制度

外汇期货合约的持有者，按合约规定的日期以规定的外汇量进行交割，标志着合约的履行与完结。下面以芝加哥商品交易所的国际货币市场外汇期货交易合同交割的有关规定，来说明外汇期货合同的交割过程。

交易所及其结算机构在外汇期货合约交割过程中扮演了重要角色。芝加哥商品交易所与其代理银行签订合约，在代理行开立美元账户，并在对应外汇期货合约的外币发行国的代理行分支机构或往来行开立外币账户。无论外汇期货经纪商是自营，还是代客买卖，芝加哥商品交易所的结算机构都是交易的对手方，即表现为每个卖方的买方，或每个买方的卖方，合约买卖双方不直接交易，从而减少了交易违约的风险。

芝加哥商品交易所要求外汇期货合约的多头清算会员向国际货币市场美元交割账户支付美元，而后这笔交割款项由该账户支付给空头清算会员。外币的转移则发生在外币发行国，空头的交割银行将外汇款项打入国际货币市场在该国的交割账户，多头收款银行在交割日从该账户收取外汇款项。

外汇期货交易的交割设有以下具体规则。

（1）交割日期：在期货合同到期月份的第三个星期三，如果这天恰逢银行的休假日，则顺延一天。

（2）交割地点：买方指定的期货发行银行。

（3）买方责任：如果客户想要进行实际交割，那么代表他的境外经纪公司在交易的最后一天之前要向票据交换所交付一份买方交割委托书，而境外经纪公司在 15:00 之前，必须将交割款项存入客户的账户，这笔存款的金额为交易最后一天的收盘价乘以期货合同上所标明的数量。

（4）卖方责任：如果客户想卖出期货并要进行实际交割时，则可通过代表他的境外经纪公司在交易的最后一天结束之前，交给票据交换所一份卖方交割委托书。

（5）交割月份：根据合约的内容而定。

（6）交割的成本：在完成交割时所发生的一切成本将全部由卖方承担。

（7）紧急事件、不可抗拒事件的干预：在这种情况下所作出的决定将约束契约的所有当事人。

（8）不能履行合约：假如有位具有交割承诺的票据交换会员不能履行他的义务或有执行上的瑕疵时，他将对已经为这项交易配合行动的另一票据交换会员所蒙受的损失负责。

除以上的常规措施外，交易所还有权在紧急情况下采取一些特别的措施以保证交易的顺利进行。例如，交易所可以要求会员减少其持有的头寸、公布其客户的身份等。

四、香港人民币期货市场

香港人民币期货是一种根据人民币与其他货币汇率交易的期货产品。香港交易所 2012年 9 月 17 日推出的首只人民币期货为美元兑人民币，该品种是全球首只可交收的人民币期货。截至 2019 年 2 月，已有美元兑人民币、欧元兑人民币、日元兑人民币、澳元兑人民币、人民币兑美元等五个人民币期货交易品种。其中美元兑人民币期货合约每张价值 10 万美元，只需支付 1.24% 的保证金，即每张合约保证金约为 8 000 元人民币；合约的保证金、结算交易费用均会以人民币计价。按照上述规则，人民币期货对投资者设置的入围门槛并不高，只要 8 000元即可入场交易，而且投资者可以用近 80 倍的杠杆撬动资金。相比国内商品期货和股指期货来说，人民币期货的低门槛和高杠杆，除了会吸引金融机构、进出口企业外，还会吸引个人投资者入手。投资者可以在期货交易软件上看到人民币期货合约的报价。

实际上，由于缺少汇率风险对冲工具，企业在国际贸易中经常会面临汇率大幅波动的风险。人民币期货推出后，外贸企业可提前锁定人民币与国际货币美元间的汇兑成本，大幅提高抗风险能力。例如，很多内地制造商的收入是美元，成本支出为人民币，深受人民币升值之苦，中小企业之前的应对策略不多，但可通过人民币期货抵消升值带来的潜在损失。相反，若持有大量人民币资产，担心未来会贬值，也可通过人民币期货来对冲。

拓展学习提示

离岸人民币（CNH）的发展是人民币迈向国际化的重要一步，有助于人民币逐步成为国际储备货币。在此期间，离岸人民币市场一直持续增长。香港交易所于2012年9月推出美元兑人民币（香港）期货，为全球首只人民币可交收货币期货合约，其报价、按金计算以及结算交收均以人民币为单位，有助于提高离岸人民币市场的资本效益及相关风险管理的灵活性。详细交易品种请登录香港交易所网站了解商品介绍。

第三节　外汇期货交易的作用

进行外汇期货交易的主体有两大类：一类是套期保值者，他们利用外汇期货交易规避外汇风险；另一类是投机者，他们利用外汇期货价格的变动赚取利润。商业性外汇期货交易者通常是为了降低现有的外汇资产的风险，利用外汇期货合约来转移风险。

外汇期货交易最原始的目的是为外汇交易者提供转移汇率变动风险的工具。避险者预先在现货市场买进或卖出某种外汇，同时在期货市场上卖出或买进相同外汇的期货合约，以期货赢利来抵补现货亏损，以达到规避风险的目的。套期保值所依据的基本原理是：现货市场价格与期货市场价格受相同因素影响，其中价格变动呈现同一趋势，即现货市场价格上涨或下跌，期货市场价格也升高或降低。在套期保值交易中，持有外汇现货的一方，为防止未来因价格下跌而遭受损失，便卖出期货合约，当未来的现货价格和期货价格低于当初卖出时的价格时，则采取买进同样数量期货合约对冲的办法，所得差价用来弥补现货市场上实际出售外汇的部分利润损失，以达到保值的目的。对套期保值者来说，参与外汇期货市场不是为赚取利润，而是通过套期保值来转移汇率风险。

就整个期货市场而言，市场风险由为了避免风险而进行交易的套期保值者向愿意承担风险以求获利的投机者转移。投机者是以从期货市场的价格波动中谋取厚利为目的，在市场上愿意承担风险的交易者。

期货市场是由套期保值者（避险者）与投机者共同组成的，避险者一般不愿意承担价格变动的风险，而投机者却有能力而且愿意承担风险。仅有避险者的外汇期货市场很难顺利进行下去，而仅有投机者的期货市场则有可能导致市场的不稳定。只有避险者参与的市场，或者只有投机者参与的市场，都无法产生具有经济功能的外汇期货市场。市场交易越活跃，产生风险的可能性就越大，获利的机会也越多，这对于投机者来说是至关重要的。

一、外汇期货的套期保值交易

外汇期货的套期保值交易是指按照期货市场中的套期保值的决策程序和方法，利用外汇期货交易，确保外币资产或外币负债的价值不受或少受汇率变动带来的影响。具体做法是：在已经发生的一笔即期或远期外汇交易的基础上，同时做一笔相反方向的期货交易。这样如果原有交易受损，可通过所做相反方向的期货交易的获利来弥补或者抵消损失。

（一）空头套期保值

空头套期保值（short hedge），又称卖出套期保值。空头套期保值的特点是：即将有现货头寸的交易者，在期货市场上做一笔相应的空头交易，以防止现货头寸价格下跌而遭受损失。如出口商的应收外汇货款、个人或公司在外国银行的存款等，为避免外汇汇率波动造成此笔款项价格下跌，可以事先在外汇期货市场上卖出该种货币的期货合约，从而锁定其价格。

【例6.1】 美国一家跨国公司在英国的子公司急需母公司提供250万英镑资金，5个月后即可将该笔资金调回母公司。于是，母公司在现汇市场上用美元购买了250万英镑汇给该子公司。为了避免由此产生的外汇交易风险，母公司在外汇期货市场上进行空头套期保值，套期保值过程和损益分析如表6.2所示。

表6.2　空头套期保值过程和损益分析

	外汇现货市场	外汇期货市场
4月	买入250万英镑，即期汇率为GBP 1＝USD 1.650 0，支付412.5万美元	卖出40份9月到期的英镑期货合同，每份62 500英镑，共计250万英镑，期货价格为GBP 1＝USD 1.655 0，可收入413.75万美元
9月	卖出250万英镑，汇率为GBP 1＝USD 1.620 0，收入为405万美元	买入40份9月到期的英镑期货合约，每份62 500英镑，共计250万英镑，期货价格为GBP 1＝USD 1.622 0，支付405.5万美元
赢利	−7.5万美元	8.25万美元

从例6.1中可以看出，由于英镑对美元贬值，母公司在现汇市场上的交易亏损为7.5万美元，在外汇期货市场上的交易赢利为8.25万美元，套期保值最终赢利为0.75万美元。如果母公司没有进行套期保值，在4月的现汇市场上买入250万英镑，9月1日收回英镑时将其在现汇市场上出售，母公司会因英镑贬值损失7.5万美元。当然，如果英镑升值，母公司不进行套期保值将比进行套期保值赢利更多。但是，在4月买入现汇时，母公司并不知道5个月后英镑到底是升值还是贬值。升值固然有利，但万一英镑贬值，母公司在现汇市场上的交易必然蒙受损失。一旦采取了套期保值，英镑在现汇市场上贬值时，在期货市场上也会贬值，母公司在外汇期货交易中将获利，可以抵消现汇交易中的一部分损失。

（二）多头套期保值

多头套期保值（long hedge），又称买入套期保值，是指对国外负有债务的债务人或将来在某一时间内支付外汇货款的进口商将要以外汇支付的款项，为避免计价货币汇率上升造成损失，采取先在外汇期货市场上购进同等数量的外汇期货合约，等到将来在现货市场上购进所需外汇时，卖出购进的期货合约。

【例6.2】 美国某进口商6月从英国进口一批设备，预计3个月后必须在现货市场买进500万英镑，以支付这批设备的货款。为避免3个月后因英镑升值而花费更多的美元，以稳定设备的购入成本，该进口商可先在期货市场上买进80份英镑期货合约，总额500万英镑。此时，现货市场上美元兑英镑的汇率为GBP 1 ＝ USD 1.660 0。该进口商在外汇市场上购进了3个月期交割的英镑期货合约，并按GBP 1 ＝ USD 1.661 0的汇率成交，这80份合约的成交额为1.661 0 × 500 = 830.5（万美元）。

假设 3 个月后，英镑果真升值为 GBP 1 = USD 1.670 0，该进口商在现货市场上以升值后的英镑汇率购进 500 万英镑，作为支付进口设备之用，需要 835（1.670 0×500）万美元，亏损 4.5 万美元。与此同时，该进口商又在期货市场上把 3 个月前购进的 80 份英镑期货合约卖出，成交汇率为 GBP 1 = USD 1.671 0，可得到 835.5（1.671 0×500）万美元，赢利 5 万美元。由此可见，该进口商在现货市场上亏损的 4.5 万美元，又从期货市场上得到了补偿。该多头套期保值损益分析如表 6.3 所示。

表 6.3　多头套期保值损益分析

	外汇现货市场	外汇期货市场
6 月	若此时买进 500 万英镑，需支付 830.0 元美元	买进 80 份 3 个月英镑期货合约，总额 500 万英镑。期货价格为 GBP 1＝USD 1.661 0，支付 1.661 0×500＝830.5（万美元）
9 月	购进 500 万英镑用于支付货款，需要 835 万美元	此时期货价格 GBP 1＝USD 1.671 0，卖出期货，可以得到 1.671 0×500＝835.5（万美元）
赢利	−5 万美元	5 万美元

例 6.2 中，英镑现货价格与期货价格的变动幅度相同，因此通过做出与现货数额相同、期限匹配、方向相反的期货交易，即可以完全冲销现货价格波动的风险。然而，现实的外汇期货交易中，规避风险的交易也会产生另一种风险，即基差风险（basis risk）。基差风险产生的原因通常有：所需避险的现货价格并不完全等于其期货合约的价格；避险者无法事先确知什么时候买进或卖出所需避险的资产；在期货合约到期之前，避险者可能就已了结其期货合约。所谓基差（V）是指现货价格（S）与期货价格（F）之间的差距。用公式表示为

$$V = S - F$$

基差的变动率等于现货价格的变动率减去期货价格的变动率。假设上述字母的小写代表它们的变动率，则基差变动率为

$$v = s - f$$

随着期货合约交割月份的临近，期货价格收敛于其现货价格。如果现货与期货两者在各方面的条件都一样，则当期货合约到期时，其基差为零。但在到期之前，基差可能为正或为负。当现货价格增长的幅度大于期货价格增长的幅度（或现货价格降低的幅度小于期货价格降低的幅度）时，即 $s > f$，基差会扩大，称为基差转强（strengthening of the basis）；反之，则基差会缩小，称为基差转弱（weakening of the basis）。需要强调一点，基差风险的存在不仅会降低避险效果，而且会增进避险效果。对于空头套期保值者而言，当基差转强，则会增进避险效果；反之，则会降低避险效果。而对于多头避险者而言，当基差转强，则会降低避险效果；反之，则会增进避险效果。

（三）套期保值的效果

1. 套期保值效果分析

套期保值操作可能成功，即现汇市场上的损失由期货市场上的赢利进行了弥补；也有可能失败，即现汇市场上的赢利被期货市场上的亏损抵消。

套期保值的失败源于错误的决策，其具体原因如下。

第一，对价格变动的趋势预期错误，不应做保值而做了保值。如出口商未来有外汇收入，如果预计外汇汇率将上涨，可以不做期货的套期保值；否则汇率变动带来的收益将会被期货

市场的损失全部或部分抵消。

第二，资金管理不当，对期货价格的大幅度波动缺乏足够的承受力，当期货价格短期内朝不利方向变动时，交易者没有足够的保证金追加，被迫斩仓，致使保值计划中途夭折。

而成功的套期保值，所起避险效果也依情况不同而出现以下三种情况：有盈保值，即期货市场上的赢利在弥补现货市场上的亏损后还有盈余；持平保值，期货市场的赢利正好弥补现货市场上的亏损；减亏保值，即期货市场上的赢利不足以弥补现货市场上的亏损。

2. 影响保值效果的原因

从理论上讲，持平保值是一种理想的保值状态，但这种情况在现实中很少存在。一般来说，影响保值效果的原因主要有以下几方面。

第一，时间差异。对某个币种进行保值，往往有好几个不同的期货合约可供选择。选择不同的月份，保值效果也不一样。按照套期保值的原理，要达到理想的保值效果，最好选择与未来现汇交易时间同一个月的期货合约保值，如在3月签订了6月交货的合同，最好选择6月的期货合约保值。但在实际操作中，考虑到市场流动性等因素，往往会选择其后月份的合约，如9月的合约。另外，现实中期货价格与现货价格波动的幅度往往不完全一样，不同时点两种价格并不完全相同，导致两个市场的盈亏不能完全相抵。

第二，地点差异。同一种货币在不同外汇市场的现汇交易价格存在差异，同样，在不同交易所内，即使是同种货币相同月份的期货合约价格也并不相同。

第三，数量差异。外汇期货合约是标准化合约，交易数量必须是一张期货合约交易金额的整数倍。现汇交易的数量则根据实际交易需要，并不受标准化约束。这种套期保值数量上的不匹配便导致了受险头寸暴露。

二、外汇期货的投机交易

外汇汇率的不稳定性，一方面，迫使商业交易者纷纷利用期货市场进行套期保值，以避免汇率波动的风险；另一方面，也给投机者带来了获取利润的可能性。投机交易是没有现货市场做后盾的，外汇期货是利用期货市场价格的频繁变动，在期货市场上买进卖出，以赚取期货市场的差价，这提供了一种相对低成本的货币投机（speculation）途径。因为只要交纳少额的保证金便可以进行大额的外汇期货合约的买卖，这样投机者用少额的资金就有可能获得高额的投机利润。一般来说，外汇期货的投机交易可以分为两类：一类是简单的"单项式"投机，即普通的买空与卖空交易；另一类是外汇期货套利交易。

（一）买空与卖空交易

1. 买空行为

买空行为，又称多头投机，是投机者预测某种外汇期货合约的价格将要上涨，而采取购买某一交付月份的外汇期货合约，一旦预测准确，便立即将事先购买的合约卖出，以从中赚取差额。

【例6.3】假设某日市场行情如下：即期汇率为 USD 1 = JPY 100；日元期货价格为 JPY 1 = USD 0.01。

某投机者预测12月交割的日元期货价格呈上升趋势，所以他买入100张12月日元期货合约，每份期货合约为1 250万日元。假设15日后，日元期货价格上升为 JPY 1 = USD 0.011。于是该投机者立即平仓其日元期货合约，则他的获利为（0.011 - 0.010）× 12 500 000 × 100 =

1 250 000（美元）。即在不计交易成本的前提下，该投机者从事日元期货的多头投机交易获利为 125 万美元。

2. 卖空行为

卖空行为，又称空头投机，是指投机者预测某种外汇期货合约的价格将下跌，而采取事先出售外汇期货合约，待该合约的价格真正降低后再买进，以从中赚取差额。

需要说明的是，买空与卖空交易成功的关键是投机者能正确地预测未来汇率变动的方向。如果预测准确，期货交易的杠杆效应将会带来巨大的收益，但如果预测失误，将会带来难以估计的巨额损失，这正是外汇期货投机的巨大风险所在。

（二）外汇期货套利交易

外汇期货套利投机交易是指投机者同时买入和卖出两种相关的外汇期货合约，然后进行反向对冲，即卖出和买入其手中持有的合约，从这两种合约的相对价格变动中获利。外汇期货套利投机又分为跨市套利投机、跨期套利投机与跨币种套利投机。

1. 跨市套利投机

跨市套利投机是指投机者在不同市场上预测同种外汇期货价格呈不同走势，在一个交易所买入一种外汇期货合约，在另一个交易所卖出同种合约，一段时间后再将合约同时平仓，从而获利。进行跨市套利投机的首要步骤是判断同一种外汇期货价格在不同期货市场上变化的方向。在操作过程中，一般的原则如下。

（1）如果预测两个市场的同种外汇期货合约均处于上涨状态，其中一个市场的涨幅高于另一个市场，则在涨幅大的市场买入，涨幅小的市场卖出。

（2）如果预测两个市场的同种外汇期货合约均处于下跌状态，其中一个市场的跌幅大于另一个市场，则在跌幅大的市场卖出，跌幅小的市场买入。

跨市套利涉及不同的交易所，套利者必须考虑到不同市场的行市和影响因素。有时虽然合约涉及同一种货币，但不同交易所的交易规则、最后交易日、交割期规定具有差异，若进行不同国家的交易所间的套利交易，还要考虑汇率变动的影响，最好在不同的交易所内均有场内经纪人，套利数额大时才有可能在短时间内获利。

【例 6.4】 某套利者在国际货币市场和伦敦国际金融期货交易所进行英镑期货合约的跨市套利。在国际货币市场，每份英镑期货合约为 62 500 英镑；在伦敦国际金融期货交易所，每份英镑期货合约为 25 000 英镑。6 月 20 日，套利者在国际货币市场以 GBP 1 = USD 1.632 5 的价格买入 40 份 9 月到期的英镑期货合约，同时在伦敦国际金融期货交易所以 GBP 1 = USD 1.657 4 的价格出售 100 份 9 月到期的英镑期货合约。至 8 月 20 日，套利者以 GBP 1 = USD 1.668 0 的价格分别在两家交易所对所持合约平仓。交易结果如表 6.4 所示。

表 6.4　跨市套利损益分析

	国际货币市场	伦敦国际金融期货交易所
6 月 20 日	买入 40 份英镑期货合约，支付 1.632 5×62 500×40＝4 081 250（美元）	出售 100 份英镑期货合约，收入 1.657 4×25 000×100＝4 143 500（美元）
8 月 20 日	出售 40 份英镑期货合约，收入 1.668 0×62 500×40＝4 170 000（美元）	买入 100 份英镑期货合约，支付 1.668 0×25 000×100＝4 170 000（美元）
赢利或亏损	88 750 美元	−26 500 美元

该套利者在国际货币市场赢利 88 750 美元，在伦敦国际金融期货交易所亏损 26 500 美元，通过跨市套利交易净赢利 62 250 美元。原因在于两个交易所 9 月英镑期货都处于上涨状态，而且国际货币市场英镑期货的涨幅（0.035 5 美元/英镑）高于伦敦国际金融期货交易所的涨幅（0.010 6 美元/英镑），从而在国际货币市场做多头的赢利超过在伦敦国际金融期货交易所做空头的损失，净赢利正是来源于两个交易所该种期货合约的相对价格变动：（0.035 5 - 0.010 6）×2 500 000 = 62 250（美元）。

2. 跨期套利投机

跨期套利交易又叫跨月买卖交易，它是指在同一个期货市场上同时买卖相同币种、不同交割月份的期货合约，从中套取投机利润。其具体方法是利用不同交割月份之间的差价，进行相反交易，从中赚取利润。跨期交易包括两种形式。

一种是现货交易和期货交易相结合，即买入现货卖出期货，或者买入期货卖出现货；另一种是将两笔不同期限期货交易相结合，即买入较近的期货卖出更远的期货，或者进行反向的跨期交易。本书中主要讨论两种不同期限期货交易的组合，即买入某一交割月份的期货合约，同时卖出另一交割月份的同种货币期货合约的交易行为。在买入或卖出期货合约时，合约数量应该保持一致。跨期套利具体操作中应该按照如下原则进行。

（1）如果预测两种合约价格均上涨，买入预期涨幅较大的交割月份的期货合约，卖出预期涨幅较小的交割月份的期货合约。

（2）如果预测两种合约价格均下跌，卖出预期跌幅较大的交割月份的期货合约，买入预期跌幅较小的交割月份的期货合约。

【例 6.5】 6 月 1 日，假设国际货币市场上，每份英镑期货合约为 62 500 英镑，9 月交割的英镑期货合约价格为 GBP 1=USD 1.563 0，12 月交割的英镑期货合约价格为 GBP 1 = USD 1.561 0。某投机者预测 9 月交割的英镑期货合约价格下跌速度比 12 月交割的英镑期货合约价格下跌速度快，因此他采用跨期套利投机，卖出 10 份 9 月交割的英镑期货合约，同时买入 10 份 12 月交割的英镑期货合约，来获取价差利润。如果该投机者于 8 月进行平仓，此时 9 月的英镑期货合约价格为 GBP 1 = USD 1.556 0，12 月交割的英镑期货合约价格为 GBP 1 = USD 1.557 0，那么这个投机者平仓后的利润为

（1.563 0 - 1.556 0）×62 500×10 + （1.557 0 - 1.561 0）×62 500×10 = 1 875（美元）

跨期交易需要注意的是两种价格之间的相互关系，即两种合约的相对价格变化而不是合约价格水平的绝对变化，这是跨期交易与一般投机交易最重要的区别。

3. 跨币种套利投机

跨币种套利是指套利者预测交割月份相同而币种不同的外汇期货合约价格将出现不同走势，买入预期价格上升的外汇期货合约，卖出预期价格下跌的外汇期货合约，以获取投机利润。在买入或卖出期货合约时，两种货币期货合约的交易金额（其美元价格）应保持相同。跨币种套利操作的一般原理如下。

（1）有两种货币，如果预测一种货币对美元升值，另一种货币对美元贬值，则买入升值货币的期货合约并卖出贬值货币的期货合约。

（2）如果预测两种货币都对美元升值，买入升值速度较快的货币期货合约并卖出升值速度较慢的货币期货合约。

（3）如果预测两种货币均对美元贬值，卖出贬值速度较快的货币期货合约并买入贬值速度较慢的货币期货合约。

（4）如果预测两种货币，一种货币对美元汇率保持不变，另一种货币对美元升值，则买入升值货币的期货合约，卖出汇率不变的货币的期货合约；若预测另一种货币对美元贬值，则卖出贬值货币的期货合约，买入汇率不变货币的期货合约。

【例 6.6】 6 月 10 日，国际货币市场 9 月期瑞士法郎的期货价格为 CHF 1=USD 0.500 0，9 月期英镑的期货价格为 GBP 1 = USD 1.500 0，则 9 月期瑞士法郎期货兑英镑期货的套算汇率为 CHF 1 = GBP 0.333 3。某套利者在国际货币市场买入 10 份 9 月期瑞士法郎期货合约，同时卖出 7 份 9 月期英镑期货合约。之所以卖出 7 份英镑期货合约是因为瑞士法郎期货合约与英镑期货合约的交易单位不同，前者是 125 000 瑞士法郎，后者是 62 500 英镑。因此，为保证实际价值基本一致，前者买入 10 份合约，后者卖出 7 份合约。9 月 5 日，该交易者分别以 CHF 1 = USD 0.550 0 和 GBP 1 = USD 1.575 0 的价格对冲了结持仓合约。其交易过程和损益分析如表 6.5 所示。

表 6.5　跨币种套利损益分析

	瑞士法郎	英镑
6 月 10 日	买入 10 份 9 月期合约，支付 0.500 0×125 000×10＝625 000（美元）	卖出 7 份 9 月期合约，收入 1.500 0×62 500×7＝656 250（美元）
9 月 5 日	出售 10 份 9 月期合约，收入 0.550 0×125 000×10＝687 500（美元）	买入 7 份 9 月期合约，支付 1.575 0×62 500×7＝689 062.5（美元）
赢利	62 500 美元	−32 812.5（美元）

该套利者在瑞士法郎的期货合约交易中赢利 62 500 美元，在英镑期货合约交易中亏损 32 812.5 美元，通过跨币种套利交易净赢利 29 687.5 美元。

本章小结

本章主要介绍外汇期货交易的基本概述、外汇期货市场以及外汇期货交易的运作。

第一节主要介绍了外汇期货交易的概念、特点以及其与远期外汇交易的比较。外汇期货交易是指在固定的交易场所，买卖双方通过公开竞价的方式买进或卖出具有标准合同金额和标准交割日期的外汇合约的交易。外汇期货交易的特点主要有五个方面，即标准数量的合约单位、标准化时间与报价统一、交割日统一、每日汇率波动最低限制、价格最大波动限制。

第二节主要介绍了外汇期货市场的发展、组织结构、交易规则、交易目的，以及香港人民币期货市场。外汇期货市场的组织结构主要包括交易所、清算所、佣金商、场内交易员以及买卖双方；其交易的基本规则包括公开叫价制度、保证金制度、逐日盯市制度、结算和交割制度；其交易的目的主要有避险和投机。

第三节是本章最重要也是最难的部分，主要介绍了外汇期货套期保值交易和外汇期货投机交易。外汇期货套期保值交易包括空头套期保值、多头套期保值，并对套期保值的效果进行分析；外汇期货的投机交易包括买空与卖空交易、外汇期货套利投机，其中外汇期货套利投机又分为跨市套利投机、跨期套利投机与跨币种套利投机。

基本训练

一、单项选择题

1. 某美国进口商，3 个月后将支付 GBP 125 000，这时我们称其拥有英镑的（   ）。如果用期货交易进行保值，则应在期货市场上（   ）。

    A. 空头，买入 2 份英镑合约   B. 多头，买入 2 份英镑合约

    C. 空头，卖出 2 份英镑合约   D. 多头，卖出 2 份英镑合约

2. 某美国出口商，3 个月后将收回 GBP 62 500，这时我们称其拥有英镑的（   ）。如果用期货交易进行保值，则应在期货市场上（   ）。

    A. 空头，买入 1 份英镑合约   B. 多头，买入 1 份英镑合约

    C. 空头，卖出 1 份英镑合约   D. 多头，卖出 1 份英镑合约

3. 在外汇期货市场赚取现货交易和期货交易差价的交易者是（   ）。

    A. 基差交易者   B. 价差交易者   C. 头寸交易者   D. 抢帽子者

4. 在外汇期货交易中，客户发出高于现行市场汇价某一个既定水平时卖出的指令，此订单属于（   ）。

    A. 市价订单   B. 限价订单   C. 到价订单   D. 限时订单

5. 下列对于外汇期货交易和远期外汇交易说法不正确的是（   ）。

    A. 交易的内容都是外汇   B. 两者有相同的作用

    C. 交易的方式相同   D. 市场的规则不同

二、多项选择题

1. 下面属于金融期货的是（   ）。

    A. 外汇期货   B. 黄金期货   C. 利率期货   D. 股票指数期货

2. 以下属于期货交易订单的是（   ）。

    A. 市价订单   B. 限价订单   C. 止损订单   D. 换月订单

3. 保证金制度是期货交易的核心机制，它包括（   ）。

    A. 初始保证金   B. 变动保证金   C. 维持保证金   D. 最低保证金

4. 交割制度是期货交易的一种制度，一笔外汇期货交易主要涉及以下哪些方面的交易规则？（   ）

    A. 交割日期   B. 交割地点   C. 交割月份   D. 交割金额

5. 以下是外汇期货交易的机制是（   ）。

    A. 保证金制度   B. 逐日清算制度   C. 订单制度   D. 公开叫价制度

6. 外汇期货交易的目的可以分为（   ）。

    A. 套期保值   B. 购买商品   C. 订单交易   D. 投机交易

7. 下列对于外汇期货说法正确的是（   ）。

    A. 交易的主要品种都是可自由兑换的货币   B. 交易的合约都是固定的

    C. 具有投机和保值的功能   D. 都是采取美元标价的方式

8. 外汇期货市场包括（   ）。

    A. 期货交易所   B. 清算所   C. 期货投资者   D. 佣金商

三、判断题

1. 远期交易流动性远低于期货交易，而且面临着对手违约的风险。　　　（　　）

2. 期货交易一般以每单位货币值多少美元来标价。　　　　　　　　　（　　）

3. 期货的买方或卖方在交易所成交后，清算中心就成为其交易对方，直至期货合同实际交割为止。
　　　　　　　　　　　　　　　　　　　　　　　　　　　　　　　　（　　）

4. 外汇期货交易的进行主要是靠期货交易所内的场内经纪人和代替非会员的期货佣金商来完成的。　　　　　　　　　　　　　　　　　　　　　　　　　　　　　　　　　　（　　）

5. 清算所是负责对期货交易所内进行的期货合同进行交割、对冲和结算的独立机构，它是期货市场运行机制的核心。　　　　　　　　　　　　　　　　　　　　　　　　　　　　　（　　）

6. 外汇期货交易是一种标准化的场内交易，必须在集中性的交易场所通过公开叫价的方式成交，一种外汇期货合约公开叫价所形成的价格只对特定交易双方有效。　　　　　　　　（　　）

四、案例分析与计算

1. 一名美国商人从加拿大进口农产品，约定 3 个月后支付 1 000 万加元，为了防止加元升值带来的不利影响，他买入了期货进行套期保值。3 月 1 日汇率为 USD 1 = CAD 1.350 6，9 月到期的期货价格为 USD 1 = CAD 1.345 0。如果 6 月 1 日的汇率为 USD 1 = CAD 1.346 0，该期货价格为 USD 1 = CAD 1.340 0，该美国商人该如何利用外汇期货交易进行保值，其盈亏情况如何？

2. 美国商人从瑞士进口汽车，约定 3 个月后支付 250 万瑞士法郎。为了防止瑞士法郎升值带来的不利影响，他买入了期货进行套期保值。3 月 1 日汇率为 USD 1 = CHF 1.591 7，期货价格为 USD 1 = CHF 1.589 6。如果 6 月 1 日的汇率为 USD 1 = CHF 1.502 3，期货价格为 USD 1 = CHF 1.498 7，其盈亏情况如何？

3. 3 月 1 日，假设在国际货币市场上 6 月交割的英镑期货合约价格比 9 月交割的英镑期货合约价格高，若 6 月交割的英镑期货合约价格为 GBP/USD = 1.563 0，9 月交割的英镑期货合约价格为 GBP/USD = 1.551 0。某投机者预测 6 月交割的英镑期货合约价格下跌速度比 9 月交割的英镑期货合约价格上升速度快，因此该投机者立即采用跨期套利投机，即卖出 10 份 6 月交割的英镑期货合约，同时买入 10 份 9 月交割的英镑期货合约，以期获取价差上的利润。如果该投机者 5 月 5 日进行平仓，其价格分别为 6 月交割的英镑期货合约价格为 GBP/USD = 1.556 0，9 月交割的英镑期货合约价格为 GBP/USD = 1.553 0，那么该投机者平仓获利了结的利润为多少？

4. 某客户某日在国际货币市场按 GBP 1 = USD 1.560 0 的价格买入 2 份英镑期货合约，每份合约价值为 62 500 英镑，每份合约的原始保证金为 2 800 美元，维持保证金为 4 200 美元。该客户应该交纳多少保证金才能进行交易？如果某一天市场汇率变为 GBP/USD = 1.540 0，则该客户的损益情况如何？是否应该补充保证金？如果要补充保证金，应该补充多少？

五、翻译下列专业词语

1. foreign exchange futures　　　2. delivery　　　3. foreign futures contracts

4. long hedge　　　5. margin

六、简答题

外汇期货交易与远期外汇交易有何区别？

第七章 外汇期权交易

【学习目标】

知识目标：了解外汇期权交易的概念和特点，外汇期权交易的交易规则和交易类型；了解外汇期权交易和远期外汇交易、外汇期货交易的异同；熟练掌握外汇期权交易的各种交易类型损益的计算。

技能目标：掌握和运用外汇期权交易的看涨期权和看跌期权的基本交易策略，熟悉和掌握外汇期权交易的多种进阶交易策略的应用和计算。

能力目标：理解外汇期权交易的含义、程序和交易规则，具有对外汇期权交易的把握能力。

引例

如何利用外汇期权规避汇率风险

某家合资企业持有美元，并需要在一个月后用日元支付进口货款，为防止汇率风险，该企业向银行购买了一个"美元兑日元、期限为一个月"的欧式期权。约定的汇率为USD 1 = JPY 110，那么该企业则有权在将来期权到期时，以USD 1 = JPY 110的汇率向银行购买约定数额的日元。如果在期权到期时，市场即期汇率为USD 1 = JPY 112，那么该企业可以不执行期权，因为此时按市场上即期汇率购买日元更为有利。相反，如果在期权到期时，市场即期汇率为USD 1 = JPY 108，那么该企业则可执行期权，要求银行以USD 1 = JPY 110的汇率将日元卖给他。

通过引例我们可以发现，运用外汇期权交易可以避免因汇率波动而给外汇的使用者带来的风险，因此，外汇期权交易具有锁定成本和收益的功能，即具有保值避险的功能。同时，与外汇期货交易、外汇远期交易相比，外汇期权交易又具有很大的灵活性。2011 年 4 月 1 日，我国银行间外汇市场正式开展人民币对外汇期权交易，标志着我国外汇市场已初步形成完整的基础类汇率衍生产品体系，为外汇市场的创新发展奠定了基础。通过本章的学习，我们可以通过外汇期权交易实现保值避险的交易目标。

第一节 外汇期权交易概述

一、期权与外汇期权

期权，也称为选择权，是指具有在约定的期限内，按照事先约定的协定价格买入或卖出一定数量的某种商品、货币或某种金融工具等标的物的权利。期权交易就是把期权这种权利当作可以买卖的商品而通过买卖期权合同来进行的交易。期权合同是期权交易双方确定交易关系的一种标准化的合约，其内容一般包括买方、卖方、协定价格、交易金额和到期日等。期权合同中可以变动的是期权价格，也称为期权费或权利金。

外汇期权（foreign exchange option）又称货币期权（currency option），是期权交易的一种。具体来说，外汇期权就是以外汇作为买卖标的物的期权交易，是一种选择权契约，其持有人，即期权买方（buyer or holder）享有在契约期满或之前以特定的价格购买或售出一定数额的某种外汇资产的权利，而期权的卖方（seller or writer）收取期权费，有义务在期权买方要求执行期权时卖出（或买进）合约规定的一定数量的某种外汇资产。外汇期权交易的具体过程如图 7.1 所示。

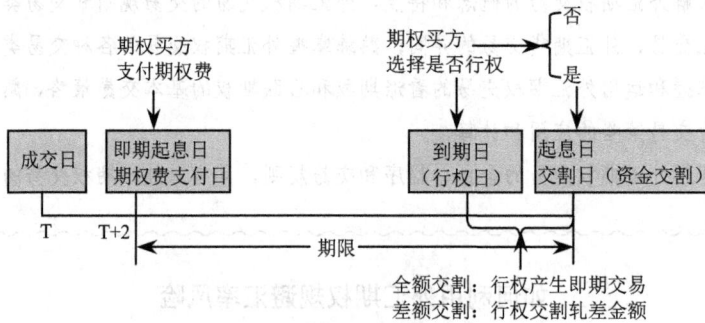

图 7.1　外汇期权交易过程

外汇期权的买方在发现汇率变动不利于自己时，可以不按协定进行交易，即放弃行使期权。外汇期权工具允许期权的持有者选择按协定价格进行交易或者放弃交易，期权持有者行权交易的是权利而不是义务，即期权不一定成交；但是如果期权的持有者要求按协定价格进行交易时，期权的出售者就必须按协定的价格履行义务。由于外汇期权所提供的是一种可以选择的权利而不是强制的义务，所以购买者在购买外汇期权时需要支付一定数量的期权费，这就构成了外汇期权的价格。不论购买者是否行使期权约定的购买（销售）外汇的权利，期权费均不得收回。

例如，某进口商为了避免支付货币的汇率上升所导致进口成本提高，可预先买进远期外汇，但若到支付货币时，该种货币的汇率出现下跌，他就会后悔当初不该买入这笔远期外汇，因为当初不买的话，还可以降低进口成本。又如，某出口商为了避免收取的外汇货币汇率下跌导致赢利减少，可预先卖掉远期外汇，但若到时该种货币反而上涨，他就会后悔当初不该卖掉这笔远期外汇，因为当初不卖的话，他还可以增加赢利。为了避免上述使进出口商后悔的情况发生，他可以不做远期外汇交易，而进行外汇期权交易。这样，当汇率变化不利时，他可以选择执行该期权，即以约定的汇率购买（或售出）一定数量的外汇，而避免汇率变动所带来的风险；而当汇率变化有利时，他也可以选择放弃执行该期权，而通过即期外汇交易达到交易目的，这样又为他带来反向变动的机遇。尽管他付出了期权费作为成本，但无论汇率向什么方向发生变化，都可以通过自己的选择来避免损失或从中获利。

20 世纪 80 年代，外汇市场开始有了外汇期权交易。1982 年 12 月，美国的费城股票交易所（Philadelphia Stock Exchange，PHLX）首先开始有了标准化的外汇期权合约的交易，之后美国的芝加哥商品交易所于 1984 年沿用费城交易所的形式开始进行外汇期权合约交易。到 20 世纪 90 年代，外汇期权市场已涵盖了以费城股票交易所和芝加哥商品交易所为中心的场内交易，以及伦敦、纽约和东京各地的银行间市场的场外交易。

外汇期权与远期外汇交易和外汇期货一样，都可以作为避险和投机工具，但这三者又有着明显的区别，外汇期权是一种更加灵活的规避外汇风险和投机的金融工具。这是因为外汇期权的买方或持有者有更大的选择权：何时行使期权、是否行使期权、在多少价位时行使期权以及协定价格。远期外汇合同签订后，即使在合同到期前汇率出现有利于自己方向的变动时，买方也必须在到期日按规定的价格履行货币交割的义务，否则就要承担违约责任，而外汇期权却不存在这样的问题，买方可以放弃执行合约，从而随市场行情的变化获得更大的赢利；外汇期货契约签订后，买方虽然可在汇率朝着有利方向变动时反向交易冲销原先的契约，但是由于必须交纳保证金，并实行逐日清算未交割合约的盈亏，一旦保证金不足而不能及时补齐，就会被强制平仓，而外汇期权在购买时的期权费是一定的，因此风险是有限度的。总体来说，这三种交易工具的异同如表 7.1 所示。

表 7.1　外汇期权、外汇期货、远期外汇交易的比较

	外汇期权	外汇期货	远期外汇
交易币种	少数几种国际货币	少数几种国际货币	无限制
交易方式	以交易所集中交易为主，以及银行间交易	在注册的交易所内以公开竞价的方式进行	买卖双方通过电话、电传等方式联系
交易时间	有固定的交易时间	有固定的交易时间	24 小时
参与者	被批准进行期权交易的证券交易所的参与者及其客户	注册的交易所会员及其客户	主要是银行和避险者
合约单位	标准化	标准化	无限制，交易双方商定
合约定价方式	公开竞价	公开竞价	无限制，交易双方商定
价格波动限制	无限制	有每日最高波动幅度限制	无限制
履约义务	买方无义务，卖方有义务履约	双方都有义务履约	双方都有义务履约
担保方	期权清算公司	清算所	无
保证金	期权买方只支付期权费，期权卖方须交纳保证金	买卖双方都交纳保证金，且每日计算盈亏	无保证金，但银行通常对客户限定承做金额
交割时间	规定的交割日期	规定的交割日期	无
交割与清算	买方无交割义务	很少进行实际交割，多为对冲了结合约	多数进行实际交割，也可以与银行签订冲销合约来冲销
交易成本	双方交易成本都较大。买方的交易成本：佣金＋期权费 卖方的交易成本：佣金＋保证金－期权费	双方的交易成本都较大，买卖双方均需交纳保证金与佣金	双方的交易成本都很小，没有佣金和其他费用

二、外汇期权交易的特点

1. 外汇期权有特定的合约交易单位

在交易所进行场内交易的外汇期权合约是一种标准化的合约，这一点与外汇期货交易相类似，并且其大部分合约交易单位为外汇期货合约交易单位的一半。以费城股票交易所为例，

表 7.2　费城股票交易所外汇期权合约的交易单位

交易货币类别	外汇期权合约交易单位
英镑	GBP 31 250
瑞士法郎	CHF 62 500
日元	JPY 6 250 000
加拿大元	CAD 50 000
澳大利亚元	AUD 50 000
欧元	EUR 62 500

其外汇期权合约的交易单位如表 7.2 所示。

2. 交易币种少和报价方式特殊

外汇期权交易的交易货币通常是少数几种国际货币，如英镑、瑞士法郎、欧元、日元等。报价方式大多采取美元报价的方式，即单位外汇相当于多少美元。

3. 交易方式有场内交易和场外交易两种

外汇期权交易方式可以分为以交易所作为交易场所的场内交易和在银行同业间进行的场外交易，这两者的交易方式有所不同。在交易所内的外汇期权采用公开竞价的方式进行交易，其交易过程与外汇期货交易的过程相同；而银行同业间进行的外汇期权交易一般采取电信设备直接询报价的方式，类似即期外汇交易的方式。

4. 担保方

期权的买方必须支付给期权的卖方一定数量的期权费，期权的卖方则需要保证期权的买方获得按协定价格买卖一定数量的外汇的权利，即交易所或者清算公司是外汇期权的担保方。在交易所进行的期权交易，卖方还需向交易所交纳一定金额的保证金作为自己的履约保证。

5. 赢利能力与风险的不对称性

对于期权的买方或持有者来说，其支付的成本是固定的，唯一的现金流出是支付期权费。如果交易的币种市场价格变动有利于期权买方时，则买方潜在的赢利能力就会增加，买方可以放弃行使期权，而进行即期交易；如果交易币种的市场价格变动不利于期权的买方时，则买方可按事先在合约中协定的价格行使期权。因此，对于期权的买方最大的损失是期权费，而赢利潜力则随市场价格的变动幅度而不断增加，所以外汇期权具有赢利与风险的不对称性；同样道理，对于期权的卖方，最大的收益是期权费，而潜在的损失可能是巨大的。

6. 期权费

期权的买方支付的期权费的多少取决于该期权的内涵价值和时间价值，其价值由该期权的有效期、市场的即期价格、市场预期、两种货币的利率、交割日期等多种因素构成。

📖 **小知识**

期权的起源及发展

期权的概念早在古希腊、古罗马时代就已具雏形。在亚里士多德的《政治经济学》中，记载了古希腊哲学家泰利斯利用天文知识，预测了第二年橄榄收成的情形，再以极低的价格取得西奥斯及米拉特斯地区第二年橄榄榨汁机的使用权，这种使用权已隐含了期权的概念。

20 世纪 60 年代末 70 年代初，动荡不定的国际金融和世界经济形势、涨跌不定的利率和汇率，加大了国际金融业务的风险，人们对挖掘市场潜力、发展和完善更好的外汇避险措施产生了强烈的需求，从而刺激了外汇期权交易向规范化的场内交易发展。

1973 年 4 月 26 日，世界第一个外汇期权集中交易所——美国芝加哥期权交易所（Chicago Board Options Exchange，CBOE）正式成立，同时推出了标准化的股票期权合约，并正式挂牌交易。尽管最初仅交易 16 种以股票为标的的期权合约，但它标志着金融期权场内交易的开始。

三、外汇期权市场

外汇期权交易既可以在有组织的期货和期权交易所中进行，也可以在场外各银行间进行。因此，外汇期权市场可分为场内期权市场和场外期权市场。

1. 场内期权市场

场内期权市场是指在被认可的交易所买入或卖出事先约定的期权合约。目前世界上的场内市场是以费城股票交易所和芝加哥商品交易所以及伦敦国际金融期货交易所为代表的交易所期权市场。场内市场所交易的期权合约都是标准化的，到期日、交易货币、交割地点、保证金指定、头寸限制、交易时间等内容都是合约事先确定的，外汇期权交易者只需要确立合约的价格和数量。

2. 场外期权市场

场外期权市场又称为柜台交易，是指在银行柜台进行的买入或卖出事先约定的期权合约。其主要参与者主要有各大银行、投资银行以及客户。该市场是以纽约、伦敦和东京为中心构成的银行同业期权市场为代表。场外期权交易直接在交易者间进行，并且卖方不需要支付保证金，交易合约金额也可以协商确定，有一定的灵活性。

各银行通过交易所买卖标准外汇期权合约并根据客户的需要重新组合，创造了银行同业期权，使场外期权市场与场内期权市场紧密联系，形成了一个全球性的、完整的外汇期权市场，这样有利于制定出公平合理的期权价格。总的来说，场内期权市场与场外期权市场相比较，有很大的不同，主要表现在以下几个方面。

（1）交易方式。场内期权市场的买卖双方是通过经纪人进行间接交易的，而场外期权市场是银行间以及银行与客户之间的交易，都是直接进行的。

（2）合约定价。场内期权市场的买卖双方通过公开竞价的方式决定期权合约的价格，而场外期权市场是银行间以及银行与客户之间通过电话或电子信息系统等方式，由交易双方协商确定期权合约的价格。

（3）合约标准。场内期权市场交易的合约是标准化的，合约中的各项内容由交易所制定，如交易的货币、合约标的金额的大小以及履约日期。场外期权市场交易的合约完全是由买卖双方根据实际情况自行协商决定的。

（4）信用风险。场内期权市场不存在信用风险或违约风险。因为场内期权市场的责任方（卖方）必须交纳保证金且通过期权清算公司（option clearing corporation，OCC）进行清算，不存在违约行为。场外期权市场的交易是直接进行的，一旦达成期权交易，就意味着买卖双方都得承担交易对手违约的风险。因此，场外市场的参与者以各大银行与投资银行为主，而对于银行与客户进行的期权交易，一般出售方总是银行，即客户是期权的买方，银行是期权的卖方。

（5）交割与清算。在场内市场交易的外汇期权合约很少进行最终交割，而是在到期日前进行对冲或者让期权合约过期；而场外交易的期权合约大多数都涉及实际交割。

小知识

全球部分货币期权场内市场简介

1. 费城股票交易所

费城股票交易所成立于 1790 年，是美国第一家场内股票交易所。如今它已成为北美主要的股票、股票期权、指数期权和货币期权交易市场之一，有 2 200 多只股票，1 180 多种股票期权，13 种指数期权和多种货币期权。另外，费城股票交易所在创新型产品和服务的引进与拓展方面也一直是行业中的佼佼者，它的自动通信和执行系统是最早的股票自动交易系统。石油服务部的指数期权是交易最活跃、产业基础最稳固的指数期权产品，成为石油产业的行业基准。金银部、半导体部、KBW 银行部和公用事业部也是行业的领头羊。然而，最为重要的创新是货币期权，费城股票交易所为其创造了一个独一无二的市场结构，同时可进行标准化货币期权（standardized currency option）和客户化货币期权（customized currency option）的交易。客户化货币期权允许交易者随意对合约的各个方面的特征进行设置，而对于标准化货币期权而言，这些都是事先设定不可更改的。这样就为交易者提供了前所未有的灵活性，因而其交易也非常活跃。

2. 芝加哥商品交易所

芝加哥商品交易所成立于 1919 年，是由成立于 1891 年的芝加哥黄油与鸡蛋交易所（Chicago Butter and Egg Board）演变而来的。现在，芝加哥商品交易所已是美国最大的期货交易所、全球第二大的期货期权交易所。作为一个全球风险管理的交易市场，它将世界各地的衍生产品的交易者紧密地联系在一起。在芝加哥商品交易所进行交易的产品可以在其场内进行交易，也可以通过芝加哥商品交易所的GLOBEX 电子交易平台进行交易，涉及的标的资产有利率、股票指数、货币和商品四大类。此外，芝加哥商品交易所还拥有自己的清算所，从而可以为通过芝加哥商品交易所交易的各种产品提供信用支持和清算服务，且该清算所拥有全球最大的期货未平仓合约规模。2002 年，由于芝加哥商品交易所的母公司、芝加哥商品交易所持股公司（Chicago mercantile exchange holdings Inc.）的股份在纽约股票交易所成功上市交易，芝加哥商品交易所便随之成为美国第一家上市的金融交易所。同年，它创下了期货交易量的世界之最，合约数达 5.564 亿份，标的金额大于 328.6 兆美元。如今，每天在芝加哥商品交易所进行清算的资金额达 18 亿美元，芝加哥商品交易所还同时管理 274 亿美元的抵押存款。另外，芝加哥商品交易所还拥有全球最大的期货和期货期权未平仓合约规模，这使得芝加哥商品交易所成为交易最活跃、流动性最强的期货和期货期权市场。起初，芝加哥商品交易所的成员是在拍卖市场上通过公开喊价进行交易的。在这种交易方式下，场内交易员站在交易池（Trading Pit）内，喊出他们要买卖产品的数量和价格，并同时使用手势传达同样的信息。这是一种有效的价格发现方式，它使得交易者在选择期货或期货期权的供求时，可以获得最佳价格。随着各种场内交易系统的引入，这种交易方式的速度、效率得到了进一步提高。不仅如此，现在这种公开喊价和其他场内交易系统还与芝加哥商品交易所的 GLOBEX 电子交易系统相连接，只要具备交易终端，交易者可以在全球任何地点、几乎任何时间进行交易。在货币期权方面，在芝加哥商品交易所交易的货币期权均为货币期货期权，也就是说其标的资产都是货币期货。截至 2019 年年底，共有 14 种货币期货可以作为标的资产发行期权合约，其中以美元为基础的品种有 11 个，以欧元为基础的品种有 3 个。2020 年 1 月，芝加哥商品交易所的比特币（BTC）期货期权通过监管批准并上线。

2006 年 10 月 17 日美国芝加哥商品交易所和芝加哥期货交易所就合并事宜达成最终协议，合并成全球最大的衍生品交易所——芝加哥交易所集团。

第二节　外汇期权的交易规则

一、外汇期权交易的流程

场内的外汇期权交易程序并非买卖双方自行在市场上寻找交易的对象，而是通过交易所集中竞价来达成的。一般而言，期权的买方和卖方进行标准化期权合约交易时，可通过经纪商以各种委托单指示场内经纪人代为进行交易。一旦成交，场内经纪人会记录成交的时间、价格、数量以及成交对方所属的清算公司，以便通过清算所进行交易清算。同时，交易所也会记录下该笔成交资料，输入报价系统，然后显示在市场行情系统上。成交资料同时传回给进行委托的经纪商，以便通知交易的买方或卖方。整个外汇期权交易过程如图 7.2 所示。

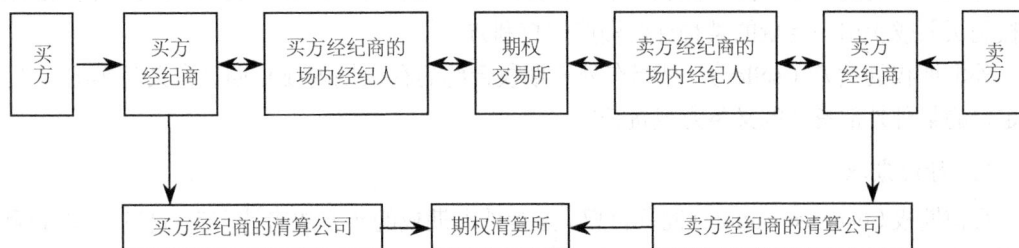

图 7.2　外汇期权交易流程

在期权场外交易中，主要有银行同业间的交易和银行与客户之间的交易。银行同业间的交易与即期外汇交易类似，银行通过电信系统进行询报价来达成交易；对于银行和客户之间的交易，目前我国银行只提供欧式期权交易，即客户只有在期权到期日才能执行合约，在期权到期日前，客户不得要求提前行使外汇期权。投资者在委托经纪商买卖外汇期权时，必须遵循规范化的流程。这些规范化的流程主要有以下几个方面。

（1）与银行签订"保值外汇买卖总协议"。

（2）价格委托。价格委托主要有市价委托（market order）、限价委托（limit order）、止损委托（stop-loss order）和止损限价委托（stop limit order）四种。这与外汇期货交易中的市价订单、限价订单、到价订单的划分类似。市价委托是指投资者下单时以当时市场上可以取得合约的最好价格来进行交易，这样最有可能在市场上达成交易。限价委托是指投资者限制成交价格，只有在价格有利于投资者时才有可能成交。在止损委托中，当市场价格触及投资者事前设定的止损价格时，委托单即可变成市价委托单。在止损限价委托中，当市场价格触及投资者事前设定的止损价格时，委托单即可变成限价委托单。

（3）在期权费交收日，到银行交纳协议规定的期权费。

（4）行使期权。美式期权的买方可以在有效期内任何一天行使期权，而欧式期权的买方只有在到期日才可以行使期权。若买方决定行使期权，需要在期权到期日上午 10:00 前将书面的行使期权的通知送达银行，否则期权将自动失效。

（5）清算与交割。客户行使期权后，应于期权交割日到银行办理期权交割手续，买卖双方的交易资料将转入期权清算公司进行清算。清算公司为了降低所承担的卖方违约风险，在外汇期权交易时会向卖方收取保证金。如果买方要求卖方履约，买方可向经纪商提出行使期权的要求，经纪商再向清算公司提出要求履约的通知。此时，清算公司会在履约通知提出的次日以随机抽样的方式，在拥有期权卖方头寸的经纪商中选出一家，发出指定通知书，再由该经纪商自行分配拥有卖方头寸的客户进行交割或支付差价。因此，清算公司的运行机制使得当投资者要出售其拥有的外汇期权时，投资者并不需要将它卖给某个购买者，而是与清算公司进行反向交易来冲销原来的外汇期权，这与外汇期货的交易方式相同。

费雪·布莱克（Fisher Black）和梅隆·斯科尔斯（Myron Scholes）在 20 世纪 70 年代初提出了货币期权应用最广泛的一个定价模型，被称为布莱克-斯科尔斯模型，简称 B-S 模型，并于 1973 年发表在《政治经济学》杂志上。

二、外汇期权交易的常规事项

1. 外汇期权的买方与卖方

外汇期权的买方（buyer）或持有者（holder），是指在外汇期权合约的存续期内或到期日有权利买入或卖出一定量的某种外汇资产的权利方。

外汇期权的卖方（seller），是指在外汇期权合约的存续期内或到期日有义务卖出或买入一定量的某种外汇资产的义务方或责任方。

2. 行使期权

行使期权（exercise option）简称行权，是指外汇期权的买方或者持有者行使期权的权利，而不是让该期权到期作废。在外汇期权中，只有买方才有行使期权的权利；卖方只有履行合约的义务，即在买方要求按照协定价格买入或卖出一定量的某种外汇资产时，卖方必须做出履约的行为。

3. 看涨期权与看跌期权

看涨期权（call option）又叫买权，是指外汇期权的买方可在规定的有效期内（或到期日），依据合约所约定的汇率从外汇期权的卖方购买约定数量的某种外汇资产的权利，但买方不负有必须买入的义务。例如，一张外汇期权的合约内容是 USD call/CHF put，称为美元买权，瑞士法郎卖权，表明该外汇期权的买方有权从卖方手中购买约定金额的美元，同时卖出一定金额的瑞士法郎。

看跌期权（put option）又叫卖权，是指外汇期权的买方可在规定的有效期内（或到期日），依据合约所约定的汇率向外汇期权的卖方销售约定数量的某种外汇资产的权利，但不负有必须卖出的义务。例如，一张外汇期权的合约内容是 USD put /CHF call，称为美元卖权，瑞士法郎买权，表明该外汇期权的买方有权向卖方售出约定金额的美元，同时买入一定金额的瑞士法郎。

在看涨期权和看跌期权中，外汇期权的买方和卖方的权利与义务之间的关系如表 7.3 所示。

表 7.3　外汇期权的买方和卖方之间的权利与义务的关系

	看涨期权	看跌期权
外汇期权的买方	有权在期权到期日或之前决定是否按合约价格买入约定金额的某种外汇资产	有权在期权到期日或之前决定是否按合约价格卖出约定金额的某种外汇资产
外汇期权的卖方	有义务在期权到期日或之前应期权买方的要求按合约价格卖出约定金额的某种外汇资产	有义务在期权到期日或之前应期权买方的要求按合约价格买入约定金额的某种外汇资产

4. 美式期权与欧式期权

外汇期权根据其行使期权的时限不同可分为美式期权（American options）和欧式期权（European options）两种。

（1）美式期权。美式期权是指在合约期限内的任何时间，外汇期权的买方都可以要求外汇期权的卖方履行合约，即买方可在合约期限内的任何一天行使期权。例如，对于一个 3 月 20 日到期交割的外汇期权合约来讲，买方可以在 3 月 20 日前的任何一天决定行使期权。

（2）欧式期权。欧式期权是指在合约到期日当天，外汇期权的买方才可以要求卖方履行合约，即买方只能在合约期限到期时才能行使期权。例如，对于一个 3 月 20 日到期的外汇期权合约，买方只能在 3 月 20 日决定是否行使期权。

需要特别注意的是，美式期权与欧式期权的划分并非地域上的概念，近年来，无论在欧洲、美国还是在其他地区，美式期权已经成为主流，并且美式期权的交易量已经超过了欧式期权的交易量。

另外，也有一部分美式期权规定必须在某些特定的日期，如到期日前两周内执行期权，这种介于传统的美式期权与欧式期权之间的新型期权被称为半美式期权或百慕大期权。

5. 协定价格

协定价格（strike price）又称履约价格（exercise price），是指期权的买方和卖方在期权合约中商定同意的某种货币的汇率。该汇率不必与未来日期同一天的远期汇率或即期汇率相同，期权的买方有权选择适合自己的协定价格。

6. 期权费

期权费（premium）称期权价格或权利金，是期权买卖的价格，是在订立期权合约时由买方支付给卖方，以获得行使期权的成本。期权费在数量上等于期权的内涵价值与时间价值之和。

期权费的报价通常采用双向报价法，即报价者同时报出买入价格与卖出价格。其表示方式通常有两种：点数报价（直接报价）和百分比报价（间接报价）。

点数报价又分为两种：一种方式是用被报价货币的点数来表示，另一种是用报价货币的点数来表示。点数报价的买卖价与一般外汇买卖的报价方式相同，左边为报价方买入期权的价格，右边为报价方卖出期权的价格。对询价方而言，卖出期权使用左边的价格，买入期权使用右边的价格。

【例 7.1】 USD call/CHF put，即期汇率 USD/CHF = 1.500 0，期权费为美元兑瑞士法郎的点数 270/300，金额为 100 万美元。如果按被报价货币的点数表示期权费，则买入该期权的期权费为 100 × 0.030 0 = 3（万美元），卖出该期权的期权费为 100 × 0.027 0 = 2.7（万美元）；如果用报价货币的点数表示期权费，则买入该期权的期权费为 100 × 0.030 0 = 3（万瑞士法郎），折合美元为 3÷1.500 0 = 2（万美元），卖出该期权的期权费为 100 × 0.027 0 = 2.7（万瑞士法郎），折合美元为 2.7÷1.500 0 = 1.8（万美元）。

百分比报价即用被报价货币的百分比来表示。例 7.1 中，若期权费报价为 1.8%～2%，则买入该期权的期权费为 100 × 2% = 2（万美元），卖出该期权的期权费为 100 × 1.8% = 1.8（万美元）。

这两种期权费的表示方式中，用被报价货币的百分比表示的方式最易被人们接受。另外，由于美式期权在期权的执行时间上具有很大的灵活性，因此其期权费的报价通常要高于欧式期权的期权费报价。

7. 价内、价外与平价期权

价内期权（in-the-money option），又称实值期权。当外汇期权的买方要求履约时可以获利的期权就是价内期权。对于一个看涨期权来讲，当合约所标外汇的即期或远期汇率高于协定价格时，由于履约可使买方获利，此时该看涨期权就是价内期权。对于一个看跌期权来讲，正好相反，当协定价格低于当时的即期或远期汇率，履约就可使买方获利，该看跌期权就是价内期权。

价外期权（out-of-the-money option），又称虚值期权。若买方要求履约反而会导致损失时称为价外期权。对于一个看涨期权来讲，当合约所标外汇的即期或远期汇率低于协定价格时，若要求履约反而导致买方蒙受损失，此时该看涨期权就是价外期权。对于一个看跌期权来讲，正好相反，当协定价格高于当时的即期或远期汇率，履约将导致买方蒙受损失，该看跌期权就是价外期权。

平价期权（at-the-money option）又称平值期权。当买方要求履约时该期权标的的外汇资产市场价格等于期权合约协定价格，即协定价格等于履约时的即期汇率，那么该外汇期权就称为平价期权。

价内期权、价外期权、平价期权并不是一成不变的，由于市场汇率的变化，某种价内期权也可能会变为平价期权或价外期权。以表 7.4 为例，当即期（远期）汇率为 GBP/USD=1.600 0 时，则表中三个不同的协定价格的期权分别属于价内期权、价外期权、平价期权。

当即期（远期）汇率为 GBP/USD = 1.650 0 时，则这三个期权就变化成表 7.5 所示的期权类型。

表 7.4 不同协定价格的期权分类（1）

	GBP 买权的协定价格	GBP 卖权的协定价格	执行期权对买方的影响
价内期权	1.550 0	1.650 0	有利益
平价期权	1.600 0	1.600 0	0
价外期权	1.650 0	1.550 0	有亏损

表 7.5 不同协定价格的期权分类（2）

	GBP 买权的协定价格		GBP 卖权的协定价格
价内期权	1.550 0	平价期权	1.650 0
价内期权	1.600 0	价外期权	1.600 0
平价期权	1.650 0	价外期权	1.550 0

8. 内涵价值与时间价值

内涵价值（intrinsic value）。内涵价值是指协定价格与现行市场价格之间存在有利于买方的差额，也就是期权买方行使期权所能获得的利润。价内期权的内在价值为正，价外期权或平价期权的内涵价值为零。

时间价值（time value）。时间价值是指期权买方所支付的高于内涵价值的剩余期权费，也就是期权价格高于期权内在价值的部分。时间价值产生于期权风险分担的不对称性。期权的时间价值很难估算，它表现为期权市场价格与内涵价值之差，而市场价格是随时会发生变化的。当期权为价外期权或平价期权时，因其内涵价值为零，期权费则等于时间价值。

不论是看涨期权还是看跌期权，期权费均包括内涵价值与时间价值两部分。内涵价值是期权交易的最低价格，它只能大于或等于零；时间价值是期权的风险溢价，它的大小主要受协定价格与即期汇率之间的关系、期权到期时间、两种货币利差以及两种货币汇率变化等因素的影响。我们用图 7.3 和图 7.4 来说明期权价格、内涵价值与时间价值的关系。一般来说，期权合约越接近到期日，其时间价值就越小，时间价值在到期日为零，因为期权合约在未到期前存在着市场价格变动给买方带来赢利、给卖方带来损失的机会。所以，买方愿意为此付出一定的费用，而卖方则要求对内在价值以外部分的费用进行补偿。换句话说，只要期权合约未到期，就存在着内涵价值可能提高的机会，就有时间价值。

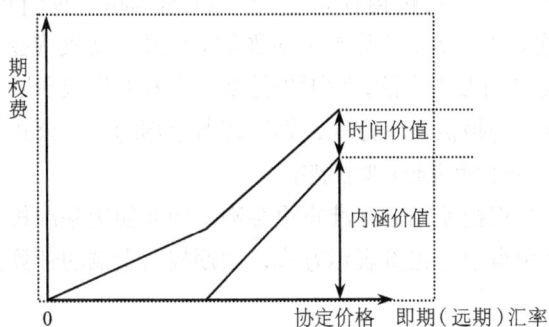

图 7.3　看涨期权的价格、内涵价值与
时间价值的关系

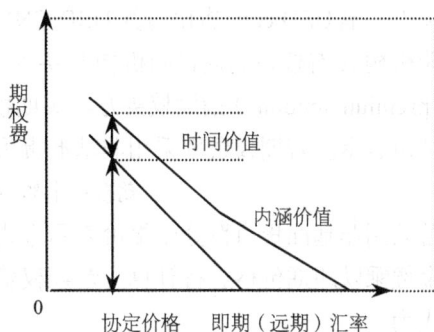

图 7.4　看跌期权的价格、内涵价值与
时间价值的关系

9. 到期日

到期日（expiry date）又称起算日（value date），是指外汇期权合约到期最后一天，也就是交割货币的日期。如果某期权持有者希望履约，则必须在合约到期时通知出售者。离合约到期期限的时间越长，价格波动的时间也越长，则买方可利用期权获利的可能性也就越大，其时间价值就越大。但随着到期日的临近，时间价值会越来越小，直到等于零。

10. Delta

"Delta"是指外汇即期价格单位变动带来外汇期权价格的绝对变动值，是用以衡量外汇期权风险状况的重要指标，通常用来衡量头寸的风险。外汇期权价格绝对变动值 Delta 的计算公式为

$$Delta \ = \ 外汇期权价格的变化 \div 外汇即期价格的变化$$

Delta 值的大小反映了期权到期后成为价内期权的概率，Delta 值总是介于 0 与 100% 之间。平价期权的 Delta 值在 50% 的区域附近，越是价内期权，其 Delta 值越接近 100%；越是价外期权，其 Delta 值越接近 0。

外汇交易系统 Delta 头寸的交换功能（exchange Delta）：如交易方（taker）选择进行 Delta 头寸交换，则需要输入对应即期/远期交易的价格并提交交易指令，做市方（maker）收到交易指令后需要输入即期/远期交易的量，经双方确认后成交。如果期权交易双方选择了 Delta 头寸交换，期权交易完成后，系统将同时生成两笔交易记录：期权交易本身及 Delta 头寸交换产生的即期/远期交易。期权成交确认单内也将出现对应的即期/远期交易成交 ID，会员可通过该 ID 查看 Delta 头寸交换对应的即期/远期交易。期权 Delta 头寸交换产生的即期交易，自动纳入即期询价净额清算。

三、我国外汇期权交易的基本状况

我国银行间外汇市场外汇期权为普通期权（又称标准期权，是指无特殊结构或功能的简单标准期权），为人民币外汇普通欧式期权。成交一笔美元兑人民币看涨期权（call），表示为 USD call / CNY put，即期权头方有权在到期日从期权卖方买入约定金额的美元，卖出相应金额的人民币。成交一笔港元兑人民币看跌期权（put），表示为 HKD put/CNY call，即期权买方有权在到期日向期权卖方卖出约定金额的港元，买入相应金额的人民币。机构 A 向机构 B

买入一笔 USD call，货币对为 USD/CNY，表示机构 A 与机构 B 成交了一笔 USD call/ CNY put，即机构 A 有权在到期日向机构 B 买入约定金额的美元，卖出相应金额的人民币。期权费金额（premium amount）指期权买方购买期权所支付的费用金额，我国外汇期权交易的期权费以人民币表示。若期权费率采用非基准货币百分比为报价表示方式，则期权费金额的计算公式为

期权费金额 ＝ 非基准货币金额×期权费率

若采用非基准货币百分比报价表示方式时，则直接使用非基准货币金额，而非使用基准货币金额乘以即期价格进行计算。若期权费率采用点数为报价表示方式，则期权费金额的计算公式为

期权费金额 ＝ 基准货币金额×期权费率

若采用基点为报价表示方式时，表示每单位基准货币的费率，应采用基准货币的金额数值（不包括货币单位）计算，最终结果直接用人民币表示。

我国外汇期权交易的基本要素要求见表 7.6。

表 7.6 我国外汇期权交易的基本要素

报价主体	人民币外汇期权会员
交易主体	人民币外汇期权会员
货币对	可以交易的货币对，详见表 1.4 的货币对种类
期限	标准期限包括 1D、1W、2W、3W、1M、2M、3M、6M、9M、1Y、18M、2Y 和 3Y
报价标的	隐含波动率：ATM, 25D PUT , 25D CALL
交易标的	期权费
报价方式	隐含波动率：公开报价、双边/单边 期权费：回复询价请求时一对一报价
价格	期权价格：期权费；行权产生的即期交易价格：执行价格
交易方向	期权交易方向：买入基准货币看涨期权/非基准货币看跌期权，卖出基准货币看涨期权/非基准货币看跌期权；买入基准货币看跌期权/非基准货币看涨期权，卖出基准货币看跌期权/非基准货币看涨期权 行权产生的即期交易方向：买入或卖出
交易模式	询价交易
交割方式	行权产生的即期交易：全额交割与差额交割
清算模式	期权费：双边清算行权产生的即期交易 1. 全额交割期权行权产生的即期交易：双边清算 2. 差额交割期权行权产生的轧差金额：双边清算
最小交易金额	行权产生的即期交易价格

【例 7.2】 成交一笔美元兑人民币期权交易，基准货币金额为 USD 1 000 000，非基准货币金额为 CNY 5 900 000，执行价格为 CNY 5.900 0/USD，若期权费类型为百分比报价，期权费率为 2%，则期权费金额为

期权费金额 = CNY 5 900 000 × 2% = CNY 118 000

若期权费类型为点数报价，期权费率为 2 个基点，则期权费金额为

期权费金额 = USD 1 000 000 × 0.000 2（2 个基点）= CNY 200

【例 7.3】 20×4 年 4 月 28 日，机构 A 通过外汇交易系统向机构 B 买入了一笔金额为 USD 10 000 000，期限为 1M 的美元兑人民币看涨期权，机构 A 为发起方，机构 B 为报价方。双方约定期权费率为 2 个基点，隐含波动率（即该期权的市场价格带回到 Black-Scholes 模型

后反解出的期权价格波动率）为 2%，行权价格为 6.115 0CNY/USD，约定差额交割。20×4 年 5 月 28 日，汇率的中间价为 6.125 0。则 4 月 30 日：

$$机构 A 向机构 B 支付期权费 = 10\ 000\ 000 \times 0.000\ 2\ = 2\ 000（元人民币）$$

5 月 28 日，机构 A 在 15:00 前选择行权，采用差额交割方式，则机构 B 需要在 5 月 30 日向机构 A 交付 $10\ 000\ 000 \times（6.125\ 0 - 6.115\ 0）= 100\ 000（元人民币）$。

第三节 外汇期权的作用和交易策略

外汇期权交易与外汇远期交易以及外汇期货交易一样，具有保值避险和投机的作用，其中投机交易在外汇期权交易中占有较大的比重。

外汇期权的投机交易比较复杂，包括基本的交易策略和进阶的交易策略。

一、外汇期权的保值作用

对于外汇期权的保值操作，可以分为买入看涨期权保值和卖出看跌期权保值。

1. 买入看涨期权保值

当企业远期将有一笔外汇支出时，为了防止外汇汇率上涨，这时可以买入与之相匹配的看涨期权而规避汇率上涨带来的风险，其所付出的代价是期权费用。

【例 7.4】 某港商 3 个月后将有一笔美元的支出，其金额为 100 万美元，为了防止美元汇率上涨的风险，该港商买入了 USD call/HKD put 的看涨期权，金额为 100 万美元，协定价格为 USD/HKD = 7.453 5，期权费为 HKD 0.02 /USD，当时的汇率是 USD/HKD = 7.454 0。3 个月后，市场汇率变为了 USD/HKD = 7.499 0，则该港商由于进行期权交易节省了多少港元的支出？

根据题目我们知道，如果没有进行期权交易，则 3 个月后该港商需要支出的成本是：

$$USD\ 100\ 万 \times 7.499\ 0 = HKD\ 749.9\ 万$$

由于该港商进行了期权交易，买入了 100 万美元的 USD 看涨期权，支付的期权费用为 USD 100 万 × 0.02 = HKD 2 万。由于市场美元汇率价格的上涨，该港商执行期权，这时买入 100 万美元需要支付的港元为

$$USD\ 100\ 万 \times 7.453\ 5 = HKD\ 745.35\ 万$$

支出的总成本为

$$HKD\ 745.35\ 万 + HKD\ 2\ 万 = HKD\ 747.35\ 万$$

其节省的成本为

$$HKD\ 749.9\ 万 - HKD\ 747.35\ 万 = HKD\ 2.55\ 万$$

2. 卖出看跌期权保值

看跌期权卖方损益与买方正好相反，买方的赢利即为卖方的亏损，买方的亏损即为卖方的赢利，看跌期权卖方能够获得的最高收益为卖出期权收取的期权费用，因此当企业远期将有一笔外汇收入时，为了防止外汇汇率下跌的风险，就可以卖出与之相匹配的看跌期权。

【例 7.5】 某日商 3 个月后将有一笔美元的收入，其金额为 500 万美元，为了防止日元汇率上涨的风险，该日商买入了 USD put/JPY call 的看跌期权，金额为 500 万美元，协定价格为 USD/JPY = 115.30，期权费为 JPY1.23/USD，当时的市场汇率是 USD/JPY = 115.20。3 个月后，市场汇率变为了 USD/JPY = 104.20，则该日商由于进行了期权交易将多收入多少日元？

根据题目我们知道，如果没有进行期权交易，则 3 个月后该日商收入的日元：

$$USD\ 500\ 万 \times 104.20\ JPY/USD = JPY\ 52\ 100\ 万$$

但该日商进行了期权交易，买入 500 万美元的美元看跌、日元看涨期权，支付的期权费用为 USD 500 万 × 1.23 = JPY 615 万。由于美元的下跌，该日商执行期权，这时卖出 500 万美元获得的日元为

$$USD\ 500\ 万 \times 115.30\ JPY/USD = JPY\ 57\ 650\ 万$$

做外汇期权的总收入为　　　　　　　　$JPY\ 57\ 650\ 万 - JPY\ 615\ 万 = JPY\ 57\ 035\ 万$

比不进行期权交易多收入了：　　　　　$JPY\ 57\ 035\ 万 - JPY\ 52\ 100\ 万 = JPY\ 4\ 935\ 万$

需要注意的是，进行外汇期权保值交易时，企业需要对汇率的未来趋势有一个准确的判断，否则不但不能规避风险，反而会承担更大的损失。在现实中，由于对未来市场汇率价格的趋势难以把握，我们可以采用对一部分收入或支出进行保值的方法。

二、外汇期权投机基本交易策略

为了便于理解，我们引入函数分析的方法对外汇期权投机交易进行分析。

外汇期权最基本的交易策略是买入（卖出）看涨期权或看跌期权，共包括四种基本交易方式：买入看涨期权、卖出看涨期权、买入看跌期权和卖出看跌期权。对买方而言，无论哪一种期权，其承受的损失都是有限的（支付期权费），赚取的利润从理论上讲则可能是无限的；对卖方而言，其承受的损失从理论上讲可能是无限的，赚取的利润却是有限的，即买方支付的期权费收入。下面就上述四种类型的期权交易策略举例进行说明，并对其可能带来的风险和收益加以分析。为了更加清晰地介绍，使用以下英文符号进行表示：P/L 为单位外汇交易所产生的收益/亏损数；K 为期权的协定价格；P_0 为单位外汇应付的期权费用；S 为即期汇率。

1. 买入看涨期权

买入看涨期权是指期权的买方或持有者获得在合约到期日或到期日之前按协定价格买入

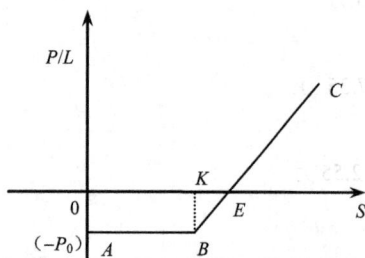

图 7.5　买入看涨期权的损益

合约中规定的一定量的某种外汇货币的权利。买入看涨期权的交易策略为：一个理性的投资者，在期权到期日或到期日之前，当某一种货币的市场汇率高于或等于合约的协定价格（$S \geq K$）时，买方可以行使期权；反之，当某一种货币的市场汇率低于合约的协定价格（$S < K$）时，买方将不会行使期权，而让期权过期，因为他可以直接在市场上购买到更便宜的这种货币。买入看涨期权的损益如图 7.5 所示。

从图 7.5 中我们可以看到，折线 ABC 构成买入看涨

期权的损益曲线，当即期汇率 S 小于协定价格 K 时，看涨期权的购买者将会放弃行使期权，其亏损额为常量，即期权费 P_0，图中用水平直线 AB 表示；当即期汇率 S 大于（或等于）协定价格时，看涨期权的购买者会行使期权，可以用低于市场即期汇率的协定价格向期权出售者买入约定金额的某种货币，然后按市场价格卖出，价差为 $S-K$，再减去期权费 P_0，就是净收益，即 $P/L = S-(K+P_0)$，图 7.5 中用斜率为 1 的直线 BC 表示，其与横坐标相交的 E 点就是盈亏平衡点，即 $P/L = 0 = S-(K+P_0)$，此时的即期汇率 S 就等于协定价格加上期权费。从图 7.5 中我们可以看到，随着即期汇率 S 不断上升，期权购买者的收益是不断增加的，从理论上讲可以无限增加。这样，我们可以写出 P/L 和 S 之间的函数关系，其解析表达式是一个分段函数：

$$P/L = \begin{cases} -P_0 & (0 \leq S < K) \\ S-(K+P_0) & (S \geq K) \end{cases}$$

【例 7.6】 假设某投资者预期 USD/JPY 在未来 5 个月内 USD 将升值，投资者以协定价格为 USD/JPY = 115，买入期限为 6 个月 100 万美元的美式 USD call/JPY put 期权，期权费为 JPY 1.14/USD。当期权到期日市场汇率分别变为 USD/JPY = 118 和 USD/JPY = 110 时，该投资者的盈亏各是多少？

根据以上所述，投资者的盈亏 P/L 与美元的即期汇率 S 的函数关系式为

$$P/L = \begin{cases} -JPY\,1.14/USD & (0 \leq S < JPY\,115/USD) \\ S-JPY(115+1.14)/USD & (S \geq JPY\,115/USD) \end{cases}$$

该投资者的损益平衡点汇率为 JPY 116.14/USD。

当期权到期日市场汇率为 USD/JPY = 118 时，该投资者可获利（118-116.14）× USD 100 万 = JPY 186 万，计 JPY 186 万 ÷ 118 = USD 1.576 3 万。

当期权到期日市场汇率为 USD/JPY = 110 时，该投资者将放弃行使期权，此时他将损失 1.14 × USD 100 万 = JPY 114 万，计 JPY 114 万 ÷ 110 = USD 1.036 4 万，并且这是该投资者损失的最高额。

2. 卖出看涨期权

卖出看涨期权是指期权的卖方或出售者有义务在合约到期日或到期日之前应买方的要求按协定价格出售合约中所规定的一定量的某种货币。其交易策略为：若出售者预期未来某一种货币将贬值时，则可以卖出此货币的看涨期权。由于看涨期权出售者的收益正好是该期权购买者的亏损，看涨期权出售者的亏损正好是该期权购买者的收益，因此看涨期权出售者的收益或亏损与即期汇率之间的函数关系是

$$P/L = \begin{cases} P_0 & (0 \leq S < K) \\ (K+P_0)-S & (S \geq K) \end{cases}$$

其损益如图 7.6 所示。

【例 7.7】 假设某投资者预期 USD/JPY 在未来 5 个月内 USD 将升值，投资者以协定价格为 USD/JPY = 115 卖出期限为 6 个月 100 万美元的美式 USD call/JPY put 期权，期权费为 JPY 1.14/USD。当期权到期日市场汇率分别变为 USD/JPY = 118 和 USD/JPY = 110 时，该投资者的盈亏各是多少？

根据以上所述，该投资者的盈亏 P/L 与美元的即期汇率 S 的函数关系式为

$$P/L = \begin{cases} JPY\,1.14\,/\,USD & (0 \leqslant S < JPY\,115/USD) \\ JPY(115+1.14)\,/\,USD - S & (S \geqslant JPY\,115\,/\,USD) \end{cases}$$

该投资者的损益平衡点汇率为 JPY 116.14/USD。

当期权到期日市场汇率为 USD/JPY = 118 时，期权的买入者将选择执行期权，该投资者将损失（118–116.14）× USD 100 万 = JPY 186 万，计 JPY 186 万 ÷ 118 = USD 1.576 3 万。

当期权到期日市场汇率为 USD/JPY = 110 时，期权的买入者将选择放弃执行期权，该投资者可获利 1.14 × USD 100 万 = JPY 114 万，计 JPY 114 万 ÷ 110 = USD 1.036 4 万，并且这是该投资者获利的最高额。

3. 买入看跌期权

买入看跌期权是指期权的买方或持有者获得在合约到期日或到期日之前按协定价格卖出合约中规定的一定量的某种货币的权利。买入看跌期权的交易策略为：一个理性的投资者，在期权到期日或之前，如果市场汇率低于协定价格（$S < K$）时，买方可以行使期权；反之（$S \geqslant K$），买方将不会行使权利，因为买方可以直接在市场上以更高的价格出售这种货币。买入看跌期权的损益如图 7.7 所示。

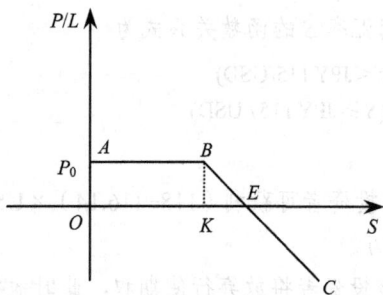

图 7.6　卖出看涨期权的损益　　　　　图 7.7　买入看跌期权的损益

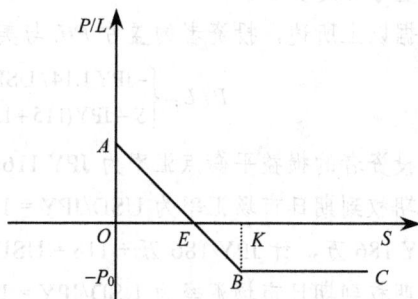

从图 7.7 中我们可以看到，当即期汇率 S 小于协定价格 K 时，看跌期权的购买者将行使期权，以高于市场即期汇率的协定价格卖出外汇，价差为 $K - S$，再减去期权费 P_0 就是净收益，即 $P/L = (K - P_0) - S$，图 7.7 中用斜率为 1 的直线 AB 表示，其与横坐标相交的 E 点就是盈亏平衡点，即 $P/L = 0 = (K - P_0) - S$，此时即期汇率 S 等于协定价格减去期权费。从图 7.7 中我们可以看到，随着即期汇率 S 不断下跌，看跌期权购买者的收益将越来越大，从理论上讲购买者的最大收益是当即期汇率为 0 时等于 $K - P_0$；当即期汇率 S 大于（或等于）协定价格时，看跌期权的购买者将放弃行使期权，其损失仅为购买期权时所支付的期权费 P_0，图中用水平直线 BC 表示。所以看跌期权购买者的 P/L 与即期汇率 S 之间的函数关系的解析表达式是一个分段函数：

$$P/L = \begin{cases} (K - P_0) - S & (0 \leqslant S < K) \\ -P_0 & (S \geqslant K) \end{cases}$$

【例 7.8】 若某投资者预期英镑在 3 个月内将会贬值，则投资者按协定价格为 GBP/USD = 1.650 0 买入 3 个月期 100 万英镑美式 GBP put/USD call 期权，其期权费为 USD 0.02/GBP。当期权到期日市场汇率变为 GBP/USD = 1.610 0 和 GBP/USD = 1.680 0 时，该投资者的盈亏各是多少？

根据以上所述，该投资者的盈亏 P/L 与美元的即期汇率 S 的函数关系式为

$$P/L = \begin{cases} USD(1.650\,0 - 0.02)/GBP - S & (0 \leqslant S < USD\,1.65/GBP) \\ -USD\,0.02/GBP & (S \geqslant USD\,1.65/GBP) \end{cases}$$

该投资者损益平衡点为 USD 1.630 0/ GBP。

当期权到期日市场汇率为 GBP/USD = 1.610 0 时，该投资者将选择执行期权，则该投资者可获利（1.630 0 –1.610 0）× GBP 100 万 = USD 2 万。

当期权到期日市场汇率为 GBP/USD = 1.680 0 时，该投资者将选择放弃执行期权，则该投资者将亏损 0.02 × GBP 100 万 = USD 2 万，并且这是该投资者损失的最高额。

4. 卖出看跌期权

卖出看跌期权是指期权的卖方或出售者有义务在合约到期日或到期日之前应买方的要求按协定价格买入合约中所规定的一定量的某种货币。其交易策略为：若出售者预期未来某一种货币将升值时，则可以卖出此货币的看跌期权。由于看跌期权出售者的收益或亏损正好是该期权购买者的亏损或收益，所以看跌期权出售者的收益或亏损与即期汇率之间的函数关系是

$$P/L = \begin{cases} S - (K - P_0) & (0 \leqslant S < K) \\ P_0 & (S \geqslant K) \end{cases}$$

其损益如图 7.8 所示。

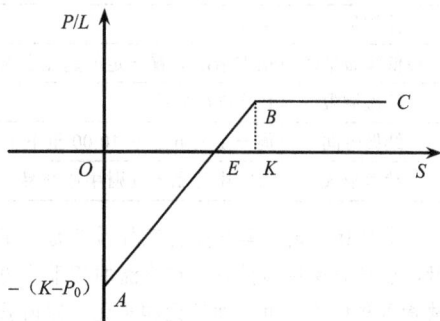

图 7.8　卖出看跌期权的损益

【例 7.9】 若某投资者预期英镑在 3 个月内将会升值，则投资者按协定价格 GBP/USD = 1.650 0 卖出 3 个月期 100 万英镑美式 GBP put/USD call 期权，其期权费为 USD 0.02/GBP。当期权到期日市场汇率变为 GBP/USD = 1.610 0 和 GBP/USD = 1.680 0 时，该投资者的盈亏各是多少？

根据以上所述，该投资者的盈亏 P/L 与美元的即期汇率 S 的函数关系式为

$$P/L = \begin{cases} S - USD(1.650\,0 - 0.02)/GBP & (0 \leqslant S < USD\,1.65/GBP) \\ USD\,0.02/GBP & (S \geqslant USD\,1.65/GBP) \end{cases}$$

该投资者的损益平衡点为 USD 1.630 0/GBP。

当期权到期日市场汇率为 GBP/USD = 1.610 0 时，该期权买入者将选择执行期权，则该投资者将亏损（1.630 0–1.610 0）× GBP 100 万 = USD 2 万。

当期权到期日市场汇率为 GBP/USD = 1.680 0 时，该期权买入者将选择放弃执行期权，则该投资者将获利 0.02 × GBP 100 万 = USD 2 万，并且这是该投资者获利的最高额。

小知识

外汇"两得宝"业务简介

2002 年 12 月 12 日，国内首个基于外汇期权交易的个人外汇投资产品"两得宝"由中国银行上海市分行推出。"两得宝"业务对外汇投资者而言，有外币定期利息收入和期权费收入双得益的含义，"两得宝"业务的推出，从一定程度上扩大了外汇投资者的赢利空间。

截至 2019 年年底，"两得宝"业务发展迅速，其外汇期权交易的品种由原来的 1 个月期限一种，增加为 1 天到 6 个月期限不等，产品的具体期限由中国银行（以下简称"中行"）当日公布的期权报价

中的到期日决定。银行方面根据国际市场价格每 5 分钟即时向个人投资者报出不同品种的期权费，即期权价格。当客户投资"两得宝"业务时，首先要选定存款货币，同时还须选择另一种客户有可能获得的挂钩货币，存款货币和挂钩货币中有一种必须是美元，目前中行"两得宝"业务有美元、欧元、日元、英镑、澳大利亚元、瑞士法郎和加元这些货币，大额客户还可以选择非美元货币之间的交叉汇价作为标的汇价。

客户在指定的账户存入存款货币和挂钩货币后，中行会根据客户所选择的那组货币即时报出一个协定价格。当期权到期时，银行就会按协议约定，将当时的参考汇率同协定价格比较，决定以存款货币还是挂钩货币支付客户的存款本金、税后利息和期权费，以确定客户的收益回报。"两得宝"业务的具体情况如表 7.7 所示。

表 7.7　外汇"两得宝"业务概况

存款货币	美元、欧元、日元、英镑、澳大利亚元、瑞士法郎和加元	美元
挂钩货币	美元	美元、欧元、日元、英镑、澳大利亚元、瑞士法郎和加元
最低续做金额	根据情况设置一定的起点金额（以中行外汇宝中间价折算）	
续做期限	1 天到 6 个月	
续做时间	周一至周五上午 10:00 至下午 4:30（如遇相关国际市场休息时，中行将暂停交易）	
续做形式	亲临中行私人理财中心交易	

具体操作时，客户先将某外币存为一定期限的定期存款（如 100 万日元），该货币为存款货币。同时，客户需要再选择另一种看涨的货币作为挂钩货币（如美元）。银行根据客户选择的这一组货币（存款货币和挂钩货币，如日元和美元）即时报出一个符合客户预期的协定价格（如 JPY/USD=120）。"两得宝"交易到期后，银行再根据客户选择的期权种类（看涨期权或者看跌期权），将到期日的市场汇率同协定价格作比较，决定是以客户的存款货币（日元）还是以挂钩货币（美元）支付客户的存款本金 [100 万日元或者 1 000 000 ÷ 120 = 8 333.33（美元）]。无论市场汇率如何变化，投资者除了能得到存款货币（100 万日元）的定期利息外，还将得到额外的期权投资收益，即期权费。但投资者在获得额外期权费收益的同时，将放弃提取存款货币的选择权，如果汇率走势同投资者预期的不符，将可能产生账面上外汇买卖的损失。

中行的"两得宝"业务只能进行个人外汇实盘交易。期权费率不低于国际上的 2%。购买期权的多少也会受到个人外汇存款余额数量的影响。

三、外汇期权投机进阶交易策略

在实际期权买卖操作中，投资者大多通过多种期权买卖组合来进行投资，这些期权买卖组合是以基本交易策略为基础，通过对市场的预期，以寻求在最小的风险情况下获得较多的利润，我们称之为外汇期权的进阶交易策略。下面我们就几个比较典型的外汇期权的进阶交易策略加以介绍。

若投资者同时买入和卖出两个不同的看涨期权或两个不同的看跌期权，则这一做法就称为差价交易（spread trade）。差价交易分为四种类型：先买后卖看涨期权的差价交易、先买后卖看跌期权的差价交易、先卖后买看涨期权的差价交易和先卖后买看跌期权的差价交易。其中，先买后卖看涨期权的差价交易和先卖后买看涨期权的差价交易称为买权价差；先买后卖看跌期权的差价交易和先卖后买看跌期权的差价交易称为卖权价差。

（一）买权价差交易

买权价差交易可分为买权多头价差交易和买权空头价差交易两种。

1. 先买后卖看涨期权的价差交易

先买后卖看涨期权的价差交易又称买权多头价差交易，是指某个投资者按一个协定价格买入一个看涨期权的同时，又按另一个协定价格，卖出一个看涨期权用来抵消前一个买入看涨期权的头寸。其交易策略为：当期权的投资者预期某一货币汇率上升的机会大于其下跌的机会且上升的幅度有限时，该投资者可采用先买后卖看涨期权建立一个买权多头价差交易，其中买入的看涨期权的协定价格较小，卖出的看涨期权协定价格较大，且这两个期权的到期日相同。

【例7.10】 假设某投资者预测欧元的汇率将要上涨，于是他买入协定价格为 EUR/USD = 1.130 0 的 3 个月期的 EUR call/USD put 期权，期权费为 USD 0.05/EUR；该投资者同时卖出协定价格为 EUR/USD = 1.180 0 的 3 个月期的 EUR call/USD put 期权，期权费为 USD 0.02/EUR。其买卖金额各为 100 万欧元。

根据前文的分析，投资者买入第一个看涨期权的盈亏 P/L 与欧元的即期汇率 S 的函数关系式为

$$P/L = \begin{cases} -\text{USD } 0.05/\text{EUR} & (0 \leqslant S < \text{USD } 1.130\,0/\text{EUR}) \\ S - \text{USD}(1.130\,0 + 0.05)/\text{EUR} & (S \geqslant \text{USD } 1.130\,0/\text{EUR}) \end{cases}$$

投资者卖出第二个看涨期权的盈亏 P/L 与欧元的即期汇率 S 的函数关系式为

$$P/L = \begin{cases} \text{USD } 0.02/\text{EUR} & (0 \leqslant S < \text{USD } 1.180\,0/\text{EUR}) \\ \text{USD}(1.180\,0 + 0.02)/\text{EUR} - S & (S \geqslant \text{USD } 1.180\,0/\text{EUR}) \end{cases}$$

上述期权组合的盈亏 P/L 与欧元的即期汇率 S 的函数关系式为上面两个关系式合并后的函数关系式：

$$P/L = \begin{cases} -\text{USD } 0.03/\text{EUR} & (0 \leqslant S < \text{USD } 1.130\,0/\text{EUR}) \\ S - \text{USD } 1.160\,0/\text{EUR} & (\text{USD } 1.130\,0/\text{EUR} \leqslant S < \text{USD } 1.180\,0/\text{EUR}) \\ \text{USD } 0.02/\text{EUR} & (S \geqslant \text{USD } 1.180\,0/\text{EUR}) \end{cases}$$

该投资组合的损益金额如图 7.9 所示。从图 7.9 中我们可以看出，在这个期权投资组合中，投资者支付的期权费（最大损失）是欧元汇率小于 USD 1.13/EUR 时，损失 $0.03 \times \text{EUR } 100$ 万 = USD 3 万；最大收益为欧元汇率大于 USD 1.180 0/EUR 时，获利为 $0.02 \times \text{EUR } 100$ 万 = USD 2 万，可以看出，该投资者的风险和利润都是有限的；其盈亏平衡点是 $S - 1.160\,0 = 0$ 时，即当即期汇率等于 USD 1.16/EUR 时，该投资者不亏不盈。

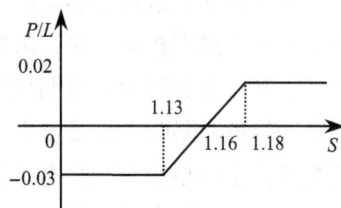

图 7.9 先买后卖看涨期权价差交易损益

2. 先卖后买看涨期权的价差交易

先卖后买看涨期权的差价交易又称买权空头价差交易，是指某个投资者按一个协定价格卖出一个看涨期权的同时，再按另一个协定价格买入一个看涨期权用来抵消前一个卖出看涨期权的头寸。其交易策略为：当期权的投资者预期某一货币汇率将要下跌的机会大于其上升的机会，且下跌的幅度有限时，该投资者可采用先卖后买看涨期权建立一个买权空头价差交易，其中买入的看涨期权的协定价格较大，卖出的看涨期权的协定价格较小，且这两个期权的到期日相同。

【例 7.11】 假设某投资者预测英镑汇率将要下跌。于是他买入协定价格为 GBP/USD =

1.620 0 的 6 个月 GBP call/USD put 期权，期权费为 USD 0.07/GBP；他同时还卖出协定价格为 GBP/USD = 1.600 0 的 6 个月 GBP call/USD put 期权，期权费为 USD 0.08/GBP；两个看涨期权合约的金额都是 25 000 英镑。

同样道理，该投资者买入的第一个看涨期权的盈亏 P/L 与英镑的即期汇率 S 的函数关系式为

$$P/L = \begin{cases} -\text{USD } 0.07/\text{GBP} & (0 \leqslant S < \text{USD } 1.620\,0/\text{GBP}) \\ S - \text{USD}(1.620\,0 + 0.07)/\text{GBP} & (S \geqslant \text{USD } 1.620\,0/\text{GBP}) \end{cases}$$

该投资者卖出的第二个看涨期权的盈亏 P/L 与英镑的即期汇率 S 的函数关系式为

$$P/L = \begin{cases} \text{USD } 0.08/\text{GBP} & (0 \leqslant S < \text{USD } 1.600\,0/\text{GBP}) \\ \text{USD}(1.600\,0 + 0.08)/\text{GBP} - S & (S \geqslant \text{USD } 1.600\,0/\text{GBP}) \end{cases}$$

上述期权投资组合的盈亏 P/L 与英镑的即期汇率 S 的函数关系式为

$$P/L = \begin{cases} \text{USD } 0.01/\text{GBP} & (0 \leqslant S < \text{USD } 1.600\,0/\text{GBP}) \\ \text{USD } 1.610\,0/\text{GBP} - S & (\text{USD } 1.600\,0/\text{GBP} \leqslant S < \text{USD } 1.620\,0/\text{GBP}) \\ -\text{USD } 0.01/\text{GBP} & (S \geqslant \text{USD } 1.620\,0/\text{GBP}) \end{cases}$$

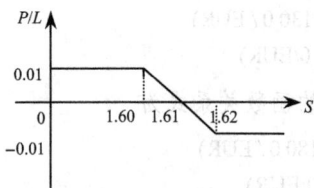

图 7.10　先卖后买看涨期权
差价交易损益

该投资组合的损益金额如图 7.10 所示。

从图 7.10 中我们可以看出，该投资者的风险和利润都是有限的，只要预测准确，该投资者在英镑的即期汇率跌至 USD 1.600 0/GBP 或以下时可以获利 0.01 × GBP 25 000 = USD 250。

（二）卖权价差交易

卖权价差交易可分为卖权空头价差交易和卖权多头价差交易两种。

1. 先买后卖看跌期权的差价交易

先买后卖看跌期权的差价交易又称卖权空头价差交易，是指某个投资者按一个协定价格买入一个看跌期权的同时，再按另一个协定价格卖出一个看跌期权用来抵消买入看跌期权的头寸。其交易策略为：当期权的投资者预期某一货币汇率下跌的机会大于其上升的机会，且下跌的幅度有限时，该投资者可采用看跌期权建立一个卖权空头价差交易。其中买入的看跌期权的协定价格较大，卖出的看跌期权协定价格较小，且这两个期权的到期日相同。

【例 7.12】　假设某投资者以协定价格 EUR/USD = 1.180 0 买入 3 个月的 EUR put/USD call 期权，期权费为 USD 0.05/EUR；他同时又以协定价格 EUR/USD = 1.130 0 卖出 3 个月的 EUR put/USD call 期权，期权费为 USD 0.02/EUR，其买卖金额各为 100 万欧元。

该投资者买入第一个看跌期权的盈亏 P/L 与欧元的即期汇率 S 的函数关系式为

$$P/L = \begin{cases} \text{USD}(1.180\,0 - 0.05)/\text{EUR} - S & (0 \leqslant S < \text{USD } 1.180\,0/\text{EUR}) \\ -\text{USD } 0.05/\text{EUR} & (S \geqslant \text{USD } 1.180\,0/\text{EUR}) \end{cases}$$

该投资者卖出第二个看跌期权的盈亏 P/L 与欧元的即期汇率 S 的函数关系式为

$$P/L = \begin{cases} S - \text{USD}(1.130\,0 - 0.02)/\text{EUR} & (0 \leqslant S < \text{USD } 1.130\,0/\text{EUR}) \\ \text{USD } 0.02/\text{EUR} & (S \geqslant \text{USD } 1.130\,0/\text{EUR}) \end{cases}$$

上述期权投资组合的盈亏 P/L 与欧元的即期汇率 S 的函数关系式是上面两个关系式合并后得到的。

$$P/L = \begin{cases} \text{USD } 0.02 \,/\, \text{EUR} & (0 \leqslant S < \text{USD } 1.130\,0\,/\,\text{EUR}) \\ \text{USD } 1.150\,0\,/\,\text{EUR} - S & (\text{USD } 1.130\,0\,/\,\text{EUR} \leqslant S < \text{USD } 1.180\,0\,/\,\text{EUR}) \\ -\text{USD } 0.03\,/\,\text{EUR} & (S \geqslant \text{USD } 1.180\,0\,/\,\text{EUR}) \end{cases}$$

该投资组合的损益如图 7.11 所示。

从图 7.11 中我们可以看出，在这个期权投资组合中，投资者支付的期权费（最大损失）是欧元汇率大于 USD 1.18/EUR 时，投资者损失了 0.03 × EUR 100 万 = USD 3 万；投资者的最大收益为欧元汇率小于 USD 1.130 0/EUR 时，投资者获利为 0.02 × EUR 100 万 = USD 2 万，且该投资者的风险和利润都是有限的；其盈亏平衡点是 USD 1.150 0/EUR − S = 0 时，即当即期汇率等于 USD 1.15/EUR 时，该投资者不亏不盈。

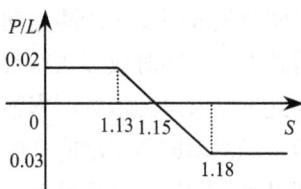

图 7.11　先买后卖看跌期权
差价交易损益

2. 先卖后买看跌期权的差价交易

先卖后买看跌期权的差价交易又称卖权多头价差交易，是指某个投资者按一个协定价格卖出一个看跌期权的同时，再按另一个协定价格买入一个看跌期权用来抵消卖出看跌期权的头寸。其交易策略为：当期权的投资者预期某一货币汇率上升的机会大于其下跌的机会，且上升的幅度有限时，该投资者可采用看跌期权建立一个卖权多头价差交易。其中卖出的看跌期权协定价格较大，买入的看跌期权的协定价格较小，且这两个期权的到期日相同。

【例 7.13】　设某投机者预测英镑汇率将要上涨。于是他买入协定价格为 USD 1.600 0/ GBP 的 6 个月 GBP put/USD call 期权，期权费为 USD 0.07/GBP；他同时卖出协定价格为 USD 1.620 0/ GBP 的 6 个月 GBP put/USD call 期权，期权费为 USD 0.08/GBP；这两个看跌期权合约的金额都是 25 000 英镑。

该投资者买入第一个看跌期权的盈亏 P/L 与英镑的即期汇率 S 的函数关系式为

$$P/L = \begin{cases} \text{USD}(1.600\,0 - 0.07)\,/\,\text{GBP} - S & (0 \leqslant S < \text{USD } 1.600\,0\,/\,\text{GBP}) \\ -\text{USD } 0.07\,/\,\text{GBP} & (S \geqslant \text{USD } 1.600\,0\,/\,\text{GBP}) \end{cases}$$

该投资者卖出第二个看跌期权的盈亏 P/L 与英镑的即期汇率 S 的函数关系式为

$$P/L = \begin{cases} S - \text{USD}(1.620\,0 - 0.08)\,/\,\text{GBP} & (0 \leqslant S < \text{USD } 1.620\,0\,/\,\text{GBP}) \\ \text{USD } 0.08\,/\,\text{GBP} & (S \geqslant \text{USD } 1.620\,0\,/\,\text{GBP}) \end{cases}$$

上述期权投资组合的盈亏 P/L 与英镑的即期汇率 S 的函数关系式为

$$P/L = \begin{cases} -\text{USD } 0.01\,/\,\text{GBP} & (0 \leqslant S < \text{USD } 1.600\,0\,/\,\text{GBP}) \\ S - \text{USD } 1.610\,0\,/\,\text{GBP} & (\text{USD } 1.600\,0\,/\,\text{GBP} \leqslant S < \text{USD } 1.620\,0\,/\,\text{GBP}) \\ \text{USD } 0.01\,/\,\text{GBP} & (S \geqslant \text{USD } 1.620\,0\,/\,\text{GBP}) \end{cases}$$

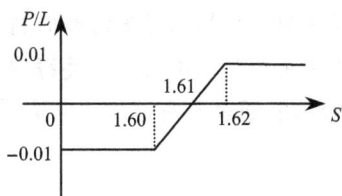

图 7.12　先卖后买看跌期权
差价交易损益

该投资组合的损益如图 7.12 所示。

从图 7.12 中我们可以看出，该投资者的风险和利润都是有限的，只要预测准确，投资者在英镑的即期汇率涨至 USD 1.620 0/GBP 或以上时可以获利 0.01 × GBP 25 000 = USD 250。

（三）同价对敲交易

同价对敲（straddle trade）交易是指投资者按照相同的

协定价格与到期日同时买入和卖出一个看涨期权和一个看跌期权。根据不同的交易策略同价对敲交易又可分为买入同价对敲交易和卖出同价对敲交易。

1. 买入同价对敲交易

买入同价对敲交易是指投资者按照相同的协议汇率与到期日同时买入一个看涨期权和一个看跌期权。其交易策略为：如果投资者预期未来的市场汇率将发生剧烈的变动，但无法确定市场汇率未来变动的方向，则该投资者在支付了两个期权费之后，当该外汇的即期汇率上涨到足够高的价位时，投资者执行看涨期权，同时放弃执行看跌期权，其收益就可以大于购买两个期权所支付的两笔期权费；当该外汇的即期汇率下跌到足够低的价位时，投资者执行看跌期权，同时放弃执行看涨期权，其收益也可以大于购买两个期权所支付的两笔期权费。因此不论未来的市场汇率朝哪个方向剧烈变动，投资者都可以从中获利，而期权的卖方将承担市场汇率剧烈变动的全部风险。如果投资者的预测不准，外汇的即期汇率未发生大的变化，则投资者的最大亏损额就是购买两个期权所支付的期权费，而期权卖方的收益也仅仅是卖出两个期权所得的期权费。

【例 7.14】 假设某投资者以协定价格 GBP/USD = 1.650 0 分别买入一个英镑看涨期权和一个英镑看跌期权，期权费分别为 USD 0.04/GBP 和 USD 0.03/GBP，合约的金额都是 100 万英镑。

该投资者购买上述看涨期权的盈亏 P/L 与即期汇率 S 之间的函数关系式为

$$P/L = \begin{cases} -\text{USD } 0.04/\text{GBP} & (0 \leqslant S < \text{USD } 1.650\ 0/\text{GBP}) \\ S - \text{USD}(1.650\ 0 + 0.04)/\text{GBP} & (S \geqslant \text{USD } 1.650\ 0/\text{GBP}) \end{cases}$$

该投资者买入上述看跌期权的盈亏 P/L 与即期汇率 S 之间的函数关系式为

$$P/L = \begin{cases} \text{USD}(1.650\ 0 - 0.03)/\text{GBP} - S & (0 \leqslant S < \text{USD } 1.650\ 0/\text{GBP}) \\ -\text{USD } 0.03/\text{GBP} & (S \geqslant \text{USD } 1.650\ 0/\text{GBP}) \end{cases}$$

上述两个期权投资组合的盈亏 P/L 与即期汇率 S 之间的函数关系式为

$$P/L = \begin{cases} \text{USD } 1.58/\text{GBP} - S & (0 \leqslant S < \text{USD } 1.650\ 0/\text{GBP}) \\ S - \text{USD } 1.72/\text{GBP} & (S \geqslant \text{USD } 1.650\ 0/\text{GBP}) \end{cases}$$

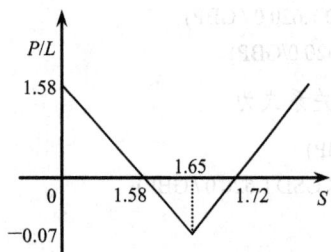

图 7.13 买入同价对敲交易损益

该期权投资组合的损益金额如图 7.13 所示。从图 7.13 可以看出，该期权投资组合的最大风险是在即期汇率为 GBP 1=USD 1.65 时，投资者损失 USD 0.07/GBP，该期权投资组合的最大损失为 0.070 0 × GBP 100 万 = USD 7 万，左边的盈亏平衡点是 1.650 0−0.07 = 1.580 0，右边的盈亏平衡点是 1.650 0 + 0.070 0 = 1.720 0。当英镑的即期汇率大于 USD 1.720 0/GBP 而不断增加时，该期权投资组合的利润也不断增加，而且从理论上讲可能是无限大；当英镑的即期汇率小于 USD 1.580 0/GBP 而不断减少时，该期权投资组合的利润也不断增加，但是不会超过 1.58 × GBP 100 万 = USD 158 万。

2. 卖出同价对敲交易

卖出同价对敲交易是指投资者按照相同的协定价格与到期日同时卖出一个看涨期权和一个看跌期权。其交易策略为：如果投资者预期未来的市场汇率较为稳定或变动幅度较小，可以采用同时卖出一个看涨期权和一个看跌期权，该期权投资组合的最大收益就是出售这两个期权获得的期权费；如果投资者的预测不准，该种货币的即期汇率发生剧烈变化，则投资者的损失就可能超过卖出期权费所得的收益，而且损失可能会很大。

【例 7.15】 假设某投资者以协定价格 GBP/USD = 1.650 0 分别卖出一个英镑看涨期权和一个英镑看跌期权，看涨期权与看跌期权的期权费分别为 USD 0.04/GBP 和 USD 0.03/GBP，合约的金额都是 100 万英镑。

该投资者卖出上述看涨期权的盈亏 P/L 与即期汇率 S 之间的函数关系式为

$$P/L = \begin{cases} USD\ 0.04\,/\,GBP & (0 \leqslant S < USD\ 1.650\ 0\,/\,GBP) \\ USD(1.650\ 0 + 0.04)\,/\,GBP - S & (S \geqslant USD\ 1.650\ 0\,/\,GBP) \end{cases}$$

该投资者卖出上述看跌期权的盈亏 P/L 与即期汇率 S 之间的函数关系式为

$$P/L = \begin{cases} S - GBP(1.650\ 0 - 0.03)\,/\,GBP & (0 \leqslant S < USD\ 1.650\ 0\,/\,GBP) \\ USD\ 0.03\,/\,GBP & (S \geqslant USD\ 1.650\ 0\,/\,GBP) \end{cases}$$

上述两个期权投资组合的盈亏额 P/L 与即期汇率 S 之间的函数关系式为

$$P/L = \begin{cases} S - USD\ 1.58\,/\,GBP & (0 \leqslant S < USD\ 1.650\ 0\,/\,GBP) \\ USD\ 1.72\,/\,GBP - S & (S \geqslant USD\ 1.650\ 0\,/\,GBP) \end{cases}$$

该期权投资组合的损益如图 7.14 所示。从图 7.14 可以看出，该期权投资组合的最大收益是在即期汇率为 USD 1.65/GBP 时，其收益为 0.07 × GBP 100 万 = USD 7 万；当英镑的即期汇率小于 USD 1.58/GBP 且不断减少时，投资者的损失也将不断增加，但不会超过 1.58 × GBP 100 万 = USD 158 万；当英镑的即期汇率大于 USD 1.72/GBP 且不断增加时，投资者的损失也将不断增加，从理论上讲可能是无限大；当英镑的即期汇率等于 USD 1.58/GBP 和 USD 1.72/GBP 时，该投资者的盈亏达到平衡。

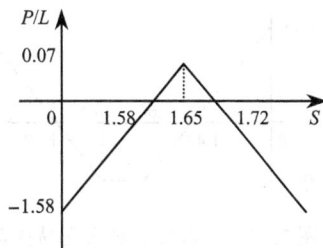

图 7.14　卖出同价对敲交易损益

（四）异价对敲交易

异价对敲交易与同价对敲交易类似，其区别在于异价对敲交易的期权组合协定价格不同。异价对敲交易是指投资者同时买入和卖出合约中货币数量、到期日相同而协定价格不同的买权和卖权构成的期权投资组合。异价对敲交易又可分为买入异价对敲交易和卖出异价对敲交易两种。

1. 买入异价对敲交易

买入异价对敲交易是指投资者同时买入交易数量与到期日相同而协定价格不同的看涨期权和看跌期权的期权投资组合。其交易策略为：当投资者预测某种外汇的即期汇率将会有大幅度上升或下跌的趋势时，可以同时买入相同期限、不同协定价格的该外汇的一个看涨期权和一个看跌期权，通常是看涨期权的协定价格高于即期汇率，而看跌期权的协定价格低于即期汇率。

当该种货币的即期汇率上涨到足够高的价位时，投资者可执行看涨期权，同时放弃执行看跌期权，其收益大于购买两个期权所支付的两笔期权费；当该外汇的即期汇率下跌到足够低的价位时，投资者则可执行看跌期权，同时放弃执行看涨期权，其收益也可以大于购买这两个期权所支付的两笔期权费。如果投资者预测不准，该种货币的即期汇率没有发生大的波动，则投机者的最大亏损额就是购买这两个期权所支付的期权费。

【例 7.16】 假设某投资者预测英镑的汇率将会大起大落，于是他以协定价格 GBP/USD = 1.610 0 买入一个英镑看涨期权和以协定价格 GBP/USD = 1.600 0 买入一个英镑看跌期权，其中买入看涨期权的期权费为 USD 0.08/GBP，买入看跌期权的期权费为 USD 0.10/GBP。合约的金额都为 25 000 英镑，到期日相同。

该投资者购买上述看涨期权的盈亏 P/L 与即期汇率 S 之间的函数关系式为

$$P/L = \begin{cases} -\text{USD } 0.08/\text{GBP} & (0 \leqslant S < \text{USD } 1.610\,0\,/\,\text{GBP}) \\ S - \text{USD}(1.610\,0 + 0.08)\,/\,\text{GBP} & (S \geqslant \text{USD } 1.610\,0/\text{GBP}) \end{cases}$$

该投资者买入上述看跌期权的盈亏 P/L 与即期汇率 S 之间的函数关系式为

$$P/L = \begin{cases} \text{USD}(1.600\,0 - 0.10)\,/\,\text{GBP} - S & (0 \leqslant S < \text{USD } 1.600\,0\,/\,\text{GBP}) \\ -\text{USD } 0.10\,/\,\text{GBP} & (S \geqslant \text{USD } 1.600\,0\,/\,\text{GBP}) \end{cases}$$

上述两个期权投资组合的盈亏 P/L 与即期汇率 S 之间的函数关系式为

$$P/L = \begin{cases} \text{USD } 1.42\,/\,\text{GBP} - S & (0 \leqslant S < \text{USD } 1.600\,0\,/\,\text{GBP}) \\ -\text{USD } 0.18\,/\,\text{GBP} & (\text{USD } 1.600\,0\,/\,\text{GBP} \leqslant S < \text{USD } 1.610\,0\,/\,\text{GBP}) \\ S - \text{USD } 1.79/\text{GBP} & (S \geqslant \text{USD } 1.610\,0/\text{GBP}) \end{cases}$$

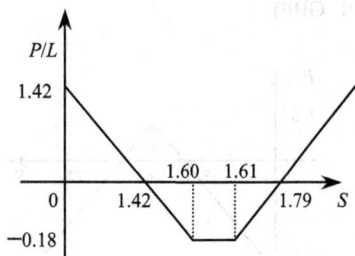

图 7.15 买入异价对敲交易损益

该期权投资组合的损益如图 7.15 所示。从图 7.15 可以看出，该期权投资组合的最大风险是在英镑的即期汇率在 USD 1.600 0/GBP 和 USD 1.610 0/GBP 之间变动时，该投资者的损失为 0.18 × GBP 25 000 = USD 4 500；当英镑的即期汇率大于 USD 1.790 0/GBP 且不断增加时，该投资者的利润也会不断增加；当英镑的即期汇率小于 USD 1.420 0/GBP 时且不断减少时，该投资者的利润也会不断增加，但不会超过 1.420 0 × GBP 25 000 = USD 35 500；当英镑的即期汇率等于 USD 1.420 0/GBP 和 USD 1.790 0/GBP 时，该投资者的盈亏达到平衡。

2. 卖出异价对敲交易

卖出异价对敲交易是指投资者同时卖出交易数量与到期日相同而协定价格不同的看涨期权和看跌期权的期权投资组合。其交易策略为：当投资者预测某种外汇的即期汇率将会趋于平稳时，他可以同时卖出期限相同而协定价格不同的该外汇的一个看涨期权和一个看跌期权。通常，看涨期权的协定价格高于即期汇率，而看跌期权的协定价格低于即期汇率。如果该种货币的即期汇率如投资者预测的那样平稳，则该投资者的最大收益就是出售这两个期权所获得的期权费；如果投资者的预测不准，即期汇率发生较大幅度的变化，则该投资者的损失就会超过其卖出期权所得期权费的收益，并且损失可能会很大。

【例 7.17】 假设某投资者预测英镑的汇率将会趋于平稳。于是他以协定价格 GBP/USD = 1.610 0 卖出一个英镑看涨期权和以协定价格 GBP/USD = 1.600 0 卖出一个英镑看跌期权，其中卖出看涨期权的期权费为 USD 0.10/GBP，卖出看跌期权的期权费为 USD 0.08/GBP。合约的金额都为 25 000 英镑，到期日相同。

该投资者出售上述看涨期权的盈亏 P/L 与即期汇率 S 之间的函数关系式为

$$P/L = \begin{cases} \text{USD } 0.10\,/\,\text{GBP} & (0 \leqslant S < \text{USD } 1.610\,0\,/\,\text{GBP}) \\ \text{USD}(1.610\,0 + 0.10)\,/\,\text{GBP} - S & (S \geqslant \text{USD } 1.610\,0\,/\,\text{GBP}) \end{cases}$$

该投资者出售上述看跌期权的盈亏 P/L 与即期汇率 S 之间的函数关系式为

$$P/L = \begin{cases} S - \text{USD}(1.600\,0 - 0.08)\,/\,\text{GBP} & (0 \leqslant S < \text{USD}\,1.600\,0\,/\,\text{GBP}) \\ \text{USD}\,0.08\,/\,\text{GBP} & (S \geqslant \text{USD}\,1.600\,0\,/\,\text{GBP}) \end{cases}$$

上述两个期权投资组合的盈亏 P/L 与即期汇率 S 之间的函数关系式为

$$P/L = \begin{cases} S - \text{USD}\,1.42\,/\,\text{GBP} & (0 \leqslant S < \text{USD}\,1.600\,0\,/\,\text{GBP}) \\ \text{USD}\,0.18\,/\,\text{GBP} & (\text{USD}\,1.600\,0\,/\,\text{GBP} \leqslant S < \text{USD}\,1.610\,0\,/\,\text{GBP}) \\ \text{USD}\,1.79\,/\,\text{GBP} - S & (S \geqslant \text{USD}\,1.610\,0\,/\,\text{GBP}) \end{cases}$$

该期权投资组合的损益金额如图 7.16 所示，从图 7.16 中可以看出，该期权投资组合的最大收益是英镑的即期汇率在 USD 1.600 0/GBP 和 USD 1.610 0/GBP 之间变动时，该投资者将获利 0.18 × GBP 250 00 = USD 4 500；当英镑的即期汇率大于 USD 1.790 0/GBP 且不断增加时，该投资者的损失也将不断增加；当英镑的即期汇率小于 USD 1.4 200/ GBP 时且不断减少时，该投资者的损失也将不断增加，但不会超过 1.4 200 × GBP 25 000 = USD 35 500；当英镑的即期汇率等于 USD 1.420 0/GBP 和 USD 1.790 0/GBP 时，该投资者的盈亏达到平衡。

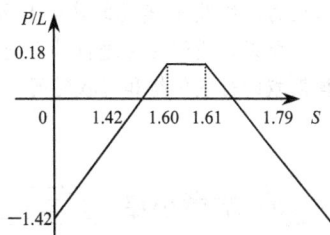

图 7.16　卖出异价对敲交易损益

📖 小知识

外汇期权，作为期权的一种，是外汇风险管理工具和理财产品之一，可满足外汇投资者多样化的理财需求，为广大的外汇投资者所接受。外汇期权运用得当可锁定市场的汇率风险，但是该产品有较强的杠杆效应，投资收益和风险同比例放大，投资者要充分认识外汇期权的交易风险，谨慎投资。

影响外汇期权持有人是否行权的风险，主要是价位风险，其充分反映了期权币种价格变化的概率，即执行价格和市场价格之间的关系。如果其价位风险是 50%，就说明该期权有 50% 的机会到期在价内。在这种情况下，该期权成败的机会是一半对一半。投资者们应该注意的是，75% 在价内的概率是非常高的，但在合约到期或到期之前，不等于该期权一定总是在价内；25% 在价内的概率是非常低的，但在合约到期或到期之前，不等于该期权一定总在价外，因为未来期权币种的市场价格还在不断变化，而其期权合约的协定价格是约定不变的。因此价位风险是外汇期货所面临的主要风险。

期权价格中反映期权执行价格与现行汇率价格之间的关系的那部分价值，是最值得我们关注的。就多头期权而言，其内在价值是该现行汇率价格高出期权执行价格的那部分价值，如果汇率价格低于或等于执行价格，这时期权的内在价值就为零，也就是期权亏损或持平。就空头期权而言，其内在价值是该现行汇率价格低于期权的执行价格的那部分价值，如果汇率价格高于或等于执行价格，这时期权的内在价值也为零，期权也是亏损或持平。

例如，某投资者以 1 000 美元的权利金买入了一份价值 100 000 美元的欧元/美元的看涨期权合约，合约规定期限为 3 个月，执行价格为 EUR 1=USD 1.150 0。3 个月后的合约到期日，欧元/美元的市场汇率为 EUR 1=USD 1.180 0，则该投资者可以要求合约卖方以约定的价格 1.150 0 卖给自己价值 100 000 美元的欧元，然后他可以再到外汇市场上以 1.180 0 的价格抛出，其所得赢利减去最初支付的 1 000 美元期权费所得的差额即是其最后的赢利。如果投资者买入该期权合约 3 个月后，欧元/美元汇率为 1.120 0，此时执行合约还不如直接在外汇市场上直接购买合算，则投资者可以放弃执行合约的权利，损失 1 000 美元期权费（权利金）。

正因为外汇期权的这种行权特性，给外汇期货市场带来了很重要的影响作用，并提供了很好的支持和压力。对于每一笔即将到期的外汇期权行权价位来说，其都会给外汇市场带来多多少少或支撑或阻力的影响。所以我们在看行情做交易的时候，不光要注重基本面、技术面的分析，还要充分考虑大笔外汇期权的行权价格。

例如，某机构为了规避风险，同上以 1 000 美元的权利金买入了一份价值 100 000 美元的看涨期权，合约规定期限为 3 个月，执行价格为 EUR 1=USD 1.150 0。在 3 个月的合约到期日之前，这个期权的价值就随着汇率价格的变动而变化，市场汇率的价格决定了其内在价值是否为零，也就是决定这份期权交易能否赢利。所以 EUR 1=USD 1.150 0 这个执行价格就会给外汇市场带来一定的支撑和阻力作用。在 3 个月的合约到期后，若市场的欧元/美元汇率为 1.180 0，则该期权的持有者就会行使自己的权利，要求合约的卖方以 1.150 0 的汇率卖给自己价值 100 000 美元的欧元，这样期权的卖出者就会在市场套现这部分欧元，与期权的持有者进行对冲，以降低自己的风险。这样在 1.180 0 价位也会出现较大的期权压力，给欧元/美元的外汇市场带来一定的支撑或阻力作用。

所以，投资者在进行外汇交易的同时，一定要考虑市场上同一货币的期权情况，时刻关注较大规模期权的行权价格和行权时间（履约时间）。

本章小结

在国际外汇市场上，外汇期权是一种运用广泛、交易活跃、富有挑战性的外汇衍生产品。外汇期权是一种选择权合约，它授予买方以某种权利而非义务，即在未来某一特定日期或某一特定日期之前，以协定的汇率买入或卖出合约所规定特定数量的某种外汇资产的选择权。期权的买方或持有者必须支付一定的期权费作为期权卖方转让权利的条件，不论期权的买方是否行使该期权，期权费均不能收回。

外汇期权有看涨期权和看跌期权两种基本类型。外汇期权交易一般有场内期权交易和场外期权交易两种。期权价格，即期权费是由协定价格、即期汇率、利率、到期日以及市场汇率的波动等因素共同决定的。期权价格包含了期权的内在价值和时间价值。外汇期权的作用可分为保值和投机两种，其中投机交易策略繁多，包括基本交易策略和进阶交易策略。

基本训练

一、填空题

1. 外汇期权，又称为（　　），是期权交易的一种，是一种选择权契约。

2. 根据行使期权的时限不同，外汇期权可分为（　　）和（　　）。

3. 在外汇期权交易中，有权按固定价格买入一定量的外汇称为（　　）；有权按固定价格卖出一定量的外汇称为（　　）。

4. 根据外汇期权的买卖权利的方向可以分为（　　）和（　　）。

5. 期权费用的报价包括（　　）和（　　）。

二、单项选择题

1. 期权的分类中，以履约价格与现汇价格相比可以分为（　　）。

  A. 价内、价外、平价   B. 买权、卖权

  C. 美式期权、欧式期权   D. 时间价值期权、内在价值期权

2. 对于期权交易的买方，盈亏情况是（　　）。

  A. 损失是有限的，而收益是有限的   B. 成本是有限的，而收益是无限的

C. 成本是无限的，而收益是无限的 D. 成本是无限的，而收益是有限的

3. 欧式期权和美式期权划分的依据是（ ）。

    A. 行使期权的时间   B. 交易的内容

    C. 交易的场所   D. 协定价格和现汇汇率的差距

4. 期权的买方向卖方支付的期权费用等于（ ）。

    A. 时间价值加内在价值   B. 时间价值减内在价值

    C. 内在价值减时间价值   D. 仅等于时间价值

5. 价内期权是指（ ）。

    A. 买方履约可获利   B. 买方履约不赔不赚

    C. 买方履约将亏损   D. 履约卖方将获利

三、案例分析与计算

1. 我国某公司根据近期国际政治经济形势预测 1 个月内美元兑日元汇价会有较大波动，但变动方向难以确定，因此决定购买 100 亿日元双向期权合同做外汇投机交易。

已知，即期汇价为 USD 1 = JPY 110，协定价格为 JPY 1 = USD 0.008 929，期权费为 JPY 1 = USD 0.268，佣金占合同金额的 0.5%。

在市场汇价分别为 USD 1=JPY 100 和 USD 1=JPY 125 两种情况下，该公司的外汇投机各获利多少？分析其盈亏平衡点。

2. 假设某投资者以执行价格 GBP/USD=1.550 0 买入一个英镑看涨期权和以协定价格 GBP/USD=1.520 0 买入一个英镑看跌期权，其中看涨期权的期权费为每英镑 0.03 美元，看跌期权的期权费为每英镑 0.02 美元，合约的金额都为 100 万英镑，到期日相同，试分析投资者的损益情况。假设到期日外汇市场的即期汇率为 GBP/USD=1.540 0，则该投资者的损益分别为多少？

3. 假设某投资者预测美元未来将趋于贬值，该投资者建立一个看涨期权的差价交易，其买入协定汇率为 USD/JPY=105 的 USD call/JPY put 期权，期权价格为 1.87%；同时卖出协定汇率为 USD/JPY=95 的 USD call/JPY put 期权，期权价格为 4.8%；买卖金额都为 100 万美元。试分析该投资者的期权费分别是多少，以及其损益情况。

四、翻译下列专业词语

1. exercise option   2. currency options   3. call option   4. strike price   5. in-the-money option

五、简答题

1. 简述外汇期权的含义。

2. 简述外汇期权与外汇期货、远期外汇交易的异同点。

3. 什么是价内期权、价外期权与平价期权，三者的区别是什么？

4. 简述外汇期权投机的交易类型和交易策略。

第八章　其他衍生外汇交易

【学习目标】

理论目标： 了解掉期交易和互换交易相关的基础知识，熟悉外汇掉期交易程序。

技术目标： 掌握外汇掉期交易的种类和计算方法及外汇掉期交易的作用。

能力目标： 掌握互换交易的种类及其作用。

引例

我国外汇市场掉期类产品

我国外汇市场上，银行间人民币外汇掉期交易于2006年4月正式推出。人民币外汇掉期交易，是指交易双方约定一前一后两个不同的交割日、方向相反的两笔本外币交易，在前一交割日期，一方用外汇按照约定汇率从另一方换入人民币，在后一交割日期，该方再用人民币按照另一约定汇率从对方换回外汇。由于两笔交易的汇率是事先确定的，因此可以有效规避汇率波动可能造成的损失，将风险转化为确定的成本，起到管理汇率风险的作用。

2005年7月21日人民币汇率制度改革以后，人民币对其他主要货币升值，使对外企业面对的汇率风险加大。外汇掉期业务可以满足投资者到境外投资的资金需求，同时还可以规避汇率风险。例如，甲出口企业收到国外进口商支付的出口商品货款500万美元，该企业需要将该笔货款结汇成人民币，但同时该企业又需要进口原材料，并将于3个月之后支付500万美元的货款。此时，该企业就可以与银行办理一笔即期对3个月远期的人民币与外币掉期业务:即期卖出500万美元，取得相应的人民币，3个月远期以人民币买入500万美元。通过上述的交易，该企业可以轧平其中的资金缺口，达到规避汇率风险的目的。

目前，我国银行间外汇市场掉期类产品主要有外汇远期、外汇掉期和货币掉期三类，货币掉期市场的发展明显落后于外汇掉期市场，交易量尚不足外汇掉期交易量的1%。外汇衍生品市场方面，外汇掉期交易仍占据主导，2019年1月共成交1.65万亿美元，同比增长27.6%，环比下降8.2%；外汇远期成交88.3亿美元，同比下降18.6%，环比下降8.8%；货币掉期成交42.3亿美元，同比下降14.7%，环比下降39.7%。同期，外汇期权成交737.6亿美元，同比增长68.5%，环比下降9.0%。

我国的外汇市场主要由客盘驱动，外汇远期和掉期业务是进出口企业防范汇率风险的主要对冲工具，因此外汇掉期市场交易相对活跃。相比之下，货币掉期交易更多源于资产端或负债端在不同币种间的调剂需求。近些年，随着境内客户获得外币融资的便利程度、境内证券市场对境外合格投资者的开放程度不断提高，货币掉期的交易需求也在不断上升，但仍处在发展阶段。

第一节　外汇掉期交易概述

所谓外汇掉期交易，是指投资者在买入或卖出即期外汇的同时，对应的卖出或买进同等金额的同一货币的远期外汇，以防止汇率风险的一种外汇交易。如某银行在 7 月 7 日买进即期美元 200 万，同时，卖出一个月远期美元 200 万。该银行所做的就是一笔掉期交易，掉期交易的目的包括两个方面：一是轧平外汇头寸，避免汇率变动引发的风险；二是利用不同交割期限汇率的差异，通过贱买贵卖牟取利润。外汇掉期交易这种金融衍生工具，是当前投资者用来规避由于所借外债的汇率发生变化而给企业带来财务风险的一种主要手段。具体的外汇掉期交易过程如图 8.1 所示。

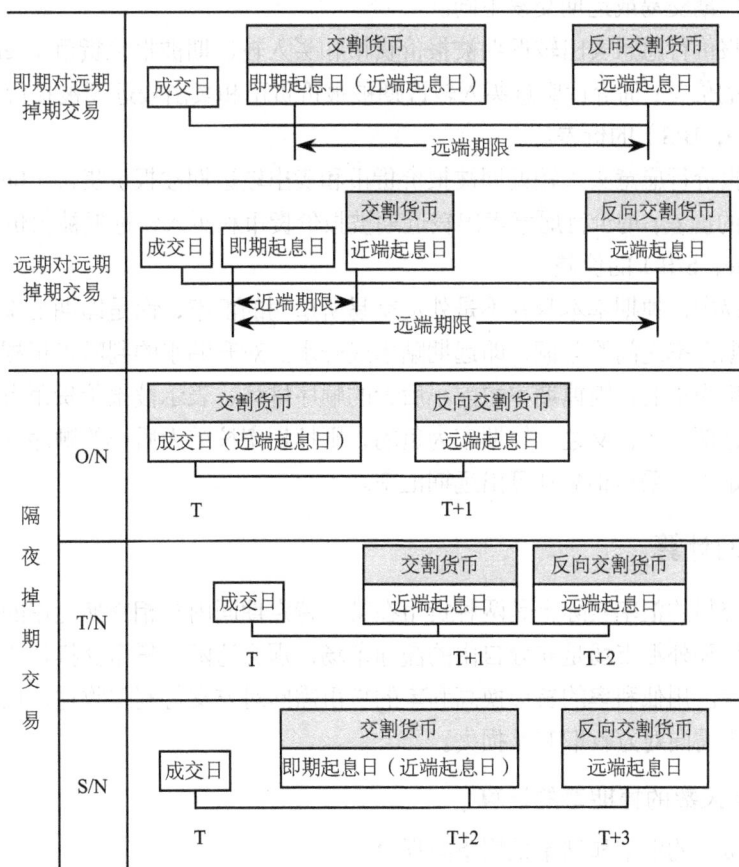

图 8.1　外汇掉期交易过程

一、外汇掉期交易的特点

从引例中我们可以看出，外汇掉期交易具有以下三个特点：①买卖同时进行，即一笔掉期交易必须包括买进一笔外汇以及卖出一笔外汇，并且买卖活动是同时进行的；②买卖外汇的数额相同、币种相同；③买卖外汇割割的期限不同。凡符合上述三个条件的外汇交易组合均属于外汇掉期交易。

掉期交易与前面讲到的即期交易和远期交易有所不同。即期交易与

远期交易都是单一的，要么做即期交易，要么做远期交易，并不同时进行，因此，通常也把它们叫作单一的外汇买卖，主要用于银行与客户的外汇交易之中。掉期交易的操作涉及即期交易与远期交易或买卖的同时进行，故称之为复合的外汇买卖，主要用于银行同业之间的外汇交易。一些大公司也会经常利用掉期交易进行套利活动。

二、外汇掉期交易的报价

在外汇掉期交易中，掉期率就是掉期交易的价格，通常报价行只报出掉期率而不报出即期汇率。在报价中，报价行通常采取双向报价的方式，即询价方有选择交易方式的主动权，而报价方有选择价格的主动权。在报价中，前一个称为买入价，后一个称为卖出价，其买入价和卖出价与即期交易或远期交易不同。

买入价：报价行愿意卖出较近期被报价货币和买入较远期被报价货币（sell spot date/buy far date，S/B）的价差；询价方愿意买入较近期被报价货币和卖出较远期被报价货币（buy spot date/sell far date，B/S）的价差。

卖出价：报价行愿意买入较近期被报价货币和卖出较远期被报价货币（buy spot date/sell far date，B/S）的价差；询价行愿意卖出较近期被报价货币和买入较远期被报价货币（sell spot date/buy far date，S/B）的价差。

在掉期交易中，掉期率本身并不是外汇交易所适用的汇率，而是即期汇率与远期汇率或远期汇率与即期汇率之间的差额，即远期贴水或升水。对升贴水的判断可根据掉期率的正负来判断，掉期率为正的，则掉期率按前小后大的顺序排列，表示被报价货币有远期升水，采用相加计算出远期汇率；反之，掉期率为负的，则掉期率按前大后小的顺序排列，表示被报价货币有远期贴水，采用相减计算出远期汇率。

三、掉期率的计算

外汇掉期交易的汇率实际上是两种货币在某一特定期间内互相交换运用的成本。若两种货币的货币市场和外汇市场是充分自由的流通市场，那么这两种货币交换使用的成本就是两种货币的利率差。用低利率的货币换高利率的货币需向对方支付利差收益，用高利率的货币换低利率的货币需向对方收取利差损失。

（一）标准天数的掉期率的计算

（1）两种货币的汇率和利率采用单向报价。

$$掉期率 = 远期汇率 - 即期汇率$$
$$= 即期汇率 \times （报价币利率 - 被报价币利率） \times 天数 \div 360 \tag{8.1}$$

当报价币较被报价币有更高的利率时，就是升水，在式 8.1 中所得的掉期率为正数；当报价币较被报价币有更低的利率时，就是贴水，在式 8.1 中所得的掉期率为负数。

（2）两种货币的汇率和利率采用双向报价。

$$买入价 = 远期买入价 - 即期买入价 = 即期汇率 \times （报价币借入利率$$
$$- 被报价币借出利率） \times 天数 \div 360 \tag{8.2}$$

$$卖出价 = 远期卖出价 - 即期卖出价 = 即期汇率 \times （报价币借出利率$$
$$- 被报价币借入利率） \times 天数 \div 360 \tag{8.3}$$

掉期交易过程中，我们假定有一询价者想做一笔即期对3个月远期的掉期交易。报价者要报出买入价的价格，其考虑过程如下：①在货币市场上，交易者先以借出价格借入被报价币，然后在即期外汇市场卖出被报价币并买入报价币；②交易者把所买入的报价币存入银行3个月，存入利率为报价币借入利率；③3个月到期时，交易者把报价币的本金与利得卖出，买入被报价币，并偿还3个月期的被报价币借入款。综上所述，报价者使用的是报价币借入利率和被报价币借出利率，得到的计算公式是式（8.2）。

报价者要报出卖出价的价格，其考虑过程如下：①在货币市场上，交易者先以借出价格借入报价币，然后在即期外汇市场卖出报价币并买入被报价币；②交易者把所买入的被报价币存入银行3个月，存入利率为被报价币借入利率；③3个月到期时，交易者把被报价币的本金与利得卖出，买入报价币，并偿还3个月期的报价币借入款。综上所述，报价者使用的是被报价币借入利率和报价币借出利率，得到的计算公式为式（8.3）。

【例8.1】 即期汇率 GBP/USD = 1.978 0，美元双向利率为 3.35% / 3.47%，英镑双向利率为 9% / 9.25%，求询价者做1月期英镑/美元的掉期率。

询价者做 Spot/1 Month GBP/USD 的 B/S 价 = 即期汇率×（报价币借入利率−被报价币借出利率）×天数÷360 = 1.978 0 ×（3.35% − 9.25%）× 1 ÷ 12 = − 0.009 73。

询价者做 Spot/1 Month GBP /USD 的 S/B 价 = 即期汇率×（报价币借出利率−被报价币借入利率）×天数÷360 = 1.978 0 ×（3.47% − 9%）× 1 ÷ 12 = − 0.009 115。

（二）不规则天数的掉期率的计算

在国际外汇市场上的掉期交易中，通常是以规则天数计算的，但在实际交易过程中，有些掉期交易，其交易期间往往是不规则天数，即畸零天数。这种不规则天数的计算方式有两种：一是平均天数法，二是插补法。

1. 平均天数法

平均天数法是以最接近畸零天数的整周或月的掉期率为基础，将此掉期率除以整周或月的天数，求得平均每天的掉期率，然后将平均每天的掉期率乘以畸零天数，得到畸零天数的掉期率。

【例8.2】 假设某客户在4月8日承做即期至5月3日的掉期交易，1月期的掉期率为90点。因该客户在4月8日成交的即期交易，其交割日为4月10日，1月期远期交易的交割日为5月10日，4月10日至5月10日共30天，则平均每天的掉期率为3（90÷30）点，4月10日至5月3日为23天，则其掉期率为69（3×23）点。因此，畸零天数的掉期率为69点。

2. 插补法

插补法是根据标准天数的掉期率，进行向内插补，其计算方法与畸零天数的远期汇率相同。

【例8.3】 即期交易的日期为4月8日，交割日为6月3日，1月期掉期率为90点，2月期掉期率为183点。因为1月期的交割日为5月10日，2月期的交割日为6月10日，而5月10日至6月10日共31天，其掉期率为93（183−90）点；5月10日至6月3日为24天，其掉期率为72（24×93÷31）点。因此，6月3日交割的掉期率为162（90+72）点。

掉期汇率与远期汇率的计算方法不同，远期汇率等于即期汇率加减掉期率，但掉期率左边的点数相当于报价行愿意卖出即期被报价货币和买入远期被报价货币之间的差额，掉期率右边的点数相当于报价行愿意买入即期被报价货币和卖出远期被报价货币之间的差额。

【例8.4】 英镑/美元的即期汇率为 1.502 0/30，3 月期的掉期率为 50/70。掉期汇率：卖出即期英镑的汇率为 1.503 0，同时买入 3 月期英镑的汇率为 1.503 0 + 0.005 0 = 1.508 0，买入即期英镑的汇率为 1.502 0，同时卖出 3 月期英镑的汇率为 1.502 0 + 0.007 0 = 1.509 0。

【例8.5】 美元/加拿大元的即期汇率为 1.406 0/70，3 月期的掉期率为 50/30。掉期汇率：卖出即期美元的汇率为 1.407 0，同时买入 3 月期美元的汇率为 1.407 0 − 0.005 0 = 1.402 0，买入即期美元的汇率为 1.406 0，同时卖出 3 月期美元的汇率为 1.406 0 − 0.003 0 = 1.403 0。

从上例中我们可以看出，在外汇掉期交易实务中，交易双方选择即期汇率（即标准交割日的即期汇率）为较近交割日的汇率。因为金额不大，即期汇率价格在整个交易中价格计算所占的权数相当小，所以为方便计算、节省时间，选择即期汇率为较近交割日的汇率。

第二节　掉期交易的种类与计算

一、按照掉期交易的买卖对象划分

1. 纯粹的掉期交易

纯粹的掉期交易是指掉期交易中发生的方向相反的两笔交易都在相同的两个交易者之间进行。比如，A 银行做了一笔掉期交易，其中买入即期欧元 200 万的交易是与 B 银行进行的交易，即 A 银行买入的即期欧元 200 万是从 B 银行买入的。另外 A 银行的一笔卖出远期欧元 200 万的交易也是同 B 银行进行的交易，即 A 银行把 200 万远期欧元又卖给了 B 银行。

2. 分散的掉期交易

分散的掉期交易也称制造的掉期交易，是指掉期交易涉及三个参加者，即银行与一方进行即期交易的同时，又与另一方进行远期交易。如 A 银行买入的即期美元 200 万是从 B 银行买入的，卖出的远期美元 200 万则卖给了 C 银行。但无论怎样，银行实际上仍然同时进行了即期和远期交易，符合掉期交易的特征。进行这种交易的目的就在于避免汇率风险，并从汇率的变动中获利。

例如，美国一家银行某日向客户按 USD 1 = GBP 0.616 的汇率，卖出了 61.6 万英镑，收入了 100 万美元。为防止将来英镑升值或美元贬值，该行就利用掉期交易，在卖出即期英镑的同时，又买进 6 个月的远期英镑，其汇率为 USD 1 = GBP 0.626。这样，虽然该银行卖出了即期英镑，但又补进了远期英镑，使该家银行的英镑、美元头寸结构不变。虽然在这笔远期买卖中该行要损失若干英镑的贴水，但这些损失可以从较高的美元利率和这笔现汇交易的买卖差价中得到补偿。

二、按照掉期交易的买卖性质划分

1. 买/卖掉期交易

买/卖掉期交易，是指投资者买入某种货币的即期的同时卖出同一数量该种货币的远期，或买入某种货币的较短期限远期，卖出该种货币同一数量较长期限的远期。总之买入货币的交割期限短，卖出货币的交割期限长。比如，A 银行买入 1 个月远期英镑 100 万，同时卖出 3 个月远期英镑 100 万，则该笔交易属于买/卖掉期交易。

2. 卖/买掉期交易

卖/买掉期交易，是指投资者卖出某种货币的即期的同时买入同一数量该种货币的远期，或卖出较短期限该货币远期，买入较长期限同一数量该种货币远期。总之，卖出的那笔外汇交易的交割期限短，买入的那笔外汇的交割期限长。比如，A 银行卖出 1 个月远期欧元 200 万，同时买入 3 个月远期欧元 200 万，则该笔交易属于卖/买掉期交易。

三、按照掉期交易的交割期限划分

1. 即期对即期的掉期交易

即期对即期的掉期交易（spot against spot）中包含的两笔外汇交易都是即期交易，即由当日交割或次日交割与标准即期外汇买卖构成，主要用于银行调整短期头寸和即期交割日之前的资金缺口。该种交易又分为以下两种情况。

一是隔夜交割（over-night，O/N）。隔夜交割是指掉期交易中包含的两笔即期外汇交易中，一笔即期交易的交割日是交易日当天，即成交日。后一笔即期交易的交割日是成交日后的第一个工作日。如 6 月 10 日，A 银行与 B 银行做了一笔掉期交易，买入即期英镑 100 万，当日交割，即 6 月 10 日交割，卖出即期英镑 100 万，则在 6 月 11 日交割。

二是隔日交割（tom-next，T/N）。隔日交割是指前一个即期外汇交易的交割日是成交日后的第一个营业日，后一个外汇交易的交割日是成交日后的第二个营业日。如上例中，则买入与卖出两笔交易的交割日分别为 6 月 11 日和 6 月 12 日。

隔夜交割和隔日交割的交割日不同于标准即期交易的交割日，因此掉期率也要作适当的调整。其掉期率的计算规则也是银行按照左边的价格买进较近期被报价货币，按右边的价格卖出较远期被报价货币。换言之，不论交易是发生在即期日之前还是之后，银行总是按照左边的价格卖出较近交割日和买进较远交割日的被报价货币，并按照右边的价格买进较近交割日和卖出较远交割日的被报价货币。对于今日和明日交割的掉期交易而言，较近日期为今日，较远日期为明日。

在国际外汇市场上，"隔夜""隔日"的掉期交易通常被缩写为"O/N"和"T/N"。

【例 8.6】 即期汇率 EUR/USD=1.290 5/10，隔日掉期率（T/N）=3/2，求 EUR/USD 隔日交割的汇率。

EUR/USD 隔日交割的汇率，即报价者报出隔日交割的欧元的买入价和卖出价。1.290 5 是报价者的欧元即期买入价，现在要把买入提前到隔日，就需要在即期卖出对冲原来的买入，然后在隔日买入即可，所以做一个 T/N 的 B/S 就可以，T/N 的 B/S 价格是 2 个点，如果隔日到次日是贴水，那么次日到隔日就是升水，因此隔日交割的买入价=1.290 5 + 0.000 2=1.290 7。

同理，1.291 0 是报价者的欧元即期卖出价，现在要把卖出提前到隔日，就需要在即期买入对冲原来的卖出，然后在隔日卖出即可，所以做一个 T/N 的 S/B 就可以，T/N 的 S/B 价格是 3 个点，如果隔日到次日是贴水，那么次日到隔日就是升水，因此隔日交割的卖出价=1.291 0+ 0.000 3 = 1.291 3。所以，EUR/USD 隔日交割的汇率是 1.290 7/13。

【例 8.7】 即期汇率 EUR/USD=1.290 5/10，隔夜掉期率=4/3，隔日掉期率=3/2，求 EUR/USD 当日交割的汇率。

EUR/USD 当日交割的汇率，即报价者报出当日交割的 EUR 的买入价和卖出价。根据例 8.6 求出了隔日交割的买入价，1.290 7 是报价者的欧元隔日买入价，现在要把买入提前到当日，就需要在隔日卖出对冲原来的买入，然后在当日买入即可，所以做一个 O/N 的 B/S 就可以，O/N 的 B/S 价格是 3 个点，如果当日到次日是贴水，那么次日到当日就是升水，因此当日交割的买入价=1.290 5 + 0.000 2+ 0.000 3 =1.291 0。

同理，1.291 3 是报价者的欧元隔日卖出价，现在要把卖出提前到当日，就需要在隔日买入对冲原来的卖出，然后在当日卖出即可，所以做一个 O/N 的 S/B 就可以，O/N 的 S/B 价格是 4 个点，如果当日到次日是贴水，那么次日到当日就是升水，因此当日交割的卖出价=1.291 + 0.000 3 +0.000 4= 1.291 7。所以，EUR/USD 隔日交割的汇率是 1.291 0/17。

例如，即期汇率美元/日元 = 120.30/40，隔夜交割与隔日交割的掉期率分别为 5/3、4/2，求美元/日元的当日交割汇率。

美元/日元的当日交割汇率是 120.35/49[(120.30 + 0.03+ 0.02)/(120.40 + 0.05 + 0.04)]。

在外汇交易中很少有当日交割的掉期交易。由于时差和在确保货币价值方面存在技术困难等原因，只有欧洲货币在一大早进行交割的掉期交易，大多数货币无法进行当日办理交割的掉期交易。例如，在伦敦外汇市场上发生一笔日元的隔夜交易，则日元的交割只能次日办理。因为当伦敦外汇市场开市时，东京外汇市场已经闭市了，所以日元只能次日办理交割。甚至次日办理交割的外汇市场一般也是在上午闭市。

2. 即期对远期的掉期交易

即期对远期的掉期交易（spot - forward swaps）是指投资者买进或卖出某种即期外汇的同时，卖出或买进同一金额同种货币的远期外汇。它是掉期交易里最常见的一种形式。这种掉期交易又可分为以下三种。

（1）即期对次日（spot/next，缩写为 S/N）的掉期交易。即期对次日的掉期交易包括的两笔交易中，一笔交易是即期外汇交易，另一笔交易是远期外汇交易，但是该笔远期外汇交易的交割日是即期交割日的下一个营业日。

（2）即期对一周（spot/week，缩写为 S/W）的掉期交易，即期汇交割日是即期交割日一周之后的营业日。

（3）即期对整月（spot against months，缩写为 S/M）的掉期交易，即期汇交割日是从即期交割日算起为期 1 个月、2 个月等整月后的交割日。

对于即期后交割的远期汇率计算应按远期汇率的计算原则，即左右掉期价格与左右即期价格相加或相减。

3. 远期对远期的掉期交易

远期对远期的掉期交易（forward against forward）是指投资者同时买进并卖出两笔同金额的同种货币不同交割期的远期外汇，其好处是尽可能利用有利的汇率机会。如 A 银行买入 3 个月期远期美元 100 万，同时，卖出 6 个月期远期美元 100 万，该笔交易即为远期对远期的掉期交易。

远期对远期的掉期交易有两种方式，一是买进较短交割期的远期外汇（如 30 天），卖出较长交割期的远期外汇（如 90 天）；二是买进期限较长的远期外汇，而卖出期限较短的远期外汇。假如一个交易者在卖出 100 万 30 天远期美元的同时，又买进 100 万 90 天远期美元，这个交易方式即为远期对远期的掉期交易。这一形式的交易可以使银行及时利用较为有利的汇率时机，并在汇率的变动中获利，因此越来越受到投资者的重视。

【例 8.8】 美国某银行在 3 个月后应向外支付 100 万英镑，同时在 1 个月后又将收到另一笔 100 万英镑的收入。如果市场上汇率有利，它就可进行一笔远期对远期的掉期交易。假设某天外汇市场汇率行情如下。

即期汇率：　　　　　　　　GBP 1 = USD 1.596 0/1.597 0
1 个月远期汇率：　　　　　GBP 1 = USD 1.586 8/1.588 0
3 个月远期汇率：　　　　　GBP 1=USD 1.572 9/1.574 2

这时该银行可做以下两种掉期交易。

（1）进行两次"即期对远期"的掉期交易。该银行将 3 个月后应支付的英镑，先在远期市场上买入（期限 3 个月，汇率为 1.574 2 美元/英镑），再在即期市场上将其卖出（汇率为 1.596 0 美元/英镑）。这样，每英镑可获得收益为 0.021 8 美元。同时，该银行将 1 个月后将要收到的英镑，先在远期市场上卖出（期限 1 个月，汇率为 1.586 8 美元/英镑），并在即期市场上买入（汇率为 1.597 0 美元/英镑）。这样，每英镑需贴出 0.010 2 美元。两笔交易合计，每英镑可获得收益 0.011 6 美元。

（2）直接进行远期对远期的掉期交易。该银行买入 3 个月的远期英镑（汇率为 1.574 2 美元/英镑），再卖出 1 个月期的远期英镑（汇率为 1.586 8 美元/英镑），每英镑可获得净收益 0.012 6 美元。可见，这种交易方式比上一种交易方式较为有利。

但是，上述例题中这种情况是不存在的，报价者报出的 1 个月/3 个月的远期对远期的掉期率会使这种套利行为消失，那么报价者是如何报出远期对远期的掉期率呢？

【例 8.9】 即期汇率：USD/CHF = 1.532 0/30；1 月期的掉期率：70/60；3 月期的掉期率：170/160。假设客户希望卖出 1 月期远期美元并买入 3 月期远期美元，那么 USD/CHF 的 1M/3M 的掉期率是多少？

报价者要报出 USD/CHF 的 1M/3M 的 S/B 价格，170 是报价者 S/3M 的 S/B 价格，60 是报价者 S/1M 的 B/S 价格，报价者只要做一个 S/3M 的 S/B 和一个 S/1M 的 B/S 就可以对冲掉即期的头寸，在 1M/3M 建立一个 S/B 头寸，于是 USD/CHF 的 1M/3M 的 S/B 价格=170-60=110。

同理，报价者要报出 USD/CHF 的 1M/3M 的 B/S 价格，160 是报价者 S/3M 的 B/S 价格，70 是报价者 S/1M 的 S/B 价格，报价者只要做一个 S/3M 的 B/S 和一个 S/1M 的 S/B 就可以对冲掉即期的头寸，在 1M/3M 建立一个 B/S 头寸，于是 USD/CHF 的 1M/3M 的 B/S 价格=160-70=90。因此，USD/CHF 的 1M/3M 的掉期率为 110/90。

通过上述分析，我们得出即期交割后的远期对远期掉期率的计算规则如下。

$$掉期率左边汇价 = 远期掉期左边汇价 - 近期掉期右边汇价 \tag{8.4}$$

$$掉期率右边汇价 = 远期掉期右边汇价 - 近期掉期左边汇价 \tag{8.5}$$

我们将即期对远期的掉期率与即期对近期的掉期率交叉相减得出远期对远期的掉期率，即掉期率的买入价等于远期掉期买入价减去近期掉期卖出价，掉期率的卖出价等于远期掉期卖出价减去近期掉期买入价。近期掉期是指第一个远期交割日的远期交易。

【例 8.10】 美元/加拿大元，1 月期的掉期率为 140/150，2 月期的掉期率为 210/250。根据式（8.4），美元/加拿大元 1 个月至 2 个月的卖出价掉期率为 210-150＝60；根据式（8.5），美元/加拿大元 1 个月至 2 个月的买入价掉期率为 250-140＝110，因此，美元/加拿大元 1 个月至 2 个月的掉期率为 60/110。

需要注意的是，即期交割日之前的掉期交易与即期交割日之后的掉期交易之间是有区别的。

【例 8.11】 即期汇率：USD/CHF＝1.533 0/40；隔日交割的掉期率为 4/3；1 月期的掉期率为 160/150。如果客户希望银行给出报价 USD/CHF 的 T/1M 的掉期率，则银行应该报出什么价格？

报价者要报出 USD/CHF 的 T/1M 的 S/B 价格，"4"是报价者 T/N 的 S/B 价格，"160"是报价者 S/1M 的 S/B 价格，报价者只要做一个 T/N 的 S/B 和一个 S/1M 的 S/B 就可以对冲掉即期的头寸，在 T/1M 建立一个 S/B 头寸，于是 USD/CHF 的 T/1M 的 S/B 价格＝4+160＝164。

同理，报价者要报出 USD/CHF 的 T/1M 的 B/S 价格，"3"是报价者 T/N 的 B/S 价格，"150"是报价者 S/1M 的 B/S 价格，报价者只要做一个 T/N 的 B/S 和一个 S/1M 的 B/S 就可以对冲掉即期的头寸，在 T/1M 建立一个 B/S 头寸，于是 USD/CHF 的 T/1M 的 B/S 价格＝3+150＝153。因此，USD/CHF 的 T/1M 的掉期率为 164/153。

通过上述分析，我们得出即期交易日之前的远期对远期掉期率的计算规则如下：

$$掉期率左边汇价 = 近期掉期左边汇价 + 远期掉期左边汇价 \tag{8.6}$$

$$掉期率右边汇价 = 近期掉期右边汇价 + 远期掉期右边汇价 \tag{8.7}$$

第三节 外汇掉期交易的作用与范例

一、外汇掉期交易的作用

由于外汇掉期交易是运用不同的交割期限来进行的，可以避免因时间变化而带来汇率变动的风险，对国际贸易与国际投资发挥了积极的作用，外汇掉期交易的作用具体表现在以下方面。

1. 进出口商通过外汇掉期交易进行套期保值，来规避汇率风险

例如，一位英国出口商与某美国进口商签订了一份合同，约定 2 个月后美国进口商以美元付款，它意味着英国出口商在 2 个月以后将收入一笔即期美元。在这期间，如果美元汇率下跌，该出口商就要承担汇率风险。为了使这笔货款保值，该出口商可以在成交后马上卖出等量的 2 个月远期美元，这样就可以保证 2 个月后该出口商用美元计值的出口收入不会因汇率变动而遭受损失。除进出口商外，跨国公司也经常利用外汇掉期交易进行套期保值，使公司资产负债表上外币资产和债权的国内价值保持不变。

在实质上，套期保值与掉期交易的两笔交易的交割期限不同，而这正是掉期交易的确切含义所在，因此利用掉期交易同样可获得套期保值的利益。但在操作上，掉期交易与套期保值仍有区别，即在套期保值中，两笔交易的时间和金额可以不同。

2. 证券投资者通过外汇掉期交易进行货币转换，避开汇率变动风险

外汇掉期交易可以使投资者将闲置的货币转换为所需要的货币，并得以运用，从中获取利益。现实中，许多公司和银行及其他金融机构就是利用这项新的投资工具，进行短期的对

外投资。在进行这种短期对外投资时，投资者必须将本币兑换为另一国的货币，然后调往要投资的国家或地区，但在资金回收时，有可能发生外币汇率下跌使投资者蒙受损失的情况，为此，投资者就需要利用外汇掉期交易避开这种汇率风险。

3. 银行可以消除与客户单独进行远期交易承受的汇率风险

外汇掉期交易可使银行消除与客户进行单独远期交易所承受的汇率风险，平衡即期交易与远期交易的交割日结构，使银行资产结构合理化。

【例 8.12】 某银行在买进客户 6 个月期的 200 万远期美元后，为避免汇率风险，轧平头寸，必须再卖出等量及交割日期相同的远期美元。但在银行同业市场上，直接出售单独的远期外汇比较困难。因此，银行就采用这样一种做法：先在即期市场上出售 200 万即期美元，然后再做一笔相反的掉期买卖，即买进 200 万即期美元，并卖出 200 万远期美元，期限也为 6 个月。结果，即期美元一买一卖相互抵消，银行实际上只卖出了一笔 6 个月期的远期美元，就轧平了与客户交易出现的美元超买。

二、外汇掉期交易范例

A: GBP O/N swap 　 GBP 5 MIO PLS	A：询问英镑兑美元，期限为当日对次日，金额为 500 万英镑的掉期交易汇率。
B: GBP O/N 4/3	B：英镑兑美元，期限为当日对次日的掉期交易汇率是 4/3。
A: 4 PLS 　 My USD to A NY 　 My GBP to A London	A：选择 4 成交。发出交付指令，请把我的美元汇入 A 在纽约的美元账户中，把我的英镑汇入 A 在伦敦的英镑账户中。
B: OK DONE 　 We S/B GBP 5MIO 　 AG USD May 18/May 19 　 Rate at 1.823 4 AG　 1.823 0 　 USD to my B NY 　 GBP to my B London 　 TKS for deal, BI	B：好，成交。我们买卖 500 万英镑兑美元，交割日是 5 月 18 日和 5 月 19 日，汇率是 1.823 4 和 1.823 0。把我的美元汇入 B 在纽约的美元账户中，把我的英镑汇入 B 在伦敦的英镑账户中。感谢询价，再见。
A：OK, ALL AGREED	A：好，同意，再见。

三、我国的外汇掉期交易

我国的每笔外汇掉期交易都包含一个近端期限和一个远端期限，分别用于确定近端起息日和远端起息日。这两个期限可以是标准期限（如 1M、1Y），也可以是非标准期限。按照起息日的不同，掉期交易分为即期对远期掉期交易（spot-forward）、远期对远期掉期交易（forward-forward）和隔夜掉期交易，其中隔夜掉期交易又包括 O/N、T/N 和 S/N 三种。

掉期交易起息日等于即期起息日分别加上双方约定的近端期限和远端期限。遇美元假日或货币对中的任一货币假日，1M 以下的标准期限遵循"下一营业日"准则，1M 以上（包括 1M）标准期限遵循"经调整的下一营业日"准则。非标准期限的起息日由双方直接约定。

掉期交易起息日的月末规则是，若即期起息日为某个月的最后一个营业日，那么 1M 以上（包括 1M）标准期限远期（掉期）交易的起息日也应落在相应月份的最后一个营业日。

掉期交易的基本要素详见表 8.1。

表 8.1 外汇掉期交易基本要素

货币对	可以交易的货币对，详见表 1.4 所列的货币对
期限	标准期限包括：O/N、T/N、S/N、1W、2W、3W、1M、2M、3M、4M、5M、6M、9M、1Y、18M、2Y、3Y 等
价格	根据计算得出的掉期率
交易方向	SELL/BUY：近端卖出基准货币，远端买入基准货币 BUY/SELL：近端买入基准货币，远端卖出基准货币 除非交易双方另行约定，外汇掉期交易的买入和卖出指基准货币的远端交易方向
交易模式	询价交易
清算模式和方式	双边清算 全额清算 集中净额清算：适用人民币外汇 1M 以内的询价掉期交易，适用指定会员（清算会员）
报价精度	详见表 1.4
最小交易金额	详见表 1.4

【例 8.13】 某年 3 月 27 日成交的一笔 2M GBP/CNY 掉期交易，近端起息日为 3 月 31 日（29、30 日为周末），远端起息日本应为 5 月 31 日，但因 5 月 31 日是人民币假日，根据"掉期交易起息日的月末规则"，该笔远期交易的起息日应调整至 5 月 30 日。

【例 8.14】 某年 2 月 26 日成交一笔 1M USD/CNY 远期交易，即期起息日为 2 月 28 日（设该年非闰年，2 月的最后一个营业日），根据月末规则，该笔交易的远期起息日应为下个月的最后一个营业日即 3 月 31 日。

某年 7 月 29 日成交了一笔 2M USD/CNY 的远期交易，即期起息日为 7 月 31 日，根据月末规则，该笔交易的远期起息日应为 9 月的最后一个营业日，即 9 月 30 日。

【例 8.15】 20×4 年 4 月 22 日，机构 A 通过外汇交易系统与机构 B 成交了一笔 1Y 美元兑人民币掉期交易，约定机构 A 在近端卖出 USD 10 000 000，在远端买入 USD 10 000 000。机构 A 为发起方，成交时机构 B 报出的即期汇率为 6.160 0，1Y 的远期点为 49.00bp。即机构 A 会在 20×4 年 4 月 24 日以 USD/CNY = 6.160 000 的价格向机构 B 卖出 USD 10 000 000，在 20×5 年 4 月 24 日以 USD/CNY = 6.164 900 的价格从机构 B 买入 USD 10 000 000。

【例 8.16】 20×4 年 4 月 16 日，机构 A 通过外汇交易系统与机构 B 成交了一笔 O/N 美元兑人民币掉期交易，约定机构 A 在近端卖出 USD 50 000 000，在远端买入 USD 50 000 000。机构 A 为发起方，成交时机构 B 报出的即期汇率为 6.158 5，近端远期点为−2.60bp，远端远期点为−1.45bp。即机构 A 会在 20×4 年 4 月 16 日以 USD/CNY = 6.158 240 的价格向机构 B 卖出 USD 50 000 000，在 20×4 年 4 月 17 日以 USD/CNY = 6.158 355 的价格从机构 B 买入 USD 50 000 000。

第四节　互换交易

互换交易（swap transaction），主要是指对相同货币的债务和不同货币的债务通过金融中介进行互换的一种行为，其具体交易过程见图 8.2。

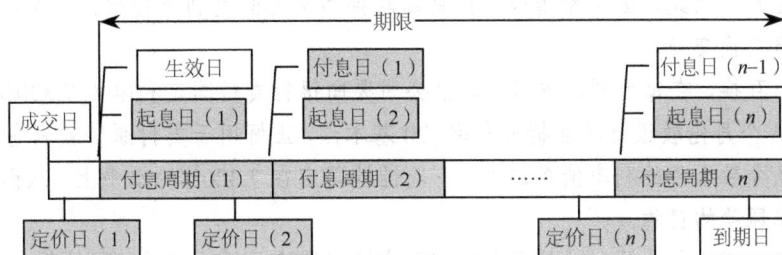

图 8.2　互换交易过程

一、互换交易的起源和发展

互换交易是继 20 世纪 70 年代初出现金融期货后，又一典型的金融市场创新业务。目前，互换交易已经从量向质的方面发展，甚至形成了互换市场同业交易市场。在这个市场上，互换交易的一方当事人提出一定的互换条件，另一方以相应的条件承接下来。经济主体利用互换交易，就可依据不同时期的不同利率、外汇市场或资本市场的限制动向筹措到理想的资金，因此，从某个角度来说，互换市场是最佳的筹资市场。总之，互换交易的开拓，不但为金融市场增添了新的保值工具，而且为金融市场的运作开辟了新的领域。

二、互换交易的类型

由于利率互换与货币互换在互换交易中占主要地位，因此，下面主要介绍这两种交易。

（一）利率互换

利率互换（interest swap）又称"利率掉期"，是指两笔币种相同、金额相同（本金相同）、期限相同的资金，做固定利率与浮动利率的调换。这个调换是双方的，如 A 以固定利率换取 B 的浮动利率，B 则以浮动利率换取 A 的固定汇率，故称互换。利率互换不涉及债务本金的交换，即客户不需要在期初和期末与银行互换本金。利率互换的目的在于降低资金成本风险和利率风险。利率互换与货币互换都是于 1982 年开始的，是适用于银行信贷和债券筹资的资金融通新产品，也是新型的避免资金成本风险和利率风险的金融技巧，目前已在国际上被广泛采用。

例如，设互换交易双方的一方为甲银行，信用等级为 AAA，另一方为乙跨国公司，信用等级为 BBB。甲银行可在欧洲债券市场上以较低的固定利率筹措资金，但它现在希望以浮动利率筹资；乙跨国公司可在同样市场上以略高的浮动利率筹措资金，但它现在希望用固定利率筹资。于是，双方进入互换市场，由甲银行发行固定利率债券，乙跨国公司向甲银行借入浮动利息贷款，接着双方互换债务。互换后，双方的目标都得到了实现，并且都降低了筹资成本。

1. 利率互换的形式

利率互换可以有多种形式，任何两种不同的利率形式都可以通过利率互换进行相互转换，其中最常用的利率互换是在固定利率与浮动利率之间进行转换。

【例 8.17】　某公司有一笔美元贷款，期限为 10 年，从 2009 年 6 月 6 日至 2019 年 6 月 6 日，利息为每半年计息付息一次，利率水平为 USD 6 个月伦敦银行同业拆放利率+70 基本点。该公司认为在今后十年之中，美元利率呈上升趋势，如果持有浮动利率债务，利息负担会越来越重。同时，由于利率水平起伏不定，公司无法精确预测贷款的利息负担，从而难以进行成本计划与控制。因此，公司希望能将此贷款转换为美元固定利率贷款。这时，公司可与银行做一笔利率互换交易。

经过利率互换，在每个利息支付日，该公司要向银行支付固定利率为7.320%的利息，而收入的USD 6个月伦敦银行同业拆放利率+70基本点，正好用于支付原贷款利息。这样一来，该公司将自己今后十年的利率债务成本，一次性地固定在7.320%的水平上，从而达到了管理自身债务利率风险的目的。

利率互换形式十分灵活，可以根据客户现金流量的实际情况做到"量体裁衣"，既适用于已有债务，也可以用于新借债务，还可以做成远期起息。利率互换同样可以运用于客户资产的收益管理，在利率看跌时，客户可将浮动利率的资产转换为固定利率的资产；在利率看涨时，客户可将固定利率的资产转换为浮动利率的资产。这样，客户既可以控制利率风险，又可以增加收益。从例8.18中，我们可以理解利率互换的原理。

【例8.18】假设A和B两家公司，A公司的信用级别高于B公司，因此B公司在固定利率和浮动利率市场上借款所需支付的利率要比A公司高。首先介绍一下在许多利率互换协议中都需用到的伦敦银行同业拆放利率（LIBOR），其经常作为国际金融市场贷款的参考利率，在它上下浮动几个百分点。现在A、B两公司都希望借入期限为5年的1 000万美元，并提供了如表8.2所示的利率。

表8.2 A、B两公司的借款利率情况

	固定利率	浮动利率
A公司	10.00%	6个月期伦敦银行同业拆放利率+0.30%
B公司	11.20%	6个月期伦敦银行同业拆放利率+1.00%

从表8.2可知，在固定利率市场B公司比A公司需多付1.20%的固定利率，但在浮动利率市场只比A公司多付0.7%的浮动利率，这说明B公司在浮动利率市场有比较优势，而A公司在固定利率市场有比较优势。现在假如B公司想按固定利率借款，而A公司想借入与6个月期伦敦银行同业拆放利率相关的浮动利率资金。由于比较优势的存在将产生可获利润的互换。A公司可以10%的利率借入固定利率资金，B公司以6个月期伦敦银行同业拆放款利率+1%的利率借入浮动利率资金，然后他们签订一项互换协议，以保证最后A公司得到浮动利率资金，而B公司得到固定利率资金。

作为利率互换进行的第一步，我们假想A公司与B公司直接接触，他们可能商定的互换类型如图8.3所示。A公司同意向B公司支付本金为1 000万美元的以6个月期伦敦银行同业拆放利率计算的利息，作为回报，B公司同意向A公司支付本金为1 000万美元的以9.95%固定利率计算的利息。

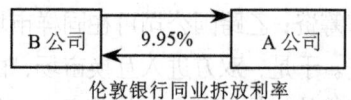

图 8.3 A、B公司利率互换

考察A公司的现金流：①支付给外部贷款人年利率为10%的利息；②从B公司拆放得到年利率为9.95%的利息；③向B公司拆放支付伦敦银行同业拆放利率的利息。三项现金流的总结果是A公司只需支付伦敦银行同业拆放利率+0.05%的利息，比它直接到浮动利率市场借款少支付0.25%的利息。

同样B公司也有三项现金流：①支付给外部借款人年利率为伦敦银行同业拆放利率+1%的利息；②从A公司得到伦敦银行同业拆放利率的利息；③向A公司支付年利率为9.95%的利息。三项现金流的总结果是B公司只需支付10.95%的利息，比它直接到固定利率市场借款少支付0.25%的利率。

这项互换协议中 A 公司和 B 公司每年都少支付 0.25% 的利息，因此 AB 双方的总收益为每年 0.5%。

2. 利率互换的优缺点

利率互换的优点主要有以下几个。①风险较小。因为利率互换不涉及本金，双方仅是互换利率，风险也只限于应付利息这一部分，所以风险相对较小。②影响性小。这是因为利率互换对双方财务报表没有什么影响，现行的会计规则也未要求把利率互换列在报表的附注中，故可对外保密。③成本较低。双方通过互换，都实现了自己的目标，同时也降低了筹资成本。④手续较简，交易迅速达成。利率互换的缺点就是这种利率互换不像期货交易那样有标准化的合约，有时可能因找不到互换的另一方而无法完成互换。

3. 利率互换的作用

利率互换是经济主体一项常用的债务保值工具，用于管理中长期利率风险，其主要具有以下一些作用。①降低融资成本。出于各种原因，对于同种货币，由于不同的投资者在不同的金融市场的资信等级不同，因此融资的利率也不同，存在着相对的比较优势。利率互换可以利用这种相对的比较优势进行互换套利，以降低融资成本。②资产负债管理。利率互换可将固定利率债权（债务）换成浮动利率债权（债务）。客户通过利率互换交易可以将一种利率形式的资产或负债转换为另一种利率形式的资产或负债。一般来说，当利率看涨时，客户将浮动利率债务转换成固定利率较为理想，而当利率看跌时，客户将固定利率转换为浮动利率较好，从而可以规避利率风险，降低债务成本，同时还可以用来固定自己的边际利润，便于债务管理。③对利率风险保值。对于一种货币来说，无论是固定利率还是浮动利率的持有者，都面临着利率变化的风险。对固定利率的债务人来说，如果利率的走势上升，其债务负担相对较低；对于浮动利率的债务人来说，如果利率的走势上升，则成本会增大。

（二）货币互换

货币互换（currency swap）又称"货币掉期"，是指两笔金额相同、期限相同、计算利率方法相同，但币种不同的债务资金之间的调换，同时也进行不同利息额的货币调换。简单来说，利率互换是相同货币债务间的调换，而货币互换则是不同货币债务间的调换。货币互换中双方互换的是货币，它们之间各自的债权债务关系并没有改变。初次互换的汇率以协定的即期汇率计算。

【例 8.19】设甲公司发行 3 年期固定利率欧洲美元债券，可筹措较便宜的资金，但是它现时需要的是瑞士法郎。如果这时甲公司发行了欧洲美元债券，虽然利率较低，却扩大了风险头寸；如果甲公司直接发行瑞郎债券，势必成本较高。设乙公司发行 3 年期固定利率瑞士法郎债券，可筹到较便宜的资金，但它现时却只需欧洲美元，如果发行了瑞士法郎债券，也就多了一份以后还本时的汇率风险；如果乙公司直接发行欧洲美元债券，成本也较高。由于甲乙双方所需资金的金额相等（按汇率折算），于是就通过银行中介拟做货币互换或直接谈判，达成货币互换协议 3 年后，再做相反的交换。这样，甲公司就发行了欧洲美元债券，乙公司就发行了瑞士法郎债券，再将所得的资金，按协定签订时的现汇汇率（如 USD 1 = CHF 1.545 0）互相卖给对方，结果双方都以较低成本筹措到了所需的资金，也避免了汇率风险。当 3 年期满时，甲公司需要欧洲美元偿还本金，乙公司也需要瑞士法郎偿还债务时，再做反方向交换，即甲公司向乙公司出售瑞士法郎，乙公司向甲公司出售等额美元，互换交易按协定签订时确定的汇率计算。这个远期外汇合同，是在3年前甲乙双方签订互换协定时，为避免汇率风险就已规定好的。这样，尽管不同的欧洲货币利率不同，支付的利息额也不相同，但仍可按3年前的不变现汇互售货币。甲公司向乙公司出售瑞士法郎，便于后者支付利息，乙公司向甲公司出售欧洲美元，也便于后者支付利息。

1. 货币互换的特点

货币互换可以降低互换双方的筹资成本、满足双方意愿、避免汇率风险，其具有以下几个特点：①货币互换起点的金额一般为等值500万美元，也可根据客户实际需求另定；②货币互换期限一般为1年到5年，但也可根据客户的实际需要进行变通，延长最长期限；③客户与银行做利率互换交易需有银行的授信额度或交纳保证金，互换交易一经成交不得撤销。如需提前终止交易，客户须提前10个工作日向银行提出书面申请，并得到银行同意后方可执行。

2. 货币互换的功能

货币互换是经济主体一项常用的债务保值工具，主要用来控制中长期汇率风险，能把以一种外汇计价的债务或资产转换为以另一种外汇计价的债务或资产，达到规避汇率风险、降低成本的目的。早期的"平行贷款""背对背贷款"就具有类似的功能，但是无论是"平行贷款"还是"背对背贷款"均属于贷款行为，在资产负债表上将产生新的资产和负债。而货币互换作为一项资产负债表外业务，能够在不对资产负债表造成影响的情况下达到同样的目的。

货币互换的主要功能如下。①套利的功能。通过货币互换能得到直接投资不能得到的所需级别、收益率的资产，或是得到比直接融资成本更低的资金。②资产、负债管理的功能。与利率互换不同，货币互换主要是对资产和负债的币种进行搭配。③对货币保值的功能。随着经济日益全球化，许多经济活动开始向全世界扩展。跨国公司的资产和负债开始以多种货币计价，货币互换可用来使与这些货币相关的汇率风险最小化，对公司现存资产或负债的汇率风险进行保值，锁定收益或成本。④规避外汇管制的功能。现有许多国家实行外汇管制，从这些国家汇回或向这些国家公司内部贷款的成本很高甚至是不可能的。通过货币互换可解决此问题。

三、互换交易的风险

1. 互换交易的风险

互换交易是用来管理外汇风险最主要且最有效的金融工具之一。但是，互换交易本身也存在着风险，其中包括价格风险、结算风险和信用风险等。

价格风险指互换交易的最终用户在应该成交而来不及成交，或者刚刚成交时，市场价格就发生了急剧的变化而产生的风险。还有一种情况就是存在中介的价格风险。

结算风险是指在不同时区的结算中心交割一笔货币互换，会使互换某一方承受结算风险。当交易一方按照合同的交割时间履行义务时，而交易另一方由于某种疏漏（非信用原因产生），或者是划账线路有问题，或者是划款指令中遗漏某项内容而使交易的一方在同一天收不到互换的冲抵资金时，就产生了由结算引起的风险。

信用风险是指互换的某一方由于违约不履行互换义务时，互换的另一方就有可能遭受一定的风险。这种信用风险随着互换市场的迅速发展而被交易者和中介所重视。

2. 互换交易风险的承担者

互换交易风险的承担者有以下几方。

（1）互换交易双方当事者。在互换交易中他们要负担原有债务或新的债务，并实际进行债务交换。

（2）中介银行。它在合同当事人双方的资金收付中充当中介角色。

（3）交易筹备者。交易筹备者的职责在于安排互换交易的整体规则，决定各当事者满意的互换条件，调解各种纠纷等。交易筹备者不是合同的当事者，一般由投资银行、商业银行或证券公司担任，收取（一次性）一定的互换安排费用，费用通常为互换总额的 0.125%～0.375%。

四、互换交易的主要参与者

1. 政府

政府可以利用互换市场开展利率风险管理业务，在自己的资产组合中，调整固定利率与浮动利率债务的比重。大多数有赤字的政府其大部分的债务融资都是固定利率的债务，但一些国际主权债券往往是浮动利率的票据。欧洲及欧洲以外的许多政府利用互换市场将固定利率债券的发行从一种货币互换为另一种货币或者从中获取更便宜的浮动利率资金。

许多政府机关、国有企业、城市与市政机构可以利用互换市场降低融资成本，或在投资者对其债券需求很大而借款人本身并不需要那种货币的市场上进行借款。借款人可以利用互换市场将融资决策与货币风险管理决策分开，因为互换交易会使外币借款产生的债务总成本升高或降低的可能性出现，也会使所借货币的价值发生变动而改变融资成本。

2. 出口信贷机构

出口信贷机构能提供价格有竞争力的融资以便扩大该国的出口。出口信贷机构可以利用互换交易降低借款成本，使资金来源多样化。出口信贷机构通过信用套利过程节省下来的费用，分摊给当地借款人，他们构成出口信贷机构的客户群。一些出口信贷机构，特别是来自北欧国家的出口信贷机构，一直是活跃在国际债券市场上的借款人，其中有些机构成功地创造了融资项目，从而能够按优惠利率借款。互换市场使出口信贷机构能够分散筹资渠道，使借款币种的范围更广，再互换回他们所需要的货币。互换交易也使借款人能管理利率及货币风险。

3. 超国家机构

超国家机构是由一个以上政府共同所有的法人机构。由于有政府的金融扶持，该机构通常资产负债情况良好，有些超国家机构被机构投资者认为是资本市场最佳信用主体之一。超国家机构通常代表客户借款，因为他们能够按十分优惠的价格筹集资金，能把节省的费用与客户分摊。

4. 金融机构

使用互换市场的金融机构范围很广，包括存贷协会、房屋建筑协会、保险公司、养老基金、保值基金、中央银行、储蓄银行、商业银行、商人银行、投资银行与证券公司等经济主体。商业银行与投资银行是互换市场的活跃分子，他们不仅为自己的账户，同时也代表自己的客户进行互换交易。银行将互换交易作为交易工具、保值技术与做市工具。

5. 公司

很多大公司是互换市场的活跃分子，它们用互换交易管理利率风险，并将资产与负债配对，其方式与银行大抵相同。一些公司用互换市场交换它们对利率的看法，并探寻信用套利的机会。

互换市场还有其他一些参与者，他们包括各种交易协会、经纪人、系统卖方与出版商等。

五、互换交易的优缺点

互换与其他金融衍生工具相比，有着自身独特的优点，主要体现在以下五个方面。

（1）互换交易集外汇市场、证券市场、短期货币市场和长期资本市场业务于一身，既是融资的创新工具，也可用于金融管理。

（2）互换交易能满足交易者对非标准化交易的要求，运用面广。

（3）用互换交易进行套期保值可以省却对其他金融衍生工具所需头寸的日常管理，使用简便且风险转移较快。

（4）互换交易期限灵活，长短随意，最长可达几十年。

（5）互换市场的产生使银行成为互换的主体，所以互换市场的流动性较强。

互换交易本身也存在许多风险。信用风险是互换交易所面临的主要风险，也是互换双方及中介机构因种种原因发生的违约拒付等不能履行合同的风险。另外，由于互换交易的期限通常长达数年之久，对于买卖双方来说，还存在着互换利率的风险。

本章小结

所谓掉期交易，是指投资者在买入或卖出即期外汇的同时，卖出或买进同一金额同一币种的远期外汇，以防止汇率风险的一种外汇交易。外汇掉期交易具有以下特点：①买卖同时进行，即一笔掉期交易必须包括买进一笔外汇以及卖出一笔外汇，并且买卖活动是同时进行的；②买卖外汇的数额相同、币种相同；③买卖外汇交割的期限不同。

外汇掉期交易的种类按照掉期交易的买卖对象可划分为纯粹的掉期交易和分散的掉期交易；按照掉期交易的买卖性质可划分为买/卖掉期交易和卖/买掉期交易；按照掉期交易的交割期限可划分为即期对即期的掉期交易、即期对远期的掉期交易和远期对远期的掉期交易。

互换交易主要指对相同币种的债务和不同币种的债务通过金融中介进行互换的一种行为。

本章主要介绍了利率互换和货币互换。利率互换又称"利率掉期"，是指两笔币种相同、金额相同（本金相同）、期限相同的资金，做固定利率与浮动利率的调换。货币互换，又称"货币掉期"，是指两笔金额相同、期限相同、计算利率方法相同，但币种不同的债务资金之间的调换，同时也进行不同利息额的货币调换。简单来说，利率互换是相同货币债务间的调换，而货币互换则是不同货币债务间的调换。货币互换双方互换的是货币，它们之间各自的债权债务关系并没有改变。初次互换的汇率以协定的即期汇率计算。

互换交易是用来管理外汇风险最主要且最有效的金融工具之一。但是，互换交易本身也存在着风险，其中包括价格风险、结算风险和信用风险等。

基本训练

一、填空题

1. 掉期交易按交割期限可以分为（　　　）、（　　　）、（　　　）。

2. 掉期交易按买卖对象划分，可分为（　　　）和（　　　）。

3. 即期对即期的掉期交易可以分为（　　　　）和（　　　　）。

4. 不规则天数的掉期率可以通过（　　　　）和（　　　　）两种计算方法求得。

5. （　　　　），主要指对相同货币的债务和不同货币的债务通过金融中介进行互换的一种行为。

二、单项选择题

1. 6月10日，A银行从B银行买入即期英镑500万，同时A银行卖给B银行1个月远期英镑500万，这是一笔（　　　　）交易。

    A. 套汇交易　　　　B. 套利交易　　　　C. 掉期交易　　　　D. 择期交易

2. 在掉期交易中，报价者所报的B/S价表示（　　　　）。

    A. 询价者卖出近期，买入远期的报价货币的掉期率

    B. 报价者卖出近期，买入远期的被报价货币的掉期率

    C. 报价者买入近期，卖出远期的被报价货币的掉期率

    D. 询价者买入近期，卖出远期的被报价货币的掉期率

三、多项选择题

1. 掉期交易的性质是（　　　　）。

    A. 买卖同时进行　　　　　　　　　B. 买卖不同时进行

    C. 买卖的币种相同、数额相同　　　D. 交割期限不同

2. 掉期交易的类型有（　　　　）。

    A. 即期对即期　　B. 即期对远期　　C. 远期对即期　　D. 远期对远期

3. 互换交易风险的承担者包括（　　　　）。

    A. 互换交易双方当事者　　　B. 中介银行　　　C. 交易筹备者

四、判断题

1. 外汇掉期交易的买卖同时进行，买卖外汇的数额相同，币种不同，交割的期限不同。（　　　　）

2. O/N是指前一个即期外汇交易的交割日是成交日后的第一个营业日，后一个外汇交易的交割日是成交日后的第二个营业日的掉期交易。（　　　　）

3. 外汇掉期交易可避免汇率变动的风险。（　　　　）

4. 外汇掉期交易的买入价表示报价行愿意卖出即期被报价货币和买入远期被报价货币价格。

（　　　　）

5. 若在即期交割日之后的掉期汇率为升水，则在即期交割日之前的掉期汇率为贴水。（　　　　）

6. 在掉期交易中，报价者所报的 S/B 价表示询价者买入近期卖出远期的被报价货币价格。

（　　　　）

7. 在升水的情况下，若预期利率差扩大，则操作策略为买入远期，卖出近期报价币。（　　　　）

8. 即期交易日之前的远期对远期掉期率的计算规则与即期交易日之后的远期对远期掉期率的计算规则不同。（　　　　）

五、案例分析与计算

1. 美元/瑞士法郎，3月期的掉期率 = 189.5/191，6月期的掉期率 = 375.5/377，求 3～6 个月的掉期率。

2. 英镑/美元，1 月期的掉期率 = 45.1/44.3，2 月期的掉期率 = 92.5/90，求 1~2 个月的掉期率。

3. 美元/瑞士法郎，2 月期的掉期率 = 98/101，3 月期的掉期率 = 151/153，求 2~3 个月的掉期率。

六、翻译并填空

1.

A: GBP O/N swap

    GBP 5 MIO PLS

B: GBP O/N 4/3

A: 4 PLS

    My USD to A NY

    My GBP to A London

B: OK done

    We S/B GBP 5MIO

    AG USD May 18/May 19

    Rate at 1.293 4 AG （   ）

    USD to my B NY

    GBP to my B London

    TKS for deal, BI

A: OK, all agreed

2.

BCGD: GTCX   FW   GBP 2

         VAL   August 3, 2018

GTCX: Swap   44/41

         SP   1.282 3/28

BCGD: Mine

GTCX: OK done

         at （   ）I sell GBP 2MIO AG USD

         VAL   August 3, 2018

         USD to A bank

         TKS   for deal, BI

BCGD: GBP to   B bank

         TKS, BI

七、简答题

1. 简述掉期交易的作用。

2. 简述利率互换与货币互换的作用。

3. 简述互换交易的风险。

第九章　外汇风险管理

【学习目标】

理论目标: 了解外汇风险的概念和种类, 理解并掌握不同类型外汇风险的管理策略, 掌握企业外汇风险的防范措施和银行外汇风险管理的方法。

技术目标: 掌握外汇风险管理的方法和原则。

能力目标: 能根据企业和银行实际, 制定防范外汇风险的具体措施, 并对外汇风险实施有效的管理。

引例

3月1日, 一美国公司得知将在7月底收到10亿日元。9月到期交割的日元期货的现价为1日元=0.850 0美分。该公司的财务主管在3月1日卖空了80份9月到期交割的日元期货合约, 并准备在7月底收到该笔日元款项时, 将买入的这80份日元期货合约进行平仓。当该公司在7月底收到这笔日元款项时, 即期汇率的价格为1日元=0.875 0美分, 期货的价格为1日元=0.880 0美分。该公司的财务主管将期货平仓, 期货损失了100 000万×(0.880 0-0.850 0)/100=30万(美元)。

让我们设想一下总经理和财务主管的谈话。

总经理: "我们3个月内在期货市场上就损失了30万美元, 我需要你的解释。"

财务主管: "购买期货的目的是对冲暴露的日元可能面临的贬值风险, 而不是为了获利。我们收到的日元在现货市场上也获得了更好的价格。"

总经理: "那有什么关系? 这好像是说我们在纽约的销售量上升了就可以不用担心加利福尼亚的销售量下降。"

财务主管: "如果日元贬值了……"

总经理: "我不关心日元贬值会出现什么情况, 事实是日元升值了, 我不得不向我们的股东说明由于你的行为使公司的利润降低了30万美元。这恐怕会影响你今年的奖金了。"

财务主管: "这不公平。这全在于你怎么看待它……"

从引例中我们可以看出, 即使在经济高度发达的美国, 当财务人员运用套期保值手段对冲外汇风险的时候, 有时也不能得到高层管理人员的理解。

2005年7月21日人民币汇率制度改革后, 人民币兑美元就一直在小幅升值。直到2015年8月11日, 中国人民银行调整人民币兑美元汇率中间价报价进行机制改革, 使得人民币兑美元汇率中间价机制进一步市场化, 人民币的汇率才不再单边升值。随着人民币汇率双向浮动弹性明显增强, 尤其是人民币纳入特别提款权(SDR)后汇率波动幅度的加大, 使我国的涉外企业等机构和个人面临较大的外汇风险。那么如何理解外汇风险？企业和银行这些主体又如何防范外汇风险呢？本章将详细探讨这些内容。

第一节　外汇风险概述

自 1973 年布雷顿森林固定汇率体系崩溃，特别是 1976 年牙买加协议正式承认浮动汇率制合法性以来，汇率被控制在一定波动范围的固定汇率制随之解体。目前，世界各国普遍实行浮动汇率制，美元、日元、英镑等主要货币之间的比价经常出现剧烈的波动，致使国际债权债务的决算由于汇率的波动受到很大的影响。从事对外经济、贸易、投资及金融的公司、企业组织、个人及国家外汇储备的管理与营运等，通常都需要在国际范围内收付大量外币，或持有外币的债权债务，或以外币表示的资产、负债价值。由于各国使用的货币不同，加上各国间货币汇率的频繁变化，在国际经济往来中，企业、机构和个人等在国际上进行收付结算的时候，就会面临外汇风险。

外汇风险（foreign exchange exposure）是指一个金融公司、企业组织、经济实体、国家或个人一定时期内在对外经济、贸易、金融、外汇储备的管理与营运等活动中，以外币表示的资产（债权、权益）与负债（债务、义务）因未预料的外汇汇率的变动而引起的价值的增加或减少的可能性。

一、外汇风险的充要条件

外汇风险存在的充要条件有以下两个。

（1）经济主体必须持有外汇头寸。如果经济主体持有的是本币头寸，则不涉及汇率变动带来的风险。

（2）汇率波动的不确定性。汇率波动的不确定性表明汇率可能向有利于当事人的方向变动，也有可能向不利于当事人的方向变动，其影响是双面的，其结果也是双面的，当事人有可能因汇率波动获得收益，也有可能因汇率波动遭受损失。汇率波动的不确定性是外汇风险产生的根源。

二、外汇风险的种类

在国际企业组织的全部活动中，即在它的经营活动过程、结果、预期经营收益中，都存在着由于外汇汇率变化而引起的外汇风险。外汇风险的种类很多，在经营活动中的风险为交易风险（transaction exposure），在经营活动结果中的风险为会计风险（accounting exposure），预期经营收益的风险为经济风险（economic exposure），另外还有储备风险。

1. 交易风险

交易风险指在约定以外币计价成交的交易过程中，由于结算时的汇率与交易发生时（即签订合同时）的汇率不同而引起的风险。交易风险包括以下几种。

（1）以即期或延期付款为支付条件的商品或劳务的进出口，在货物装运和劳务提供后，货款或劳务费用尚未收付前，因外汇汇率变化所带来的风险。

（2）以外币计价的国际信贷活动中，在债权债务未清偿前所存在的汇率风险。

（3）向外筹资中的汇率风险。即借入一种外币而需要换成另一种外币使用时，筹资人将可能承受借入货币与使用货币之间汇率变动的风险。

（4）待履行的远期外汇合同，约定汇率和到期即期汇率变动而产生的风险。

外汇的交易风险是一种常见的外汇风险，存在于应收款项和所有货币负债项目中。由于涉及本币与外币，或者不同的外币之间的兑换都会产生外汇风险，因此，开办外汇买卖业务的商业银行面临大量的外汇交易风险，工商企业在以外币进行贸易、结算、贷款或借款以及伴随外币贷款与借款而进行外汇交易时，也会面临同样的交易风险，个人买卖外汇也不例外。此外，银行的一些表外业务中也包含着外汇交易风险。如买入和卖出外汇工具，外汇远期合同、期货合同、期权合同及互换合同等，还有购买尚未清算的、客户的价格早已确定的涉外商业合同等。

2. 会计风险

会计风险也称折算风险，是指由于外汇汇率的变动而引起的企业资产负债表中某些外汇资金项目金额变动的可能性。会计风险是一种账面的损失和收益，并不是交割时的实际损益，但它会影响企业资产负债的报告结果。

【例9.1】 一家美国公司在澳大利亚的子公司，在年初时买入了1万澳元的原材料，在财务报表中的记账科目为库存，数量为1万澳元。若年初购买原材料时的汇率价格为 AUD 1 = USD 0.716 3，那么1万澳元的库存价值就是7 163美元。结果在年末时汇率价格发生了变化，为 AUD 1 = USD 0.713 5，那么此时1万澳元的库存价值就仅为7 135美元了。由于澳元的贬值，该公司的账面上出现了28美元的损失，这就是典型的会计风险。

3. 经济风险

经济风险是指由于意料之外的外汇汇率变化而导致企业的产品成本、价格等发生变化，从而导致企业未来经营收益变化的不确定性。

【例9.2】 20世纪80年代开业的北京奥林匹克饭店就是一个典型的案例。该饭店在1987年成立初期向中国银行为首的银团申请了50亿日元的贷款，贷款利率很优惠。银行放贷时的汇率水平是1美元兑换240日元左右。而此后不久，日元就开始在美国的逼迫下不断升值，最高时达到1美元兑换80日元左右。与此同时（1994年），人民币汇率也进行了调整，从1美元兑5.7元人民币调整到1美元兑8.7元人民币左右。也就是说，人民币兑日元的汇率在短短7年内就贬值了近6倍。奥林匹克饭店的经营收入基本上都是用人民币或美元计价，但要用日元还贷，日元的升值令其蒙受了巨大的损失，最后不得不申请破产，2002年该饭店被拍卖。该饭店不是所处地理位置不好，也不是经营管理问题，最主要原因就是没有合理规避汇率风险，因而最终导致了破产。

4. 储备风险

储备风险是指外汇作为储备资产，因外汇汇率变动而引起价值波动的可能性。大到国家，小到个人，只要持有外汇资产，就会面临着储备风险。一个国家的外汇储备可能会因为汇率的变动而遭受损失，同样，汇率的变动也会使企业、个人外汇储备资产的实际价值发生变化。

5. 这四类风险的内在联系

上述这四类风险有一定的联系，从时间上看，会计风险是对过去会计资料计算时因汇率变动而造成的资产或负债的变化程度，是账面价值的变化；交易风险和储备风险是当前交易或结算中，因汇率变化而造成的实际的经济损失或收益；而经济风险是因汇率意料之外的变化对未来的经营活动和经营收益所产生的不确定性。

三、外汇风险管理的策略、原则和过程

（一）外汇风险管理的策略

外汇风险管理常用的策略有以下三种。

1. 完全抵补策略

完全抵补策略，即采取各种措施消除外汇敞口额，固定预期收益或固定成本，使面临的外汇风险降低到最小，以达到避险的目的。换言之，就是采取措施完全地抵补外汇头寸受汇率波动变化造成的风险。对银行或企业来说，就是把持有的外汇头寸，全部进行抛补。一般情况下，采用这种策略的相对风险比较低，操作简单，尤其适用于实力单薄、涉外经验不足、市场信息不灵敏、汇率波动幅度较大等情况。

2. 部分抵补策略

部分抵补策略，即采取措施清除部分外汇敞口金额，保留部分受险金额，这样就会留下部分赚钱的机会，当然也存在部分赔钱的可能。此种方法，由于是部分抵补，存在一定的损失风险，但也同时存在着收益的可能性，因此，部分抵补策略适用于那些有风险偏好但又对风险承受力有限的企业或金融机构。此策略又可分为两种类型。①进攻型。采取进攻型部分抵补策略的企业或金融机构，在高风险高收益和低风险低收益的选择中，选择的是高风险高收益。这些经营者除了对某些受险部分采取措施以防范外汇风险外，当预测到汇率有可能朝自己有利的方向波动时，不仅不会平衡外汇头寸，甚至还会有意识地使某些币种处于"超买"或"超卖"的情况，以获取汇率变动之利。因此这种类型的战略可能会使经营者获得较高的风险收益，但也可能会使经营者蒙受较大的风险损失，有较强的投机性质。②防守型。采取防守型部分抵补策略的企业或金融机构，在高风险高收益和低风险低收益的选择中，选择的是低风险低收益。这些交易者尽可能地对受险部分采取防范外汇风险的措施，虽然没有多少风险收益，但也没有多少风险损失，他们以稳健经营为原则。

3. 不抵补策略

不抵补策略，即任由外汇敞口金额暴露在外汇风险之中，这种策略适合于汇率波幅不大、外汇业务量较小的情况。在面对低风险、高收益、外汇汇率预期会向有利于自己的方向变动时，企业或者金融机构也容易选择这种策略。这种策略可以说是外汇风险最大的，一般是属于风险偏好型投资者所选择的。所以，在使用这种不抵补策略的时候，经营者一定要分析好客观情况，对自身的风险承受力进行评估，全面考虑，以免造成不必要的损失。

（二）外汇风险管理的原则

外汇风险管理应遵循以下几项原则。

1. 保证宏观经济原则

在处理企业的微观经济利益与国家整体的宏观利益问题上，企业通常是尽可能减少或避免外汇风险损失，而是把这种外汇风险转嫁到银行、保险公司甚至是国家财政上去。在实际业务中，经营者应把这两者的利益尽可能地结合起来，共同防范外汇风险损失。

2. 分类防范原则

对于不同类型和不同传递机制的外汇风险损失，经营者应该采取不同的方法来分类防范。对于交易结算风险，应以选好计价结算货币为主要防范方法，辅以其他方法进行防范；对于债券投资的外汇风险，应采取各种保值为主的防范方法；对于外汇储备风险，应以储备结构多元化为主，适时进行外汇抛补的防范方法。

3. 稳妥防范原则

稳妥防范原则从其实际运用来看，包括消除外汇风险、转嫁外汇风险和从外汇风险中避损得利三个方面，尤其从外汇风险中避损得利，是经营者追求的理想目标。

（三）外汇风险管理的过程

外汇风险管理过程包括五步，如图 9.1 所示。

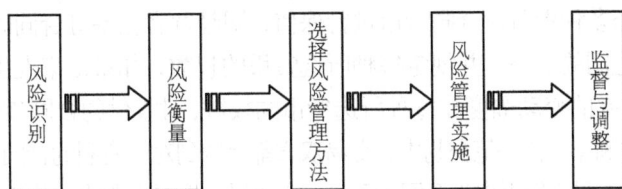

图 9.1　外汇风险管理过程

外汇风险管理，第一步是风险识别，即识别出经济主体可能面临的外汇风险类型及其风险因素、风险头寸、风险事故及风险结果。了解究竟存在哪些外汇风险，了解面临的外汇风险哪一种是主要的，哪一种是次要的；哪一种风险较大，哪一种风险较小；同时，要了解外汇风险持续时间的长短。第二步是外汇风险衡量，即衡量外汇风险对经济主体带来损失的概率及程度。经营者可以通过预测汇率走势，来评估外汇风险的程度。外汇敞口额越大、时间越长、汇率波动越大，外汇风险越大。第三步是选择外汇风险管理方法，即针对特定类型的外汇风险及风险大小，选择合适的防范方法，以便有效地实现外汇风险管理的目标。第四步是外汇风险管理实施，即通过具体的安排，落实选定的外汇风险防范方法，进行外汇风险防范。第五步是监督与调整，即对外汇风险防范措施的效果加以监督和评估，并根据市场及自身的情况，适时加以调整。

四、外汇风险管理的一般方法

由于各种外汇风险产生的原因、影响、时间不同，所以针对特定风险有着特定的风险防范措施。归纳起来，外汇风险防范的主要方法如图 9.2 所示。

（一）外汇交易风险及其管理

交易风险，即在运用外币进行计价收付的交易中，经济主体因外汇汇率变动而蒙受损失的可能性，是一种

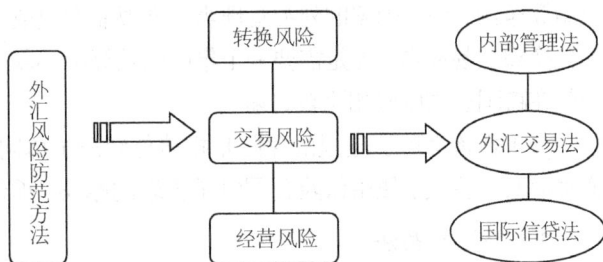

图 9.2　外汇风险管理的方法

流量风险。对交易风险的管理方法可以分为三类：内部管理法、外汇交易法及国际信贷法。

1. 内部管理法

内部管理法是指经济主体运用自身可控的条件来避免或减少汇率波动产生的损失，主要包括选择正确的合同货币、在合同中加列货币保值条款、调整价格或利率、货币配对、提前或推迟收付、净额结算和汇率保险。

（1）选择正确的合同货币。在有关对外贸易和借贷等经济交易中，选择何种货币签订合同作为计价结算的货币或计值清偿的货币，直接关系到交易主体是否承担外汇风险。经营者在选择合同货币时应遵循以下原则：第一，争取使用本币作为合同货币；第二，出口、借贷资本输出争取使用"硬货币"，即在外汇市场上汇率呈现升值趋势的货币。

（2）在合同中加列货币保值条款。货币保值是指经营者选择某种与合同货币不一致的、价值稳定的货币，将合同金额转换成用所选的货币来表示，在结算或清偿时，经营者按所选货币表示的金额以合同货币来完成收付。目前，各国所使用的货币保值条款主要是"一篮子"货币保值条款，就是选择多种货币对合同货币进行保值，即经营者在签订合同时，确定好所选择多种货币与合同货币之间的汇率，并规定每种所选货币的权数，如果汇率发生变动，则在结算或清偿时，根据当时汇率的变动幅度和每种所选货币的权数，对收付的合同货币金额作相应调整。

（3）调整价格或利率。在一笔交易中，交易双方都争取到对己有利的合同货币是不可能的，当一方不得不接受对己不利的货币作为合同货币时，就可以争取对谈判中的价格或利率作适当调整：如要求适当提高以"软货币"计价结算的出口价格，或提高以"软货币"计值清偿的贷款利率；要求适当降低以"硬货币"计价结算的进口价格，或适当降低以"硬货币"计值清偿的借款利率。

（4）货币配对。配对是指涉外经济主体在一笔交易发生时或发生后，再进行一笔与该笔交易在币种、金额、收付日上完全相同，但资金流向正好相反的交易，使这两笔交易所面临汇率变动的影响相互抵消的一种做法。

表 9.1　一般企业提前、延迟结汇法

企业分类	汇率预测	
	本币升值	本币贬值
出口企业	提前收汇	推迟收汇
进口企业	推迟付汇	提前付汇

（5）提前或推迟收付外汇。它是指涉外经济实体根据对计价货币汇率的走势预测，将收付外汇的结算日或清偿日提前或错后，以达到防范外汇风险或获取汇率变动收益的目的。在实际交易中，如果一方申请提前收付或者延迟收付时，一般都会给对方一定的折扣来弥补对方的损失，折扣的多少由双方协商确定（参见表 9.1）。

（6）净额结算。净额结算可分为双边净额结算和多边净额结算。双边净额结算只涉及两方，这两方在结算时都相互抵消各自的头寸以获得净额，只结算净额。许多国家的外汇管理当局会限制双边或多边净额交易。净额结算可以节省相当多的兑换和交易成本，但是需要一个集中的结算中心以及对分公司的严格规定与之相匹配，所以一般在跨国公司中应用比较普遍。

（7）汇率保险。这里的保险是指涉外经济主体向保险公司投保汇率变动险，一旦因汇率变动而蒙受损失，便由保险公司给予合理的赔偿。承保汇率风险的保险公司是国有保险公司。

2. 外汇交易法

交易合同签订后，涉外经济实体可以利用外汇市场和货币市场来消除外汇风险。主要方法有现汇交易、期汇交易、期货交易、期权交易、借款与投资、借款+现汇交易+投资、外币票据贴现、利率互换和货币互换等。

（1）现汇交易主要是指外汇银行在外汇市场上利用即期交易对每日的外汇头寸进行平衡性外汇买卖。

（2）借款与投资是指经营者通过形成与未来外汇收入或支出相同币种、相同金额、相同期限的债务或债权，以达到消除外汇风险的目的。

（3）借款+现汇交易+投资是指经营者借入本币资金，在现汇市场换成相同币种、相同金额、相同期限的债务进行投资，用未来投资收入支付债务，以达到消除外汇风险的目的。

（4）外币票据贴现既有利于加速出口商的资金周转，又能达到消除外汇风险的目的。出口商在向进口商提供资金融通，而拥有远期外汇票据的情形下，可以拿远期外汇票据到银行要求贴现，提前获取外汇，并将其出售，取得本币现款。

3. 国际信贷法

国际信贷法主要有保付代理业务和福费廷业务。保付代理业务与福费廷业务，具有融通资金与防范外汇风险的双重作用，既可以转嫁信贷风险，又可以转嫁汇率风险。

（二）外汇会计风险及其管理

会计风险有时又称为折算风险，是指汇率变动对企业财务账户的影响。涉外经济主体对折算风险的管理，通常实行资产负债表保值。这种方法要求在资产负债表上各种功能货币表示的受险资产与受险负债的数额相等，以使其折算风险头寸（受险资产与受险负债之间的差额）为零。经营者要想消除或减少会计风险，关键是做好资产负债管理，其主要工作是确定资产负债表上各账户表示的货币与规模，使资产负债表上资产的受险部分与负债的受险部分数额相等或相近。在这种情况下，即使汇率发生变动，资产和负债受险部分的收益和损失也能互相抵消，从而使会计风险接近于零。

进行资产负债管理，在某种意义上讲，是一种协调手段，故它必须以经营效益为代价来改变资产负债表账户有关项目的货币和规模，以求得资产和负债受险部分的平衡。换言之，为了达到消除或减少会计风险的目的而进行资产负债管理是有成本的。

例如，为了使资产和负债受险部分平衡，必须增加持有短期资产。在短期资产中，存货、现金都是闲置资产，通常经营者持有闲置资产不会取得利润。如果一切都很安稳，经济环境没有什么变化，这些短期资产的最佳持有量为零。但是在现实中，经济环境并不稳定，完全不持有存货和现金是不可能的，甚至没有充足的存货和现金也不足取。这种在正常情况下，为了满足生产或顾客的需要持有现金及存货所放弃的利息并不是资产负债管理的成本。

只有当持有的存货、现金超过了正常需要时，持有超额的短期闲置资产所放弃的利息才是资产负债管理的成本。相反，为了使资产和负债受险部分平衡而减少某种货币持有的现金也是有成本的，因为这样做有关企业很可能需要融资进行生产，从而增加一笔利息开支，如果减少以该货币持有的存货，则很可能因为不能满足生产或消费者的需要而给企业造成损失。

（三）外汇经济风险及其管理

经济风险是指由于未预料到的汇率变动，使企业预期现金流量的净现值发生变动的可能性。经济风险的管理，是预测意料之外的汇率变动对未来现金流量的影响，并采取必要措施的过程。经济风险的管理方法主要有以下两类。

（1）经营多样化，是指企业在国际范围内分散其销售、生产地址以及原材料来源地。企业实行经营多样化之后，一旦汇率出现意料之外的变动，一方面，企业所面临的风险损失基本上能够被风险收益弥补，使企业的经济风险得以自动防范；另一方面，企业还可以主动采取措施，迅速调整其经营策略，如根据汇率的实际变动情况，增加或减少某地或某行业的原材料采购量、产品生产量或销售量，使经济风险给企业带来的损失降到最低。

（2）财务多样化，是指企业在多个金融市场寻求多种货币资金来源和资金去向，即实行筹资多样化。当某种货币升值时，企业以该种货币筹资的成本增加，但以该种货币投资的收益也相应增加，企业的经济风险就被自动冲抵了；同时企业也可根据汇率的实际变动情况，相应地调整各种外币的资产与负债，以降低企业的经济风险。

小知识
外汇风险管理案例
分析

五、风险价值理论模型在外汇风险管理中的应用

风险价值（VaR）是指在一定的持有期和给定的置信水平下，汇率等要素发生变化时可能对某项资金头寸、资产组合或机构造成的潜在最大损失，可以表示为

$$\text{Prob}(\Delta P > \text{VaR}) = 1 - \alpha$$

其中，ΔP 表示投资组合在持有期 Δt 内的损失；VaR 为该投资组合在置信水平 α 下处于风险中的价值。

假设一个投资组合的初始价值为 W_0，在 Δt 这一期间内，其收益率为 R，期末价值 W 为

$$W = W_0(1 + R)$$

其中，R 的期望值为 μ，标准差为 σ。在给定的置信水平 α 下，该投资组合的最低价值 W^* 为

$$W^* = W_0(1 + R^*)$$

VaR 可以分为相对损失和绝对损失：相对于均值的损失为相对损失，相对于期初价值的损失为绝对损失。相对损失的计算公式为

$$\text{VaR}_R = E(W) - W^* = E[W_0(1 + R)] - W_0(1 + R^*) = -W_0(R^* - \mu)$$

绝对损失的计算公式为

$$\text{VaR}_A = W_0 - W^* = -W_0 R^*$$

拓展学习提示

关于方差-协方差法、历史模拟法和蒙特卡洛模拟法在汇率风险管理中的具体运用，参见冯宗宪的《金融风险管理》（西安交通大学出版社，2011 年 4月出版，第 282 页）。

从上面的计算公式可以看出，求 VaR 的值，实际上就是求投资组合在一定置信水平下的最低价值 W^* 或最低收益率 R^*。

考虑该投资组合未来回报行为是一个随机过程，假定其未来回报的概率密度函数为 $f(w)$，VaR 也可以通过此概率密度函数求出。在给定的置信水平 α 下，该投资组合的最低价值 W^* 可以通过求解下式得到：

$$\alpha = \int_{w^*}^{\infty} f(w)\mathrm{d}w$$

从而：

$$1 - \alpha = \int_{-\infty}^{-w^*} f(w)\mathrm{d}w = p(w \leqslant w^*) = p$$

无论该分布是离散的还是连续的，是厚尾还是瘦尾，这种表示方式对于任何分布都是有效的。

VaR 理论在度量汇率风险时，主要采用参数方法和非参数方法，其中参数方法包括方差-协方差法，非参数法主要包括历史模拟法和蒙特卡洛模拟法。

第二节　企业外汇风险管理

在外汇风险管理实践中，涉外企业的外汇风险管理成为企业风险管理的重点之一。由于企业的经营方式多种多样，再加上不同的企业资力状况也各不相同，所以在具体的避险操作中，选择的避险方法也不同。因此，对于涉外企业来说，规避外汇风险首先要准确把握企业自身的风险类型，预测未来汇率的变动趋势，并根据企业经营的实际情况，选用恰当的避险措施。

一、企业面临的外汇风险

如前面所述，涉外企业在生产经营过程中的外汇风险主要有三种，即交易风险、会计风险和经济风险。下面针对这三种外汇风险分别予以讨论。

企业未来现金交易价值受汇率波动影响的程度被称为交易风险。外汇交易风险是涉外企业最常见的一种外汇风险，它存在于应收款项和所有货币负债项目中。此外，金融机构的一些表外业务中也包含着外汇交易风险。外汇交易风险主要有两种表现形式：①尚未清算的客户买卖合同，且价格已在合同中确定；②购买外币价格固定的商业合同。

会计风险指企业会计报表中的外汇项目，因汇率变动而引起的转换为本币时产生损失或是利得的可能性。企业通常都是在一国注册，根据主权原则，该企业的会计报表就应该使用注册国的货币作为记账货币，这就要求该企业实际发生的外汇收支项目必须按某一汇率折算为本币。此外，一国企业设在国外的分公司，按合并报表原则，也应该折算为该国的货币。由于汇率在不断变动，按不同汇率折算的企业财务状况也大不相同，企业的折算风险在会计报表上暴露无遗，因而折算风险是涉外企业最明显的一种外汇风险。

经济风险指企业的未来现金流现值因汇率变化而可能受到损失的可能性。涉外企业的经济风险源于汇率变动偏离了购买平价和利率平价。在一价定律下，两国通货膨胀率和利率的差异应该等于汇率的变动，这样企业无论以外币还是本币形式进行的投资及商品交易，都不会有货币上的损失。如果本币贬值10%，以本币表示的商品价格将上升10%，企业本币经济收入也上升10%，如果购买力平价发挥作用，则本币对外币也将贬值10%，企业的外币收入折算成本币时就会上涨10%，在现金流量上没有风险。然而在现实生活中，汇率不仅在名义上进行调整，而且在真实汇率上也经常发生改变，这就使涉外企业的产量、进出口额、投入产出率、税收、营运资金等都会受到影响。

二、企业外汇风险规避原则

涉外企业资产负债表中的外币计价资金金额，一些企业利用金融市场进行融资或投资，而形成实际的外币债权债务关系，都受汇率的影响。在防范汇率风险的过程中，应采用何种方法及将企业面临的外汇风险降低到何种程度，涉及以下几个原则。

1. 回避为主原则

涉外企业进行汇率预测，并进行一定的避险操作，其目的并不在于利用风险进行外汇的投机活动，而是在于规避该企业可能面临的汇率风险。所以按照本原则，企业在进行外汇避险活动的时候，应坚持保守的原则，不能为了获得较高的收益而采用激进的冒险措施使企业的经营活动成为投机行为。

2. 预测先导原则

成功地规避汇率风险，必须建立在对汇率变动走势科学预测的基础之上。涉外企业在选择具体的避险操作方法时，应充分咨询相关的专业人士，尤其是具有丰富经验和较高专业技能的外汇研究团队和机构。企业应对汇率的走势从基本面和技术面进行定性与定量的分析，并采用理论与实际相结合的方法，对汇率的走势进行预测，以确保避险方法的准确、有效性。

3. 成本最低原则

采取外汇避险操作都会产生操作成本，所以在选择具体的避险操作方法时，企业应进行相关成本的比较，并根据实际情况进行选择。如果企业采用了避险措施所获得的收益小于因此而产生的操作成本，那么企业可能不进行避险操作。当然，这样的分析和判断要建立在对汇率准确预测的基础之上。此外，企业还要加强与外汇研究机构的合作，因为专业的外汇研究机构不仅能帮助企业选择恰当的金融工具，同时也能帮助企业提高谈判能力，降低外汇避险操作的成本。

4. 灵活操作原则

如果企业的外汇避险操作是将汇率风险转嫁给交易对方，这时就是一种零和博弈。如果对方也充分考虑了汇率风险并在交易过程中坚持有利于自己的避险措施，那么交易双方就可能会僵持不下，无法达成协议。此时，双方就必须从全局战略的角度出发来考虑，对具体情况进行具体分析。如果企业进口的材料是市场上紧俏且无相关替代的产品，而且对方还在谈判中处于优势地位，企业就要在交易失败所产生的影响与所承担的汇率风险之间进行比较。如果在达成交易之后，再采取其他的避险措施降低自身风险，这时就需要依托外汇专业机构的支持来选择适当的避险工具与方法。所以，在风险防范过程中，企业既要有风险防范意识，也要顾全大局促成交易。

三、外汇交易风险管理

企业对于外汇交易风险的管理，通常可以采用以下几种方法。

（一）币种优选法

币种优选法就是根据企业自身的需求，选择对企业自己有利的币种，通常有以下几种选择方法。

（1）选择本币计价。企业选择本币作为计价货币，实际上是将外汇风险构成因素中的外币因素去掉了，不管汇率如何变动，出口商将来以本币收进的货款以及进口商将来以本币支付的货款，都是确切的，不存在汇率方面的不确定因素。因此，采用本币计价方法，不涉及货币的兑换，本国的进出口商都没有外汇风险。无论是本国的出口商还是本国的进口商都可以完全规避外汇风险。

（2）选择自由兑换货币计价。企业选择自由兑换货币作为计价结算货币，便于外汇资金的调拨和运用，一旦出现外汇风险，企业可以立即将自由兑换货币兑换成另一种有利的货币。

（3）选择有利的外币计价。企业在选择计价的货币时，应注意货币汇率变化的趋势，尽量选择有利的货币作为计价结算货币，这是一种根本性的外汇风险防范措施。一般的选择原则是"收硬付软"。由于一种结算货币的选择，与货币汇率的走势，与对方的协商程度及贸易条件等有关，因此在实际操作当中，必须全面考虑，灵活掌握，真正选好有利的计价币种。

（4）选用"一篮子"货币。企业选用"一篮子"货币，即企业通过使用两种以上的计价货币来消除汇率变动带来的风险。比较典型的"一篮子"货币有特别提款权和欧元。由于"一篮子"货币中既有"硬货币"也有"软货币"，"硬货币"升值所带来的收益或损失，与"软货币"贬值所带来的损失或收益大致相抵，因此"一篮子"货币的币值比较稳定。对于贸易双方来说，这是一种防范外汇风险的有效方法。

（5）"软硬"货币搭配。"软硬"货币此降彼升，具有负相关关系，如果企业进行合理搭配，就能够减少汇率风险。当交易双方在选择计价货币难以达成共识时，可采用这种折中的方法。机械设备的进出口贸易较适合采用这种方法，因为其时间长、金额大。

（二）货币保值条款法

货币保值条款法是指企业在涉外经济合同中使用对方可以接受的货币支付，同时采用某种稳定的价值单位进行保值的外汇风险管理办法。

1. 黄金保值条款

布雷顿森林体系崩溃以后，各国的货币与黄金脱钩，黄金的平价失去了作用，浮动汇率制取代了固定汇率制，国际经济活动中的外汇风险大大增加。为此，有的企业采用市场黄金价格来进行保值。其具体做法是：在订立合同时，企业按签约日的黄金价格将支付货币的金额折合为相应数量的黄金，到支付日时，企业再将相应数量的黄金按当时的金价转换成计价货币。如果黄金的价格上涨，则企业支付货币的金额相应减少，反之，如果黄金的价格下跌，则企业支付的金额相应增加。实行黄金保值条款的前提是黄金价格保持稳定，目前，国际市场上的黄金价格在不断波动，这种方法已不能完全起到避免外汇风险的作用了。

【例9.3】 某笔合同约定的货款为100万美元。签订合同时，1美元的含金量为1克黄金，则100万美元可折算成100万克黄金。到货款结算时，1美元的含金量为0.95克黄金，则100万克黄金可折算为105.26万美元，故进口商应支付货款为105.26万美元，即由于美元贬值（黄金价格上涨），进口商在实际结算时所支付的105.26万美元只相当于签订合同时的100万美元。黄金保值条款通行于固定汇率时期，现今由于黄金的非货币化，以及黄金价格的不稳定，此方法已很少被采用。

2. "硬货币"保值

"硬货币"保值，即在合同中订明以"硬货币"计价，用"软货币"支付，记录两种货币当时的汇率，在执行合同过程中，如果由于支付货币的汇率下浮，则合同中的金额要等比例进行调整，按照支付日的支付货币的汇率进行计算。这样，收款方实收的计价货币金额和签订合同时相同，规避了因支付货币下浮而造成损失的风险。

【例9.4】 设某出口商品合同的商品单价为10港元，交易双方选择用美元计价，按当时汇率10港元可折合为2美元（当时汇率为USD 1 = HKD 5）。待进口商支付货款时，市场汇率变为USD 1 = HKD 6，由于汇率变动幅度超过了3%，故该合同的商品单价为12港元。若市场汇率变为USD 1 = HKD 4，则该合同的商品单价为8港元。由此可见，从美元角度分析，不论港元兑美元的汇率是涨还是落（指超过3%而言），双方都不承担汇率风险。

3. 价格调整保值条款

在国际贸易中，对于加工周期较长的机器设备合同普遍采用价格调整保值条款，即交易双方在订约时只规定初步价格，但同时还规定，如原料价格发生变化，卖方保留调整价格的权利。

（三）外汇交易风险的其他管理方法

除上述两种外汇避险方法外，企业还可通过以下几种方法规避外汇交易风险。

1. 组织集中化

组织集中化的指导思想是通过在跨国公司内部制定统一的外汇风险管理政策，并设置集中的资金管理部门，将跨国公司的总公司和所有分公司业务中可能出现的外汇风险，集中在一起，由该部门统一进行管理，采取措施防止外汇风险。跨国公司在经营中面对着各种外汇风险，具体采取什么态度和政策，主要取决于该公司业务的大小和规模，同时也取决于该公司所处的环境。有的跨国公司态度较为保守，它们只允许正常业务中产生的外汇风险，但不允许在外汇市场上为了投机而建立敞口头寸。有的跨国公司态度则较为积极，它们像银行一样，会直接进入外汇市场进行外汇买卖。但不论如何，每个跨国公司的高层管理人员必须在外汇管理上制定明确的指导原则，使整个公司内部对外汇风险的管理有一个统一的政策，以避免公司内部的任何人、任何部门自行其是，给公司带来损失。

跨国公司外汇管理的集中化，可以给公司带来很多好处。集中化可以把公司分散的头寸集中起来，不需要每笔头寸都直接由分公司与银行进行外汇买卖，而是由公司统一对外进行交易，这样可以获得更好的价格。

【例 9.5】 某跨国公司的一个分公司要出售美元，同时购买 100 万欧元，正好另一个分公司要出售 100 万欧元，购买美元。如果不是集中化管理公司的外汇，这两个分公司就都需要向银行进行外汇买卖，整个公司将额外支付不必要的费用。又如，某跨国公司的一个分公司要买入 10 万美元，而另一个分公司要买入 90 万美元，如果由两个分公司直接向银行购买外汇，由于 10 万美元的头寸太小，购买可能很困难，或者即使能够买到需要的美元，可能价格也不太好。如果采用集中化管理外汇的方法，就可以由总公司将头寸集中起来，统一从银行购买 100 万美元。由于总公司有直线电话可以通到外汇银行的交易室，公司可以很快向银行询价，公司可以得到两个或两个以上的银行报价，进行比较后，获得最佳的成交价格。

2. 再结算公司法

再结算公司法也是一种适用于跨国公司的外汇避险方法。其具体做法是，在跨国公司中设立一个再结算公司，跨国公司内部每一个分公司的所有交易，凡是以外币计价的，全部集中到再结算公司，由它进行冲销，并对冲销后仍存在的受险部分采取避险措施，避免或减少外汇风险可能对公司造成的损失。再结算公司一般设立在税收优惠的某个国家或地区。

3. 易货贸易法

在汇率波动特别剧烈的时期，易货贸易可以作为进出口商防范外汇风险的手段。在易货贸易中，交易双方按当时的价格议定货物交换的比例，这样就消除了未来的外汇支付问题，从而规避了外汇风险。但是，易货贸易有需要双重巧合的问题，即一方打算卖出的商品恰好在质量、数量、时间上都要符合对方的需要，而且对方打算卖出的商品在各方面也正好符合己方的需要。

4. 转手贸易法

转手贸易是在签订清算协定的基础上发展起来的一种贸易方式，即三方或多方协商，按同一货币计价来交换一定数量的商品，且利用彼此间的清算账户进行清算。转手贸易能够有效地解决在清算协定贸易下，由于一方所提供的货物对方不满足，而产生的对方贸易出超问题。

【例9.6】 假设A国与B国之间有清算账户，当A国向B国出口商品后，B国没有合适的商品向A国出口，于是A国的账户出现了盈余，而此时C国既需要向A国出口商品，又需要从B国进口商品。A国提出没有现汇从C国进口，但可以用其对B国的清算盈余来支付。于是C国利用A国的清算盈余向A国出口商品，同时C国再利用清算账户从B国进口商品。由于A、B、C三方在商品交换中都不需要进行实际的货款支付，因而这三方之间的转手贸易规避了外汇风险。

四、外汇会计风险的管理

企业对外汇会计风险的管理，通常是实行资产负债表保值，要求在资产负债表上以各种功能货币表示的受险资产与受险负债的数额相等，以使其折算风险头寸（受险资产与受险负债之间的差额）为零。只有这样，汇率变动才不会给企业带来外汇折算上的损失。

实行资产负债表保值，一般要做到以下几点。

（1）企业要弄清资产负债表中各账户、各科目上各种外币的规模，并确定综合折算风险头寸的大小。

（2）根据风险头寸的性质，确定受险资产或受险负债的调整方向。如果企业以某种外币表示的受险资产大于受险负债，就需要减少受险资产，或增加受险负债，或者双管齐下。反之，如果以某种外币表示的受险资产小于受险负债，就需要增加受险资产，减少受险负债。

（3）在明确受险资产或者受险负债的调整方向和规模后，企业要进一步确定对哪些账户、哪些科目进行调整。这是实施资产负债表保值的困难所在，因为有些账户或科目的调整可能会带来相对于其他账户、科目调整更大的收益或者流动性损失，或造成新的其他性质的风险（如信用风险、市场风险等）。在这一意义上来说，企业通过资产负债表保值以消除或降低折算风险，是以牺牲经营效益为代价的。因此，企业需要认真对具体经营情况进行分析和权衡，决定科目调整的种类和数额，这样才能使调整的综合成本降到最低。

在外汇风险的管理中，交易风险的防范要求与折算头寸的防范要求可能会发生冲突，从而加深风险管理的难度。譬如，对于跨国公司来说，最容易防范折算风险的办法，就是要求所有在国外的分支机构都统一使用母国货币进行日常核算，使整个公司的受险资产额和受险负债额都保持为零，以避免编制综合财务报表时的折算风险。

五、外汇经济风险管理

外汇经济风险管理的目标是预测和防止非预期汇率变动对海外企业未来净现金流量的影响。这一目标要求跨国公司应及时发现市场出现的不均衡状况，并随时采取相应的措施。跨国公司的外汇经济风险管理应针对以上影响经济风险的要素，采取以下策略。

（1）市场营销策略随汇率变动，及时调整销售商品的数量、价格。

（2）生产经营策略随汇率变动，及时调整原材料、零部件的来源等。

（3）对于融资策略，运用不同资本市场筹资工具融资，以多种货币、多种渠道筹资，尤其是可以多借"软货币"，使融资的货币组合和生产经营使用的货币组合相匹配。

（4）分散化的原则。由于企业对汇率变动的长期性预测很难准确进行，有时也没有必要在条件不具备的情况下强行推测长远未来的汇率变动，跨国公司可以采用经营分散化的原则，即企业的经营在国际市场实现分散化,这样企业就可以在市场出现不均衡时,处于有利位置,并作出积极反应。

第三节　银行外汇风险管理

商业银行因交易目的而持有的以外币计价、结算的金融工具的市值,会随着本币对主要外币汇率的波动而发生变动。银行账户中的外汇资产和负债,也会随着汇率的变化而出现盈亏,银行账户和交易账户面临的外汇风险同时加大,银行客户的外汇风险上升,也会使银行受损的可能性增加。同时,再加上外汇衍生产品给银行带来的风险增加。由此可见,银行的外汇业务中还面临着许多潜在的外汇风险。

银行的外汇风险,一方面来源于银行的自营外汇交易和代客外汇交易,另一方面来源于银行经营的外汇存贷款业务和投资业务。对于前一种外汇风险,银行可以通过对外汇头寸进行管理来防范;对于后一种外汇风险,银行则需通过对外汇的资产负债进行管理来防范。银行的外汇资产负债管理,就是指银行通过对外汇资产负债在币种、期限、利率、金额等方面进行调整,以防范外汇风险。

一、外汇银行的外汇头寸管理方法

外汇头寸(foreign exchange position)是指外汇银行所持有的各种外币账户余额状况,即外汇银行的外汇买卖的余缺状况。外汇银行买入的外汇大于其卖出的外汇时,其外汇头寸就出现多头(long position),亦称为超买(overbought);外汇银行买入与卖出的外汇相等时,其外汇头寸平衡,被称为轧平或持平(square position);外汇银行买入的外汇小于其卖出的外汇时,其外汇头寸出现空头或缺头(short position),亦称为超卖(oversold)。外汇银行所持有的各种期限的各种外币加总计算的净余额称为总头寸(overall position)。银行保有的多头或空头统称"敞口头寸"(open position),在汇率变化时,这些敞口头寸将产生交易风险。在多头情况下,银行会面临汇率下跌的风险;在空头情况下,银行会面临汇率上涨的风险。

外汇市场是一个全球性的市场,由于全球各金融中心的地理位置不同,亚洲市场、欧洲市场、美洲市场因时间差的关系,刚好连接成一个全天 24 小时连续交易的全球外汇市场。

(一)限定头寸法

限定头寸法,即银行通过制定外汇交易头寸的限额来防范外汇风险的方法。银行制定交易头寸的限额时,应考虑以下因素:第一,银行在外汇市场中的自身地位,即该银行在外汇市场中是市场领导者,还是市场活跃者,或者是一般参与者;第二,银行对外汇风险的最大容忍程度;第三,银行外汇交易人员的整体素质;第四,交易货币的种类。

一般来说,银行在外汇市场中的地位越重要,最高领导层对外汇业务收益的期望值也越大,对外汇风险的容忍程度也就越高;外汇交易人员的整体素质就越好,货币的交易就越频繁;交易的币种也越多,制定的限额就可以越大。

银行交易头寸的限额可以根据以下几方面的情况来制定。

（1）按外汇交易的种类制定。银行针对不同的外汇交易种类，分别制定不同的交易限额，一般应制定即期外汇交易头寸限额、远期外汇交易头寸限额、互换外汇交易头寸限额等。

（2）按外汇交易的币种制定。银行可根据交易的币种分别制定各种外汇的敞口头寸，同时还可按照货币的"软硬"程度调整限额。

（3）按外汇交易人员的等级和素质制定。银行的外汇交易人员一般可分为资金部经理、首席交易员、高级交易员、交易员、助理交易员和见习交易员等。银行外汇交易人员的等级越高，在外汇交易中的表现越好，头寸的限额就越高，敞口头寸平仓补仓的时间也越长。

在外汇市场，外汇交易头寸限额一般由外汇交易人员把握，以美元来表示。例如，首席交易员的头寸限额为 1 000 万美元，这就意味着首席交易员在不断从事外汇的买进卖出时，只要在规定的时间范围之内敞口头寸不超过 1 000 万美元，他就没有超越规定的权限；否则，他就违背了头寸限额规定，会受到相应的处罚。

（二）亏损控制法

亏损控制法，即银行通过对外汇交易制定止损点限额来防范外汇风险的方法。止损点限额（cut-loss limit）是银行对由于外汇风险所造成的损失的最大容忍程度。当市场汇率向不利的方向变动时，一旦亏损达到止损点限额，交易人员就应不问情由，一律斩仓，以避免发生更大的亏损。

止损点限额可分为两部分：一是外汇资金部的止损点限额，这适用于即期外汇交易、远期外汇交易和互换外汇交易等业务，止损点限额既可以按敞口头寸的百分比计算，也可以按每天或每月外汇交易的损失不超过一定金额来确定；二是外汇交易人员的止损点限额，通常按亏损额占交易额的百分比来计算，如规定每笔交易的亏损额不超过该笔交易额的 1%等。显然，止损点限额的百分比越大，表示容忍亏损的额度越大。当然，不同的外汇交易人员，止损点的限额也不同。

二、外汇银行的外汇头寸调整方法

银行防范外汇风险的重要措施之一就是调整外汇的敞口头寸，或者尽量缩小敞口头寸，或者使敞口头寸的情形与外汇汇率的走势相一致。银行调整外汇头寸一般是通过银行同业间的外汇交易来实现的。银行在同业交易中报送价格的原则是，当某银行需要买进某种外汇时，就应该提高这种货币的买入价，使其略高于外汇市场的平均水平；当某银行需要卖出某种外汇时，就应该降低这种货币的卖出价，使其略低于外汇市场的平均水平。这样才能促成其他银行尽快与该银行成交，以达到该银行调整外汇头寸的目的。

（一）单一货币头寸的调整

单一货币头寸的调整，即银行只存在某一种货币的敞口头寸，防范外汇风险时，银行只需对这一种货币的头寸进行调整。银行单一货币头寸的调整，可以运用即期头寸的调整、即期头寸与远期头寸的综合调整、不同交割日的远期头寸的综合调整三种方法。

1. 即期头寸的调整

下面以例 9.7 说明银行即期头寸的调整运用方法。

【例 9.7】 某银行某日的外汇买卖情况为：买进 1 000 万美元，买进价格为 USD 1 = CNY 8.250 0，付出 8 250 万元人民币；卖出 800 万美元，价格为 USD 1 = CNY 8.270 0，收进 6 616

万元人民币，结果是该银行持有美元多头 200 万美元。为防范外汇风险，该银行就要设法抛出这 200 万美元，使其美元的头寸平衡，从而获得利润。

2．即期头寸与远期头寸的综合调整

在例 9.7 中，银行的外汇买卖和头寸的调整都是即期的，操作起来比较简单。实际上，银行在进行大量的即期外汇买卖的同时，也有大量的远期外汇买卖。这样，银行不仅在即期交易中会出现敞口头寸，而且在远期交易中也会出现敞口头寸，这就要求银行将即期头寸和远期头寸结合起来进行调整。

【例 9.8】 某银行某日的外汇交易情况为：即期交易买进 1 000 万美元，卖出 800 万美元，多头 200 万美元；远期交易买进 100 万美元，卖出 400 万美元，空头 300 万美元。该银行的综合头寸为空头 100 万美元。

该银行对上述头寸综合调整的方法有以下两种。

（1）将即期头寸和远期头寸同时进行抛补，使两者的头寸都为零，即卖出即期外汇 200 万美元，同时买进远期外汇 300 万美元。该方法虽然可使外汇风险完全得以消除，但在实际的外汇业务中，如此严密的操作既无必要，也难以实现，因为远期交易中外汇的买进、卖出以及远期空头的补进，这三项交易要做到交割日期完全一致，几乎不可能。

（2）只抛补综合头寸，使综合头寸为零。此方法又有两种具体措施：一是买进即期外汇 100 万美元，使即期交易的多头增加为 300 万美元，与远期交易的空头 300 万美元相匹配，综合头寸为零；二是卖出远期外汇 100 万美元，使远期交易的空头减少为 200 万美元，与即期交易的多头 200 万美元相匹配，综合头寸为零。由于综合头寸为零，该银行的外汇风险大大降低。

3．不同交割日的远期头寸的综合调整

由于银行各个远期头寸交易的交割日期不尽相同，因此银行在实际的外汇交易中，也必然会产生不同交割日期的远期头寸。为防范外汇风险，银行对不同交割日期的远期头寸也应结合起来进行调整。

【例 9.9】 某银行某年 1 月 1 日的外汇交易情况为：第一笔远期交易买进 100 万美元，该年的 3 月 31 日交割，第二笔远期交易卖出 100 万美元，该年的 5 月 31 日交割。

虽然银行的综合头寸为零，但由于这两笔远期交易的交割日不同，银行依然会面临外汇风险，即 3 月 31 日交割的美元面临美元贬值的风险。而 5 月 31 日交割的美元则面临美元升值的风险。为此，该银行可通过互换交易来防范外汇风险，即 1 月 1 日银行卖出 100 万美元，交割日期定为该年的 3 月 31 日，同时又买进 100 万美元，交割日期定为该年的 5 月 31 日。通过这两笔远期对远期的互换交易，银行实际上将 3 月 31 日买进的 100 万美元，推迟到 5 月 31 日才持有，而此时这 100 万美元又正好与该银行所卖出的 100 万美元相抵，外汇风险得以完全避免。

当然，例 9.9 带有某种特殊性，即银行在 1 月 1 日所进行的远期外汇交易中，买进的美元与卖出的美元在金额上刚好相等，只是交割日期不同，事实上很少出现如此巧合的交易。如果银行在不同交割日期的远期外汇交易中，买进的某种货币的金额与卖出的该种货币的金额不相等，为了防范外汇风险，银行既可以通过互换交易防范部分外汇风险，也可以通过以后的外汇交易来加以平移或两种方法同时并用。

【例 9.10】 某银行 1 月 1 日买进远期美元 300 万，该年的 3 月 31 日交割；卖出远期美元 400 万，该年的 5 月 31 日交割，此时银行可在 1 月 1 日，先进行两笔远期对远期的互换交

易，卖出远期美元 300 万，3 月 31 日交割，同时买进远期美元 300 万，5 月 31 日交割；到 1 月 2 日或以后合适的时间，再补进远期美元 100 万，5 月 31 日交割。

（二）多种货币头寸的调整

多种货币头寸的调整，即银行同时存在多种货币的敞口头寸，防范外汇风险时需要将这些头寸结合起来进行调整。由于银行在每天进行的外汇交易中所使用的货币是多种的，因此，敞口头寸也就会出现在这些币种上。银行对多种货币头寸的调整可以通过以下方法来进行。

1. 分别调整各种货币的头寸

银行对多种货币头寸的调整一般通过具有敞口头寸的货币与美元之间的交易来转换。例如，某银行同时存在英镑的多头和欧元的空头，在调整头寸时，该银行首先要将英镑的多头转换为美元，同时以美元补进欧元的空头，也就是将英镑和欧元的敞口头寸转换为美元的敞口头寸；然后，再通过美元与本币之间的交易最终消除美元的敞口头寸。

在应用此方法时，银行的多种非美元货币的敞口头寸一般不宜相互之间直接抛补，也不宜将非美元货币的敞口头寸通过与银行所在国的货币之间的交易直接抛补。如英镑多头，欧元空头时，不宜直接将英镑转换为欧元，也不宜将英镑直接转换为银行所在国的货币，同时又以银行所在国的货币补进欧元。这是因为外汇市场上非美元之间的交易较为稀少，通过非美元货币之间的交易来防范外汇风险，既降低了速度，又增加了成本。

2. 调整综合头寸

调整综合头寸，即银行允许各种货币的头寸同时并存，只将综合头寸调整为零，使来自各种货币的风险相互抵消。例如，当某银行持有瑞士法郎空头时，该银行并不补进瑞士法郎，而是买进金额相当的欧元，当汇率发生变动时，用欧元多头的收益或损失，抵补瑞士法郎空头的损失或收益。

银行采用此方法防范外汇风险的前提是预测欧元的汇率与瑞士法郎的汇率将呈同方向变动。如果现实汇率的变化与预测的结果相反，则银行不仅没有防范外汇风险，而且还会遭受双重损失。银行具有敞口头寸的货币种类越多时，运用此方法防范外汇风险的效果越好。采用此方法防范外汇风险，往往也是银行资金结构安排的需要。

3. 调整预防性头寸

所谓预防性头寸，是指银行在预测汇率的变动趋势之后，积极制造出来的用以预防外汇风险的头寸。银行在防范外汇风险时，除了尽量缩小敞口头寸直至为零外，还可采取相反的做法，即积极地制造敞口头寸。当预测某种货币将升值时，就可以大量买进该种货币，以增加该种货币的长余头寸；当预测某种货币将贬值时，就可以大量卖出该种货币，以增加该种货币的短缺头寸。银行通过调整预防性头寸来防范外汇风险的方法，带有明显的投机性。

三、外汇银行的外汇资产负债管理

外汇银行的外汇资产负债的管理，是指外汇银行通过对外汇资产、负债、币别、利率、结构的调整，尽量减少由于经营外汇存贷款业务、投资业务而需要进行的外汇买卖，以避免外汇风险。其主要管理内容如下。

（1）调整好远期头寸的到期日。在未来的任一时点上，银行都应该尽可能地使到期的资产能够与到期的负债相一致。因此，银行需要按不同币别分别统计，报告资产与负债头寸到期的搭配情况，对账户进行现金流量管理，对到期日不搭配的资产和负债进行调整，必要时对负债不足资产的部分进行融资，对负债多于资产的部分进行相应处理，形成新的期限相同的资产。

（2）调整好外币币种。银行在外汇的存贷款上应做好币种的配对，即银行应该筹集哪些外币，借出哪些外币，贷款到期时收回哪些外币，筹资合同到期时银行付出哪些外币。通俗地讲，就是银行应该努力做到借、用、还货币的统一，尽量保证在借贷和收付货币时，不需通过外汇交易来调换币种。

（3）调整好外币存贷款的到期日。银行外币存贷款的到期日不对称，不仅存在外汇风险，还存在融资风险。银行应该做好外汇存贷款的到期日统计，及时掌握各个时期的存贷款是否有超借或超贷的情况，检查某种外币负债和资产的累计不对称金额，评估、监督银行因此而发生的融资或流动性风险的程度，防止出现过多的外币存贷款到期日不对称的情况。

（4）调整好外币资产与负债的利率。由于利率的高低会影响利息的高低，而以外币收付的利息又是外汇风险的受险部分，因此，银行调整存贷款的利率，也与外汇风险的防范相关联。由于银行从国外借入的现汇资金是以伦敦银行同业拆放利率（LIBOR）计算利息的，因此，银行在国内发放外汇贷款的利率，一般也应按浮动利率计收利息，不定期地将利率进行调整并公布，尽可能减少外币资产与负债之间的利率基础差异，规避外汇的利率风险。调整外汇利率的方法主要是：压低以"硬货币"吸收的外汇存款的利率，提高以"软货币"发放的外汇贷款的利率。

（5）合理调整外汇资产负债期限结构。银行在同一种货币的资产负债中，力争将来任一时点上到期的资产，都能抵付到期的负债。当出现短期外汇负债长期使用时，银行应适当增加长期存款，压缩长期外汇贷款，活化沉淀资金，提高资金的流动性。当出现长期外汇负债短期运用时，银行不能盲目增大长期外汇贷款而机械地追求期限对称，而必须调整负债结构，增加低成本负债。银行外汇负债结构可以通过增量的调节来改变。

（6）银行资产负债管理手段。银行资金业务、外汇交易业务本质上都是中介服务，都是为客户外汇资金需求服务的，因此其外币的资产负债结构随时都在变化之中，远期外汇交易到期日不匹配，币种不匹配，资产负债期限、利率不匹配，是银行经营中经常发生的现象。调整这些失衡的状态，银行主要可以采用两种手段：一种是货币市场运作，通过外币的短期投资或者拆借来获得理想的资产负债结构；另一种是衍生金融工具买卖，通过远期合同、期货合同、互换合同（或掉期合同）、期权合同来获得理想的资产负债结构。实际上，衍生金融工具不仅能够锁定银行资金交易、外汇交易的价格，起到控制、减少外汇风险的作用，它还因不需要像现货交易那样大规模现金流动，成为高效的资产负债管理工具。

本章小结

本章介绍了外汇风险和外汇风险管理的概念。外汇风险是指金融机构、企业组织、经济实体、国家或个人在一定时期内，对外经济、贸易、金融、外汇储备的管理与营运等活动中，以外币表示的资产（债权、权益）与负债（债务、义务）因未预料的外汇汇率的变动而引起的价值的增加或减少的可能性。外汇风险管理是指外汇资产持有者通过风险识别、风险衡量、风险控制等方法，预防、规避、转移或消除外汇业务经营中的风险，从而减少或避免可能的经济损失，实现在风险一定条件下的收益最大化或收益一定条件下的风险最小化。

涉外企业的外汇风险管理是企业风险管理的重点之一。涉外企业在生产经营过程中的外汇风险主要有三种，即外汇交易风险、外汇会计风险和外汇经济风险。企业外汇交易风险管理措施包括币种优选法、货币保值条款法和组织集中化等管理方法；企业对外汇会计风险的管理，通常实行资产负债表保值。

银行外汇业务中还面临着许多潜在的风险。银行的外汇风险，一方面来源于银行的自营外汇交易和代客外汇交易，另一方面来源于银行经营的外汇存贷款业务和投资业务。对于前一种外汇风险，银行可以通过对外汇头寸进行管理来防范；对于后一种外汇风险，银行则需要通过对外汇的资产负债进行管理来防范。银行的外汇资产负债管理，就是银行通过对外汇资产负债在币种、期限、利率、金额等方面进行调整，以防范外汇风险。

基本训练

一、填空题

1. 外汇风险是指在国际贸易中以（　　　）表示的资产与负债，由于有关（　　　）发生变动，使交易双方中的任何一方遭受经济损失的可能性。

2. （　　　）是指选择与合同货币不一致，但币值稳定的其他货币进行计价结算。

3. 折算风险是指根据会计制度规定，对经济主体的（　　　）进行会计处理中，将（　　　）货币转换为（　　　）货币时，由于汇率变动造成账面损失的可能性。

4. "硬货币"是指在外汇市场上汇率呈（　　　）的货币。

5. "软货币"是指在外汇市场上汇率呈（　　　）的货币。

6. 平衡法是指在同一时期内，形成一个与存在风险（　　　）、（　　　）、（　　　）的资金反方向流动。

二、单项选择题

1. 由于外汇汇率发生波动而引起涉外企业未来收益变化的潜在风险称为（　　　）。

　　A. 交易风险　　　　B. 会计风险　　　　C. 经济风险　　　　D. 市场风险

2. 进出口合同中使用两种以上的货币来计价，以消除外汇汇率波动风险的方法是（　　　）。

　　A. 平衡法　　　　B. 组对法　　　　C. 多种货币组合法　　　　D. 借款法

3. 某公司三个月后有 100 万美元的应收货款，为防止外汇风险，该公司设法进口了在三个月后支付约 760 万港元的货物，这种方法称为（　　　）。

　　A. 平衡法　　　　B. 组对法　　　　C. 远期合同法　　　　D. 投机法

4. 法国某公司有一笔 90 天的美元应付款，若预测欧元兑美元的汇率将下浮，为减少外汇风险损失，该公司应（　　　）。

　　A. 提前付汇　　　　B. 如期付汇　　　　C. 推迟付汇　　　　D. 无法确定

5. 当一个企业有（　　　）时，它具有双重外汇风险。

　　A. 同时间的相同外币、相同金额的流出、流入

　　B. 一种外币流入，另一种外币流出，且流出、流入的时间不同

　　C. 本币收付

　　D. 流入的外币和流出的外币属同种外币、同等金额

6. 防止出口收汇风险最好的方法是（　　）。

    A. 以预测上浮趋势最强的一种货币作为计价货币

    B. 以预测上浮趋势较强的一种货币作为计价货币

    C. 以预测具有上浮趋势的多种货币作为计价货币

    D. 以欧元作为计价货币

7. 会计风险（　　）。

    A. 是把外币折算成本币的会计处理业务导致的账面金额的变动

    B. 是由于财务会计决策不当引起的

    C. 是由于会计处理方法的变更引起的

    D. 是在清算、交割时出现的风险

三、判断题

1. 外汇风险是一种实实在在的损失，而不是一种损失的可能性。 （　　）

2. 本币计价法主要适用于货币自由兑换的国家。 （　　）

3. 交易风险和折算风险的影响是长期的，而不是一次性的。 （　　）

4. 经济风险是汇率变动对过去的收益或现金流量的影响。 （　　）

5. 为了防止外汇风险，在预期外汇汇率可能上升的情况下，企业可提前收取外币款项或推迟支付外币款项；在预期外汇汇率可能下降的情况下，企业可推迟收取外币款项或提前支付外币款项。

                                                      （　　）

四、案例分析与计算

1. 瑞士某公司从美国进口了金额为 100 万美元的货物，支付的条件为 60 天远期不可撤销信用证。假设 60 天远期汇率为 USD/CHF ＝ 1.652 0/1.654 0，该瑞士公司为了防止 60 天后因美元升值而产生外汇风险，应如何操作？

2. 2019 年 12 月，我国一家连锁超市公司正在考虑一项进口计划，该公司将在未来三年中每月一次进口 50 吨优等牛肉，该公司目前有两个潜在的供货商：一个是加拿大的公司（以加元标价），另一个是法国的公司（以欧元标价）。按当前汇率，该公司从这两个公司进口所支付的人民币（包括运费）进口价格刚好相同。假设该公司没有其他汇率波动风险，而且比较偏好较低的汇率风险，请通过计算交易风险，说明该公司应选择哪个供货商。

五、简答题

1. 简述外汇风险管理的原则与方法。

2. 简述企业外汇风险管理的方法。

3. 简述银行外汇风险管理的方法。

第十章 外汇管理实务

【学习目标】

理论目标： 掌握经常项目下的外汇管理、资本项目下的外汇管理和外汇储备管理的概念、内容和管理目标及原则；掌握外汇储备管理的功能及外汇储备规模管理和结构管理的概念及内容；了解我国外汇管理的历史沿革和现状及未来的改革方向。

技术目标： 掌握货物贸易项目外汇管理的企业分类管理的内容；掌握个人外汇账户管理、收入管理、支出管理和收支监督的内容；掌握外债风险管理（包括承受能力指标和偿还能力指标）的评估方法；掌握直接投资管理和股票投资外汇管理的办法；了解外汇储备管理的内容。

能力目标： 熟练掌握经常项目下的外汇管理、资本项目下的外汇管理和外汇储备管理的概念、内容，能够运用所学知识分析我国外汇管理改革的成功和不足之处，能运用相关知识分析生活中的相关案例。

~~~ 引例 ~~~

外汇局的外汇管理

2019年是我国外汇管理改革暨外汇局成立40周年，外汇局在推动外汇重点领域改革开放、防范化解外部金融冲击风险、维护国家经济金融安全中发挥了重要的作用。

外汇局紧紧围绕服务实体经济、防控金融风险、深化金融改革三项任务，加强外汇市场监管，对各类外汇违法违规行为保持高压态势，不断加大处罚力度，严厉打击虚假、欺骗性交易和非法套利等资金"脱实向虚"行为，维护市场秩序。外汇局根据《中华人民共和国政府信息公开条例》（国务院令第492号）等相关规定，通报违规典型案件。如通报了恒丰银行温州分行未按规定尽职审核转口贸易真实性，凭企业虚假提单办理转口贸易付汇业务。因其违反了《中华人民共和国外汇管理条例》第十二条的有关规定，根据《中华人民共和国外汇管理条例》第四十七条，外汇局对其处以没收款项146.4万元人民币。

外汇局为促进高水平对外开放，稳妥、有序推进资本项目开放，落实直接投资领域准入前国民待遇加负面清单管理，完善合格境外机构投资者制度（QFII/RQFII），深化跨国公司资金集中运营管理等工作。外汇局还将继续健全跨境资本流动"宏观审慎+微观监管"两位一体管理框架，进一步增强市场对外部冲击风险的防控能力。

为实现人民币国际化，外汇局一直在着力推动少数不可兑换项目的开放，提高可汇兑项目的便利化程度，提高交易环节的对外开放程度，构建高水平的开放型经济，加强外汇市场监测预警，研究丰富宏观审慎管理工具箱，严厉打击外汇市场违法违规行为，重点打击地下钱庄、虚假和欺骗性交易等恶性违法违规行为。

外汇银行作为我国外汇交易的主体机构，其经营的合规合法性是我国外汇交易乃至经济发展健康运行的重要保证。因此，对外汇银行进行监督检查是我国外汇管理的一项重要工作。顾名思义，外汇管理指的是一国政府授权国家的货币当局或其他机构，对外汇的收支、买卖、借贷、转移以及国际结算、外汇汇率和外汇市场等实行的控制和管制行为。这种管理行为具体又可以分成几大部分，包括经常项目下的外汇管理、资本项目下的外汇管理和对外汇储备的管理。下面我们将通过本章的内容对此进行学习。

目前，我国已经实现了人民币在经常账户下的完全可兑换，对资本账户与金融账户下的外汇管理也实现了有条件的可兑换。自 2005 年 7 月 21 日起，我国开始实行以市场供求为基础、参考一篮子货币进行调节、有管理的浮动汇率制度。2016 年 10 月 1 日起，人民币正式加入 SDR 货币篮子，其权重为 10.92%，超过了日元和英镑，标志着人民币国际化又向前迈出了一步。我国外汇管理的主要目标是平衡国际收支、保持汇率稳定、维护经济金融安全和促进本国经济发展。

第一节　经常项目下的外汇管理

一、经常项目下的外汇管理的概念和内涵

在一国由封闭经济走向开放经济的过程中，其经常项目下的外汇管理显得尤为重要，已经成为外汇管理的重要内容之一。

1. 经常项目下的外汇管理的概念

经常项目①（current account）是指对实际资源在国际上的流动行为进行记录的账户。根据国际货币基金组织（IMF）《国际收支和国际投资头寸手册》（第六版）（以下简称《手册》）制定的标准，经常账户可细分为货物和服务账户、初次收入账户、二次收入账户。经常项目作为国民生产总值的一个组成部分，其对一国国民经济发展具有较大影响。因此，对经常项目下的外汇管理已成为各国宏观经济管理的一项重要内容。

贸易收支又称货物贸易收支，是一国出口货物所得外汇收入和进口货物的外汇支出的总称。近年来，我国货物贸易收付汇长期处于顺差状态，即出口收汇大于进口付汇。

服务收支又称服务贸易收支，是一国对外提供各类服务所得外汇收入和接受服务发生的外汇支出的总称，包括国际运输、旅游等项下的外汇收支。近年来，我国的服务贸易收付汇一直处于逆差状态，即付汇大于收汇。

初次收入是指由于提供劳务、金融资产和出租自然资源而获得的回报，包括雇员报酬、投资收益和其他初次收入三部分。

雇员报酬是指根据企业与雇员之间的雇佣关系，因雇员在生产过程中的劳务投入而获得的酬金回报。投资收益是指因金融资产投资而获得的利润、股息（红利）、再投资收益和利息，

---

① 经常项目是国际货币基金组织《国际收支手册》（第四版）及以前版本的提法，在国际货币基金组织《国际收支手册》（第五版）中，经常项目的提法被改为经常账户，但出于习惯，在实际运用中，人们通常将这两种提法混用。

但金融资产投资的资本利得或损失不是投资收益，而是金融账户的统计范畴。其他初次收入是指将自然资源让渡给另一主体使用而获得的租金收入，以及跨境产品和生产的征税和补贴。

二次收入是指居民与非居民之间的经常转移，包括现金和实物。贷方记录我国居民从非居民处获得的经常转移，借方记录我国向非居民提供的经常转移。

2. 国际货币基金组织对经常项目下外汇管理的规定

国际货币基金组织成立于 1945 年，其宗旨是帮助成员建立多边支付体系和汇兑制度，推动成员消除外汇管制，并通过成员之间的合作，维护国际金融体系的稳定，促进国际经济持续增长。

在《国际货币基金组织协定》第八条第 2 款、第 3 款、第 4 款中，对成员在可兑换性方面的义务作了具体规定：第一，各成员未经基金组织批准，不得对国际经常性往来支付和资金转移施加汇兑限制；第二，不得实行歧视性的货币措施或多种汇率措施；第三，应另一成员要求，随时有义务换回对方经常项目下所积累的本币。同时，国际货币基金组织要求成员在条件成熟时，履行第八条的义务：实现本币的经常项目下可兑换。

1996 年 12 月 1 日，我国正式接受了《国际货币基金组织协定》第八条的义务，实行人民币经常项目下可兑换。

3. 经常项目下外汇管理体制的沿革

总体来看，我国经常项目下的外汇管理经历了严格管制、逐步放松和实现人民币经常项目可兑换的过程，大体可分为四个阶段。

一是中华人民共和国成立初期至改革开放时期。这一时期，由于外汇资源短缺，国家对外贸和外汇实行统一经营，用汇分口管理，对外汇收支实行指令性计划管理，逐步形成了高度集中、计划控制的外汇管理体制。经常项目下的外汇管理方面，规定企业出口货物所得外汇、个人劳务所得外汇和华侨汇款等一切外汇，必须卖给或存入国家银行；企业贸易和服务贸易用汇须向国家申请或者由国家按计划分配，个人用汇受到严格限制。

二是 1978—1994 年。这一时期，我国经常项目下的外汇管理体制进行了一系列重大改革：实行贸易和非贸易外汇留成制度，国家、地方和企业按一定比例以外汇额度形式分别掌握外汇使用权；建立和发展外汇调剂市场，通过市场调剂外汇余缺；实行出口收汇核销制度，避免国家外汇流失；放宽了境内居民外汇管理，发行外汇兑换券，便利游客使用，防止外币在国内流通和套汇、套购物资。

三是 1994—1996 年。1994 年进行了外汇体制改革，实现人民币汇率并轨，实行以市场供求为基础的、单一的、有管理的浮动汇率制度，建立了银行结售汇制度。其具体措施包括取消各类外汇留成、外汇额度管理制度，对境内机构经常项目下的外汇收支实行银行结售汇制度；规定境内机构经常项目下的外汇收入须及时调回境内，按照市场汇率卖给外汇指定银行；取消外汇券，禁止外币计价、结算和流通；建立进口付汇核销管理制度，打击逃、套汇现象。从 1996 年 12 月 1 日起，我国接受了《国际货币基金组织协定》第八条，不再限制经常性国际交易支付的转移，实现了人民币经常项目下完全可兑换。

四是 1997 年至今。1997 年，我国外汇管理部门允许部分符合条件的中资企业开立经常项目下的外汇结算账户，保留一定限额的外汇收入；亚洲金融风暴期间，加强进出口收付汇核销管理，重点打击利用假报关单骗购外汇资金的行为。2001 年年底我国加入世界贸易组织后，在逐步完善进出口收付汇核销制度的同时，不断简化核销手续，提高核销监管效率；完善服务贸易外汇管理，大幅度简化服务贸易购付汇手续和凭证，下放审核权限；逐步调整经常项目外汇账户管理政策，不断提高企业经常项目外汇账户限额，并最终取消开户事前审批，允许企业全额保留外汇资金；不断改进个人外汇管理，简化手续和凭证，对个人实行结售汇年度总额管理。

小知识

外汇局的主要职责

1979年3月，国务院批准设立了国家外汇管理局，并赋予其管理全国外汇的职能；1983年，外汇局从中国银行划出，由中国人民银行代管，成为中央银行的一个局；1988年6月，国务院决定外汇局为国务院总局级机构，次年升为副部级，仍由中央银行归口管理。外汇局的主要职责如下。

（1）根据国家政策和经济建设的需要，制定全国统一的外汇管理政策、法令、条例和有关的实施细则，并报请上级批准后贯彻执行。

（2）参与编制国家外汇收支计划和国际收支计划，并组织实施，监督执行。

（3）调整和公布人民币汇率。

（4）统一管理和调度国家外汇储备资金。

（5）统一管理对外借款和在国外发行债券。

（6）管理经营外汇业务的金融机构的外汇活动。

（7）管理和监督贸易和非贸易外汇收支。

（8）管理侨资、外资、中外合资企业的外汇业务活动。

（9）检查和处理违反外汇管理的案件。

（10）监督、检查银行和非银行金融机构，严格执行有关外汇管理的政策、规定。

二、经常项目下的外汇管理的内容

（一）货物贸易项目的外汇管理

货物贸易外汇收支在我国经常项目中占主导地位，是国际收支的主要部分。我国贸易项目下结售汇的业务量，占全国银行现期结售汇业务的80%左右。因此，监督管理货物贸易外汇收支成为经常项目下外汇管理的中心内容。

企业贸易外汇收支包括：从境外、境内保税监管区域收回的出口货款，向境外、境内保税监管区域支付的进口货款；从离岸账户、境外机构境内账户收回的出口货款，向离岸账户、境外机构境内账户支付的进口货款；深加工结转项目下的境内收付款；转口贸易项目下的收付款；其他与贸易相关的收付款。

企业应当按照"谁出口谁收汇、谁进口谁付汇"的原则办理贸易外汇收支业务，捐赠项下的进出口业务等外汇局另有规定的情况除外。代理进口、出口业务的应当由代理方付汇、收汇。代理进口业务项目下，委托方可凭委托代理协议将外汇划转给代理方，也可由代理方代理购汇。代理出口业务项目下，代理方代理收汇后可凭委托代理协议将外汇划转给委托方，也可结汇将人民币划转给委托方。企业应当根据贸易方式、结算方式以及资金来源或流向，凭相关单证在金融机构办理贸易外汇收支业务，并按规定进行贸易外汇收支信息申报。

外汇局根据非现场或现场核查结果，结合企业遵守外汇管理规定等情况，将企业分成A、B、C三类。详细规定读者可登录外汇局官方网站进行查询。

（二）服务贸易外汇管理

国际服务贸易是指服务跨越国界、在国际上流动的服务贸易。服务贸易与货物贸易相比，其交易基础、交易主体及价值转移方式完全不同：首先，服务是无形的，具有不可触摸性；其次，服务与消费是同时发生的；最后，价值实体与使用价值是分别转移的。

国际服务贸易的内容极为广泛，关贸总协定各缔约方在乌拉圭回合谈判中一共列出了150多项服务贸易项目，但最终达成的《服务贸易总协定》将服务贸易分为以下四种形式。

（1）过境支付，即一国向另一国提供的服务，没有人员、物资和资金的流通，而是通过计算机联网实现的，如金融服务。

（2）境外消费，即一国消费者到另一国消费接受的服务，如本国人到外国旅游、学习。

（3）商业存在，即允许外国企业和经济实体到本国开业，并提供相关的服务，包括设立合资企业、合作企业和独资企业。

（4）自然人流动，即允许外国自然人来本国提供服务，或本国自然人去国外提供服务，如本国医生、教授、艺术家到外国从事个体服务。

我国在关贸总协定乌拉圭回合有关服务贸易的谈判中，承诺进一步开放航运、专业服务、银行业、广告、旅游、近海石油勘探6个服务市场，后来又有条件地进一步开放了保险、内河、公路运输、建筑工程、计算机服务、陆上石油服务和租赁市场。可见我国服务领域的开放力度相当大。随着我国服务贸易的大幅度开放，服务贸易的规模也在不断扩大，服务贸易增长迅速。

（三）个人外汇管理

个人外汇业务按照交易主体可区分为境内个人外汇业务与境外个人外汇业务，按照交易性质可区分为经常项目个人外汇业务和资本项目个人外汇业务。经常项目项下的个人外汇业务按照可兑换原则管理，资本项目项下的个人外汇业务按照可兑换进程管理。外汇局及其分支机构按照《个人外汇管理办法》的规定，对个人在境内及跨境外汇业务进行监督和管理。

个人跨境收支的，应当按照国际收支统计申报的有关规定办理国际收支统计申报手续。外汇局对个人结汇和境内个人购汇实行年度总额管理。年度总额内的，凭本人有效身份证件在银行办理购汇；超过年度总额的，经常项目下的个人购汇业务，凭本人有效身份证件和有交易额的相关证明等材料在银行办理。

从事货物进出口的个人对外贸易经营者，在商务部门办理对外贸易经营权登记备案后，外汇局对其贸易外汇资金的收支按照机构的外汇收支进行管理。个人进行工商登记或者办理其他执业手续后，可以凭有关单证委托具有对外贸易经营权的企业办理进出口项目下及旅游购物、边境小额贸易等项目下的外汇资金收付、划转及结汇业务。境内个人外汇汇出境外用于经常项目支出，单笔或当日累计汇出在规定金额以下的，凭本人有效身份证件在银行办理；单笔或当日累计汇出在规定金额以上的，凭本人有效身份证件和有交易额的相关证明等材料在银行办理。

境外个人在境内取得的经常项目项下合法人民币收入的，可以凭本人有效身份证件及相关证明材料在银行办理购汇及汇出。境外个人未使用的境外汇入外汇，可以凭本人有效身份证件在银行办理原路汇回。境外个人将原兑换未使用完的人民币兑回外币现钞时，小额兑换凭本人有效身份证件在银行或外币兑换机构办理；超过规定金额的，可以凭原兑换水单在银行办理。

1. 外汇账户管理

银行按照个人开户时提供的身份证件等证明材料确定账户主体类别，所开立的外汇账户应使用与本人有效身份证件记载一致的姓名。境内个人和境外个人外汇账户境内划转按跨境交易进行管理。

个人进行工商登记或者办理其他执业手续后可以开立外汇结算账户。境内个人从事外汇买卖等交易，应当通过依法取得相应业务资格的境内金融机构办理。个人可以凭本人有效身份证件在银行开立外汇储蓄账户。外汇储蓄账户的收支范围为非经营性外汇收付、本人或与其直系亲属之间同一主体类别的外汇储蓄账户间的资金划转。境内个人和境外个人开立的外汇储蓄联名账户按境内个人外汇储蓄账户进行管理。

个人购汇提钞或从外汇储蓄账户中提钞，单笔或当日累计在有关规定允许携带外币现钞出境金额之内的，可以在银行直接办理；单笔或当日累计提钞金额超过规定允许携带金额的，凭本人有效身份证件、提钞用途证明等材料向当地外汇局事前报备。

个人外币现钞存入外汇储蓄账户，单笔或当日累计在有关规定允许携带外币现钞入境免申报金额之内的，可以在银行直接办理；单笔或当日累计存钞超过规定允许携带金额的，凭本人有效身份证件、携带外币现钞入境申报单或本人原存款金融机构外币现钞提取单据在银行办理。

2. 外汇支出管理

（1）境内居民个人经常项目下因私购汇指导性限额。对于持因私护照的境内居民个人出境旅游（含港澳游，不含边境游，下同）、探亲会亲、朝觐、境外就医、商务考察、被聘工作、出境定居、国际交流、境外培训、外派劳务等有实际出境行为的购汇指导性限额，出境时间在半年以内的限额为等值 5 000 美元；出境时间在半年（含）以上的限额为等值 8 000 美元。

对于境外直系亲属救助、交纳国际组织会费、境外邮购等有实际用汇需求但没有出境行为的购汇指导性限额，为等值 5 000 美元。

自费留学购汇指导性限额的规定如下：学费按照境外学校录取通知书或学费证明上所列明的每年度学费标准进行供汇；生活费的供汇指导性限额为每人每年等值 2 万美元，即每人每年生活费购汇金额在等值 2 万美元（含 2 万美元）以下的，到外汇指定银行办理；等值 2 万美元以上的，经外汇局核准后到外汇指定银行办理。

凡持有境内银行发行的外币信用卡的居民个人，其在境外用于经常项目消费或提现透支形成的外汇垫款，允许其以自有外汇偿还或持发卡银行出具的信用卡交易账单、身份证或户口簿等证明材料到发卡银行购买外汇偿还。对无法提供外汇保证金申领外币信用卡的居民个人，允许其在出境前以自有人民币存款作为保证金开立外币信用卡。

对由于特殊原因无法在境外持卡消费或支出的居民个人，其发生的经常项目外汇支出，如交纳自费出境学习学费、境外就医医疗费等，可持境外消费或支出的有关证明材料，经外汇局审核真实性后，持外汇局核准件及相关证明材料到银行办理补购外汇手续。

（2）境内居民个人经常项目下因私购汇凭证。境内居民个人因出境旅游、朝觐、探亲会亲、境外就医、商务考察、被聘工作、出境定居、国际交流、境外培训、外派劳务等事由购汇的，持因私护照及有效签证办理购汇。

旅游项目下持团体签证的，银行可凭经旅行社盖章确认的团体签证复印件办理购汇。前往对我国实行落地签证、免签证的国家或地区而无法在出境前提供签证的，银行可凭境内居民个人的因私护照直接办理购汇。

自费留学人员购买第一学年或学期的学费所需外汇，持因私护照、有效签证、境外学校出具的录取通知书、费用证明（如无法提供录取通知书及费用证明原件的，可提供传真件或网上下载件，下同）办理购汇；自费留学人员购买第二学年或学期以后的学费所需外汇，持因私护照及有效签证复印件、相应年度或学期的费用证明办理购汇；对于已在境外学习，继续转往其他学校就读的，在购买拟就读学校的学费所需外汇时，可以参照购买第二学年或学期以后的学费的要求办理购汇。

自费留学人员购汇时需提供的生活费证明材料。对于生活费购汇金额在等值2万美元（含2万美元）以下的，自费留学人员在购汇时，可不再提供生活费证明材料，持境外学校录取通知书、学费通知书、护照签证及身份证或户口簿即可到外汇指定银行办理购汇；对于购汇金额在等值2万美元以上的，须持录取通知书、生活费通知书、护照签证及身份证或户口簿到外汇局进行核准，经核准后到外汇指定银行办理购汇。

对于自费留学人员只有在汇出或在境内银行预交签证保证金后才能取得有效入境签证的特殊情况，允许其在银行交纳2 000元人民币保证金后，持规定的证明材料办理购汇。

境内居民个人前往对我国实行落地签证和免签证国家或地区，可持含有身份证号码的因私护照到外汇指定银行直接办理购汇。

（四）经常项目下的外汇账户管理

1. 经常项目外汇账户的开立

凡经有关主管部门核准或备案具有涉外经营权或有经常项目下外汇收入的境内机构（境内国家机关、企事业单位、社会团体、部队等，含外商投资企业，不包括金融机构），均可以向所在地外汇局申请开立经常项目外汇账户。境内机构原则上只能开立一个经常项目外汇账户。在同一银行开立相同性质、不同币种的经常项目外汇账户无须另行由外汇局核准。

经常项目外汇账户的收入范围为经常项目下的外汇收入，支出范围为经常项目下的外汇支出和经外汇局核准的资本项目外汇支出。捐赠、援助、国际邮政汇兑等有特殊来源和指定用途的经常项目外汇账户，其账户收支范围需按照有关合同或协议进行核定。

外汇局对经常项目外汇账户统一实行限额管理。境内机构经常项目外汇账户限额原则上为该境内机构上年度经常项目外汇收入的50%或80%。上年度没有经常项目外汇收入的境内机构新开立经常项目外汇账户时，初始限额为20万美元。外汇账户限额统一采用美元核定，境内机构开立其他币种经常项目外汇账户的，其限额由外汇局按开户当期适用的内部统一折算率折算。

同一境内机构在不同开户金融机构开立的相同性质经常项目外汇账户之间可以相互划转外汇资金。

2. 经常项目外汇账户的变更

境内机构开立经常项目外汇账户后，如因经营需要调整开户单位名称、最高限额等账户信息的，应当持申请书、外汇账户使用证或登记证、原账户开立核准件、对账单，向开户所在地外汇局提出申请，并持开户所在地外汇局的"账户变更核准件"到开户金融机构办理变更。

境内机构因经营需要在注册地以外开立经常项目外汇账户的，应到注册地外汇管理部门进行备案，持注册地外汇局的"异地开户备案件"及其他材料向开户所在地的外汇管理部门提出申请，持开户所在地外汇管理部门核发的"账户开立核准件"到有关金融机构办理开户。开户所在地外汇管理部门必须及时将有关开户信息书面告知注册地外汇管理部门。

3. 经常项目外汇账户的关闭和撤销

境内机构关闭经常项目外汇账户的，应当向外汇管理部门提出申请，凭外汇管理部门的"关户核准件"办理关闭账户手续。有关金融机构办理完毕关闭外汇账户业务后，应当在每月初起5个工作日内将"关户核准件"报开户所在地外汇管理部门。境内机构异地外汇账户关闭后，开户所在地外汇管理部门必须及时将有关账户关闭信息书面告知注册地外汇管理部门。境内机构关闭经常项目外汇账户后，还开有其他相同性质经常项目外汇账户的，该账户内的资金可以转入其他相同性质经常项目外汇账户；如没有其他相同性质经常项目外汇账户的，该账户内的资金必须结汇。

境内机构开立经常项目外汇账户后，该账户一年内没有任何外汇收支的，开户金融机构应当在每年的1月份将有关情况报所在地外汇管理部门，由外汇管理部门通知境内机构关闭该账户，同时通知开户金融机构、境内机构应当在接到撤户通知后5个工作日内，到开户金融机构办理关闭账户手续。如境内机构逾期不办理关闭账户手续的，开户金融机构可以在接到"撤户通知书"5个工作日后强行关闭该账户，对该账户内的资金办理结汇。

4. 经常项目外汇账户的监管

开户金融机构应当在每月的前5个工作日内向外汇管理部门报送上月"境内机构经常项目外汇账户情况月报表"。外汇管理部门应于每月的前10个工作日内，将所辖地区"境内机构经常项目外汇账户情况月报表"汇总后报外汇局。

在已使用账户系统的地区，开户金融机构应当每日通过账户系统向外汇管理部门报送经常项目外汇账户信息。

外汇管理部门应当对所辖境内机构经常项目外汇账户进行年检，已使用账户系统的地区不再对所辖境内机构经常项目外汇账户进行年检。

三、经常项目下的外汇管理的现状和改革

随着我国市场经济体制改革的不断深化、对外开放水平全面提高、人民币资本项目可兑换进程的加快以及国际收支不平衡问题的日益突出，经常项目下的外汇管理工作面临更为严峻的挑战。经常项目下的外汇管理将根据外汇管理改革的整体目标和计划，加大经常项目各领域的法规建设和系统建设力度，逐步实现从重审批向重监测分析转变，从重事前监管向重事后监管转变，从重行为监管向重主体监管转变。

1. 货物贸易外汇管理的现状和改革

进入21世纪，我国的国际收支形势发生了根本性变化，特别是加入世界贸易组织后，贸易主体和交易规模出现了急剧增长。在此情况下，当初的货物贸易外汇管理制度具有的"一一对应、逐笔审核"的管理模式既无法满足我国国际收支形势发展的要求，也不适应当时促进贸易便利化的发展方向，既占用了许多政府监管资源，也增加了企业经营成本。

为大力推进贸易便利化，进一步改进货物贸易外汇服务和管理，外汇局、海关总署、国

家税务总局决定，自 2012 年 8 月 1 日起在全国实施货物贸易外汇管理制度改革，并相应调整出口报关流程，优化升级出口收汇与出口退税信息共享机制。

自改革之日起，取消出口收汇核销单，企业不再办理出口收汇核销手续。国家外汇管理部门对企业的贸易外汇管理方式由现场逐笔核销改变为非现场总量核查。外汇管理部门通过货物贸易外汇监测系统，采集企业货物进出口和贸易外汇收支的每一笔数据，定期比对、评估企业货物流与资金流总体匹配情况，便利合规企业贸易外汇收支；对存在异常的企业进行重点监测，必要时实施现场核查。

外汇局根据企业贸易外汇收支的合规性及其与货物进出口的一致性，将企业分为 A、B、C 三类。A 类企业进口付汇单证简化，可凭进口报关单、合同或发票等任何一种能够证明交易真实性的单证在银行直接办理付汇，出口收汇无须联网核查；银行办理收付汇审核手续相应简化。对 B 类、C 类企业在贸易外汇收支单证审核、业务类型、结算方式等方面实施严格监管，B 类企业贸易外汇收支由银行实施电子数据核查，C 类企业贸易外汇收支须经外汇管理部门逐笔登记后办理。

外汇局根据企业在分类监管期内遵守外汇管理规定的情况，进行动态调整。A 类企业违反外汇管理规定将被降级为 B 类或 C 类企业；B 类企业在分类监管期内合规性状况未见好转的，将延长分类监管期或被降级为 C 类企业；B 类、C 类企业在分类监管期内守法合规经营的，分类监管期满后可升级为 A 类企业。

调整出口报关流程改革之日起，企业办理出口报关时不再提供核销单。

2019 年废止的《货物贸易外汇管理指引实施细则》第三条第一款第（二）项、第五条第二款及《货物贸易外汇管理指引操作规程（银行企业版）》"辅导期业务报告"条目部分。《货物贸易外汇管理指引实施细则》第十三条中的"企业贸易外汇收入应当先进入出口收入待核查账户"已被《国家外汇管理局关于废止和失效 5 件外汇管理规范性文件及 7 件外汇管理规范性文件条款的通知》（汇发〔2019〕39 号）中的《国家外汇管理局废止、修改 7 件外汇管理规范性文件中部分条款的目录》第三条修改为"企业贸易外汇收入可以先进入出口收入待核查账户。"

2. 服务贸易外汇管理的现状和改革

21 世纪初，服务贸易外汇管理主要体现为逐笔真实性审核和与行业主管部门协同管理，并且具有明显的"重流出、轻流入"特征。这种管理模式在防范资本外逃方面发挥了重要作用，但随着我国服务贸易规模持续扩大、种类越来越多，加之服务贸易自身具有无形化、价格认定难等特点，之前的服务贸易外汇管理体制已不能适应经济形势发展的要求，亟须进行改革。为此，外汇局 2009 年底确定了服务贸易外汇管理改革思路：一是从以单证审核为重点的事前管理，转向以监测预警为主的事后监管；二是从对逐笔交易的具体监管转向对境内机构的主体监管；三是从重流出管理转向流出、流入均衡管理。

3. 个人外汇管理的现状和改革

外汇局在不断完善个人外汇管理，自 2016 年 1 月 1 日起，个人外汇业务监测系统在全国上线运行，个人结售汇管理信息系统同时停止使用。具有结售汇业务经营资格的银行，通过个人外汇业务监测系统办理个人结汇、购汇等个人外汇业务，及时、准确、完整地报送相关业务数据信息。个人在办理外汇业务时，遵守个人外汇管理有关规定，不得以分拆等方式规避额度及真实性管理。外汇局及其分支局对规避额度及真实性管理的个人实施"关注名单"管理。

外汇局对出借本人额度协助他人规避额度及真实性管理的个人,通过银行以《个人外汇业务风险提示函》予以风险提示。若上述个人再次出现出借本人额度协助他人规避额度及真实性管理的行为,外汇局将其列入"关注名单"管理。外汇局对以借用他人额度等方式规避额度及真实性管理的个人,列入"关注名单"管理,并通过银行以《个人外汇业务"关注名单"告知书》予以告知。"关注名单"内个人的关注期限为列入"关注名单"的当年及之后连续2年。在关注期限内,"关注名单"内个人办理个人结售汇业务,必须凭本人有效身份证件和有交易额的相关证明等材料在银行办理。银行按照真实性审核原则,严格审核相关证明材料。

银行必须配合外汇局对规避额度及真实性管理的个人及相关机构进行核查,并在个人外汇业务监测系统推送相关信息之日起的20天内,反馈个人结汇资金去向、购汇资金来源及外汇局要求的其他信息。

4. 外汇账户管理的现状和改革

2002年,外汇局开始建设"外汇账户管理信息系统",外汇管理部门通过电子渠道自动采集企事业单位经常项目外汇账户的外汇收支数据,并实施非现场管理,从而为开户审批制转变为备案制以及账户限额的不断调整提高奠定了坚实的基础。

2008年8月修订实施的《中华人民共和国外汇管理条例》第七条明确规定:经营外汇业务的金融机构应当按照国务院外汇管理部门的规定为客户开立外汇账户,并通过外汇账户办理外汇业务。经营外汇业务的金融机构应当依法向外汇管理机关报送客户的外汇收支及账户变动情况。此条规定对外汇账户的管理提出了更高的新要求,主要目的是将过去不通过外汇账户办理的银行直接结售汇数据纳入账户系统采集范围,实现一切外汇收支都通过外汇账户办理,从而形成统一、规范的外汇收支基础数据平台,以便于对境内主体外汇收支实施全口径监管。

📖 **小知识**

携带人民币出入国境额度的数次调整

中华人民共和国自成立以来对携带人民币出入国境的规定进行了数次调整。

1951年3月6日,中央人民政府政务院公布《中华人民共和国禁止国家货币出入国境办法》,这是首次对人民币出入境问题作出的明确规定。随着我国对外交往的日益增多,并考虑国际收藏和馈赠的需要,虽然仍坚持该禁令,但在具体执行上采取了一些灵活的措施。

20世纪80年代后期至90年代初期,根据当时的经济发展情况,我国曾多次大幅度调整人民币出入境限额。1987年公民携带人民币出入境的限额调整为200元。

1990年,北京举办亚运会,考虑到个人,特别是外国人入出境的需要,将携带人民币出入国境的限额调整为2 000元,但此规定在亚运会结束后也随之取消。

1993年,《中华人民共和国国家货币出入境管理办法》(国务院令第108号)公布,规定对货币出入境实行限额管理制度,具体限额由中国人民银行制定。同年,中国人民银行将人民币出入境的限额调整到每人每次6 000元。

2004年中国人民银行公告〔2004〕第18号公布,自2005年1月1日起,中国公民出入境、外国人入出境每人每次携带的人民币限额由原来的6 000元调整为20 000元。

5. 跨境人民币业务

跨境人民币业务是指居民和非居民之间以人民币开展的或用人民币结算的各类跨境业

务。跨境业务是指我国的经济组织与境外各经济体之间的业务，即居民与非居民之间的业务。2009 年 4 月 8 日，国务院常务会议正式决定，在上海和广州、深圳、珠海、东莞等城市开展跨境贸易人民币结算试点。所谓跨境贸易人民币结算，是指经国家允许指定的、有条件的企业在自愿的基础上以人民币进行跨境贸易的结算，商业银行在中国人民银行规定的政策范围内，可直接为企业提供跨境贸易人民币相关结算服务。其业务种类包括进/出口信用证、托收、汇款等多种结算方式。

2011 年 8 月 23 日，中国人民银行、财政部、商务部、海关总署、税务总局和银监会联合发布的《关于扩大跨境贸易人民币结算地区的通知》，明确了河北、山西、安徽、江西、河南、湖南、贵州、陕西、甘肃、青海和宁夏等省（自治区）的企业可以开展跨境贸易人民币结算；吉林省、黑龙江省、西藏自治区、新疆维吾尔自治区的企业开展出口货物贸易人民币结算的境外地域范围，从毗邻国家扩展到境外所有国家和地区。至此，跨境贸易人民币结算境内地域范围扩大至全国。

2009 年 7 月 1 日，中国人民银行发布并开始实施《跨境贸易人民币结算试点管理办法》及实施细则，跨境贸易人民币结算促进了贸易便利化，该办法和实施细则保障了跨境贸易人民币结算试点工作的顺利进行，规范了试点企业和商业银行的行为，防范了相关业务风险。
2011 年 1 月 6 日，中国人民银行制定了《境外直接投资人民币结算试点管理办法》；2011 年 10 月 13 日中国人民银行制定了《外商直接投资人民币结算业务管理办法》；2010 年 8 月 31 日中国人民银行出台了《境外机构人民币银行结算账户管理办法》，自 2010 年 10 月 1 日起实施。2013 年 9 月 20 日，中国银行开始向全球发布"中国银行跨境人民币指数"（BOC Cross-border RMB Index，CRI），后改为"中国银行人民币国际化指数"。

拓展学习提示

读者可在中国银行网站"金融市场"栏目中的"中国银行人民币国际化指数"栏目下查看 2013 年 11 月到当前的人民币国际化指数，研究其走势。

第二节　资本项目下的外汇管理

按照国际收支的内容分类，资本项目是指对资产所有权在国际上流动行为进行记录的账户，主要包括对资本流入和流出的记录。由于经济结构、市场机制、监管能力等方面的原因，我国还没有完全放开资本项目管制，而是在有效防范风险的前提下，有选择、分步骤放宽对跨境资本交易活动的限制，逐步实现资本项目可兑换，这是世界各国特别是新兴市场经济国家的基本经验。

一、资本项目下外汇管理的内涵、手段和原则

1. 资本项目下外汇管理的内涵

资本项目是资本和金融账户的简称，分为资本账户和金融账户。根据国际货币基金组织《国际收支手册》第五版的分类，资本账户包括涉及资本转移的收取和支付、非生产及非金融资产收买或放弃的所有交易。这里，资本转移是指涉及固定资产所有权的变更及债权债务的

减免等导致交易一方或双方资产存量发生变化的转移项目，其主要包括固定资产转移、债务减免、移民转移和投资捐赠等经济行为。非生产性及非金融性资产交易是指非生产性有形资产（土地和地下资产）和无形资产（专利、版权、商标和经销权等）的收买与放弃。金融账户包括涉及某一经济体对外资产和负债所有权变更的所有交易行为，包括外商直接投资、境外直接投资、证券投资、对外债权债务和资本流动等经济行为。

所谓资本项目下外汇管理，是指国家通过法规和有关政策及相应的方法，对国际收支中资本项目下外汇资金的流出、流入、兑付及资本交易等行为和行为人的管理。从广义上说，资本项目下的外汇管理主要是指对资本流入和流出的管理。资本流出管理，一般是指对购买外汇、对外投资、贷款、存放国外以及有价证券和基金的购买等经济行为的管理。资本流入管理是指对购买外债和非居民购买本国有价证券以及引进直接投资活动的管理。具体来说，一国对资本项目的管理主要是对外债、外币证券投资、直接投资以及对外贷款活动的管理。

2. 资本项目下外汇管理的手段和原则

资本项目下外汇管理的手段包括行政手段和市场化手段。行政手段主要是通过政府立法，限制部分资本项目的交易和汇兑。市场手段主要是通过干预市场，对利率、汇率等价格因素进行调节，引导资本流动。国际上资本项目实施管理的方法主要有以下几种：① 官方制定法律，对资本项目进行严格管理；② 制定相关条令，限制资本的输出/输入，如美国的"利息平衡税"的施行；③ 干预市场，调节利率和汇率，引导资本的流出/流入；④ 实行事后监控。随着我国政府职能的转变和监管能力的提升，对确需保留的资本项目管制，将越来越多采用市场化手段进行监管。

资本项目下外汇管理的原则有以下几条。

（1）均衡管理原则。均衡管理原则是指在推进资本项目可兑换的过程中，要将跨境资金流动的"引进来"和"走出去"相结合，从管理政策上鼓励跨境资金双向、有序流动，加速开放对外直接投资、对外证券投资等原来限制较多的领域，限制投机性资金流入。

（2）稳步开放原则。资本项目下的外汇管理应以有序、稳步放松资本项目交易限制、引入和培育资本市场工具为主线，在风险可控的前提下，依照循序渐进、统筹规划、先易后难、留有余地的原则，分阶段、有选择地逐步推进资本项目可兑换。

（3）便利化原则。资本项目下外汇管理要顺应市场需求，从经济主体的实际需要出发，进一步消除影响主体经营的贸易投资便利化的体制障碍，增强市场主体的竞争活力和自主能力，帮助企业提高国际竞争力，发挥市场机制在更大的范围内合理配置资源的基础性作用。

（4）国民待遇原则。以前，一方面，为吸引外资，我国在许多领域对外资给予超国民待遇；另一方面，部分行业外资准入门槛较高。外资超国民待遇的存在，导致企业为了追逐经济利益而产生行为扭曲，如返程投资问题、假外资问题等。为解决这些问题，资本项目下的外汇管理不断调整管理思路，在各个领域逐步贯彻落实国民待遇原则。2021年，外汇管理重点工作是"推进金融市场高水平双向开放，完善直接投资准入前国民待遇加负面清单管理"。

二、我国资本项目下外汇管理的历史沿革

改革开放以前，我国既无外债，也不允许外商来华直接投资，对资本项目实行严格管制。在中华人民共和国成立后的近30年中，资本项目交易基本处于空白阶段。但自1978年以来，

我国开始启动了渐进的、审慎的资本账户开放进程。

自 1978 年开始，根据改革与发展的需要，我国着重在吸引和利用外资方面放松管制，事实上启动了人民币资本项目可兑换进程。这一阶段资本项目下的外汇管理具有三大特点：一是在管理领域上，以直接投资为主，其次为外债，证券投资仍被严格限制；二是在管理思路上，以鼓励流入、限制流出为导向；三是在管理实践中，曾经历了放开—管制—再放开的反复过程。1996 年，我国宣布实现经常项目可兑换，开始着重资本项目的开放，而 1997 年亚洲金融风暴爆发后，我国政府加强了资本管制，尤其是资本流出的管制，如禁止购汇提前还贷等，直至危机结束后才逐步取消对资本的管制。

2001 年以来，顺应加入世界贸易组织和融入经济全球化的需要，也根据经济发展和改革开放的客观需要，我国资本项目开放的步伐逐步加快，并逐步深入。与上一阶段相比，2001 年以来资本项目下外汇管理的特点主要体现在以下三个方面。

一是开放重点有所变化。在直接投资领域，管理已经相对成熟，实现了基本开放；在证券投资领域，正在经历从无到有的重要时期。2002 年，我国推出了合格境外机构投资者制度，允许境外投资者投资我国资本市场；随后，又相继推出了允许银行、证券、保险等金融机构以自有资本或代客从事境外证券投资的政策。

二是从宽进严出向均衡管理转变。2002 年以来，我国开始出现经常性的资本项目持续大额双顺差，外汇储备迅速增长。在这一形势下，资本项目下的外汇管理开始转向鼓励资金有序流出和防止投机性资金流入、促进国际收支基本平衡。例如，在直接投资领域，改革境外投资外汇管理，支持国内企业"走出去"；在外债领域，统一中外资银行外债管理，严格外资企业外债结汇；在证券投资领域，允许境内资本投资境外证券；在资本转移领域，允许个人资本跨境转移等。

三是统筹平衡贸易投资自由化、便利化和防范跨境资本流动风险，扩大金融市场双向开放。2013 年提出"一带一路"倡议，先后推出了"沪港通"（2014 年）、内地与香港基金互认（2015 年）、"深港通"（2016 年）、"债券通"（2017 年）等跨境证券投资新机制。陆续设立了丝路基金、中拉产能合作基金、中非产能合作基金，积极为"一带一路"搭建资金平台。2015 年，我国将资本金意愿结汇政策推广至全国，大幅简化外商直接投资外汇管理，实现外商直接投资基本可兑换。2016—2017 年，我国完善全口径跨境融资宏观审慎管理，推动银行间债券市场双向开放，开放有竞争力的境内外汇市场。2018 年，我国进一步增加合格境内机构投资者（QDII）额度，取消了合格境外机构投资者（QFII）资金汇出比例限制和 QFII、人民币合格境外机构投资者（RQFII）锁定期的要求，扩大合格境内有限合伙人（QDLP）和合格境内投资企业（QDIE）试点范围。2019 年 5 月，推出了《存托凭证跨境资金管理办法（试行）》，对存托凭证发行资金管理、存托凭证跨境转换资金管理、存托凭证存托资金管理、统计与监督管理等方面进行了规范，进一步推动人民币走向国际金融市场。

三、我国资本项目下外汇管理的内容

（一）外债管理

外债主要是指我国境内居民对境外机构（包括外国政府、国际金融机构、银行企业等）

用外币承担的具有契约性偿还义务的债务。外债管理从对外借款的计划审批、登记和借用外债的规模、结构、效益以及偿还等方面进行控制和管理，即对外债的借、用、还三个环节进行管理。我国现行的外债管理是根据不同的债务人实施不同的管理政策，通过额度审批和登记管理实现管理目标。

1. 外债的分类管理

我国根据外债类型、偿还责任和债务人性质的不同，对举借外债实行分类管理。

（1）国外贷款管理。国外贷款包括国际商业贷款、外国政府贷款和国际金融组织贷款等几类。我国对中长期国际商业贷款通过两种方式进行事前管理。境内中资企业等机构举借中长期国际商业贷款的，由国家发展和改革委员会会同中国人民银行、外汇局按年度核定中长期外债余额，报国务院审批。国家对境内中资机构举借短期国际商业贷款的实行余额管理，余额由外汇局核定。外国政府贷款和国际金融组织贷款由国家统一对外举借。国家发展和改革委员会会同财政部等有关部门共同制定世界银行、亚洲开发银行、联合国农业发展基金会和外国政府贷款备选项目规划，财政部根据项目规划组织对外谈判、磋商、签订借款协议后，对国内债务人直接发放贷款或通过有关金融机构进行转贷。

（2）对外发行外币债券。发行外币债券是指由政府、金融机构及境内其他企事业单位和外商投资企业在国际金融市场上通过发行以外币表示的构成债权债务关系的有价证券来筹集资金的一种融资形式。财政部代表国家在境外发行债券由财政部报国务院审批，并纳入国家借用外债计划。其他任何境内机构在境外发行中长期债券均由国家发展和改革委员会会同外汇局审核后报国务院审批。在境外发行短期债券由外汇局审批，其中，设定滚动发行的，由外汇局会同国家发展和改革委员会审批。

（3）对外担保。对外担保是指我国境内机构向境外机构或境内外资金融机构承诺，一旦债务人不能按约偿还债务时，将代为履行偿还债务的义务。对于这种外债，由外汇局负责审批和管理。境内机构对外担保应当遵守有关法律、法规和外汇管理部门的有关规定。境内机构不得为非经营性质的境外机构提供担保。根据我国外汇管理规定，可以提供对外担保的担保人仅限于经批准允许办理对外担保业务的金融机构和具有代为清偿能力的非金融企业法人。被担保人是指境内内资企业、外商投资企业和境内机构在境外注册的全资附属企业及有中方参股的企业。担保人不得为外商投资企业注册资本提供担保，除外商投资企业外，担保人不得为外商投资企业中外方投资部分的对外债务提供担保；不得为经营亏损企业提供担保。同时，除经国务院批准为使用外国政府或国际金融组织贷款进行转贷外，国家机关和事业单位一律不得提供对外担保。

2. 外债的风险管理

借用外债一般是为了弥补国内建设资金不足、丰富投资渠道，从而促进国内经济的快速发展。但是，借用外债也存在风险。外债的债务规模若超过自身承受能力，可能会导致债务危机。因此，必须重视和强化外债风险管理。要避免外债风险，必须保持适度的外债规模和合理的举债速度。建立、健全我国外债规模的风险监控预警体系是一个好的管理办法，国际上通行的衡量外债规模的指标包括以下几个。

（1）外债承受能力指标。外债承受能力的总量指标主要包括负债率和债务率。负债率是指一个国家的外债余额与同期该国国民生产总值的比率，其计算公式为

$$负债率 = \frac{外债余额}{国民生产总值}$$

该指标用于反映一国经济实力对外债的承受能力，警戒线为 20%。债务率是指一个国家的外债余额与该国外汇收入的比率，其计算公式为

$$债务率 = \frac{年末外债余额}{当年外汇收入}$$

该指标用于反映一国当年国际收支口径的货物贸易和服务贸易外汇收入对外债总余额的承受能力，警戒线为 100%。

（2）外债偿还能力指标。该指标主要反映一国年度还本付息额与该国经济实力的关系，主要包括偿债率和长短期债务比例。偿债率是指一国当年应偿付的外债本息额与当年出口收入额的比率，其计算公式为

$$偿债率 = \frac{当年偿还外债本息}{当年出口外汇收入}$$

该指标用于反映一国当年国际收支口径的货物贸易和服务贸易外汇收入所能承受的还本付息能力，警戒线为 20%。偿债率是衡量外债规模指标体系中最重要的核心指标。一般来说，一国的偿债率上升，该国政府要求延期偿还到期债务的可能性就相应增加。长短期债务比例是指一国的短期外债（期限在 1 年以内，含 1 年）占整个外债的比例，其计算公式为

$$长短期债务比例 = \frac{当年短期债务余额}{当年外债总余额}$$

由于短期债务易受国际市场的影响，风险较大，一般以不超过外债总额的 20%为宜。应避免将短期外债投入长期项目上，即常说的短贷长用。

（二）直接投资管理

1. 对外商直接投资的管理

目前，我国外商直接投资包括外国企业、经济组织或个人在我国境内开办的独资经营企业，与我国境内企业或经济组织共同举办的合资经营企业、合作经营企业或合作开发资源的投资以及投资收益的再投资。外商直接投资管理主要是指对境外投资者向我国直接投资项目下的汇兑管理措施。

现行的外商直接投资管理方式主要是以登记管理为中心，管理外资的流入、流出以及在流入和流出之间的中间汇兑环节，并通过外商投资企业联合年检，加强对外商投资项目下的外汇监管力度。管理内容具体包括：外商投资企业外方出资验资询证；账户管理；境内再投资管理；境内外币原币划转管理；先行回收投资、转股、清算及减资购汇管理等各类汇兑管理的有关内容。

2. 境外直接投资管理

境外直接投资是指我国境内的投资者，将外汇资金或者设备、原材料、工业产权等输出到境外，在境外建立各类企业或购买股权、参股，从事生产经营活动。境外直接投资管理主要是指对境内居民（投资人）在境外从事直接投资项目下的汇兑管理措施，包括境外投资外汇登记、境外投资外汇资金购汇与汇出、境外企业利润或因减资、清算、转股及其他合法途径取得的资金或收益汇回境内以及境外投资联合年检等内容。

合格境外机构投资者（qualified foreign institutional investors，QFII）机制是指外国专业投资机构到境内投资的资格认定制度。作为一种过渡性制度安排，合格境外机构投资者制度是在资本项目尚未完全开放的国家和地区，实现有序、稳妥开放证券市场的特殊通道。韩国、印度和巴西等市场的经验表明，在货币未自由兑换时，合格境外机构投资者机制不失为一种通过资本市场稳健引进外资的有效方式。在该制度下，合格境外机构投资者被允许把一定额度的外汇资金汇入境内并兑换为本币，并通过严格监督管理的专门账户投资本国证券市场，包括股息及买卖价差等在内各种资本所得经审核后可兑换为外汇汇出。

（三）股票投资外汇管理

股票投资包括本国居民购买外国经济主体发行的股票和外国居民购买本国经济主体发行的股票。我国严格限制居民投资于境外股票市场，也严格限制非居民投资于国内的 A 股市场。但允许我国境内机构在境内外发行外币股票，包括在境内发行 B 股，在我国香港发行 H 股，在纽约发行 N 股，在新加坡发行 S 股。鼓励非居民投资于我国境内机构在海外市场上发行的外币股票。因此，我国对股票投资的管理主要体现在对国内企业海外上市以及 B 股的发行与交易等方面的管理。

中国证监会是股票投资的主管部门，外汇局负责股票投资的汇兑管理。对外币股票的外汇管理主要包括证券公司在指定银行开设 B 股专用账户的审批、发股企业开立股票专户的审批、发股收入调回监督及股票收入结汇的审批等内容。发行股票的企业在境外开立账户用于暂存股票发行收入的，由外汇局审核批准，在境内开立外汇账户保留发行股票的外汇收入的，由企业注册地外汇管理部门审批。境内企业在境外发行股票的，应当在外汇资金到位后 10 天内，将所筹外汇资金全部汇入我国境内，存入经外汇局批准其开立的外汇账户。股票收入结汇应经外汇局逐笔审批。股息收入的兑付由银行在审核其真实性的基础上直接办理。

四、我国资本项目下外汇管理的改革和创新

实现人民币资本项目可兑换是我国外汇管理体制改革以至整个经济体制改革的长远目标。近年来，根据经济发展和改革开放的客观需要，外汇局在深化外汇管理体制改革，稳步推动资本账户开放方面采取了一系列措施，取得了积极进展。随着我国对外开放日益扩大、融入世界经济程度不断加深，外汇局已逐步放松资本管制，不断朝着实现人民币资本项目可兑换的既定目标迈进。

从国际上看，由于金融体系不健全、抗风险能力差等诸多问题，一些发展中国家在资本项目开放过程中发生了一些风险。因此，外汇局在考量促开放和防风险双重目标时，按照"先流入后流出、先长期后短期、先直接后间接、先机构后个人"的思路，稳妥、有序地推进资本项目开放，资本项目可兑换程度正逐步提升。截至 2018 年底，直接投资项目已实现基本可兑换，外债管理也已从事前审批转向宏观审慎管理。跨境证券投资渠道不断拓展，自沪港通、深港通分别于 2014年和 2016 年开通到 2019 年初，双向累计交易额超过 14 万亿元人民币，2018 年累计净流入 2 254亿元人民币；债券通自 2017 年开通到 2019 年初，累计交易额近 1 万亿元人民币，累计净流入1 715 亿元人民币。截至 2019 年 10 月底，北向的沪股通和深股通累计成交 174 110 亿元人民币，内地股票市场累计净流入 8 600 亿元人民币。南向港股通（包括沪港通下的港股通和深港通下的港股通）五年累计成交 87 480 亿港元，内地资金净流入港股累计 9 870 亿港元。

第三节 外汇储备管理

外汇储备的多少既是衡量一国综合国力的主要指标之一，又是影响一国宏观经济政策，特别是货币政策的重要因素之一。外汇储备管理是指一国政府及货币当局根据一定时期内本国国际收支状况和经济发展要求，对外汇储备规模、结构及储备资产的运用等进行计划、控制，以实现外汇储备资产规模适度化、结构最优化、使用高效化的整个过程。因此，外汇储备管理包括量和质两个方面管理。所谓量的管理，是指对外汇储备规模的选择与调整；质的管理则是指对外汇储备的经营管理，主要是对外汇储备结构的确定和调整。前者通常被称为外汇储备的规模管理，后者被称为外汇储备的结构管理。

一、外汇储备的内涵及功能

关于外汇储备的定义有很多，通常采用国际货币基金组织的定义。外汇储备是货币当局控制并随时可利用的对外资产，其形式包括货币、银行存款、有价证券、股本证券等，主要用于直接弥补国际收支失衡，或通过干预外汇市场间接调节国际收支失衡等用途。

一种资产必须具备以下三个特征，方能成为外汇储备。

（1）流动性，即储备资产应具有较强的变为现金的能力，并能够在不同形式的金融资产之间自由转换。

（2）可得性，即政府或货币当局在需要时，能够随时、方便、无条件地获得并利用该种资产。

（3）普遍接受性，即该种资产在外汇市场或在政府间清算国际收支差额时被普遍接受。

因此，充当外汇储备的货币应是可完全自由兑换的货币。

外汇储备的功能主要体现在以下几个方面。

（1）调节国际收支，保证国际支付。外汇储备可随时用于满足进口和偿付外债、弥补国际收支逆差、保证正常的对外经济活动和国际资信不受影响。

（2）干预外汇市场，维护汇率稳定。外汇储备反映的是货币当局干预外汇市场的能力，通过买入或卖出其他国家的货币，可有效防止本币汇率过度波动。

（3）应对突发事件，防范金融风险。作为一国重要战略资源，外汇储备能够满足突发事件发生时的对外支付需要，保障本国经济安全。

（4）配合货币政策实施，实现经济增长。在一定的经济周期和制度安排下，外汇储备对应了相应数量的货币发行，是中央银行资产负债表中外汇资产的一项重要内容。

（5）提升本币国际地位，促进国际金融合作。作为一国能自由支配的外部资产，外汇储备的充裕程度是投资者的信心指标，也是提高本币在国际货币体系中的地位的重要条件。

二、外汇储备的规模管理

（一）外汇储备适度规模理论

适度的外汇储备是指按某种社会标准确定的最低限度储备量与最高限度储备量之间的外汇储备数量区间。最低限度储备量又称经常储备量，是指保证该国最低限度进口贸易总量所必需的外汇储备数量。最高限度储备量又称保险储备量，是指在该国经济发展最快时可能出现的外贸量与其他国际金融支付所需要的外汇储备数量。外汇储备规模要想达到适度，必须满足以下条件：一国一定时期外汇储备的存量规模既有各种因素决定的外汇储备供给，足以满足该国一定时期对外汇储备的需求，又与由各种因素决定的储备需求水平相适应。

（二）外汇储备适度规模的标准

1. 比例法

美国耶鲁大学教授罗伯特·特里芬（R. Triffin）在对世界上 34 个国家的储备状况研究之后得出结论：排除一些短期或随机因素的影响，一国国际储备与年进口额之间存在大体稳定的比例关系，一国国际储备的合理数量约为该国年进口总额的 20%～50%。因此，他指出国际储备与年进口额的比例应维持在 25%左右，即保证 3 个月进口的用汇需要。

除了特里芬的储备/进口比例法外，后来的学者还提出了其他衡量储备适度规模的一些指标，包括外汇储备/短期外债，国际警戒线是 100%；外汇储备/外债余额，国际警戒线是 30%等。

比例法的优点是简单明了，计算方便；其最大的不足是所有的方法都只考虑了外汇储备需求同某种经济因素的关系，过于片面。例如，特里芬的进口比例法仅仅从进口用汇的角度考察了对外汇的需求，而忽略了国际资本流动带来的影响。

2. 成本-收益法

以阿加沃尔（Agarwal）为首的一批经济学家于 20 世纪 60 年代将微观经济学的厂商理论运用于外汇储备的总量管理，他们认为适度的外汇储备总量就是能够满足计划外的（或预料外）的国际收支逆差支付，并使该国持有外汇储备的收益与成本相等。当一国在发生短暂的、意外的国际收支逆差时，因持有储备而避免不必要的调节所节省的国内总产出表示持有储备的收益，他们提出了针对发展中国家的国际储备的成本-收益分析模型。

该模型假定：由于进出口弹性较低，该国已出现外汇短缺现象；该国国内存在着因缺乏必需的进口品而得不到利用的大量闲置资源；在无力为国际收支逆差提供融资时，该国经常通过行政方式对进口进行管制；该国在国际资本市场上的融资能力有限。

基于上述假定，阿加沃尔建立了模型：

$$R = \frac{D}{\lg \pi}(\lg m + \lg q_2 - \lg q_1)$$

其中，R 为一国适度国际储备的规模，D 为国际收支逆差额，π 为逆差出现的概率，m 为该国单位资本的产出效率，即资本产出比率的倒数，q_1 是该国追加资本中的进口比重；q_2 是进口资本品占该国总产出的比重。

该方法虽然在理论上显得比较严谨，但是在实际测算时，一国持有外汇储备的边际成本和边际收益很难进行衡量，因此可操作性不强。

3. 货币供应量决定论

货币供应量决定论的主要观点来自国际收支的货币分析论，其创始者为哈里·约翰逊（Hurry Johnson）。其基本方程可简化为

$$R = M_d - D$$

式中，R 为国际收支差额，即国际储备，M_d 为名义货币需求量，D 为国内提供的货币供

应基数。货币论认为国际收支差额从本质上是一种货币现象，当国内货币供给大于货币需求时，多余的货币就会流向国外，外汇储备减少。若货币需求增加，本国居民就会通过国际收支顺差带来的国际储备流入，获取额外所需的货币，则外汇储备增加。因此，约翰逊用国际储备与国内货币供给的比例作为衡量适度外汇储备量的比例标准，认为一国国内的货币供应量决定了该国外汇储备的规模，适度的货币供应量决定了适度的外汇储备规模。

除了以上这几种理论外，美国经济学家马克卢普还提出了衣橱理论，他将货币当局对国际储备的需求比喻为对其衣橱中时装的需求，结论是越多越好；卡包夫（Carbaugh）和范（Fan）认为，决定一国适度国际储备规模的因素有六个方面，分别是储备资产质量、各国经济政策的合作态度、国际收支市场调节机制的效力、政府采取调节措施的谨慎态度、国际清偿力的来源及其稳定程度、国际收支动向和基本经济状况，因此可以用回归分析的方法进行标准化；此外，还有多用途比例分析等方法对外汇储备规模进行分析。

（三）我国外汇储备规模管理的历史与现状

我国从 1982 年开始正式对外公布国家外汇储备数额。1979—2019 年，我国外汇储备的规模变化可分为以下四个阶段（参见图 10.1）。

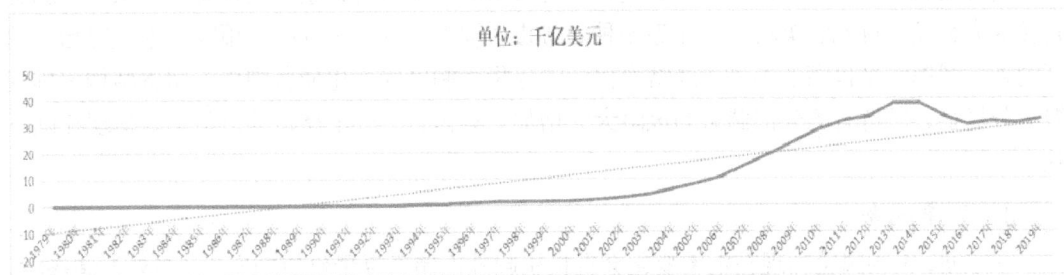

图 10.1　我国历年外汇储备量（1979—2019 年）

第一阶段，1979—1989 年。在 20 世纪 80 年代，我国的外汇储备一直不足 100 亿美元，明显低于适度储备规模。增加外汇储备是我国货币当局当时的重要任务。1982—1984 年，我国外汇储备量小幅增长，从 69 亿美元上升至 82.2 亿美元，增加的外汇储备主要来自经常项目顺差。其中，近 1/3 的经常项目顺差来自旅游等非贸易收支顺差。1985—1989 年，外汇储备余额有所减少，这一时期我国的年平均外汇储备余额为 30 亿美元左右，贸易收支逆差严重，非贸易收入和资本净流入不足以弥补贸易收支逆差，动用了部分外汇储备。这段时期我国的外汇储备减少了约 27 亿美元。

第二阶段，1990—1993 年。我国外汇储备出现迅速增长的势头，这一阶段我国的经常项目、资本项目都出现了巨额顺差，外汇储备余额由 1989 年的 55.5 亿美元增加到 1990 年的 110.9 亿美元，1991 年又比 1990 年翻了近一番，达到 217.12 亿美元。1992 年因偿债高峰出现资本净流出后，1993 年，受我国经济高速增长的影响，特别是新兴证券市场高回报率的强烈吸引，巨额外资涌入我国，资本净流入超过 234 亿美元，在弥补经常项目逆差后还有大量结余，故外汇储备较 1992 年又有所增加。

第三阶段，1994—2014 年。1994 年，我国外汇管理体制发生了重大变革，人民币汇率并轨，人民币官方汇率大幅下调，大大刺激了出口，外汇储备成倍增加。到 1996 年，我国外汇储备余额首次突破千亿美元。虽然1997年爆发了亚洲金融风暴，但是，它对我国外汇储备的影响不大，我国的外汇储备仍保持较快速度的增长。到1999年，我国外汇储备余额已经超过1 500亿美元。进入21世纪，我国的外汇储备规模继续高速增长，2009年，外汇储备余额为23 991.5亿美元，已经超过日本，成为世界上拥有外汇储备最多的国家。到2014年，我国外汇储备余额高达3.84万亿美元。

第四阶段，从2015年开始，我国的外汇储备规模出现了负增长，之后基本稳定在3万亿美元左右（2020年底外汇储备余额为3.22万亿美元）。我国外汇储备体量极大，这也促使国内市场高度繁荣，并极大地增强了我国的综合国力和国际信誉。总体来看，由于我国外汇市场的运行保持稳定，使我国外汇储备规模也保持了总体稳定。

三、外汇储备的结构管理

（一）外汇储备结构管理的必要性

对外汇储备结构管理的重视，是由国际货币制度的演变引起的。20世纪70年代以前，世界外汇储备基本上都是美元储备，当时的外汇储备结构管理主要是处理美元与黄金储备之间的关系。20世纪70年代以后，国际货币制度发生了重要变化，汇率制度由单一的固定汇率制度转变为多重的管理浮动汇率制度，储备货币的汇率波动频繁。储备货币也从单一的美元转变为美元、日元、英镑、欧元等多种储备货币同时并存。不同的货币除汇率走势与波动不同外，利率水平也高低不一，经常变化。国际货币制度的变化使各国外汇储备结构安排变得十分复杂，所持有的外汇储备的风险大大增加。具体看，外汇储备的风险主要体现在以下几个方面。

1. 汇率风险

一方面，汇率风险体现在汇率变化会直接引起外汇储备存量价值的变化，在外汇储备中，若占份额较大的货币出现贬值，则整个储备货币的价值就会出现缩水。如我国外汇储备中美元资产所占比重为60%~80%。在这样一种"美元独大"的外汇储备结构下，美元汇率的变动成为我国外汇储备面临的最主要汇率风险。

另一方面，汇率变化会通过外汇储备流量的变化间接引起储备存量价值的变化。按照国际货币基金组织的要求，各国外汇储备通常以美元作为计量货币，即不同币种的资产都要按照其当日的汇率折算成美元资产，从而得到特定时点的外汇储备总金额。由于外汇储备规模的增减变化取决于外汇储备流量，即使一国从上一时期到当前时期，依照权责发生制的原则，以进出口、劳务、资本流动行为发生时的汇率折算的美元收支是平衡的，但因时间因素的作用，不同时期的汇率也不相同。结果是，国际收支按实际支付期折算的美元计量时，往往会出现顺差或逆差，从而使该国的外汇储备存量发生改变。

2. 利率风险

若一国储备资产是以股票、债券或固定利率金融资产为主，则市场利率上浮，储备资产价值就会下降；相反，当市场利率下浮时，该国储备资产的价值就会上升。若一国外汇储备资产以浮动利率的金融工具为主，则利率上浮时该国的外汇储备资产的实际收益将超过预期收益，储备资产就会增值；相反，当利率下浮时，该国的外汇储备资产的实际收益就达不到预期水平，储备资产的价值会缩水。

3. 综合经济风险

根据利率平价原理，即期利率水平较高的货币可能会出现远期贬值，相反，即期利率水平较低的货币可能会出现远期升值，因此，在分析储备资产的风险时，应综合考虑储备资产的利率风险管理与汇率风险管理。例如，一国外汇储备资产选择了日元国债，以美元为核算货币，那么这种安排与选择的美元储备资产相比，收益的差距将由两个部分构成：①名义收益率差异＝本期日元国债利率－本期美元国债利率；②货币贬值率＝（本期汇率－前期汇率）÷前期汇率×100%。这样，收益的差距＝名义收益率差异－货币贬值率。

综上所述，由于汇率风险和利率风险的存在，外汇储备资产存在结构上的风险。因此，我们必须综合考虑汇率风险和利率风险，合理安排外汇储备资产的结构，降低利率和汇率变动风险，实现外汇储备资产保值增值的目标。

（二）外汇储备结构管理的原则

1. 储备资产的价值稳定性

以什么储备货币来保有储备资产，首先要考虑价值稳定性。储备货币的价值受储备货币汇率与储备货币发行国的通货膨胀率的影响。一种储备货币的贬值（或预期贬值），必然对应另外一种（或几种）储备货币的升值。而且，不同储备货币的通货膨胀率也是不一样的。由于各种储备货币汇率变化的方向不同，能产生互补效应，使整体的外汇储备价值保持稳定。因此，外汇储备管理的任务就是要根据汇率和通货膨胀率的实际走势和预期走势，经常转换持有外汇储备的货币，搭配币种，以实现外汇储备的保值和增值。

2. 储备资产的赢利性

不同储备资产的收益率高低不同，它们的名义利率减去通货膨胀率再减去汇率的变化，即为实际收益率。因此，要根据利率、通货膨胀率、汇率的变化趋势，决定储备资产的币种，防止出现"硬货币"与"软货币"的汇差收益小于二者之间利差损失的"软币不软，硬币不硬"的问题，即以综合收益率来衡量外汇储备的收益。

3. 币种结构的安排要符合对外经济活动的支付需要

方便性管理是指在储备货币币种的搭配上，币种结构要与该国对外经贸和债务往来的地区结构和经常使用的清算货币币种相适应。若在国际经济交往中大量使用美元作为支付和清算手段，则该国就需要保持较大比例的美元储备。若该国在国际经济交往中大量使用日元，则日元在国际储备中就应保持较大比例。

（三）外汇储备结构管理的内容

1. 外汇储备的币种结构管理

外汇储备的货币结构管理包括储备货币的币种选择及该币种外汇储备在总外汇储备中所占比重的确定。影响外汇储备货币结构的因素主要包括以下几个方面。

第一，对外贸易结构。对外贸易结构大体上确定了一国在对外贸易中所使用的币种及其比例。因此，通过考察本国进出口的来源、去向、数量及交易双方的支付惯例等可以了解贸易结构对币种组合的影响，从而确定进出口商品的结算币种和数额以及贸易伙伴等，并据此安排外汇储备的币种比例结构，保证支付的需要。

第二，一国外债的币种构成。其主要考虑本国政府和公共部门对外债务的币种构成和发行债券的币种构成。

第三，有的国家外汇储备中包括发行本币时的外币准备金，这种准备金主要是准备兑换之用，应该保持原币。

第四，各种货币在国际货币体系中的地位。储备货币须具备可兑换性，随时可以获得，同时需要具备安全性和可支付性，对方愿意接受，故储备货币基本上均为主要发达国家的货币。在牙买加货币制度下，国际储备货币多元化，至于各种储备货币在总储备中所占比重，一般来说，世界上绝大多数国家都选择美元作为主要的外汇储备币种。

第五，市场汇率变动情况及发展趋势。应尽量增加有升值趋势的货币储备，减少有贬值趋势的货币储备；应尽量增加汇率波动幅度较小的货币储备，减少汇率波动幅度较大的货币储备。

2. 外汇储备的投资结构管理

（1）投资分级管理。一级储备，主要是为了保持储备资产的流动性。其有两种方式：一是保留部分现金，并将足够的资金分批以每日到期的形式存入银行，包括现金、准备金、活期存款；二是购买具有良好二级市场的有价证券，需要资金时可随时变现，包括短期国库券、商业票据等。当然，这类储备的流动性最高，但收益也最低。二级储备主要是指中期债券，这类储备的收益高于一级储备，但流动性比一级储备资产要差，风险也较大。三级储备是指各种长期投资工具，这种投资的收益率最高，但流动性最差，风险也最大。

（2）投资类型管理。根据储备资产结构管理原则，有些金融工具适合中央银行用外汇储备进行投资，有些金融工具则不适合用外汇储备投资。适合中央银行运用外汇储备进行投资的金融工具有商业银行的存款，中央银行和国际清算银行存款，主要国际金融市场上的国家政府债券，在国际、国内或境外金融市场发行的 AAA 级证券，享有 AA 级资信的政府债券，主要国家政府机构或政府担保机构发行的债券，区域性或国际金融组织发行的债券，主要国家的某些具有评级资信的地区或当地政府发行的债券，商业银行或金融机构的抵押存款，抵押借款，债权保管人办理的债权出借，直接办理债权出借。不适合作为外汇储备的金融工具包括公司债券、商品期货和期权、股票。

（3）投资的期限结构管理。中央银行应根据本国外汇储备的特殊性质和用途，确定整个外汇储备的加权平均投资期限，使整个外汇储备在此期限内营运；还需设定最长投资期限，任何一笔投资不得超过最长投资期限。设定资产投资期限的目的是将投资期间的市场汇率、利率和收益变动的风险限制在一定的范围内，同时保证外汇储备的合理流动性，以满足本国的支付需要。在整个外汇储备中，中央银行还应根据管理的不同需要，划分短期、中期和长期资金需求，将外汇储备分别投到货币市场和资本市场。

3. 外汇储备结构管理的模式选择

外汇储备结构管理可大致分为三种类型，即保守型管理模式、进取型管理模式和积极型管理模式。

（1）保守型管理模式。日本是这种模式最典型的代表。日本外汇储备由财务省管理和运用，存放于日本银行的外汇资产特别账户中，其在管理中扮演战略决策者的角色。这种管理模式下外汇储备管理的特点是：将安全性作为外汇储备结构安排的首要原则，其次是流动性，而将收益性放在末位，即在保持外汇储备安全性和流动性的基础上，追求可能的赢利。这一原则也体现在其投资结构当中，流动性强的国债、政府债券、国际金融机构债券、资产担保债券以及在各国中央银行的存款、国内外信用等级高、偿还能力强的金融机构存款等成为日本外汇储备主要投资方向。

（2）进取型管理模式。这种模式将资产的收益性放在外汇储备管理的第一位，而将资产的安全性、流动性放在第二位。如意大利中央银行曾将几十亿美元外汇储备委托给美国的长期资产管理公司运作，在长期资产管理公司 1998 年出现重大投资失误之前的 5 年中，其投资年平均回报率超过 40%。有的国家中央银行拿出部分资金交给这些投资基金，往往能够获得非常高的回报，当然，这种管理模式也存在很高的风险。

（3）积极型管理模式。这种模式遵循分散投资和组合投资的原则，在综合考虑收益性、安全性和流动性基础上安排外汇储备投资，既不将外汇储备全部投资于国债，也不将绝大多数外汇储备投资于基金、股票、公司债券，而是在确定流动性、安全性和收益性顺序时，根据本国对外汇储备的使用要求来进行资产组合，在可承受的风险范围内争取最大收益。

（四）我国外汇储备结构管理的策略

1. 采取多样化投资组合策略

首先，实现外汇储备投资资产的多样化。与其他国家和地区相比，我国政府偏重于债权投资，不重视股权投资；偏重于政府债，不重视机构债和企业债；偏重于信用货币投资，不重视黄金投资；偏重于安全性和流动性，不重视收益性。因此，我国应进一步实现外汇储备投资的多样化。

其次，实现外汇储备投资币种的多样化。如可将外汇储备投资到美元、欧元、日元、英镑、瑞士法郎等币种上。由于外汇储备各种货币汇率的变化方向不同，能产生互补效应，使整体的外汇储备价值保持稳定。另外，为有效地分散风险，也可以将外汇储备较多地投资到近来比较强势的一些币种上，增加它们在总的外汇储备中的比重，以对冲一部分风险。

2. 将部分外汇储备转变为石油、黄金等物资储备

在适当时机，我国也可将部分外汇储备转变为石油、黄金等物资储备。美、日、德等老牌工业化国家在 1973 年石油危机之后就开始对战略石油储备以立法的形式进行了规定，美、日、德的石油储备量分别相当于其 158 天、169 天、117 天的消费量。外汇储备积极管理的目标应该是在确保收益性的同时满足国家的战略目标。建立资源储备既能满足外汇储备多样化的要求，又能服务于我国打造世界制造业强国的竞争战略，所以运用部分外汇储备建立资源储备应成为我国外汇储备积极管理的首选方案。

3. 根据分档管理确定币种构成

我国外汇储备可分为流动性部分和投资性部分两档。其中，流动性部分主要用以维持汇率稳定及金融安全，主要以流动性较高的资产形式持有，不对其提出收益性要求。对于投资性部分，则应提出保值增值的目标，在积累一定经验后，可以考虑引进全球性的基金管理机构参与这部分外汇储备的管理。

4. 渐进地调整外汇储备币种结构

我国目前的外汇储备数量巨大，这意味着，我国外汇储备币种结构的调整将会影响外汇市场的价格。这一特点决定了我国外汇储备币种结构的调整应当采用渐进的方式，这不仅有利于全球经济稳定，也有利于我国外汇储备价值的稳定。

外汇储备币种结构的渐进调整有利于我国外汇储备价值的稳定。这是因为，如果我国迅速将美元国债储备转换成欧元储备，则大量抛售美元国债很有可能会使美元出现大幅贬值，欧元大幅升值，而欧元储备增加导致的外汇储备账面价值增长又不能在短期内抵消持有的美元储备账面价值减少，这必然在短期内导致我国外汇储备价值的大量缩水。

本章小结

本章主要介绍了经常项目下的外汇管理、资本项目下的外汇管理和外汇储备管理的相关原理及内容。

第一节分析了经常项目下的外汇管理的内涵、特征及管理的必要性；然后分别对我国货物贸易外汇管理、服务贸易外汇管理的特征及内容进行了介绍和分析；最后，对我国经常项目下外汇管理中外汇账户管理和个人外汇管理的相关内容进行了介绍。

第二节主要分析和介绍了资本项目下外汇管理的基本原理及我国资本项目下外汇管理的相关内容。首先分析了资本项目下外汇管理的内涵及基本原理；然后，对我国资本项目下外汇管理的内容进行了较为详细的介绍和分析；最后，分析了我国资本项目下外汇管理存在的问题，并就如何改革资本项目下的外汇管理进行了探讨。

第三节主要介绍了外汇储备管理的相关原理和方法。首先介绍了外汇储备的基本内涵及功能；然后对外汇储备的规模管理及结构管理理论进行了分析；最后，运用外汇管理理论对我国的外汇储备管理问题进行了分析和探讨。

基本训练

一、单项选择题

1. 从 2015 年开始，我国外汇储备规模变化的趋势为（　　）。

    A. 逐年递增　　　　B. 逐年递减　　　　C. 基本不变　　　　D. 减持

2. 根据《中华人民共和国外汇管理条例》的规定，外汇包括外币现钞、外币支付凭证或者支付工具、外币有价证券、特别提款权及其他外汇资产。其中，不属于外币支付凭证或者支付工具的是（　　）。

    A. 票据　　　　　　B. 银行存款凭证　　C. 银行卡　　　　　D. 债券

3. 偿债率反映一国当年国际收支口径的货物贸易和服务贸易外汇收入所能承受的还本付息能力，警戒线为（　　）。

    A. 10%　　　　　　B. 20%　　　　　　C. 50%　　　　　　D. 100%

4. 境外机构、境外个人在境内直接投资，经有关主管部门批准后，应当到（　　）办理登记。

    A. 工商部门　　　　B. 税务部门　　　　C. 外汇管理机关　　D. 商务部

5. 下列关于境内个人外汇管理的说法中，不符合法律规定的是（　　）。

    A. 个人外汇收入应当向银行结汇

    B. 个人结汇、购汇的年度总额为每人每年等值 5 万美元

C. 个人所购外汇可以汇出境外

D. 个人年度总额内购汇可以委托其直系亲属代为办理

二、多项选择题

1. 下列关于我国现行《中华人民共和国外汇管理条例》的基本原则说法正确的有（　　）。

   A. 经常项目与资本项目区别管理

   B. 对外汇资金流出、流入实施均衡监管

   C. 加强国际收支统计监测，建立国际收支应急保障制度

   D. 维护人民币主权货币地位

2. 下列关于我国现在外汇管理的原则说法正确的是（　　）。

   A. 实行国际收支统计监测与应急保障制度

   B. 禁止外币在境内流通

   C. 维护人民币主权货币地位

   D. 通过外汇账户办理外汇业务

3. 下列有关我国外汇管理法律制度的说法中，正确的是（　　）。

   A. 外国政府、公司发行的债券和股票也属于我国外汇的范畴

   B. 《中华人民共和国外汇管理条例》中所称的境内机构不包括外商投资企业

   C. 对于有零星外汇收支的客户，银行也必须为其开立外汇账户

   D. 我国境内禁止外币流通，并不得以外币计价结算，但国家另有规定的除外

4. 下列关于资本项目下外汇管理的说法中，正确的有（　　）。

   A. 资本项目外汇收入保留或者卖给经营结汇、售汇业务的金融机构，应当经外汇管理机关批准，但国家规定无须批准的除外

   B. 外汇管理机关有权对资本项目外汇及结汇资金使用和账户变动情况进行监督检查

   C. 资本项目外汇支出，应依法凭有效单证以自有外汇支付或者向经营结汇、售汇业务的金融机构购汇支付

   D. 外商投资企业的外方所得利润可以在纳税后，直接向外汇指定银行申请购付汇，汇出境外

5. 合格境外机构投资者制度中，由中国证监会负责监管的是（　　）。

   A. 投资额度的审定　　　　　　　　B. 合格境外机构投资者资格的审定

   C. 投资工具的确定　　　　　　　　D. 汇兑管理

三、判断题

1. 国家外汇管理局规定对于持因私护照的境内居民个人出境时间在半年以内的购汇指导性限额为等值 8 000 美元。　　　　　　　　　　　　　　　　　　　　　　　　　　　　　　　　　（　　）

2. 外汇储备是货币当局控制并随时可利用的对外资产，主要用于直接弥补国际收支失衡，或通过干预外汇市场间接调节国际收支失衡等用途。　　　　　　　　　　　　　　　　　　　　　（　　）

3. 国家外汇管理局根据企业贸易外汇收支的合规性及其与货物进出口的一致性，将企业分为 A、B、C 三类，其中 A 类企业进口付汇单证和银行办理收付汇审核手续最简化。　　　　　　　　（　　）

4. 出口收汇时，以"软货币"计价，"硬货币"支付，叫外汇保值。　　　　　　　　　（　　）

5. 政府行为或明文规定而引起的对经常项目下支付的限制，属于外汇限制。　　　　　（　　）

6. 一国限制居民在国外使用信用卡，违反了《国际货币基金协定》第8条的规定。（　　）

7. 我国外汇管理的机构是中国银行。（　　）

8. 一国禁止某些奢侈品的进口，并在外汇条例中明确禁止奢侈品进口用汇，这不属于对经常项目下支付的限制。（　　）

四、案例分析

天津A公司为外国法人独资企业。经查，20×5年5月19日天津A公司与境外某投资方签订了期限为一年的借款合同，借款金额为50万美元，用于流动资金、支付建立信息技术的投资设备和安装费、支付办公楼的装修和设计费、支付采购销售用的原材料费。20×5年5月21日天津A公司在外汇局办理了外债签约登记手续，20×5年5月30日收到境外汇入的外债资金50万美元并转入该公司在大港支行开立的外债账户，但该公司始终未办理外债提款登记手续。20×5年6月13日—7月25日，天津A公司未经外汇局逐笔核准即在大港支行办理了11笔外债结汇手续，共计结汇391 270美元。

请问：1. 本案涉及的外汇违规主体有哪些？

2. 它们违反了什么外汇管理规定？

3. 按照相关外汇管理规定，应如何进行处罚？

五、简答题

1. 为什么要进行经常项目下外汇管理？

2. 简述货物贸易项目、服务贸易项目和经常项目下外汇管理的主要内容。

3. 我国是如何对个人在经常项目下的外汇支出进行管理的？

4. 联系实际，分析我国资本项目下外汇管理存在的问题。

5. 什么是外汇储备适度规模？

6. 简述外汇储备适度规模的衣橱理论。

7. 影响外汇储备适度规模的因素有哪些？

8. 联系实际，谈谈应如何优化我国的外汇储备结构。

主要参考文献

[1] 安东尼，2011. 外汇实务：从入门到精通. 余方，李斯民，译. 大连：大连出版社.

[2] 郭强，2014. 外汇交易实训教程. 哈尔滨：哈尔滨工业大学出版社.

[3] 哈卡拉，维斯图普，2004. 外汇风险：模型、工具和管理策略. 戴金平，李治，译. 天津：南开大学出版社.

[4] 何志成，2007. 外汇保证金交易入门与技巧. 北京：经济管理出版社.

[5] 华天财经，2016. 外汇投资交易从新手到高手（全新版）. 北京：中国铁道出版社.

[6] 季格森，汉森，2013. 外汇交易从入门到精通. 中国农业大学期货与金融衍生品研究中心，译. 北京：人民邮电出版社.

[7] 兰容英，倪信琦，2019. 外汇交易实务. 3版. 厦门：厦门大学出版社.

[8] 莲恩，2007. 外汇市场即日交易. 林慧文，译. 广州：广东经济出版社.

[9] 莲恩，麦克唐纳，2016. 个人投资者外汇交易技巧. 高海嵘，张艺博，译. 太原：山西人民出版社.

[10] 刘晓宏，2009. 外汇风险管理战略. 上海：复旦大学出版社.

[11] 刘园，2020. 外汇交易与管理. 3版. 北京：首都经济贸易大学出版社.

[12] 罗孝玲，2010. 期权投资学. 3版. 北京：经济科学出版社.

[13] 马丁内斯，2013. 外汇交易的10堂必修课. 李大军，符大刚，王柯，译. 北京：机械工业出版社.

[14] 孙天琦，2018. 外汇管理体制改革与创新. 北京：中国金融出版社.

[15] 唐国兴，徐剑刚，2004. 现代汇率理论及模型研究. 北京：中国金融出版社.

[16] 王理平，2018. 外汇EA交易入门与实战. 北京：中国财政经济出版社.

[17] 王征，周峰，2010. 网上外汇交易入门. 北京：中国铁道出版社.

[18] 王梓仲，2013. 外汇交易实务. 北京：北京理工大学出版社.

[19] 魏强斌，2018. 外汇交易进阶. 4版. 北京：经济管理出版社.

[20] 沃尔曼，2018. 外汇超短线交易：技术、结构和价格行为原理. 何新，魏强斌，译. 太原：山西人民出版社.

[21] 吴俊德，许强，2017. 外汇交易及资金管理. 2版. 北京：中信出版社.

[22] 小何（JoeshHo），秦牧，魏强斌，2019. 顺势而为：外汇交易中的道氏理论. 3版. 北京：经济管理出版社.

[23] 谢远涛，蒋涛，陆小丽，2015. 外汇交易与管理. 北京：清华大学出版社.

[24] 杨柳，2018. 外汇交易理论、案例与实务. 北京：中国农业出版.

[25] 杨胜刚，姚小义，2008. 外汇理论与交易原理. 2版. 北京：高等教育出版社.

[26] 杨向荣，2019. 外汇交易实务. 北京：清华大学出版社.

[27] 张慧毅，2018. 外汇交易进阶. 北京：机械工业版社.

更新勘误表和配套资料索取示意图

说明 1：本书配套教学资料完成后会上传至人邮教育社区（www.ryjiaoyu.com）本书页面内。下载本书配套教学资料受教师身份、下载权限限制，教师身份、下载权限需网站后台审批，参见以下示意图。

更新勘误及意见建议记录表

说明 2："用书教师"，是指学生订购本书的授课教师。

说明 3：本书配套教学资料将不定期更新、完善，新资料会随时上传至人邮教育社区本书页面内。

说明 4：扫描二维码可查看本书现有"更新勘误记录表""意见建议记录表"。如发现本书或配套资料中有需要更新、完善之处，望及时反馈，我们将尽快处理。

咨询 QQ：3032127

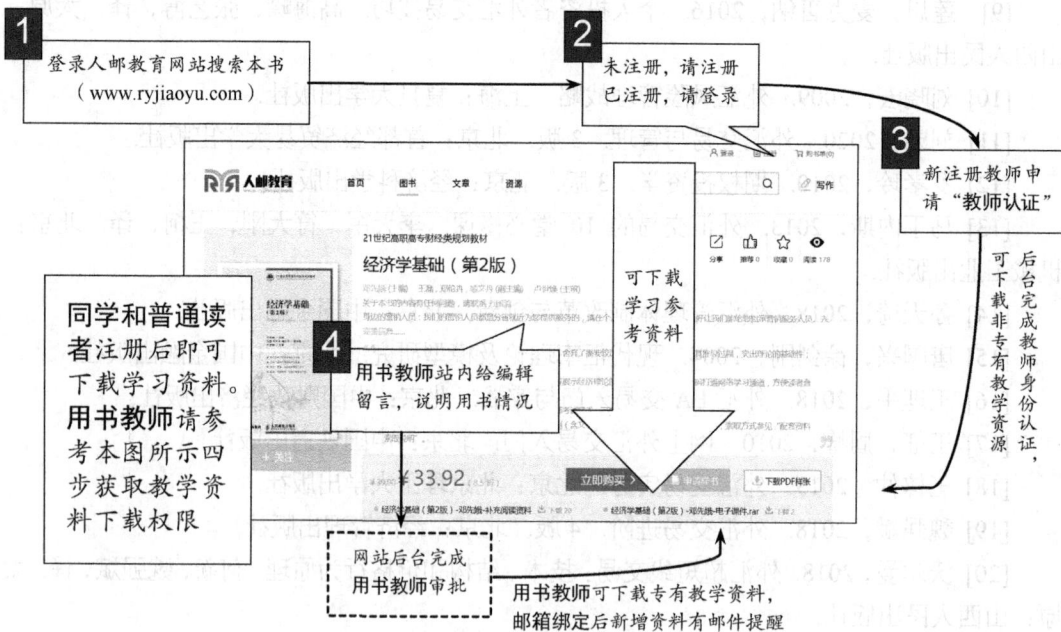

1 登录人邮教育网站搜索本书（www.ryjiaoyu.com）

2 未注册，请注册 已注册，请登录

3 新注册教师申请"教师认证"

后台完成教师身份认证，可下载非专有教学资源

同学和普通读者注册后即可下载学习资料。用书教师请参考本图所示四步获取教学资料下载权限

4 用书教师站内给编辑留言，说明用书情况

可下载学习参考资料

用书教师可下载专有教学资料，邮箱绑定后新增资料有邮件提醒

网站后台完成用书教师审批